자격증 한 번에 따기

비서 2급

기출문제 정복하기

PREFACE

··

과거의 비서가 상사로 하여금 본연의 업무를 효율적으로 수행할 수 있도록 보좌하는 역할에 그쳤다면 현재의 비서는 최고경영자는 물론 조직 내의 다른 사람들이 업무를 원활하게 수행할 수 있도록 전반적인 관리를 하는 전문가(office professional)의 역할을 담당하고 있다. 이러한 비서의 역할을 충실히 수행하기 위해서는 어학능력, 경영이론, 사무실무, 대인관계 등 다방면의 전문지식과 보좌능력에 더하여 조직의 운영과 관리에 관여할 수 있는 실제적인 관리 능력이 필요하다.

우리 기업의 세계화 및 외국 기업의 한국 진출로 인하여 실력 있는 전문비서에 대한 수요가 늘고 있다. 이럴 때 일수록 비서의 역할과 비서 고용에 대해 새롭게 인식하고 전문비서만의 영역을 구축해야 한다. 대학 비서학과를 중심으로 비서학에 대한 지식과 이론이 체계화 되어 가고 있으며, 기업에서도 비서학 전공자인 전문비서를 선호하는 추세에 있다. 비서과에 진학하려는 학생들과 비서 자격증에 응시하는 수험생들이 증가하는 것은 이러한 사회적 요구를 반영한 것이라고 할 수 있다.

본서는 2016년부터 2020년까지의 최근기출문제를 자세한 해설과 함께 수록함으로써 기출경향을 확인하고 시험 준비의 마무리를 가능하도록 하였다.

① 비서자격시험의 유형을 파악할 수 있도록 최근 5년간의 기출문제를 수록하였다.

② 기출문제를 연도별로 구분하여 문제의 경향을 한눈에 확인할 수 있도록 구성하였다.

③ 문제마다 상세한 해설을 수록하여 핵심이론을 함께 익힐 수 있도록 하였다.

신념을 가지고 도전하는 사람은 반드시 그 꿈을 이룰 수 있습니다. 서원각이 수험생 여러분의 꿈을 응원합니다.

⊘ 소개

경영진이 행정업무로부터 벗어나 많은 시간을 중대한 의사결정에 집중하기 위해서는 비서의 역할이 중요하다. 〈비서〉는 경영진을 보좌하는데 필요한 전반적인 실무능력을 평가하는 국가기술자격시험이다.

⊘ 응시자격

제한 없음

⊘ 시험과목

등급	시험방법	시험과목	출제형태	시험시간
1급	필기시험	비서실무, 경영일반, 사무영어, 사무정보관리	객관식 80문항	80분
	실기시험	워드프로세서, 컴퓨터활용능력, 한글속기, 전산회계운용사 종목 중 택일	선택종목 기준따름	
2급	필기시험	비서실무, 경영일반, 사무영어, 사무정보관리	객관식 80문항	80분
	실기시험	워드프로세서, 컴퓨터활용능력, 한글속기, 전산회계운용사 종목 중 택일	선택종목 기준따름	
3급	필기시험	비서실무, 사무정보관리, 사무영어	객관식 60문항	60분
	실기시험	워드프로세서, 컴퓨터활용능력, 한글속기, 전산회계운용사 종목 중 택일	선택종목 기준따름	

⊘ 합격결정기준

① 필기 : 매 과목 100점 만점에 과목당 40점 이상이고 평균 60점 이상
② 실기 : 선택 종목(워드, 컴활, 전산회계, 속기)의 합격 결정기준에 따름

◇ 비서 실기 시험 과목(선택종목)

① 비서 실기 종목은 합격한 비서 필기 급수에 해당하는 비서 실기 선택(면제)종목 중 택일하여 선택한 종목의 실기 시험에 응시하여 합격하면 비서 자격 취득으로 인정한다.

② 비서 필기 합격년도에 따른 비서 실기 선택(면제)종목은 아래 표를 참고한다.

③ 또한 기존 자격 취득자(워드프로세서, 컴퓨터활용능력, 한글속기, 전산회계운용사)는 비서 실기 면제가 가능하다.

④ 비서 선택종목 기 자격취득자가 비서 실기를 면제 받고자 하면 비서 필기 유효기간 내에 홈페이지 또는 방문 신청 해야 한다.

⑤ 국가기술자격법 개정에 따라 2012년 1월 1일 이후 비서실기 선택(면제)종목이 변경된다.

⑥ 시험과목

자격종목	2012년 이후 비서실기 선택(면제)종목
비서 1급	워드프로세서(구 1급) 컴퓨터활용능력 1급 · 2급 한글속기 1급 · 2급 전산회계운용사 1급 · 2급 중 택일
비서 2급	워드프로세서(구 1급) 컴퓨터활용능력 1급 · 2급 한글속기 1급 · 2급 전산회계운용사 1급 · 2급 중 택일
비서 3급	워드프로세서(구 1급) 컴퓨터활용능력 1급 · 2급 한글속기 1급 · 2급 · 3급 전산회계운용사 1급 · 2급 · 3급 중 택일

◇ 검정 수수료

① 필기 : 17,500원

② 실기 : 선택 종목 검정 수수료

필기 과목명	주요항목	세부항목	세세항목
비서 실무 (20문항)	1. 비서개요	1. 비서역할과 자질	• 비서직무 특성 • 직업윤리 및 비서윤리 • 비서의 자질 • 비서의 역량(지식, 기능, 태도)
		2. 비서의 자기개발	• 시간관리 • 스트레스 관리 • 경력관리
	2. 대인관계업무	1. 전화응대	• 전화 수 · 발신 원칙 및 예절 • 전화선별 • 직급/상황별 전화연결 • 국제전화 사용방법 • 전화부가서비스 종류 및 활용 • 전화메모 및 기록부 작성 및 관리
		2. 내방객 응대	• 내방객 응대 원칙 • 내방객 응대 준비 • 내방객 맞이 및 선별 • 내방객 면담 중 업무 • 내방객 배웅 및 종료 업무 • 내방객 기록 관리 • 내방객 응대 예절(명함, 소개, 안내, 상석, 다과 예절 등)
		3. 인간관계	• 상사 및 조직구성원과의 관계 • 고객 및 이해관계자와의 관계 • 직장예절 • 갈등 및 스트레스 관리
	3. 일정 및 출장 관리	1. 일정	• 일정관리 원칙 • 비서업무일지 작성법 • 일정표 작성법(일일/주간/월간) • 일정관리절차(계획/정보수집/조율/보고) • 다양한 일정관리 방법의 활용
		2. 예약	• 예약 종류별 예약필요지식 • 예약 종류별 예약방법 및 절차 • 예약 이력정보
		3. 출장	• 출장 일정표작성 • 교통 · 숙소 예약방법 및 용어 • 국내/해외 출장준비물 • 기타 출장 전 업무 • 출장 중 업무 • 출장 후 사후처리 업무

4. 회의 및 의전관리	1. 회의관리업무	• 회의의 종류 및 좌석배치 • 회의 전 업무 • 회의 중 업무 • 회의 사후 업무 • 원격통신회의 지원 업무 • 회의관련 지식(회의 용어, 회의록 구성요소 등) • 회의록 작성 및 관리	
	2. 의전 지원업무	• 의전원칙과 절차(서열 기준, 좌석 배치 등) • 의전 관련 지식(용어, 복장 지식, 국기게양, 비즈니스 매너 등) • 식사예절 및 선물예절 • 행사 의전계획(1급) • 국가별 문화 이해(국가별 응대 금기사항 등)	
5. 상사 지원업무	1. 보고와 지시	• 보고의 일반원칙 • 보고 방법(구두, 문서, 문자 등) • 지시받기와 전달 • 직장 화법 • 실용한자	
	2. 상사 정보 관리	• 상사신상카드 작성 • 상사의 네트워크 관리 • 상사의 개인정보 관리 • 상사의 대외업무 관리(홍보 업무, 기사 작성 방법 등)	
	3. 총무	• 회사 총무업무 이해 • 경비처리 • 경조사 업무	
	4. 사무환경 및 비품관리	• 사무용품 및 비품 용어 • 사무환경 관리(상사실, 회의실, 비서실, 탕비실 등) • 사무비품 관리 • 간행물 관리	
경영 일반 (20문항)	1. 경영환경 및 기업형태	1. 경영환경	• 경영환경의 개념 • 경영환경의 이해관계자 특성 • 경영현황 지식 • 기업윤리 • 글로벌 경영의 이해(1급)
		2. 기업형태	• 기업형태 • 중소기업과 대기업 • 기업의 인수 · 합병
	2. 경영관리	1. 경영조직관리	• 경영자 역할의 이해 • 경영관리의 기능 • 경영조직과 유형변화 • 경영전략(1급) • 조직문화의 개념
		2. 조직행동관리	• 동기부여 • 리더십 • 의사소통

	3. 경영활동	1. 기능별 경영 활동	• 마케팅 일반 • 인적자원관리 일반 • 경영정보 일반 • 회계 일반 • 재무 기초(1급)
		2. 시사경제	• 실생활 중심 경제 • 시사·경제·금융용어
사무 영어 (20문항)	1. 비즈니스 용어 및 문법	1. 비즈니스 용어	• 비즈니스 기본 단어 및 약어 • 거래, 회계, 인사·조직 용어 • 영문 부서명과 직함명 • 사무기기 및 사무용품 용어
		2. 영문법	• 영문법의 정확성
	2. 영문서 지원업무	1. 영문서 구성 내용 및 형식	• 비즈니스 레터 구성요소 및 스타일 • 봉투 수·발신 및 우편 처리 방법 • 이메일 • 사내연락문 • 팩스 • 기타 비즈니스 영문서(이력서, 커버레터, 회의통지문, 구매주문서 (Purchase Order), 출장일정표(Itinerary), 일정표(Schedule), 전화메 모, 초청장, 감사장 등)
		2. 영문서 내용 이해	• 상황별 영문서 내용 파악(알림, 약속, 취소, 불만, 조의, 축하, 문의, 주 문, 요청, 예약, 감사, 초청 등)
		3. 영문서 수·발신 처리	• 영문서 수신 및 전달
		4. 영문서 작성	• 상황별 영문서 작성(회신 문서, 회의 통지문, 출장 일정표 작성 등) • 상황별 표현의 적절성
	3. 비서 영어회화 업무	1. 전화응대	• 응대 인사(수·발신) • 용건 파악 • 메시지 전달 • 전화 연결 • 상황별 응대(상사 부재 시 응대, 상사 통화 중 응대, 상사 회의 중 응 대 등)
		2. 내방객 응대	• 내방객 맞이 • 약속확인 또는 용건파악 • 안내 • 접대 • 배웅 • 상황별 응대(상사 부재 시 응대, 상사 통화 중 응대, 상사 회의 중 응 대 등)
		3. 일정에 따른 예약	• 교통수단 예약(항공, 철도, 버스 등) • 식당·호텔 예약 • 예약 관련 지식 • 일정 계획 및 조율
		4. 지시와 보고	• 지시받기 • 보고하기

사무 정보 관리 (20문항)	1. 문서작성	1. 문서작성의 기본	• 문서의 이해(2급) • 문서의 작성목적(2급) • 문서의 형식 · 구성요소 • 문서의 종류 • 공문서의 작성 • 문서의 결재 • 문장부호의 기능과 사용법 • 한글 맞춤법
		2. 각종문서 작성	• 의례문서 작성 • 업무문서 및 거래문서의 작성 • 이메일 작성 • 기타 문서 작성(편지병합, 라벨작성 등)
	2. 문서관리	1. 문서관리	• 문서관리 원칙 • 목적 · 수신대장 · 처리단계에 따른 문서의 분류 • 명함관리방법 • 문서 수 · 발신 처리방법 • 우편관련 업무 • 문서 정리 방법
		2. 전자문서관리	• 전자문서의 종류 및 정리방법 • 종이문서를 전자문서화 방법 • 저장매체에 대한 이해 • 전자문서관리 시스템 • 전자결재시스템(1급)
	3. 정보관리	1. 정보분석 및 활용	• 정보수집 및 검색방법 • 인터넷 활용 일반 • 정보 선별 능력 • 그래프와 도표 이해 및 활용 • 프레젠테이션 활용 • 각종 검색 매체의 특성과 활용 • 데이터베이스 활용 • 정보 분석 및 이해
		2. 보안관리	• 정보보안 관리 • 기밀문서에 대한 보안원칙 • 컴퓨터 정보보안 지식
		3. 사무정보기기	• 사무정보기기 활용 • 어플리케이션 활용 • 컴퓨터와 스마트 모바일기기 특성과 활용

STRURCUTRE

....

10 2020년 11월 8일 시행

최신 기출문제를 비롯하여 그동안 시행된 기출문제를 수록하여 출제경향을 파악할 수 있도록 하였습니다. 기출문제를 풀어봄으로써 실전에 보다 철저하게 대비할 수 있습니다.

기출문제분석

비서실무

비서 업무에 대한 설명으로 가장 적절한 것은?

① 비서는 상사의 직접적인 감독하에 업무 책임을 저야 하는 직종이다.
② 비서는 숙선수범과 판단력을 발휘하여 상사 본연의 업무를 보좌하는 직종이다.
③ 비서는 주어진 권한 범위 내에서 의사결정을 내려 업무를 처리할 수 있다.
④ 비서는 보안상 주어진 모든 업무를 직접 처리해야 한다.

2 상사가 열흘간의 출장 후 복귀한 경우, 비서의 전화 관련 업무태도로 가장 부적절한 것은?

① 상사의 출장 동안 걸려온 전화는 전화메모 용지에 작성하기보다 전화 기록부의 형태로 작성해서 상사에

ANSWER 3.③

3 ③ 세계비서협회(IAAP)에서 정한 비서 수칙 중 하나는 '업무시간에 성실하게 업무에 임한다.'이다. 업무시간 중 자기
을 하는 것은 바람직한 자세가 아니다.
■ 세계비서협회에서 정의한 비서 수칙
● 전문 직업으로서의 비서직을 충실히 이행한다.
● 상사의 복표, 정책, 그리고 회사의 생산품에 대한 지식과 이해를 높임으로써 효율적인 업무수행을 하도록 노력
● 업무시간에 성실하게 업무에 임한다.
● 회사를 대표하는 마음가짐으로 회사에 보탬이 되도록 노력한다. 특히 전화응대를 할 때나 방문객을 맞
● 회사의 이미지를 높이도록 노력한다. 주의를 기울여 서신을 편집하고 동봉물이 제대로 보내졌는지 확인한
● 받는 때에는 일관성이 결여되었거나 예외적인 사항이 있는지에 주의를 기울인다.
● 의 책임과 임무를 완수한다. 최소한의 상사 감독하에 내 책임을 수행할 수 있도록 내 업무의 범위와 중요
하기 위해 노력한다.
● 기한, 자료의 복사, 관계자료 준비 등 상사의 요구를 미리 예견하여 사전에 준비한다.
● 상사와 회사의 이익을 증진시킴으로써 자신의 이익을 도모할 수 있다는 믿음을 바탕으로 상사와 팀워크를 이
나갈 수 있도록 노력한다.
ⓧ 신뢰를 유지하려고 노력한다.
ⓧ 상대방의 말을 경청하며 상사와 관련된 정보를 숙지한다.
ⓧ 동료들이 신뢰할 수 있도록 모든 약속을 충실히 이행한다.
ⓧ 예의 없는 발언을 하지 않고 타인의 인격에 대하여 논하지 않는다.
ⓧ 동료들에게 항상 친절하며 명랑하게 대한다.
ⓧ 자신의 건강에 유의하여 같이 일하기에 기분 좋은 사람이 된다.
ⓧ 타인의 인격과 권리를 존중한다.

매 문제 상세한 해설을 달아 문제풀이만으로도 학습이 가능하도록 하였습니다. 문제풀이와 함께 이론정리를 함으로써 완벽하게 학습할 수 있습니다.

상세한 해설

CONTENTS

비서 **2급** 기출문제정복

비서
2급

기출문제 정복하기

1과목 비서실무

1 다음은 한국비서협회의 전문비서 윤리강령의 내용이다. 이 중 설명이 잘못 되어 있는 것은?

① 보상 : 비서는 최선의 업무결과에 대한 정당한 대우를 받을 권리가 있으며 부당한 목적을 위해 제공되는 보상에 대해서는 비서가 제고한다.

② 자원 및 환경 보존 : 비서는 수행 시 경비 절감과 자원 절약, 환경보존을 위해 노력한다.

③ 전문직 단체 참여 : 비서는 자신의 전문성을 향상시킬 수 있는 전문직 단체에 참여하여 정보 교환과 상호 교류를 통해 비서직 성장 발전과 권익 옹호를 도모한다.

④ 직무수행 봉사정신 : 비서는 자신의 직무와 관련된 사항에 대해 직무수행효과를 제고한다.

2 다음 중 효율적인 업무 수행을 위한 비서의 노력으로 보기 어려운 것은?

① 파일 캐비닛 속에 쌓여 있는 서류를 정리하기 위해 매주 한 상자씩 분량을 정해서 서류를 정리하였다.

② 아무리 바빠도 비서 업무의 특성상 보안 유지를 위해 업무위임 없이 혼자 일을 처리 하였다.

③ 반복적인 업무의 정확을 기하기 위해 업무별 체크리스트를 만들어 확인하였다.

④ 책상 위의 여러 종류의 서류나 자료가 섞이지 않도록 종류 별로 다른 색상의 폴더에 넣어 두었다.

ANSWER 1.① 2.②

1 보상 … 비서는 최선의 업무결과에 대한 정당한 대우를 받을 권리가 있으나 부당한 목적을 위해 제공되는 보상에 대해서는 응하지 않는다.

2 업무의 위임은 효율적인 업무 수행지침을 마련하고, 업무를 분담하여 스트레스를 관리하는 효과적인 방법이다.

3 다음 주에 매우 중요한 손님인 유한제약의 이민영 사장님이 상사와 면담이 예정되어 있다. 이민영 사장님 방문과 관련하여 김영숙 비서가 취해야 할 태도로 가장 적절하지 않은 것은?

① 이민영 사장님 비서에게 전화하여 이사장의 음료 취향을 미리 확인한 후 취향에 맞는 차를 준비하였다.
② 안내 데스크 직원에게 중요한 손님이 오실 예정이니 자리를 지키라고 하였다.
③ 이민영 사장님과 관련된 최근 뉴스를 인터넷으로 검색하여 상사에게 보고하였다.
④ 이민영 사장님의 차량 번호를 확인한 후 빌딩 경비실에 연락하였다.

4 다음은 KAC 무역에 다니는 김하린 비서의 회사에서의 상황설명이다. 다음 중 김하린 비서가 자기개발을 위해 노력하는 방법으로 가장 옳지 않은 것은?

> 김하린 비서는 'KAC 무역'이라는 회사에서 비서로 근무하고 있다. 이 회사는 각종 용접기, 토지 및 로봇 주변기기들을 생산하며 국내외에 공급하고 있다. 다년간 축적된 기술과 경험을 바탕으로 자동차, 조선, 중공업 등 기초 산업의 현장에서 작업 능률을 배가시켜 생산성 향상에 큰 몫을 담당하고 있다.
> 특히, 철저한 사후관리와 AFTER SERVICE로 작업 중 현장에서 발생할 수 있는 어떤 상황에도 원활히 대처 할 수 있도록 조직과 능력을 갖추고 첨단 산업 발전의 든든한 발판이 되도록 노력해온 결과 날로 매출액이 증가하고 수출물량도 그 비중이 해마다 확대되고 있다.
> 김하린 비서는 비서경력이 2년, 회사에 들어 온지는 년 수로 4년째다. 처음에는 자신의 능력부족을 탓하기보다는 업무에 대해서 엄청 불만만 토로하고 혼자 격리된 느낌에 정말 힘들어 했다.
> 그런데 올해에 와서는 자신을 대하는 사장님의 태도나 기타 여러 환경들이 김하린 비서를 변하게 했다. 정말 내 능력의 부족을 탓하게 되고 노력도 하게 되었다. 그러면서 회사에 적응 해가니까 보람도 생기던 참이었다. 근데 김하린 비서의 문제는 영어가 너무 약하다는 것이었다. 특히 경제영어나 무역 영어는 더욱더 말이다.

① 김하린 비서는 대한상공회의소의 무역영어 자격증 취득을 위해 노력한다.
② 김하린 비서는 업무역량 향상을 위해 비서협회 비서교육 과정에 등록하여 교육훈련 프로그램에 참가한다.
③ 김하린 비서는 아침 일찍 출근하여 회사 근처 학원에서 직무능력 향상을 위한 영어 강의를 수강한다.
④ 김하린 비서는 업무가 비교적 적은 시간을 활용하여 무역 영어 동영상 강좌를 수강한다.

ANSWER 3.② 4.④

3 안내 데스크 직원에게 중요한 손님에 대한 정보를 제공해야한다. 또한, 육하원칙에 따라 정보를 제공하는 것이 명확한 의미 전달을 위해 좋다.

4 업무시간에는 일정에 따라 오늘 할 일에 집중해야 한다.

5 영업부 팀 비서인 김지영씨는 다른 전화를 응대하는 동안 걸려온 중요 거래처 김 이사의 긴급 전화를 받지 못하여, 상사로부터 지적을 받았다. 김지영씨에게 필요한 전화 부가 서비스는?

① 전화사서함, 다른지역번호 사용 서비스

② 부재중 내, 발신전화 번호 확인

③ 미팅콜, 대표번호

④ 착신통화 전환, 통화 중 대기

6 다음 중 외부 고객과의 바람직한 관계를 유지하기 위해 비서가 불만고객 응대시의 처리 순서로 가장 바람직한 것은?

> 가. 문제의 해결책을 검토하고 고객과 확인 후 신속히 문제를 해결한다.
> 나. "불편을 끼쳐드려 죄송합니다."라고 정중하게 사과한다.
> 다. 고객의 분노를 깊이 공감하고, 고객의 불만을 충분히 들어준다.
> 라. 본인이 해결할 것인지 상사에게 보고할 것인지 결정한다.
> 마. 불만 처리 결과를 파악한다.
> 바. 고객으로 하여금 불만사항을 다 털어 놓을 수 있게 끝까지 경청한다.

① 다 – 바 – 나 – 가 – 라 – 마

② 다 – 바 – 나 – 라 – 가 – 마

③ 바 – 다 – 나 – 가 – 라 – 마

④ 바 – 다 – 나 – 라 – 가 – 마

ANSWER 5.④ 6.④

5 부가서비스
  ㉠ 착신 통화 전환 : 걸려 오는 전화를 다른 번호에서 받을 수 있도록 착신을 전환하는 기능이다.
  ㉡ 통화 중 대기 : 전화 통화 중 걸려오는 다른 전화를 받을 수 있게 해 주는 기능이다.

6 불만 고객 응대는 고객의 불만에 공감하며 경청하고, 문제해결에 실마리를 찾는 것이 중요하다.

7 다음 중 직장 내 대인관계의 자세로서 가장 부적절한 것은?

① 신입사원에게 기억해야 할 이름들, 사무실 위치, 회사 방침들을 알려 주도록 한다.

② 회사의 업무 방식에 대해 신입사원이 어려움을 겪을 때에는 적극적으로 업무를 처리해 주면서 솔선수범을 보인다.

③ 동료들과 상급자들에 대한 판단은 신입 스스로가 알라서 판단하도록 한다.

④ 신입으로 입사한 동료비서가 자신보다 나이가 많지만 회사의 공식적인 부분은 입사연차에 따르도록 한다.

8 다음 중 상사의 일정을 관리하는 비서의 자세로 가장 적절한 것은?

① 다음 주에 상사와의 면담을 요청하는 사람에게 언제가 편한지 물어 보았다.

② 월요일 오전 시간에 상사의 외부 회의 일정을 수립하였다.

③ 주말 중에 상사 일정 변경과 관련하여 상사에게 연락을 해야 할 경우 전화 문자메시지를 이용하였다.

④ 금요일 저녁에 시내에서 중요한 저녁 모임이 있어 교외에 있는 대리점 방문은 오전으로 일정을 수립하였다.

9 최근에는 컴퓨터의 일정관리 소프트웨어나 포털사이트의 일정관리 프로그램과 스마트 기기의 발달로 스마트 폰의 일정 관리앱을 다운 받아 일정 관리 프로그램과 연동하여 상사와 비서의 일정을 손쉽게 업데이트 하고, 공유하면서 일정을 관리하는 일이 많아졌다. 다음 중 일정관리 프로그램과 스마트 폰을 연동하여 사용하는 것에 대한 설명으로 옳지 않은 것은?

① 일정관리 프로그램과 스마트 폰을 연동하여 사용하는 것을 일정 동기화라고 한다.

② 일정관리 앱은 스마트폰 운영체제에 관계없이 앱을 다운 받아 실행시키면 동기화된다.

③ 일정관리 앱은 Ms-outlook, June, Jorte, TikTik 등이 있다.

④ 일정관리 앱을 동기화하기 위해서는 스마트폰 설정에서 캘린더 계정을 추가해야만 한다.

ANSWER 7.② 8.④ 9.②

7 신입사원이 겪는 어려움은 회사에 적응하는 과정이기 때문에, 상급자가 적극적으로 업무를 처리하는 것은 오해를 부르기 쉽다.

8 상사의 일정에 맞춰서 비서일정을 수립한다.

9 일정관리 앱은 스마트폰 운영체제에 따라 차이를 보이기 때문에, 운영체제에 맞는 앱을 다운받아야한다.

10 다음은 비서가 관리해야 할 회의지원 내용들이다. 아래 설명 중 가장 적절하지 않은 것은?

① 음향기기 점검 : 회의장 어느 부분에서도 잘 들리는지, 소리가 울리거나 약해지는지, 앰프가 필요한지를 점검한다.

② 기록 : 녹음이 필요할 경우에는 참석자들에게 녹음기를 사용하고 있음을 밝히고 눈에 보이는 곳에 녹음기를 놓아두어야 한다.

③ 음식과 음료 : 회의 중 참석자들이 원하는 음식과 음료를 주문하게 할 경우 음료는 충분히 제공될 수 있도록 종류 제한은 하지 않는 것이 좋다.

④ 자리배치 : 주관기관의 소속직원은 뒷면에, 초청인사는 주로 앞면으로 배치하도록 좌석 배치를 한다.

11 다음은 2010년 서울에서 개최된 G20 정상회담 때의 국기 게양 사진이다. 이처럼 국제회의 국기게양법에 대한 설명으로 적합한 것은?

① 참여국이 짝수일 경우, 개최국의 국기가 정가운데 위치하고 좌측부터 알파벳순으로 국기를 배치한다.

② 참여국이 홀수일 경우, 개최국의 국기가 정가운데 위치하고 좌측부터 알파벳순으로 국기를 배치한다.

③ 참여국이 홀수일 경우, 개최국의 국기가 정가운데 위치하고 개최국을 기준으로 국가명 알파벳순으로 참여국의 좌우 순으로 배치한다.

④ 참여국이 짝수일 경우, 개최국의 국기가 정가운데 위치하고 국가명 알파벳손으로 참여국의 좌우 순으로 국기를 배치한다.

12 김영숙 상사는 성격이 매우 급한 편이라 상사의 성격을 이해하고 업무를 수행하고자 한다. 김영숙 비서가 상사를 보좌하는 태도로 가장 적절하지 않은 것은?

① 업무 진행 과정을 가능한 신속히 보고한다. 상사가 회의나 외출 등으로 자리를 비운 경우에는 스마트폰을 이용해서 업무 진행과정을 보고 할 수 있다.

② 가능하면 처음에 제대로 일을 정확하게 하기 위해 업무 처리시 업무 자료 준비에 우선순위를 두어 시간을 할애한다.

③ 상사의 급한 성격에 맞추기 위해 업무 지시 내용과 비서의 판단력으로 업무를 우선 처리 한 후 사후 보고를 한다.

④ 성격이 급한 상사의 신뢰를 얻기 위해 김영숙 비서는 비서실의 파일링 체계를 개선한다.

13 사장님은 아침 일찍 업무를 마무리한 후 우리 회사를 방문한 Mary&Young의 마케팅상무님과 영업점 방문을 나가셨다. 사장님 외출 후 일어난 아래의 내용을 사장님께 휴대전화로 보고 하려고 한다. 다음 내용을 휴대전화 문자를 통해 보고할 때 가장 적절한 것은?

〈보고내용〉
사장님께서 외출하자마자 인사부장님이 급히 사장님과의 면담을 요청하였다. 면담 목적은 연구개발부장의 사직과 관련된 보고를 올리고자 함이다. 오전 11시30분에 삼신건설의 이명훈 전무님이 전화하여 내일 오후에 방문하고 싶다고 연락이 와서 사장님과 일정을 확인한 후 연락드리겠다고 하였다.
경리부서에서 사장님께서 요청한 D사의 영업현황에 관한 자료가 완성되었다고 가능한 빨리 사장님께 보고를 해야 한다고 한다. 오후 1시 30분에 회장실에서 사장님을 찾는 전화가 왔고, 2시 20분에는 사모님께서 사장님과 휴대전화 연결이 안 된다고 돌아오시는 대로 전화 부탁한다고 연락이 왔다.

① 휴대전화 문자메시지를 보낼 때 약어 등의 사용은 자제하고 완벽한 문장으로 서술한다.

② 일이 발생한 시간 순서로 정리하여 전달한다.

③ 전화한 사람이나 내방객의 이름과 소속은 문자에 포함하지만 용건은 내용이 많을 경우 문자메시지에 적지 않고 추후 구두로 보고한다.

④ 전달한 내용이 많을 경우 번호를 붙여서 작성한다.

ANSWER 12.③ 13.④

12 상사의 지시를 받은 후에 업무에 착수해야하고, 이해하기 어려운 점이 있으면 간단히 복창해 확인해야한다.

13 전달내용이 많을 경우, 번호를 활용하여 정리하는 것이 이해하기에 좋다.

14 대한증권 오상태 사장 비서 한선미는 CBN 방송국 PD로부터 증시전망과 관련하여 상사를 인터뷰하고 싶다는 전화를 받았다. 한 비서의 응대 방법으로 가장 적절한 것은?

① 상사가 평소 TV 프로그램 인터뷰를 많이 해왔기 때문에 이번에도 흔쾌히 승낙하였다.

② 상사의 인지도와 이미지 관리를 위해 꼭 필요하다고 판단되어 승낙하였다.

③ 일정과 자세한 내용을 문서로 받아 꼼꼼히 확인한 후 적절치 않다고 여겨 거절하였다.

④ 상사가 부재중이어서 확인 후 결정해야 하므로 확답을 주지 않았다.

15 다음 중 상사의 신상 자료를 관리하는 비서의 자세로 적절하지 않은 것은?

① 상사의 개인파일은 보안이 잘 되는 곳에 보관하거나 컴퓨터에 암호화하여 보관하여 외부로 유출되지 않도록 주의한다.

② 상사의 주요 기념일, 신체 사이즈(신장, 체중, 와이셔츠 크기, 허리둘레, 신발 크기, 골프 장갑 크기 등)도 개인 파일에 포함된다.

③ 상사에 관한 새로운 신상 정보를 얻게 된 경우 내용을 추가 한다.

④ 사내 인사부에서 상사에 대한 개인 정보를 요구할 경우 인비(人秘)문서로 작성하여 제출한다.

ANSWER 14.④ 15.④

14 상사와 상의 후에 결정할 일이기 때문에, 바로 확답을 주기는 어렵다.

15 개인정보와 관련된 내용은 반드시 상사의 승인을 받고 기재한다.

※ 다음을 읽고 물음에 답하시오. 【16~17】

Passenger Name	JIN/JUNGHEEMR	
Booking Reference	8297-4477	Restriction: NON-ENDS/RER
Ticket Number	745679090879	
Flingt KE0893	Operated by KE	
Departure	서울 (ICN/Incheon intl)	19JAN16 08:35 Local Time Terminal No. : 1
Arrival	상하이 (PVG/Pudong)	19JAN16 09:45 Local Time Termianl No. : 1
Flight Time	02H 10M	SKYPASS Miles 530
Seat type -	Biz(Y)	Not Valid After 03FEB16
예약상태	Status OK(확약)	Baggage 1PC
Flight KE0898	Operated by KE	
Departure	상하이 (PVG/Pudong)	24JAN16 14:00 Local Time Terminal No. : 2
Arrival	서울(ICN/Incheon intl)	24JAN16 17:00 Local Time Terminal No. : 2
Flight Time	02H 00M	SKYPASS Miles 530
Seat type -	Biz(Y)	Not Valid After 03FEB16
예약상태	Status OK(확약)	Baggage 1PC

16 상사의 해외출장으로 위의 e-티켓 확약서를 받았다. 이와 관련하여 상사 출장준비를 하는 비서의 업무로 가장 적절하지 않은 것은?

① 전체 출장 일정은 2월 3일을 종료일로 하여 6일간의 실제 일정표로 작성한다.

② 중국에서의 숙소는 5일 숙박으로 예약하되 공항과 출장지 거리를 감안하여 정한다.

③ 성수기라 공항이 너무 붐빌 것을 예상하여 출구수속은 공항 도심터미널에서 할 수 있도록 일정 시간을 조정하였다.

④ 상사의 서울 도착일에 귀사하여, 보고 받을 지의 여부를 상사에게 물어보고 일정표를 작성하였다.

ANSWER 16.①

16 2월 3일은 유효기간이고, 1월 24일이 도착 예정 날짜이다.

17 출장 하루 전에 회사에 갑작스런 중요 사안이 발생하여 상사 출장 일정이 지연되게 되었다. 이에 대한 비서의 조치로 가장 적절하지 않은 것은?

① 대한항공사에 연락하여 항공권 양도 변경을 먼저 요청한 후 2월 3일 안으로 일정을 조정한 후 재예약을 요청한다.

② 중국에서의 일정과 관련된 기관 및 담당자에게 연락을 취해 사정을 말하고 일정이 재확정된 후 다시 통보하겠다고 한다.

③ 2월 3일 전까지는 항공권이 유효하므로 항공사 변경 없이 여정변경만 하도록 한다.

④ 일정 변경으로 인한 좌석 type이 달라질 수 있음을 감안하여 예약 클라스 변경 여부도 미리 알아본다.

18 다음 중 방문객 응대에 비서의 행동으로 가장 바람직한 경우는?

> A : 내방객이 신분을 밝히지 않으면서 계속 상사와 면담하기를 원하는 경우
> 비서 : "죄송합니다만 선약이 되어 있지 않아 사장님을 만나실 수 없습니다. 다음에 미리 연락주시고 방문해 주시면 만나게 해드릴 수 있습니다."
> B : 상사가 먼저 온 내방객과 면담을 마치지 않아 약속된 내방객이 기다려야 할 경우
> 비서 : "죄송합니다만 면담이 조금 늦어질 것 같습니다. 조금만 기다려 주시겠어요? 혹시 근처 다른 볼 일이 있으시면 보시고 오셔도 됩니다."
> C : 내방객이 교통체증 등의 이유로 약속 시간보다 늦는다고 연락한 경우
> 비서 : "네 알겠습니다, 김 이사님. 사장님께서 기다리고 계시지만 너무 서두르지 말고 천천히 오세요.
> D : 내방객에게 드릴 차를 여쭤보니 괜찮다며 사양하시는 경우
> 비서 : "그럼 물이라도 올릴까요?" (그래도 괜찮다시면)
>   "네, 알겠습니다. 언제든 필요하시면 말씀해주십시오."

① A   ② B

③ C   ④ D

ANSWER 17.① 18.④

17 NON-ENDS … 양도 불가(다른 항공사로 항공권을 양도할 수 없음, 즉 다른 비행기로 여정을 바꿀 수 없음)

18 방문객 응대시 면회가 불가능한 경우, 메모를 받거나 차를 권한다.

19 다음 중 경조사 관련 한자의 조합이 잘못된 것은?

① 賻儀, 謹弔, 弔儀

② 華婚, 結婚, 聖婚

③ 就任, 榮轉, 昇進

④ 報告, 回甲, 壽宴

20 평소 의전을 중시 여기는 상사를 위해 비서 A양은 의전 기본 원칙들을 숙지하였다. 다음 의전 관련 내용 중 일반적인 원칙과 가장 거리가 먼 것은?

① 의전의 예우 기준은 헌법 등 법령에 근거한 공식적인 것을 기준으로 하고 선례와 관행 기준 예외는 두지 않는 것이 원칙이다.

② 공적직위가 없는 인사의 서열기준은 전직(前職)과 연령을 기준으로 하되 행사 관련성도 고려한다.

③ 정부기관 인사가 참여했을 경우, 직위가 같을 때는 정부조직 법상의 순서를 기준으로 자리배치를 한다.

④ 태극기와 외국기를 교차 게양할 경우는 밖에서 보아 태극기의 깃대는 외국기의 깃대 앞쪽으로 한다.

ANSWER 19.④ 20.①

19 ④ 보고(報告), 회갑(回甲), 수연(壽宴)

※ 경조문 관련 한자

㉠ 결혼식(結婚式) : 축성전(祝盛典), 축성혼(祝聖婚), 축화혼(祝華婚), 축결혼(祝結婚), 하의(賀儀)

㉡ 회갑연(回甲宴) : 축희연(祝禧筵), 축수연(祝壽筵), 축회갑(祝回甲), 축의(祝儀)

㉢ 축하(祝賀) : 축영전(祝榮轉), 축입선(祝入選), 축당선(祝當選), 축발전(祝發展), 축우승(祝優勝)

㉣ 초상(初喪) : 근조(謹弔), 부의(賻儀), 조의(弔儀), 향촉대(香囑代)

20 의전의 예우 기준은 나라별로 문화가 다르므로 이를 존중하여 이해해야 한다.

21 무한책임사원만으로 구성되는 회사로 사원은 회사의 채무를 회사채권자에 대하여 직접 연대하여 변제할 무한 책임을 지는 형태의 회사는 다음 중 무엇인가?

① 합명회사   ② 합자회사

③ 주식회사   ④ 유한회사

22 경영환경의 개념에 대한 설명으로 가장 적절하지 않은 것은?

① 경영환경은 인간의 생산활동을 뒷받침하는 외부상황이라 말할 수 있다.

② 기업과 환경과의 관계는 정태적이다.

③ 현대기업은 환경과 끊임없는 상호작용을 하는 시스템이다.

④ 기업은 생존을 위하여 외부환경의 변화에 적절히 적응 하여야 한다.

23 기업의 환경에 대한 설명 중 가장 적절하지 않은 것은?

① 기업의 경제적 환경 요인으로는 정부, 종업원, 노동조합, 서비스 제공자 및 공급자 등의 이해관계자 집단이 있다.

② 기업의 외부환경 중 일반환경은 기업에 전혀 영향을 주지 않는다.

③ 기업환경의 측면에서 고객의 역할은 중요하기 때문에 고객에 대한 경영전략이 모색되어야 한다.

④ 기업의 정치적 환경은 경제적 환경을 외부에서 에워싸고 있는 기업환경으로, 정부가 대표적인 예라고 할 수 있다.

ANSWER) **21.**①   **22.**②   **23.**②

   21 합명회사는 회사채권자에게 회사 채무에 대해 무한책임을 부담하는 사원만으로 구성된 회사이다.

   22 기업과 환경과의 관계는 동태적이다.

   23 기업의 환경
      ㉠ 내부환경 : 조직이 가지고 있는 독특한 조직분위기, 조직문화를 의미하는 것으로 조직구성원이 조직의 성격, 가치, 규정, 스타일 및 특성 등을 공유하는 지각의 정도로 구성
      ㉡ 외부환경 : 조직의 외부에 존재하면서 조직의 의사결정이나 전반적인 조직활동에 영향을 미치는 환경
      ㉢ 일반환경 : 사회의 모든 조직에 영향을 미치는 환경으로 그 범위가 매우 넓은 비특정적 요인으로 구성(경제적 환경, 기술적 환경, 사회문화적 환경, 정치·법률적 환경, 국제적 환경)
      ㉣ 과업환경 : 어떤 특정 조직에 직접적인 영향을 미치는 요인(경쟁자, 고객, 규제기관, 협력업자 등)

24 기업의 사회적 책임에 대한 설명으로 가장 적절하지 않은 것은?

① 기업의 사회적 책임은 법과 주주들이 요구하는 것을 넘어서 사회 전체에게 바람직한 장기적 목표를 추구할 의무까지 포함한다.

② 보이지 않는 손의 역할이 산업혁명 당시보다 강화되었다.

③ 기업의 사회적 책임 중 윤리적 책임이란 법적으로 강요 되지는 않지만 사회가 기대하고 요구하는 바를 충족시키는 것을 의미한다.

④ 기업의 사회적 책임 중 대내적 책임은 종업원에 대한 책임을 들 수 있다.

25 기업의 인수합병에 대한 설명으로 가장 적절하지 않은 것은?

① 둘 이상의 기업이 하나로 통합되어 단일 기업이 되는 것을 합병이라 한다.

② 인수합병을 통해 빠른 성장과 시장에의 조기진입이 가능하다.

③ 인수합병을 통해 취득자산 가치와 재무체질이 강화되고, 내적 성장이 가능하게 된다.

④ 해외기업의 인수합병을 통해 생산거점 및 원자재의 안정적인 공급처 확보, 해외시장 개척을 한다.

26 다음 중 주식회사의 특징에 대한 설명으로 가장 적절하지 않은 것은?

① 주식회사는 소수의 출자자로부터 자본을 모으는 것이 아니라 널리 일반 대중에 산재하는 자본으로 대규모의 자본을 조달하는 기업형태이다.

② 주식회사는 회사의 지분 또는 주식 모두가 개인 일인의 소유에 속한다.

③ 주식회사의 주주는 주주총회에 참석하여 의결권을 행사 할 수 있으며, 이익배당을 청구할 수 있다.

④ 주식회사는 기업의 출자자와 경영자가 분리되어 경영자가 기업을 지배하는 소유와 경영의 분리라는 특징을 보인다.

ANSWER 24.② 25.③ 26.②
....

24 보이지 않는 손과 현대 사회
  ㉠ 보이지 않는 손이란 개인이 이익을 위해 경쟁하는 과정에서 누가 의도하지 않아도 사회구성원 모두에게 유익한 결과를 가져오게 된다는 원리이다. 그러나 이러한 자유방임주의가 지속되자 문제점을 일으킨다.
  ㉡ 현대 사회는 수정 자본주의의 도입으로 시장의 자율성을 인정하면서 전반적 복지정책의 개입으로 여러 문제점을 방지하고 있다.

25 기업의 합병도 문제점을 가지고 있다.
  ※ 강제적 M&A의 단점
    ⓐ 국제적 투기자본에 국부가 유출될 수 있다.
    ⓑ 인수 측의 경영능력 검증이 어렵다.
    ⓒ 기업의 경영권 안정에 위협이 될 수 있다.

26 주식회사는 다수의 주주의 출자로 구성되고 자본은 주식으로 분배된다.

27 다음의 경영 관리 과정 중에서 필요한 자원을 조달하고 할당하는 것으로 가장 적절한 것은?

① 계획   ② 조직화

③ 지휘   ④ 조정

28 다음 중 마이클 포터의 본원적 경쟁전략모형에 대한 설명으로 가장 적절하지 않은 것은?

① '본원적'의 의미는 제조, 유통, 서비스 등 모든 분야에서 사용할 수 있음을 나타낸다.

② 집중화전략은 특수한 틈새시장이나 특정 지역에서 경쟁하는 것을 말한다.

③ 차별화전략은 규모의 경제를 통한 소품종대량생산을 제공한다.

④ 원가주도전략은 경쟁기업보다 낮은 가격으로 제품과 서비스를 제공하는 것을 의미한다.

29 다음 중 공식조직과 비공식조직에 대한 설명으로 가장 적절하지 않은 것은?

① 공식조직은 보통 조직도로 알 수 있다.

② 공식조직은 호손실험 이후에 중요성이 부각되었다.

③ 비공식 조직은 학연, 지연, 기호 등에 의한 자연발생적 조직으로 종업원들의 직무만족감, 소속감 등 감정의 논리에 입각하고 있다.

④ 비공식조직은 종업원들에게 귀속감과 만족감을 제공한다.

ANSWER   27.②   28.③   29.②

27 조직이란 구성원의 공식적인 협동관계를 유효하게 형성·유지하는 것으로 관리조직은 각 관리자의 공식적인 상호관계를 규정하는 것이고, 작업조직은 노무자의 직무를 규정하는 것이다.

28 마이클 포터의 본원적 전략
   ⊙ **총체적원가우위전략** : 품질저하 없이 낮은 가격으로 매출액을 극대화하는 전략
   ⓛ **차별화전략** : 기업이 제공하는 제품이나 서비스를 차별화함으로써 우수한 기업이미지를 창출하는 전략
   ⓒ **집중화전략** : 특수한 고객층, 특별한 서비스 등과 같이 특정 시장에 초점을 맞추어 집중시키는 전략

29 호손실험을 통해 비공식 조직은 구성원의 심리적 만족감을 높여 공식조직의 목표달성에 기여할 수 있다는 것을 알 수 있다.
   ※ **호손실험**
     호손실험은 호손 공장의 근로자를 대상으로 한 실험으로, 생산성을 좌우하는 것은 작업시간, 임금과 같은 과학적인 것이 아니고, 근로자가 자신이 속하는 집단에 대해서 갖는 감정, 태도 등의 심리조건, 사람과 사람과의 관계 등 이라는 점이다.

30 일하기 싫어하고 책임지기 싫어해서 엄격한 통제를 해야 하는 사람이 있는 반면, 외부의 통제나 처벌의 위협 보다는 적절한 동기 부여를 통해 자율적이고 창의적으로 움직이는 사람이 있음을 주장한 동기 부여 이론으로 다음 중 가장 적절한 것은?

① 맥그리거의 XY이론

② 부룸(Vroom)의 기대 이론(Expectancy theory)

③ 애덤스(Adams)의 공정성 이론(Equity theory)

④ 허츠버그(Herzberg)의 2요인 이론(Two-factor theory)

31 다음 중 리더십이론에 대한 설명으로 가장 적절하지 않은 것은?

① 거래적 리더십은 리더가 부하의 노력과 성과에 대해 보상하는 것으로 리더와 부하간의 교환거래관계에 바탕을 두고 있다.

② 변혁적 리더십은 비전을 제시하고 구성원들이 높은 기대를 갖도록 동기부여 시키는 리더십이다.

③ 카리스마적 리더십은 개인이 가진 영적인, 심적인, 초자연 적인 특질이 있을 때 구성원이 이를 신봉함으로써 생기는 리더십이다.

④ 서번트 리더십은 구성원들이 다른 사람뿐 아니라 스스로를 통제할 수 있는 힘과 기술을 갖도록 도와주는 리더십이다.

ANSWER 30.① 31.④

30 맥그리거의 XY이론 … 인간의 본성에 대한 가정을 X, Y로 두 가지로 나눠 각기 특성에 따른 관리전략을 처방한 이론

※ 동기 부여 이론

　　㉠ 브룸의 기대이론 : 개인의 동기는 그 자신의 노력이 어떤 성과를 가져오리라는 기대와, 그러한 성과가 보상을 가져다 주리라는 수단성에 대한 기대감에 의해 결정된다는 이론이다.

　　㉡ 애덤스의 공정성이론 : 사람은 자신의 투입과 그로부터 얻어내는 보상을 다른 사람의 투입·보상과 비교하여 공정성을 유지하는 쪽으로 동기부여 된다는 이론이다.

　　㉢ 허츠버그의 2요인이론 : 욕구를 위생요인과 동기요인으로 구분하고 작용요인을 구분한 점, 동기요인을 달성하는 것이 업적성과에 직접적 영향을 미친다는 점을 규명한 이론이다.

31 서번트 리더십은 섬기는 자세를 가진 봉사자로서의 역할을 먼저 생각하는 리더십이다.

32 다음 중 마케팅 믹스(Marketing Mix) 요소인 4P에 해당하지 않는 것은 무엇인가?

① 제품(product)

② 가격(price)

③ 유통(place)

④ 기획(planning)

33 다음 중 의사소통에 대한 설명으로 가장 적절하지 않은 것은?

① 의사소통은 한 사람으로부터 다른 사람에게 정보나 의사가 전달되는 과정이다.

② 효과적인 의사소통은 송신자가 의도하는 메시지와 수신자가 해석하는 의미가 일치하는 것을 말한다.

③ 제안제도나 고충제도는 상향적 의사소통 네트워크이다.

④ 몸짓, 표정, 악수 등의 비언어적 의사소통으로는 의사전달이 이루어질 수 없다.

34 다음 중 인적자원의 교육훈련과 경력관리에 대한 설명으로 가장 적절하지 않은 것은?

① 모집과 선발을 거쳐 인력을 확보하게 되면 이들의 능력을 향상시켜 맡은 직무를 보다 효율적으로 수행할 수 있도록 적절한 교육훈련과 경력관리가 필요하다.

② 교육훈련 방법 중에서 직무 및 작업현장을 벗어나 실시하는 것은 OJT(on-the-job training)다.

③ 경력관리는 기업의 요구와 개인의 욕구가 일치될 수 있도록 각 개인의 직업경력을 장기적으로 개발하는 활동을 말한다.

④ 최근 노동시장의 고용유연화의 영향으로 평생직장의 개념이 사라지면서 점차 스스로 자신의 경력 관리를 위해 노력해야 할 필요성이 증가되고 있다.

Aɴsᴡᴇʀ 32.④ 33.④ 34.②

32 마케팅에서 4P전략은 각각 제품관리, 가격관리, 경로관리, 촉진관리로 분류할 수 있다.

33 몸짓, 표정도 의사전달 수단이 될 수 있다.

34 OJT는 직무를 수행하면서 직무를 통해 실시하는 교육훈련으로, 상사나 선배가 후배에 대해 일대일로 하는 훈련과 전체가 논의를 하면서 직무수행방법을 강구하는 집단적 학습 등 여러가지 방법이 있다.

35 다음 중 인적자원관리에 대한 설명으로 가장 적절하지 않은 것은?

① 인적자원관리는 인적자원의 확보, 개발, 활용, 보상, 유지와 관련된 관리활동을 의미한다.

② 인적자원을 정기적으로 평가하여 인사관리 및 성과금과 같은 보상제도에 적용할 필요가 있다.

③ 선발 배치된 후에 이루어지는 배치전환, 승진, 이직과 같은 인사이동은 종업원의 최대 관심사 중의 하나이다.

④ 인적자원관리는 개개인의 잠재적 능력을 개발하는데서 출발하므로, 기업의 발전과 결합되지 않아도 그 가치가 있다.

36 기업의 경영분석 지표에 대한 다음 설명 중 가장 적절하지 않은 것은?

① 성장성 지표 : 회사의 규모나 경영성과가 전년에 비해 어느 정도 증가하였는가를 측정하는 지표이다.

② 안정성 지표 : 회사가 어느 정도 안정되어 있는가를 측정하는 지표이며, 안정성 지표를 수년간에 걸쳐 추세를 분석하게 되면 어떠한 방향으로 나아가고 있는지 여부를 알 수 있으나, 불안정한 경우 원인 파악은 불가능하다.

③ 활동성 지표 : 활동성이란 기업의 영업활동이 어느 정도 활발하게 이루어지고 있는가를 측정하는 지표로 일반적으로는 '회전율'이라고 한다.

④ 수익성 지표 : 수익성이란 회사가 벌어들이는 수익능력을 측정하는 지표로서 손익계산서에 나타나는 각 구간별 이익을 기준으로 관련되는 항목과의 비율로 계산된다.

ANSWER 35.④ 36.②

35 인적자원관리는 조직 구성원의 업적과 능력 및 집단의 활동 등을 파악하거나 구성원 개인의 능력·태도·성과에 초점을 맞추고, 나아가 인적자원관리가 잘 되면 기업의 발전에도 영향을 미친다.

36 안정성 지표 ··· 손익계산서 및 대차대조표를 이용하여 기업 재무상태의 안정성 정도를 판단하는 지표

37 다음에서 설명하는 정보시스템으로 가장 적절한 것은?

> - 기업 내 생산, 물류, 재무, 회계, 영업과 구매, 재고 등 경영 활동 프로세스들을 통합적으로 연계해 관리하는 시스템이다.
> - 업계의 최고관행(Best Practice)을 시스템 내부에 구현한다.
> - 패키지 형태로 구성되어 있어 신속한 도입이 가능하다.

① ERP(Enterprise Resource Planning)

② EIS(Executive Information System)

③ SIS(Strategic Information System)

④ DSS(Decision Support System)

38 다음의 시사 용어에 대한 설명 중 가장 적절하지 않은 것은?

① 유비쿼터스 컴퓨팅 : 현재의 컴퓨터에 어떠한 기능을 추가하거나 컴퓨터 속에 무엇을 집어넣는 것이 아니라, 컵, 자동차, 안경, 신발과 같은 일상적인 사물에 각각의 역할에 부합되는 컴퓨터를 집어넣어 사물끼리도 서로 커뮤니케이션을 하도록 해주는 것이다.

② 지적소유권 : 문학 및 과학 작품, 연출, 예술가의 공연·음반 및 방송, 발명, 과학적 발견, 공업의장·등록상표·상호 등에 대한 보호 권리와 공업·과학·문학 또는 예술분야의 지적 활동에서 발생하는 기타 모든 권리를 포함한다.

③ 우리사주 신탁제도 : 기업이 종업원의 동의를 받아 퇴직금과 성과급으로 주식투자 전용펀드를 설정해 자사주나 기타 주식에 투자한 뒤 이익을 분배하는 제도이다.

④ 스톡옵션 : 기업이 평사원에게 시중 가격으로 주식을 판매할 수 있는 권리를 말한다.

ANSWER 37.① 38.④

37 정보시스템 용어
- ㉠ **중역정보시스템(EIS)** : 최고경영자의 전략기획 업무를 지원
- ㉡ **전략정보시스템(SIS)** : 기존의 정보시스템에 정보통신망을 이용하여 기업간의 경쟁에서 경쟁 기업에 대해 경쟁우위를 획득
- ㉢ **의사결정지원시스템(DSS)** : 통계적 기법을 통해 의사결정 대안들을 비교하여 의사결정에 필요한 정보를 제공

38 스톡옵션
- ㉠ **개념** : 회사가 임직원에게 일정량의 자기회사 주식을 일정기간내에 미리 정한 가격(행사가격)으로 매수할 수 있는 권리를 부여하는 일종의 인센티브
- ㉡ **스톡옵션의 효과**
  - 적은 비용으로 능력 있는 인재 영입
  - 임직원의 잠재 주주화를 통한 주인의식 제고 및 책임경영 실현
  - 임직원과 주주의 이해일치로 주주에 대한 더 높은 수익 보장
  - 임직원의 자산형성기회 제공

39 다음 용어에 대한 설명으로 가장 적절하지 않은 것은?

① 전략적 제휴 : 2개 이상의 기업들이 각자가 가지고 있는 고유의 경쟁우위를 바탕으로 상호보완적이고 지속적인 협력 관계를 형성함으로써 다른 기업들에 대해 경쟁우위를 확보 하려는 경영전략
② 프랜차이즈 : 상품을 제조하고 판매하는 메이커 또는 판매업자가 체인본부를 구성, 독립소매점을 가맹점으로 지정하여 그들 가맹점에게 일정한 지역 내에서 독점적 영업권을 부여하는 것
③ 시스템통합 : 기업이 필요로 하는 정보시스템에 관한 기획에서부터 개발과 구축, 운영까지의 모든 서비스를 제공하는 것
④ 아웃소싱 : 제품의 전체적인 공급과정에서 기업이 일정한 부분을 통제하는 전략으로 다각화의 방법

40 다음에서 설명하는 시사용어로 가장 적절한 것은?

> － 대중으로부터 자금을 모은다는 뜻이다.
> － 자금이 없는 예술가나 사회활동가 등이 자신의 창작 프로젝트나 사회공익프로젝트를 인터넷에 공개하고 익명의 다수에게 투자를 받는 방식을 말한다.
> － 소셜미디어나 인터넷 등의 매체를 활용해 자금을 모으는 투자방식이다.

① 핀테크
② 인터넷 뱅킹
③ 크라우드 펀딩
④ 사물인터넷

ANSWER 39.④ 40.③

39 아웃소싱은 기업의 일부 업무를 제 3자에게 위탁하여 처리하는 방식으로 모든 업무를 조직 내부에서 수행하는 인소싱의 반대되는 개념이다.

40 ① 핀테크 : 금융과 IT의 융합을 통한 금융서비스 및 산업의 변화를 통칭
② 인터넷 뱅킹 : 인터넷을 통해 은행업무를 처리하는 금융시스템
④ 사물인터넷 : 생활 속 사물들을 유무선 네트워크로 연결해 정보를 공유하는 환경

41 Which of the followings is the most appropriate department names for the blanks ⓐ and ⓑ?

John : Hello, I think we've met before.

Steven : Yes, I've seen you around. I'm Steven.

John : Nice to meet you, Steven. I'm John. What department do you work in?

Steven : I am in the ⓐ _____. I'm responsible for making sales plans for new products. What about you? What do you do?

John : I work in the ⓑ _____. I'm in charge of managing the customer service team.

① ⓐ R&D Department – ⓑ Marketing Department

② ⓐ Customer Service – ⓑ Online Shopping Department

③ ⓐ Advertising Department – ⓑ Marketing Department

④ ⓐ Sales Department – ⓑ Customer Service

41 ⓐ 뒤의 문장에 sales plans for new products로 보아 Sales Department가 들어가야 하고, ⓑ 뒤의 managing the customer service로 보아 Customer Service가 들어가야 한다.

「John : 우리 전에 만났었죠.
Steven : 예, 당신을 본적이 있습니다. 저는 Steven입니다.
John : 만나서 반갑습니다. Steven씨. 저는 John입니다. 당신은 어느 부서에서 일하고 있죠?
Steven : 저는 ⓐ영업팀에 있습니다. 새로운 제품의 영업 계획을 맡고 있죠.
John : 저는 ⓑ고객지원팀에서 일합니다. 고객 서비스 팀을 관리하고 있습니다.」

42 Read the following phone conversation and choose one which is the most grammatically correct.

A : Hello. ⓐI'm Mr. Jackson's secretary.
   May I talk to Mr. Martin's secretary?
B : This is she speaking.
A : Mr. Jackson ⓑlike to see Mr. Martin sometime next week.
B : Well, let's see… either Monday ⓒnor Thursday would be fine.
A : Monday would be ⓓpreferable.
   Would that be O.K. with Mr. Martin?
B : Yes, that's good.

① ⓐ I'm
② ⓑ like
③ ⓒ nor
④ ⓓ preferable

43 Which of the words ⓐ~ⓓ below is not correct?

We have decided to ⓐ_____ the first annual IPAC Convention from September 12~14 at Coex in downtown Seoul. ⓑ_____ 400 people from all parts of Korea will attend the conference, which will ⓒ_____ presentations by world famous educators and HR experts. The Convention will also ⓓ_____ a variety of events including a publisher's exhibit and a job information booth.

① ⓐ held
② ⓑ Approximately
③ ⓒ feature
④ ⓓ host

44 Choose one which has a grammatical error.

① I would prefer to have a window seat.

② I'd like to book a ticket to Beijing.

③ How long are you planned to stay in London?

④ Would you give me a return ticket?

45 Read the following statements about addressing letter envelope and choose the one which is not appropriate one.

① In the upper – left hand corner should be sender's name, and underneath that should be the return address.

② In the upper – right hand corner should be the postage stamp.

③ In the middle – center should be the recipient's name and recipient's address.

④ If you are writing to a different country, make sure you put it at on the first line of your return address and the recipient's address.

ANSWER **44.③ 45.④**

44 ③번 문장에서 주어가 you이고, 주체가 계획하는 것이므로 능동형인 be planning to가 되어야 한다. be planned to가 되면 '-하기로 되어있다.'라는 수동이 되므로 옳지 않다.

45 국제 서신의 경우, 주소의 첫 번째 줄에는 회사나 기관 이름이 들어가야 한다.

46 Which of the followings is the most appropriate expression for the blanks ⓐ and ⓑ?

Dear Ms. Lee :

I would like to _____ⓐ_____ the position of secretary, which you advertised in today's Times. I believe my education and experience have given me the background you desire for the position.

The enclosed resume will provide you further details of my _____ⓑ_____ , and I would appreciate it if you could give me an opportunity to have an interview.

---

① ⓐ apply for   ⓑ qualifications
② ⓐ submit   ⓑ requirement
③ ⓐ enter   ⓑ everything
④ ⓐ apply to   ⓑ personal history

....

ANSWER 46.①

46 ⓐ의 목적어인 position of secretary로 보아 빈칸 자리에 동사인 apply for이 들어가야 하고, ⓑ가 포함된 문장에서 resume(이력서)가 등장하므로 qualification(자격증)이 들어가야 한다.

「Ms. Lee에게 :
저는 today's Times에 게시된 비서직에 ⓐ지원하고 싶습니다. 저는 당신이 기대하는 교육이나 경험과 같은 배경지식을 가지고 있다고 생각합니다.
동봉된 이력서는 제 ⓑ자격증에 대한 정보가 나와있습니다. 저에게 면접을 볼 수 있는 기회가 주어졌으면 좋겠습니다.」

47 Choose one which is the most appropriate subject of the message.

Dear Mr. Johnson :

Thank you for your letter inviting me to speak at your conference on 5 October.

I am delighted to accept your invitation, and confirm that I shall require overnight accommodation on 4 October.

I look forward to meeting you and other members of your Society again at your conference and wish you every success.

Yours sincerely,

---

① Conference invitation

② Declination of invitation

③ Announcement of invitation

④ Acceptance of invitation

ANSWER 47.④

47 지문은 초대에 응하는 편지이다.

「Johnson에게 :
10월 5일에 당신의 회의의 사회자로 초대하는 편지를 받아 영광입니다.
저는 편지를 받아 기뻤고, 10월 4일 밤에 숙박을 할 수 있는지 확인했습니다.
저는 당신과 다른 직원들을 다시 만날 것에 기대하고 있고 당신의 성공을 기원합니다.」

48 According to the email, which one is <u>not true</u>?

E-MAIL : Liz Ranger 5/22/16 3:45p.m.

TO : All staff

SUB : Vacation schedules

MESSAGE :

I need to know your vacation schedules for the month of June and July. Please send your vacation dates to me by June 1, 2016. Send the information to my email address.

Thank you for your cooperation.

---

① The receipients of the email are all staff.

② The message is about the staff's vacation dates.

③ The staff should send the information before June 1.

④ The staff should reply in person.

49 Which of the followings is <u>not related</u> to others?

① Are you with me?

② Does that seem to make sense?

③ Are you following me?

④ Can it wait?

---

48 지문에는 휴가날짜를 이메일로 보내달라고 요구했기 때문에 in person(직접 대면해서)은 옳지 않다.

「발신자 : Liz Ranger
수신자 : staff
부제 : 휴가 계획
내용 :
저는 여러분의 6, 7월 휴가 계획에 대해 알고 싶습니다.
6월 1일까지 저에게 휴가 날짜를 이메일로 보내주세요.
협조해 주셔서 감사합니다.」

49 ①②③은 이해했는지에 대해 물어보는 의문문이다.

50 Which of the followings is the most appropriate expression for the blanks ⓐ and ⓑ?

A : Hello, Mr. Anderson. I'm Mr. Robert's assistant Liz.

I just received your travel itinerary.

Thank you for letting us know about it _____ⓐ_____ .

B : You're welcome.

I will arrive in London a day before the meeting.

Then I'll call you after I check in at the hotel.

A : That would be great. I hope you will not have

_____ⓑ_____ during the meeting.

B : I know. But I usually sleep well on flights.

---

① ⓐ ahead of time   ⓑ jet lag

② ⓐ in advance   ⓑ turbulence

③ ⓐ afterward   ⓑ time difference

④ ⓐ later   ⓑ sleepiness

51 Choose one which is the least appropriate expression for the blank ⓐ?

Visitor : I tried to reach Mr. Wilde, the purchasing manager,
   but _____ ⓐ _____

Receptionist : Did you dial the right number?

Visitor : I checked several times.

Receptionist : Do you want me to check if he is available to meet you while you are here?

Visitor : I'd appreciate it.
   I have an urgent matter to talk with him.

---

① nobody answered the phone.

② I was directly connected to the line.

③ I only got a busy signal.

④ his extension line has been busy.

51 빈칸 뒤의 문장에서 'did you dial the right number?'이 등장하였으므로 ⓐ에는 관련 문장이 와야 한다.

「방문객 : 저는 구매담당자인 Wilde씨에게 전화했었지만 ⓐ통화 중이더군요.
접수처 : 올바른 전화번호였나요?
방문객 : 몇 번이나 확인했습니다.
접수처 : 그가 당신을 만날 수 있는지 확인 해드릴까요?
방문객 : 네 그렇게 해주시면 감사하겠습니다. 그에게 급히 전할 말이 있습니다.」

52 Read the following dialog and choose one which is true.

Visitor : I have an appointment to see the accounting manager at 9:00.

Secretary : Mr. Johnson from Santo Corporation?

Visitor : Yes, right. I'm sorry that I'm a little late for the appointment because the road was blocked and there was too much traffic.

Secretary : She's been expecting you and stepped out of her office now, but she will be with you soon. Would you please take a seat over here?

Visitor : Sure.

Secretary : Would you care for something to drink?

Visitor : Thanks. I'd love to have a cup of coffee.

Secretary : How would you like it, sir?

Visitor : With a dash of milk, please.

---

① Mr. Johnson은 사전 약속 없이 방문하였다.

② The accounting manager는 Mr. Johnson의 방문을 예상하지 못하였다.

③ 비서는 Mr. Johnson을 응대할 시간이 없다.

④ Mr. Johnson은 약속 시간에 늦었다.

53 Choose one which is the least appropriate expression for the blank.

Secretary : Good morning. May I help you?

Visitor : Hello. Is Mr. Kim in?

Secretary : May I have your name?

Visitor : I'm Tony Wong from CTC Investment.

I just dropped in without an appointment.

Can I see him now?

Secretary : I'm sorry but _____

Visitor : I see. Please tell him that I dropped in to give my regards to him.

Secretary : All right. I'll.

---

① Mr. Kim is expecting you now.

② Mr. Kim is talking with his boss.

③ Mr. Kim is in a meeting now.

④ Mr. Kim is taking a telephone call.

53 Mr. Kim이 Tony Wong을 못 만나는 이유가 빈칸에 들어가야 한다. 가장 관련 없는 보기는 ①이다.

「비서 : 좋은 아침입니다. 무엇을 도와드릴까요?
방문객 : 안녕하세요. Mr. Kim 있나요?
비서 : 당신의 이름을 알 수 있을까요?
방문객 : 저는 CTC Investment의 Tony Wong입니다. 제가 약속 없이 들렀는데, 그를 볼 수 있을까요?
비서 : 죄송합니다. _____.
방문객 : 네 알겠습니다. 그에게 제가 들렀었다고 안부를 전해주세요.
비서 : 알겠습니다.」

54 Read the following dialogue and choose one set which is arranged in correct order.

---

a. It's Oscarfrom AC FABRICS.

b. Good morning. It's Oscar here.
   I'd like to speak to John in Marketing, please.

c. Thank you... John can take your call now.

d. Yes, Hold the line, please.
   Sorry, what did you say your name was?

e. Good morning. ABC.

---

① b – e – a – c – d

② a – e – b – c – d

③ e – b – d – a – c

④ c – a – e – b – d

54 「e. 좋은 아침입니다. ABC입니다.

b. 좋은 아침입니다. 저는 Oscar입니다. John과 마케팅에 대해 대화하고 싶습니다.

d. 예, 전화를 끊지 말고 기다리세요. 실례지만 당신의 이름을 알려주시겠습니까.

a. AC FABRICS의 Oscar입니다.

c. 감사합니다. John은 지금 연락을 받을 수 있습니다.」

55 Choose the most appropriate sentence for the blank in the following conversation.

A : Hello? May I speak to Ms. Jones?
B : I'm sorry, but what number did you dial?
A : Isn't this 552-2393?
B : Who is it that you want to talk to?
A : I'm looking for someone named Grace Jones.
B : I think you've got the wrong number.

_____

A : Sorry about that.
B : No worries.

① No one is working for Grace Jones.
② There's nobody with that name here.
③ Grace Jones has just stepped out.
④ I'll transfer your call to her.

55 빈칸에 ②가 들어가야 자연스럽다.
「A : 안녕하세요. Jones씨와 통화 가능할까요?
B : 죄송합니다. 누르신 전화번호를 알 수 있을까요?
A : 552-2393 아닌가요?
B : 누구와 통화하려 하신건가요?
A : Grace Jones씨를 찾고 있어요.
B : 제 생각에 그 번호는 잘못된 번호인 것 같아요. _____
A : 죄송합니다.
B : 괜찮습니다.」

56 Choose the correct inside address in a business letter.

① Mr. Peter Lee
  Our Life Inc.
  Sales Manager
  1494 Baird St.
  CA 92882, Corona

② Mr. Peter Lee
  1494 Baird St.
  Corona, CA 92882
  Our Life Inc.
  Sales Manager

③ Mr. Peter Lee
  Sales Manager
  Our Life Inc.
  1494 Baird St.
  Corona, CA 92882

④ Our Life Inc. / Sales Manager
  Mr. Peter Lee
  Corona, CA 92882
  1494 Baird St.

56 비즈니스 레터에서 수신인 정보는 ①성함 ②직책 ③회사이름 ④주소 순으로 적는다.

57 Choose the most appropriate word for the blank.

Subject : Confirming reservation

As we discussed in our telephone conversation this morning, I'd like to confirm my hotel reservation. Please guarantee my reservation with my Star card. The card number is 4545 9793 4262 4786 and the _____ is 12/19. I look forward to my staying at your hotel.

---

① expiration date

② due date

③ arrival date

④ check out date

58 According to the conversation, what time will the boss be joining a meeting with Mr. Green?

Secretary : Mr. Green is calling from Nagel's. He'd like you to join them for a meeting if possible. Would it be possible?

Boss : Let's see. What time is it now?

Secretary : It's five past ten, sir.

Boss : Okay. Tell him that I'll be there in twenty minutes.

---

① 5시 30분

② 5시 10분

③ 10시 25분

④ 10시 30분

57 빈칸을 포함한 문장에 카드 번호와 날짜가 적혀있으므로 빈칸에 들어갈 내용은 만료일이다.

「부제 : 예약 확인

우리가 오전에 전화로 얘기했던 것 처럼, 저는 호텔 예약을 확인하고 싶습니다. 제 Star card와 함께 예약 내용을 부탁드립니다. 카드 번호는 4545 9793 4262 4786이고, 만료일은 12/19입니다. 저는 당신의 호텔에 머물기를 기대합니다.」

58 「비서 : Green씨는 Nagel로부터 전화를 했습니다. 그는 사장님을 회의에 초대하고 싶다고 하십니다. 가능하시겠습니까?

사장님 : 그래요. 지금 몇시죠?

비서 : 현재 10시 5분입니다.

사장님 : 그래요. 그에게 20분 후에 도착 예정이라고 전해주세요.」

59 Which statement is TRUE to Mr. Kim's itinerary below?

Tue, Sept. 8   Southeastern Airlines   EC3453
   10:15 a.m.   Depart : INCHEON
    5:00 p.m.   Arrive : HO CHI MINH
                        Transport to Shangrilla Hotel

Wed, Sept. 9
   08:00   Breakfast meeting with the branch managers
   12:00   Luncheon with chairman and members of the Vietnamese Chamber of Commerce
   14:00   Tour of new Hanoi factory

① Mr. Kim made a stop over in Shanghai, China.

② Mr. Kim will have breakfast at Shangrilla Hotel on the first day of trip.

③ He will have lunch with Vietnamese business people on the second day.

④ He will be meeting with branch directors at the factory.

60 Which set of English sentence and its translation <u>does not match</u> correctly?

① Could you tell me about employee benefits?
직원 복지 혜택에 관하여 말해 주실 수 있나요?

② This is the perfect time for visitors to explore Korea's outstanding art museums.
지금은 방문객들이 한국의 우수한 미술박물관을 찾아보기에 완벽한 시간입니다.

③ What conditions would you like the company to consider?
회사가 당신에게 원하는 조건은 무엇입니까?

④ The fax message to be transmitted is comprised of two pages.
전송할 팩스 메시지는 두 장으로 구성되어 있습니다.

Answer 59.③ 60.③

59 「화, 9월, 8일 Southeastern Airlines EC3453
   10 : 15 a.m 출발 : 인천
   5 : 00 p.m 도착 : 호치민
   수, 9월, 9일
   08 : 00 지점장과 오전 회의
   12 : 00 베트남 상공회의소 의장님과 직원들과 함께 점심
   14 : 00 하노이 공장 견학」

60 ③ 당신이 고려하는 회사의 조건은 무엇인가요?

61 A사이트에서 제공하여 사용하고 있는 메일계정의 전자 우편을 B사이트의 외부 메일 계정으로 등록하여 수신받기 위해 필요한 전자 우편 관련 프로토콜은?

① SMTP
② POP3
③ TCP
④ FTP

ANSWER 61.②

61 ① SMTP : 전자우편 송신을 담당하는 프로토콜로, 인터넷 메일 호스트 사이에 메시지를 주고받기 위해 사용하는 하위 레벨 프로토콜로 메일 메시지를 ASCII파일로 한정한다.
③ TCP/IP : TCP는 데이터의 흐름을 관리하고 데이터가 정확한지 확인하는 역할을 하며, IP는 데이터를 네트워크를 통해 한 장소에서 다른 장소로 옮기는 역할을 한다.
④ FTP : 인터넷상에서 컴퓨터 사이의 파일을 전달하는 데 사용되는 프로토콜이다.

62 다음은 축산나라의 사장 홍길동이 대표자를 홍말자로 변경하는 허가 신청서로 현재 부천시 원미구청에 접수한 문서이다. 다음 중 문서의 분류가 가장 적절하지 않은 것은?

영업허가의 변경	☐ 허가신청서 ☐ 신고서		처리기간
			뒤쪽 참조

①신청(신고)인 성명(법인명)	**홍길동**	②주민(법인)등록번호	
③영업의 종류	**축산물가공업**	④허가번호	123456
⑤영업장의 명칭(상호)	**축산나라**		
⑥영업장의 소재지		**부천시 원미구 상동 100**　번지　호　동　반 　　　　　　　　동　호(전화번호：　－　　－　　)	

⑦변경사항		
구분	변경전	변경후
영업자 성명(법인의 경우에는 대표자 성명)	**홍길동**	**홍말자**
영업장 명칭(상호)		
영업장 소재지	번지　호　동　반 동　호	번지　호　동　반 동　호
가축의 종류		
영업장 중요시설	(시설개요 및 평면도 별첨)	(시설개요 및 평면도 별첨)
기타영업장의 시설변경		
변경사유		**대표자 변경**

「축산물가공법」 제22조 제2항·제5항 및 같은 법 시행규칙 제31조 제2항에 따라 영업허가의 변경

☐ 허가
☐ 변경　신청합니다.

2009년　　　　11월　　　　27일

신청(신고)인　**홍길동**

공 무 확 인	구비서류	일자	결과	인
	○건축물대장등본 ○도시계획관계확인서			

※ 뒤쪽의 신청안내를 참고하시기 바랍니다.
　　☐는 해당하는 곳에 ∨표 합니다.
※ 구비서류
1. 허가증
2. 영업시설의 변경내역서(시설변경의 경우에 한한다)
3. 소재지 변경시
　가. 허가증
　나. 작업장의 시설내역 및 배치도
　다. 「먹는물관리법」에 의한 먹는물 수질검사기관이 발행한 수질검사(시험)성적서(수돗물이 아닌 지하수 등을 사용하는 경우에 한한다)

① 목적에 의한 분류로 공문서에 속한다.

② 성질에 의한 분류로 민원문서에 속한다.

③ 기능에 의한 분류로 특허문서에 속한다.

④ 처리단계에 의한 분류로 접수문서에 속한다.

63 다음 문서에 관한 설명으로 가장 옳지 않은 것은?

(주) 상공커뮤니케이션즈 대표이사

전결 1/11
과장 이소진   팀장 최서은   전무이사 유시진
협조자
시행 홍보-35 (2016. 01. 11)   접수
우 04513   주소 서울 중구 세종대로 39 상공빌딩 4층 / http://www.sangkcomm.co.kr
전화 (02) 6050-3111   전송 (02) 6050-3115   / sjlee@sangkcomm.co.kr / 공개

① 상공커뮤니케이션즈에서 발신하는 문서이다.

② 유시진 전무이사가 이 문서의 전결권자이다.

③ 대표이사가 부재중이여서 문서를 전결하였다.

④ 이 문서는 수신자에게 아직 접수되지 않았다.

ANSWER | **62.**③ **63.**③

62 이 문서는 대표자를 변경하는 공문서이므로 특허문서와 관련이 없다.

　※ **성질에 의한 분류**

　　㉠ **법규문서**: 주로 법규사항을 규정하는 문서로서 헌법, 법률, 조례 및 규칙등을 포함.

　　㉡ **지시문서**: 행정기관이 그 하급기관 또는 그 소속 공무원에 대하여 일정한 사항을 지시하는 문서로서 훈령, 지시, 예규 등을 포함.

　　㉢ **공고문서**: 행정기관이 일정한 사항을 일반인에게 알리기 위한 문서로서 고시, 공고 등을 포함.

　　㉣ **비치문서**: 행정기관이 일정한 사항을 기록하여 행정기관 내부에 비치하면서 업무에 활용하는 문서로서 비치대장, 비치카드 등을 포함.

　　㉤ **민원문서**: 민원인이 행정기관에 허가, 인가, 기타 처분 등 특정한 행위를 요구하는 문서 및 그에 대한 처리문서를 말함.

63 결재권자가 특별한 사정으로 결재할 수 없을 때 최종 결재권자의 차하위자의 결재로 먼저 시행한 후 사후에 최종 결재권자의 결재를 받는 조건부 결재를 후결이라고 한다.

64 대한자동차는 매달 'New Car'라는 자동차 매거진을 발행한 후 고객들에게 일괄 발송한다. 다음 중 이러한 경우에 가장 유용한 우편제도는 무엇인가?

① 우편요금 감액제도   ② 등기우편 제도

③ 내용증명 제도   ④ 민원우편 제도

65 다음 중 감사장을 쓰는 상황에 해당하는 것은?

> 가. 축하나 문안 등의 편지를 받았을 때
> 나. 신년이나 연말 등에 선물을 받았을 때
> 다. 출장에서 상대방에게 신세를 졌을 때
> 라. 거래처 사람의 승진이나 영전이 있을 때
> 마. 개인적인 경조사에 상대방이 물품만 보내주었을 때

① 모두   ② 가, 나, 다, 라

③ 가, 나, 다, 마   ④ 가, 나, 다

66 다음 중 문서정리에 대한 설명으로 가장 옳지 않은 것은?

① 문서 정리 방법에 대한 회사 내부 규정을 제정해 표준화 시킨다.

② 필요한 문서를 신속히 찾을 수 있도록 문서가 보관된 서류함이나 서랍의 위치를 명시해 둔다.

③ 문서정리 후 1년 동안 찾지 않은 문서는 정보의 가치가 없으므로 폐기한다.

④ 문서 보존기간이 끝난 문서는 즉시 폐기한다.

ANSWER   64.①   65.③   66.③

64 우정사업본부에서는 우편요금 감액제도를 운영하고 있다.
㉠ 정기간행물 서적우편물
㉡ 다량우편물, 상품광고우편물

65 감사편지
㉠ 감사편지는 말 그대로 감사한 마음을 담아 서신 형태로 보내거나 공식적인 행사장에서 낭독할 수 있도록 쓴 문서이다.
㉡ 특별히 정해진 형식은 없지만, 감사할 대상에 대한 인사, 감사한 마음을 갖게 된 이유와 감사인사를 포함하면 된다.

66 문서정리 후 찾지 않은 문서의 정보가 가치가 없다고 보기는 어렵다.

67 다음 중 문서관리의 범주에 포함되는 것은?

가. 문서의 작성	나. 문서의 접수
다. 문서의 정리	라. 문서의 보관
마. 문서의 보존	바. 문서의 폐기

① 다, 라

② 다, 라, 마

③ 다, 라, 마, 바

④ 가, 나, 다, 라, 마, 바

68 다음 중 엑셀을 활용한 명함 데이터베이스 관리의 특징으로 가장 잘못된 것은?

① MS-엑세스나 Outlook의 주소록에 저장된 명함 데이터를 엑셀로 가져올 수 있다.

② 명함 정보를 찾기 쉽고, 정보의 수정이 수월하다.

③ 명함 내용을 입력하고 이름순이나 회사명순으로 정렬할 수 있다.

④ 엑셀은 OLE개체, 일련번호, 첨부파일 등 다양한 데이터 형식을 지원한다.

69 종교단체에 비서로 일하고 있는 최 비서는 단체의 기록물을 관리하기 위해 편지별, 주보별, 회보별, 소식지별, 회의록별, 사진 앨범별, 그림별로 묶어 분류하였다. 이에 해당하는 문서분류 방식은?

① 유형별 분류

② 알파벳순 분류

③ 연대기순 분류

④ 주제별 분류

70 다음 중 전자문서에 대한 설명으로 가장 적절하지 않은 것은?

① 전자적으로 생산되지 않은 문서를 전자화한 것은 전자 문서에 속하지 않는다.

② 전자문서관리시스템에 의하여 전자적으로 생산·관리된 문서가 전자문서이다.

③ 이미지 또는 영상 등의 디지털 콘텐츠도 전자문서에 포함된다.

④ 전자문서의 국제표준과 우리나라 전자문서 국가표준은 PDF이다.

71 다음은 기업 임원의 비중에 관한 표이다. 이에 대한 설명으로 가장 올바른 것은?

기업의 임원 1명당 직원 수 현황

(자료 = 한국 CXO연구소, 단위 : 명)

구분	기업명	직원 수
직원대비 임원 많은 기업군	A종합상사	17.6
	B가스	18.4
	C상사	24.8
	D산업	25.5
	E에너지	27.1
직원대비 임원적은 기업군	F식품	232.6
	G자동차	246.0
	H통신	248.7
	I조선	278.9
	J전자	302.7

[주] 본 표는 해당 기업 직원 수 대비 임원 1명꼴로 존재한다는 것을 뜻하며, 일반직원이 임원으로 승진할 확률을 의미하지 않음

① A종합상사가 직원 수 대비 임원 비율이 가장 높다.

② J전자는 임원 수 대비 직원 비율이 가장 낮다.

③ E에너지는 F식품보다 직원의 수가 적다.

④ C상사의 임원의 수가 H통신의 임원보다 10배 많다.

Aɴꜱᴡᴇʀ 70.① 71.①

70 전자문서는 컴퓨터 또는 정보처리 장치로 작성되거나 저장되는 문서를 말한다.

71 본 표는 해당 기업 직원수 대비 임원 1명꼴로 존재한다는 의미이기 때문에, A종합상사는 17.6명당 임원 1명이 존재한다는 의미이므로 직원 수 대비 임원 비율이 가장 높다.

72 다음 설명에 해당하는 시스템은 무엇인가?

> 네트워크상의 여러 서버에 분산되어 있는 텍스트, 그래픽, 이미지, 영상 등 모든 문서 자원을 발생부터 소멸까지 통합 관리해 주는 문서관리 소프트웨어

① EDMS
② EDI
③ EDIFACT
④ EC

73 상사에게 필요한 내·외부의 정보를 적시에 제공하기 위해 강비서는 다양한 경로를 통해서 정보를 수집하고 있다. 강 비서의 정보 수집 방법으로 적절하지 않은 것끼리 묶인 것은?

> 가. 신문의 헤드라인을 중심으로 중요기사를 확인한다.
> 나. 신문사의 홈페이지를 통해 인물 동정을 확인한다.
> 다. 전문잡지에 게재된 경쟁업체의 동향을 확인한다.
> 라. 자사 제품과 관련한 파워블로거를 모니터링하여 정보를 확인한다.

① 가
② 라
③ 가, 라
④ 없다

74 다음 중 인터넷을 이용한 전자상거래의 효과로 가장 거리가 먼 것은?

① 다양한 정보 습득과 선택의 자유
② 기밀성과 익명성 보장
③ 구매자의 비용절감
④ 물리적 제약 극복

ANSWER 72.① 73.④ 74.②

72 ② EDI : 기업 간의 거래에서 수·발주 장부 및 지불청구서 등 서류를 통일화하고 컴퓨터 간에 교환할 수 있도록 만든 문서 표준화 시스템을 말한다.
　　③ EDIFACT : 행정/상업/수송을 위한 전자 자료 교환(EDI)이라는 뜻으로, 1988년에 국제 연합 유럽 경제 위원회(UN/ECE)에서 미국과 유럽 각국이 협조하여 제정한 표준 EDI 프로토콜이다.
　　④ EC : 인터넷이라는 가상공간을 통해 소비자와 기업이 상품과 서비스를 사고파는 행위로, 일반적 상거래뿐만 아니라 고객 마케팅, 광고, 서비스를 포함하는 광범위한 개념이다.

73 보기의 방법들은 모두 가능한 정보 수집 방법이다.

74 인터넷을 통한 전자상거래는 익명성의 문제를 내포하고 있다.

75 다음 중 정보 보안 실천을 위한 행동으로 올바른 업무처리를 한 비서는?

> 가. 박 비서는 상사의 일정을 문의하는 팀장에게 명확한 사유를 물어보고, 상사와 상의 후 답변하였다.
> 나. 최 비서는 사내 직원이 상사가 보관중인 명함의 정보를 요청했으나 전달하지 않았다.
> 다. 나 비서는 퇴사하게 되어 보유하고 있는 사내 기밀문서는 모두 반납하였다.
> 라. 장 비서는 자주 쓰는 상사의 이메일 아이디와 패스워드를 책상 오른쪽에 메모로 붙여 놓았다.

① 없다   ② 박 비서, 나 비서
③ 박 비서, 최 비서, 나 비서   ④ 모두

76 다음에서 설명하고 있는 최신 사무 기술은 무엇인가?

> 하드웨어, 소프트웨어, 데이터 등 각종 정보자원을 중앙 데이터 센터로 통합하고 인터넷을 통해 어느 때, 어느 곳에서든 사용 할 수 있도록 제공하는 기술

① 데이터웨어하우스   ② 유비쿼터스
③ 클라우딩 컴퓨팅   ④ 모바일 오피스

ANSWER 75.③ 76.③

75 라. 개인정보를 누구나 볼 수 있는 곳에 두는 것은 문제가 있다.

76 ① 데이터웨어하우스 : 데이터 웨어하우스는 방대한 조직 내에서 분산 운영되는 각각의 데이터 베이스 관리 시스템들을 효율적으로 통합하여 조정·관리하며, 효율적인 의사 결정 시스템을 위한 기초를 제공하는 실무적인 활용 방법론이다.
② 유비쿼터스 : 사용자가 컴퓨터나 네트워크를 의식하지 않고 장소에 상관없이 자유롭게 네트워크에 접속할 수 있는 환경을 말한다.
④ 모바일 오피스 : 노트북 PC와 휴대 전화 등을 갖추고 언제 어디서나 본사와 통신망으로 접속하여 필요한 정보를 찾아보고 업무 지시를 받으며, 그 자리에서 신속하게 결과를 보고하는 근무 형태를 말한다.

77 손 비서는 사무기기를 구매하면서, 사무기기와 해당 소모품을 함께 구매하기로 하였다. 잘못된 구매 사례는?

① 링제본기와 펀치(천공기)를 함께 구매하였다.

② 전자칠판과 보드마커를 함께 구매하였다.

③ 어음·수표발행기기와 잉크를 함께 구매하였다.

④ 출퇴근기록기와 출퇴근카드 100매를 함께 구매하였다.

78 다음은 1월 10일자 기준으로 미국 달러 대비 주요화폐 가치의 등락률을 표현한 차트이다. 설명이 가장 옳지 않은 것은?

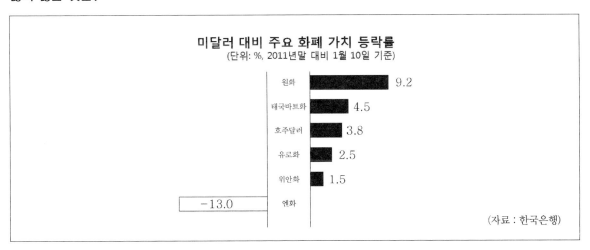

① 원화 가치의 등락률은 주요 통화 중 가장 높다.

② 원화의 절상률이 9.2%에 달했다.

③ 미국 달러대비 원화의 가치가 엔화의 가치보다 높다.

④ 엔화는 13%나 가치가 절하되었다.

ＡNSWER 77.① 78.③

77 이 문제는 사무기기와 해당 소모품을 찾는 것이 목적이다. ①의 링제본기가 사무기기라면 여기에 쓰이는 커버나 종이가 소모품에 해당된다.

78 이 차트는 화폐 가치의 등락률을 말하는 것이지, 자체 가치는 알 수가 없다.

79 다음 중 밑줄 친 표현이 가장 올바른 것은?

① 한국 <u>연구진들</u>이 유발성인슐린 단백질을 발견했다.

② <u>맡은 바 임무</u>에 충실 한다는 것, 참 간단하고 쉬운 일인 것 같지요.

③ 그 지역의 거래방법은 <u>서로 상의</u> 후 결정하고 싶습니다.

④ 삼화건설에서 <u>무려 30년</u> 근속을 기록하였다.

80 다음 컴퓨터 관련 범죄 예방을 위한 방법 중 가장 바람직하지 않은 업무태도는?

① 해킹 방지를 위한 보안 프로그램을 설치하고 정기적으로 갱신한다.

② 보호 패스워드를 시스템에 도입하여 수시로 변경한다.

③ 백신 프로그램을 설치하고 자동 업데이트 기능을 설정한다.

④ 인터넷을 통해 자료를 다운받아 사용하지 않는다.

79 '무려'는 수나 양을 이끄는 부사이다.

80 인터넷을 통해 자료를 다운받되 백신프로그램으로 확인을 한 후 사용해야 한다.

02 2016년 11월 20일 시행

1과목 비서실무

1 다음 중 로밍서비스에 대한 정 비서의 설명으로 적절하지 못한 것은?

> 글로벌 기업인 블루리그사에 신임으로 부임한 조다운 사장은 합작관련 회의 참석 차 홍콩에 출장을 가게 되었다. 정 비서는 로밍서비스에 대해 설명을 드리고 신청 여부를 여쭈어 보았다.

① "자동로밍은 사장님 번호를 그대로 외국에서도 사용할 수 있어서 좋습니다."

② "자동로밍은 자유롭게 수신하시면 부담이 없으실 겁니다."

③ "자동로밍이 되지 않는 경우 인천공항이나 각 이동통신 회사 서비스 센터에서 언제든지 신청할 수 있어 편리합니다."

④ "자동로밍을 하게 되면 사장님의 단말기를 그대로 이용할 수도 있으니 편하실 겁니다."

ANSWER 1.②

1 로밍은 국내에서 쓰던 스마트폰을 해외에 가져가서 전화·문자할 수 있는 기능으로 국내요금과는 상당한 차이가 있다. 또한, 자동로밍의 경우 어플 등의 업데이트가 자동적으로 설정되어 데이터 요금폭탄으로 돌아올 수 있으므로 조심해야 한다.

2 업무지시를 받은 손 비서가 모임 참석여부 및 일정확인을 하는 과정에서 이규태 사장에게는 직접 휴대전화로 연락하라는 상사의 지시를 받았다. 휴대전화로 통화를 진행하는 손 비서의 가장 올바른 업무자세는?

① "안녕하십니까, 가나상사 김태호 사장님 비서 손미나입니다. 사장님께서 이틀 후 모임 관련하여 이 사장님께 직접 연락드리라 말씀하셔서 이렇게 휴대 전화로 연락드리게 되었습니다."

② "안녕하세요, 가나상사 손미나 비서라고 합니다. 저희 사장님께서 모임을 주최하시고자 하는데 사장님께서 참석을 하실 수 있는지 여쭤봐 달라고 하셔서 연락드렸습니다."

③ "안녕하세요, 가나상사 김태호 사장님께서 오찬모임을 계획 중이셔서 이사장님 참석여부를 여쭙고자 합니다. 사장님께서는 참석가능하신지요?"

④ "안녕하십니까, 이규태 사장님이십니까? 통화가능하신지요."

3 다음 중 비서가 상사의 지시 없이 할 수 있는 홍보업무와 가장 거리가 먼 것은?

① 상사와 관련된 기사를 정기적으로 검색하여 스크랩하고 보고한다.

② 사내에서 친밀도가 높은 임직원의 기념일을 정리하여 알려드린다.

③ 상사의 외부 강연 활동에 대한 내용을 정리하여 이력서와 함께 관리한다.

④ 상사의 개인 블로그를 매일 방문하여 새로운 댓글을 확인하여 알려드린다.

ANSWER 2.① 3.④

2 전화를 거는 요령

㉠ 상대방의 전화번호, 소속, 직급, 성명 등을 미리 확인한다. 이와 같은 확인을 하는 까닭은 착오로 인해 상대방에게 폐를 끼치지 않기 위해서며, 덧붙여 시간이나 요금의 낭비도 막게 된다. 용건은 육하원칙으로 정리하여 메모한다. 이 때 필요 한 서류와 자료도 갖추어 놓는다.

㉡ 전화번호를 확인하면서 왼손으로 수화기를 들고 오른손 인지로 다이얼을 누른다.

㉢ 상대방이 전화를 받으면 자신을 밝힌 후 상대방을 확인한다. 만일 찾는 사람이 아닌 다른 사람이 받으면 "죄송하지만 영업부 ○○○과장 부탁합니다."하고 정중하게 말한다.

㉣ 원하는 통화 상대자와 간단한 인사말을 한 후 시간, 장소, 상황을 고려하여 용건을 말한다. 업무 전화의 용건은 간결하게 기능 본위로 하는 것이 바람직하다.

㉤ 용건이 끝나면 통화 내용을 다시 한 번 정리하여 확인한 후 마무리 인사를 한다.

3 상사의 개인 블로그와 관련된 내용은 상사 허가를 통해 진행해야하는 업무이다.

4 다음은 홍 비서가 알아본 상사의 항공일정이다. 항공일정에 따른 홍 비서가 상사에게 보고하는 내용이 올바르지 않은 것은?

출발일정	도시	항공일정
5월 10일	서울(ICN)−동경(NRT)	JX950 / 09:30~11:50
5월 13일	동경(HND)−뉴욕(JFK)	AA134 / 06:40~05:15
5월 19일	뉴욕(JFK)−런던(LHR)	BT 178 / 18:00~06:20 (+1)
5월 22일	런던(LHR)−서울(ICN)	OZ 135 / 19:00~06:15 (+1)

① "5월13일 뉴욕행은 동경 하네다 공항에서 이른 아침에 출발합니다."

② "뉴욕 도착 일자는 현지 날짜로 5월 13일입니다."

③ "서울에 22일에 도착하시는 대로 차를 대기시켜 놓도록 하겠습니다."

④ "5월 19일 뉴욕 케네디 공항에서 출발하여 런던 도착하시면 호텔 숙박이 2박으로 예약되어 있습니다."

5 다음의 상황에서 비서 이나영의 대응자세로 가장 부적절한 것은?

> 오전 11시 내방일정이 있는 태양건설 이영철 전무가 20분 정도 일찍 사무실에 도착하였다. 조은물산 김태식 사장 비서 이나영은 예전에도 방문경험이 있는 이영철 전무를 접대하는 중이며 김태식 사장은 현재 싱가폴 소재 거래처와 국제전화 회의 중이다.

① (자리에서 일어나며 반갑게) "이영철 전무님, 그동안 안녕하셨습니까? 이동하시는데 불편함은 없으셨는지요."

② "제가 회의실로 안내해 드리겠습니다. 지금 사장님께서는 싱가폴 거래처분과 회의 중이십니다."

③ 전화회의 중인 김태식 사장에게 '사장님, 11시 내방예정이신 태양건설 이영철 전무님께서 사무실 도착, 회의실에 모셨습니다.'라고 적힌 메모를 전한다.

④ (회의실에 이영철 전무를 안내하며) "잠시 기다리시는 동안 좋아하시는 따뜻한 녹차를 준비해 드리겠습니다. 혹시 더 필요하신 것은 없으신지요."

ANSWER 4.③ 5.②

4 22일 런던에서 출발해 서울에 도착하는 날짜는 23일이다.

5 김태식 사장이 싱가폴 소재 거래처와 국제전화 회의 중인데, 이영철 전무를 회의실로 안내하는 것은 부적절하다.

6 다음 중 상사 회의 시, 선약되지 않은 김부장 방문 응대요령으로 비서가 대응 한 것 중 가장 적절한 것은?

① "죄송합니다. 사장님께서는 지금 회의 중이십니다."

② "사장님께서 지금 회의 중인데 이쪽에 앉아서 잠시만 기다려 주시면 만나시도록 해 드리겠습니다."

③ "사장님께서 지금 회의 중입니다. 제가 메모로 김 부장님께서 방문하셨다고 전해드리겠습니다. 이쪽에 앉아서 잠시만 기다려 주세요."

④ "김 부장님, 사장님께서 회의 중이라서 나오시기가 어렵습니다."

7 다음은 김영숙 비서의 업무 태도이다. 이 중 가장 적절한 것은 무엇인가?

① 비서들의 단합과 친목을 위해 사내 비서 모임을 결성하여 1달에 1번 모임을 통해 각자 상사들에 대한 정보를 공유하고 있다.

② 상사인 사장님이 구매부 부서장을 급하게 찾는다. 그래서 김영숙 비서는 부서장에게 전화를 하여 "사장님께서 부서장을 바로 오라는데요."라고 말씀드렸다.

③ 비서로서 다른 이들과 일정한 거리감을 두되 조직에서 어려움을 호소하는 동료들의 고충은 상부에 조언한다.

④ 조직 내에서 직원들이 상사에 대해 좋은 이미지를 가질 수 있도록 상사에 대해 좋은 이야기를 가능하면 자주 해 준다.

8 차윤희 비서는 5명의 비서가 함께 근무하고 있는 그룹비서실 비서이다. 전 회사에서 함께 일하던 상사의 요청에 따라 함께 부임한 차 비서는 기존의 근무하던 비서들의 눈에 보이지 않는 텃세와 문화적인 이질감에 많은 스트레스를 받고 있다. 차 비서의 갈등과 스트레스 관리를 위한 방안으로 가장 적절치 않은 것은?

① 새로운 환경에 적응할 수 있도록 화합의 분위기를 만들어간다.

② 적절한 휴식과 취미계발로 심리적인 스트레스를 완화시킨다.

③ 동료들과 협력해서 일할 수 있는 기회를 만든다.

④ 자신의 업무에 몰입함으로써 동료관계에 대해 의도적으로 관심을 갖지 않도록 한다.

ANSWER 6.① 7.③ 8.④

6 회의가 진행 중이기 때문에, 전달할 수 있는 내용만 간단히 말한다.

7 ③은 비서의 기본 자세이다.

8 ④는 오히려 스트레스는 증가시킬 수 있다.

9 다음에서 공통적으로 설명하고 있는 두 가지는?

A : 이 시스템은 기간 내에 처리해야 할 일이나 정기적으로 일어나는 일 등을 파일에 메모를 적거나
　　자료를 넣어두고 해당 일에 파일을 꺼내 그 일을 하게 하는 시스템이다.
B : 비서가 실수로 업무를 빠뜨리는 것을 막아준다.
C : '월'을 나타내는 표지 12장과 '일'을 나타내는 표지 31장이 필요하다.

1. Ticker File
2. Diary
3. Bring Forward File
4. Hanging Folder

① 1, 3　　　　　　　　　　　　　　　　　② 1, 2
③ 2, 3　　　　　　　　　　　　　　　　　④ 3, 4

10 비서의 일정관리 소프트웨어 사용법에 대한 설명으로 가장 적절하지 않은 것은?

① 최근에는 일정 관리, 주소록 등이 포함된 그룹웨어 시스템을 갖추고 인트라넷을 통해 개개인이 일정을
입력하고 공유하는 기업이 많아졌다.

② 전자 일정표의 사용이 보편화되어도 아직 종이로 된 전통적인 다이어리를 동시에 이용하는 비서가 많은
데 다이어리는 보통 1년 기준으로 되어 있으며 사용 후 버리지 말고 일정 기간 보관하여 참고 자료로
활용 가능하다.

③ 일정표는 컴퓨터에 저장해서 보관하고, 필요에 따라 출력한 출력본은 보관하지는 않는다.

④ 인트라넷에서 검색한 임직원의 일정표가 정확하다면 비서는 상사가 주최하는 일정을 잡을 때 일일이 전화나
메일을 보내지 않더라도 가능한 일정을 편리하게 찾아볼 수 있다.

Aɴsᴡᴇʀ 9.① 10.③

9　㉠ Ticker File : 날짜 시간에 민감한 문서는 어떤 각각의 문서 작업을 필요로 하는 미래의 날짜에 따라 신청을 허용하는
방식으로 구성파일 폴더 분류의 모음이다. Ticker file의 폴더 내에서 문서는 청구서, 여행 항공권, 호텔 예약, 회의
정보, 생일 알림, 쿠폰 청구 항공권, 합격 노트, 후속 알림, 유지 보수 알림 보류 또는 미래의 조치가 필요 기타 서류
가 있다.
　㉡ Bring Forward File : A4 크기의 문서를 보관할 수 있는 폴더를 32개 마련하여 폴더 위에 1에서 31까지의 날짜를 붙
이고 마지막에 기타 폴더를 만들어 행어에 걸어둔다. 각 숫자에 해당하는 날짜의 폴더에 매월 해당 일에 필요한 서류
를 넣어두었다가 각 달에 필요한 내용만을 확인하고 나머지는 남겨두었다가 해당하는 달에 확인한다.

10　출력본도 중요한 자료이므로 보관에 주의를 기울여야 한다.

11 국제영상회의 진행과 관련하여 잘못 설명된 것은?

① 모든 회의참석자들이 영상화면에 보일 수 있도록 테이블 형태 및 배치를 확인할 필요가 있다.

② 타국가와의 영상회의 시 특히 daylight saving time zone에 주의하여 회의시각을 결정하도록 해야 한다.

③ 국제영상회의 진행의 경우 전문 기술자의 도움을 받아 진행되므로 비서가 직접 기계를 만지지 않는다.

④ 사내 영상회의 시설 미설치 시에는 특급호텔의 비즈니스 센터에 마련된 영상회의장을 대여하여 활용할 수도 있다.

※ 다음을 읽고 물음에 답하시오. 【12~13】

김○○사장의 비서로 근무하는 장 비서는 국내의 바쁜 일정을 소화해야 하는 상사의 일정관리를 체크중이다. 12월 10일 오후에 있을 오사카 일정이 국내 일정과 겹치지 않도록 상사의 확정된 주간일정표를 고려하여 최적의 항공 스케줄 표를 작성 중에 있다.

주간일정표

시간 \ 날짜	12월9일(월)	12월10일(화)	12월11일(수)	12월12일(목)
07:30		조찬모임		조찬모임
09:00	임원회의			
11:30	오찬모임			
중략				
14:30		오사카 회의	수진상사 방문	
17:30	A그룹 임원 면담		TV광고 시연	

항공 스케줄(안)

날짜	편명	인천 출발	오사카 도착	날짜	편명	오사카 출발	인천 도착
12/10 (화)	KE882	08:40	09:20	12/11 (수)	KE881	11:00	12:40
	OZ023	11:20	13:20		KE898	19:20	22:00
	OZ021	21:00	22:40		OZ205	08:00	09:40

ANSWER 11.③
....

11 비서업무는 여러 가지 요소가 서로 뒤엉켜서 돌아가기 때문에 몇 가지 유형으로 세분화시키기가 매우 어렵다. 영상회의의 경우 기술자의 도움을 받지만 급작스런 상황에서 냉정한 상황대처를 위해 최소한의 기계에 대한 사용법 습득은 필요하다.

12 위의 확정된 국내일정과 항공스케줄(안)을 보면서 장 비서가 고려한 일정관리 내용 중 가장 적절한 것은?

① 12월 10일 조찬모임을 하고 바로 일본으로 출국할 수 있도록 아시아나 023편을 예약하고자 한다.

② 12월 11일 TV광고 시연에 차질이 없도록 아시아나 205편 예약을 하여 오전에 리허설 준비를 할 수 있도록 일정을 계획하고자 한다.

③ 12월 12일 조찬모임에 차질이 없도록 KE898편을 예약해서 추진하고자 한다.

④ 12월 11일 수진상사 방문을 변경하여 아시아나 205편을 예약해서 오전에 쉬고 시연을 할 수 있도록 하고자 한다.

13 위와 같은 상황에서 오사카 출장을 위해 장 비서가 준비한 것으로 가장 적절한 것은?

① 12월 10일 출발할 상사의 비자를 미리 신청하였다.

② 고액권과 소액권을 섞어서 엔화로 환전하였다.

③ 가장 가까운 은행을 이용하여 빠르게 환전하였다.

④ 외국 출장을 위해 값이 저렴한 7일 권 해외여행 전화 플랜에 가입하였다.

14 김영숙 비서는 2주 후에 상사가 1주일간 미국 뉴욕으로 출장을 가게 되어 출장 업무를 보좌하게 되었다. 김 비서가 수행한 상사 출장업무 보좌로 가장 적절한 것은?

① 출장에서의 일정 및 예산 등을 포함한 출장 계획서를 출장일 3일전에 완성했다.

② 상사 휴대전화 로밍서비스를 데이터 무제한 요금제로 신청 했다.

③ 출장 중인 상사와 이메일, 전화 등으로 매일 업무 연락을 취해야 하므로 상사 업무 대행자를 별도로 지정하지 않았다.

④ 출장전담부서에서 상사 출장과 관련된 모든 업무를 처리 하므로 비서는 상사의 개인적인 보좌 업무에만 집중하였다.

Answer 12.① 13.② 14.②

12 주간일정표의 12월 10일에 조찬모임 이후에 일정이 비어있고, 14 : 30에 오사카 회의가 있으므로 그 사이의 항공편을 예약하는 것이 옳다.

13 해외출장을 위한 환전의 필요 시 현지에서 사용할 최소한의 현금을 고액권과 소액권을 섞어서 준비한다.

14 미국으로 출장을 1주일간 가게 되면 데이터 요금이 과하게 나올 수 있으므로 무제한 요금제로 변경하는 것이 옳다.

15 다음 중 글로벌 매너에 대한 설명으로 가장 바르지 못한 것은?

① RSVP는 'Reply, if you please'라는 뜻으로 참석 여부를 연락 바란다는 의미이다.

② 칵테일파티는 도착시간은 개최 시작 시간에 정확히 맞추되 참석자의 사정에 따라 자유롭게 파티장을 떠날 수도 있다.

③ 레스토랑에서 식사 중 잠시 자리를 뜰 때에는 냅킨을 접어 식탁 위에 올려놓고 의자 오른쪽으로 일어선 후 조용히 나간다.

④ 식사 장소에 도착하면 미리 화장실에 다녀와 식사 도중 자리를 뜨거나 주빈을 혼자 남겨 두는 일이 없도록 하는 것이 좋다.

16 다음 중 비서가 수행하는 경조사 업무에 대한 내용으로 가장 적절하지 않은 것은?

① 경조사 업무는 무엇보다 시기가 중요하므로, 비서는 신문의 인물 동정란이나 인물관련기사를 매일 빠짐없이 확인하고 사내 게시판 등에 올라오는 경조사도 확인하고 있다.

② 회사의 경조사 업무는 상사의 재량보다는 관례나 회사의 경조규정에 따라 형식을 갖춘다.

③ 상사가 직접 참석하지 못하고 비서가 대리로 참석하여 축의금을 전달하는 경우, 결혼 축의금은 되도록 깨끗한 돈을 준비하여 흰 종이에 싸고 단자(單子)를 써서 봉투에 넣는데 이때 봉투는 봉한다.

④ 조문을 하는 절차는 조객록에 서명을 한 후 조의금을 전달하고 호상(護喪)에게 신분을 밝힌 후 조문을 한다.

Aɴsᴡᴇʀ 15.③ 16.③

15 부득이 자리를 잠시 비워야 할 경우 냅킨은 의자 위에 놓아두어야 한다.

16 결혼식 축의금은 되도록 깨끗한 돈을 준비하여 흰 종이에 싸고 단자를 써서 봉투에 넣는다. 이 때 봉투는 봉하지 않는다.

17 다음 중 비서의 상사보좌 업무에 대한 수행방법으로 가장 적절하지 않은 것은?

① 비서는 조간신문과 간행물을 상사의 선호도에 따라 정리하여 보시는 곳에 놓아두고 서류와 우편물을 시간 순으로 분류하여 정리한다.

② 비서는 중요한 모임의 초청장과 행사 안내장의 날짜에 형광펜으로 표시하여 올려 드린다.

③ 공휴일 다음 날이나 상사가 출장에서 귀국한 직후는 평소 출근 시간보다 조금 더 일찍 출근하여 업무를 시작하도록 한다. 특히, 해외 출장의 경우 시차가 회복되지 않아 일찍 출근하시면 피로가 쌓여 있을 수 있으므로 더욱 긴장한 자세로 업무에 임한다.

④ 중요한 우편물의 경우 서류와 함께 올려 드리고, 급하지 않은 것은 오후에 업무가 바쁘지 않은 시간에 드리도록 한다.

18 상사의 기본 인적 사항에 관련된 개인 정보를 신상 카드에 작성하고 관리해야 할 뿐만 아니라, 상사의 회사 업무에 관련된 정보를 작성하고 변경 사항이 생길 때마다 수정하여 최신의 상태로 관리해야한다. 다음 중 비서의 상사 보좌 업무수행 시 가장 올바른 태도는 무엇인가?

① 비서는 상사의 인적 사항에 대한 모든 내용을 상사의 개인 파일에 정리해 두되 암호는 사용하지 않는다.

② 상사의 개인적인 신상에 관한 정보는 상사로부터 구두나 문서를 통해 파악한 정보를 즉시 기록해 두되, 필요한 경우 미리 질문지를 작성해 상사의 업무에 방해되지 않는 시간에 요청하여 정보를 습득알 수노 있다.

③ 비서는 상사가 일 년에 한 번씩 정기적으로 건강 검진을 놓치지 않고 받을 수 있도록 예약 및 관련 업무를 수행하나, 개인적이고 특별한 지병이나 알레르기 등의 문제는 관여하지 않는 것이 좋다.

④ 상사의 이력에 관한 사항은 비서가 업무를 하는 데 있어 참고할 뿐만 아니라 대내·외적인 필요에 의해 공개하거나 제출할 경우가 있다. 이런 경우 비서는 상사의 이력서 내용 중에서 외부에 공개할 내용을 비서가 판단하여 선별·제공할 수 있다.

17 사내 구독하는 정기간행물은 관련 정보를 분류하여 표기해 놓고, 상사에게 전달할 우편물은 공적인 것과 사적인 것으로 분류하고, 폴더나 큰 봉투 속에 넣어 책상 위에 놓아둔다.

18 개인정보와 관련된 내용은 반드시 상사의 승인을 받고 기재해야하고, 변경사항이 생길 때마다 수정하여 최신의 상태로 관리한다.

19 다음의 상황에서 장 비서의 업무처리방식으로 가장 적절하지 않은 것은?

> 한남 법률사무소의 경력비서로서 장미희 비서는 상사로부터 5명의 신입 비서교육을 담당하는 업무 지시를 받았다. 지시 내용은 신입비서 교육 내용 선정, 관련 자료를 준비하는 전체 과정의 총괄이다. 현재 진행하고 있는 송무 업무와 업무 일정이 겹치는 상황이다.

① 현재 진행하고 있는 송무업무가 완료되지 않았기 때문에 그 업무를 완료한 후, 상사가 지시한 업무를 수행할 계획임을 선임비서에게 보고하고 상사의 양해를 구해 달라고 한다.

② 지시받은 신입 비서교육 업무는 계획부터 실행까지 시간이 걸리는 일이라 중간에 업무 진행 상황에 대한 중간보고를 드린다.

③ 두 가지 업무를 동시에 진행하기가 도저히 불가능하다고 판단되어 상사에게 중간보고 시 선임 비서들이 팀을 이루어 같이 진행하면 좋겠다는 건의를 드린다.

④ 신입 비서교육과 관련된 전문가의 인터넷 강의를 들으면서 필요한 정보를 얻으면서 새로운 업무에 대한 자신감을 쌓기 위해 노력한다.

20 상사는 공항으로 오후 3시에 도착하는 외국손님을 마중가기로 되어 있는데, 2시 현재 상사는 회의실에서 영업팀과 회의 중이다. 회의가 계속되고 있는 경우, 비서의 행동으로 가장 바람직한 것은?(참고로 회사에서 공항까지는 약 50분 정도의 시간이 소요된다.)

① "사장님, 공항으로 출발하실 시간입니다."라고 메모하여 상사에게 직접 전달한다.

② "사장님, 공항으로 출발하실 시간이시니 회의를 끝내셔야 할 것 같습니다."라고 메모를 적어 영업팀장에게 전달한다.

③ 회의실 문을 노크하고 들어가 상사에게 귓속말로 알린다.

④ 상사에게 "사장님, 오후 3시 외국손님 마중가실 시간입니다."라고 휴대폰으로 문자를 보내고 회의가 끝나길 기다린다.

ANSWER 19.① 20.①

19 두 가지 업무를 동시에 진행하는 경우에 기존 업무와 일정이 겹치는 경우, 선임 비서와 상의를 통해 함께 일을 진행하는 것이 옳다.

20 상사가 중요한 업무를 보는 도중에 전달할 내용이 있는 경우, 메모를 통해 전달하는 것이 좋다.

21 다음 중 기업의 경영활동에 직접적인 영향을 미치는 산업의 경쟁구조에 대한 설명으로 가장 옳지 않은 것은?

① 산업성장률이 높을 때 산업성장률이 낮은 경우보다 그 산업의 경쟁이 치열해진다.

② 진입장벽이 낮은 산업일수록 경쟁이 치열해진다.

③ 제품차별화 정도가 낮은 산업일수록 경쟁자 위협의 수준이 높다.

④ 기존의 경쟁기업 수가 많거나 대체재의 수가 많을수록 경쟁은 치열해진다.

22 다음은 경영환경을 분류한 것이다. 이 중 환경의 종류가 다른 한 가지는 무엇인가?

① 소비자
② 경쟁자
③ 조직문화
④ 지역사회

23 다음 중 기업이 사회적으로 수행해야 할 책임에 대한 설명으로 가장 적절하지 않은 것은?

① 외부불경제를 발생시키는 기업이나 경영자에 대해 사회적 책임이 요구된다.

② 기업의 거대화로 기업의 영향력이 커지면서 사회 구성원의 이익과 일치하지 않는 경우 해당 기업에 대한 사회적 책임이 요구된다.

③ 기업은 지역사회에 대한 고용창출이나 문화적 투자와 같은 사회적 책임을 갖는다.

④ 기업의 종업원에 대한 사회적 책임은 종업원의 노동력 제공에 대한 물질적 보상만을 의미한다.

Aɴsᴡᴇʀ 21.① 22.③ 23.④

21 산업성장률만 가지고 산업의 경쟁을 예상하기는 어렵다.

22 기업환경의 내부환경은 기업의 조직이나 문화, 최고경영자의 경영스타일, 회사방침, 노조 등이 있다. 외부환경은 기업 외적인 것으로 끊임없이 변동한다. 외부환경의 분류로는 경제적·정치적·사회적·문화적 환경 등이 있다.

23 기업의 종업원에 대한 사회적 책임은 물질적 보상 뿐만 아니라, 정신적인 부분도 중요하다.
종업원에게 기업에 대한 귀속의식·일체감을 확립시키고, 직무에 대한 보람을 갖게 하며, 성취 동기나 자아실현 욕구를 충족시켜야 한다.

24 다음 중 무한책임사원만으로 구성된 상법상의 기업형태는 무엇인가?

① 합명회사
② 합자회사
③ 주식회사
④ 유한회사

25 다음 중 주식회사에 대한 설명으로 가장 적절하지 않은 것은?

① 주식회사는 자본조달의 확대가 가능하고 소유권 이전이 용이하다는 장점이 있다.
② 주식회사는 무한책임제, 자본증권화, 소유와 경영의 분리를 특징으로 한다.
③ 주식회사는 투자자가 있지만 그들과는 별개의 법적 지위를 갖는 법인이다.
④ 주식회사는 손익계산과 자본상태에 관한 정보를 주주뿐만 아니라 일반인에게도 알려야 한다.

26 다음 중 중소기업 및 대기업의 특징에 대한 설명으로 가장 적절하지 않은 것은?

① 중소기업은 분업화, 전문화, 자본조달의 용이, 높은 대외적 신용도 등이 특징이다.
② 자본주의가 발달함에 따라 기업의 규모가 커지는 경향이 있다.
③ 자본의 규모에 따라 중소기업과 대기업이 나뉠 수 있다.
④ 중소기업은 기준이 나라마다, 업종마다 다를 수 있는데 비교적 상대적인 의미로 구분된다.

Answer 24.① 25.② 26.①

24 상법상 회사의 종류
   ㉠ 합명회사 : 회사채권자에 대하여 직접 연대·무한책임을 지는 사원만으로 조직된 회사
   ㉡ 합자회사 : 무한책임사원과 유한책임사원으로 조직된 회사
   ㉢ 주식회사 : 주식으로 세분화된 일정한 자본을 가진 전형적인 물적 회사로서, 사원인 주주는 출자의무만을 부담할 뿐 회사채권자에 대하여는 아무런 책임을 지지 않는 회사
   ㉣ 유한회사 : 각 사원이 회사 채권자에 대하여 직접 아무런 책임을 지지 않고, 회사에 대하여 인수한 출자금액을 한도로 하여 출자의무만을 부담하는 유한책임만으로 구성된 회사

25 합명회사는 회사채권자에 대하여 직접 연대·무한책임을 지는 사원만으로 조직된 회사이다.

26 ①은 대기업에 관한 설명이다.

27 다음 중 조직구조의 분류 형태인 기계적 조직과 유기적 조직에 대한 설명으로 가장 적절하지 않은 것은?

① 기계적 조직은 직무의 분업화나 직무수행의 표준화 등과 같은 합리성이 강조된다.

② 유기적 조직은 효율성을 강조하며 공식화와 전문화의 정도가 높게 나타난다.

③ 기계적 조직은 과업이 일상적이므로 안정적이고 단순한 환경에 적합하다.

④ 유기적 조직은 부서 간 자유로운 이동과 참여가 가능하며 종업원간의 비공식적 의사소통이 원활히 이루어진다.

28 다음 중 전문경영자와 소유경영자에 관한 설명으로 가장 옳지 않은 것은?

① 소유경영자는 강력한 리더십을 발휘할 수 있는 장점이 있다.

② 전문경영자는 과감한 경영혁신과 환경변화에 빠르게 대응할 수 있는 장점이 있다.

③ 전문경영자는 소유경영자에 비해 단기적 이익에 집착하는 경향이 강하다.

④ 소유경영자는 전문경영자에 비해 족벌경영의 위험이 더 높다.

29 다음 중 조직문화와 관련된 설명으로 가장 옳지 않은 것은?

① 조직문화는 구성원에게 정체성을 제공하고 집단적 몰입과 조직체계 안정성을 높인다.

② 엄격하고 강압적인 조직문화는 항상 조직의 성과를 높인다.

③ 조직문화는 조직내부의 관리스타일, 조직구조, 구성원, 공유 가치 등에 영향을 받는다.

④ 신입사원이 조직사회화를 통해 조직에 존재하는 다양한 가치와 규범, 행동양식에 대해 습득하는 것은 소속된 조직의 조직문화를 배워가는 과정이다.

ANSWER 27.② 28.② 29.②

27 ②는 기계적 조직에 관한 설명이다.

28 ②는 소유경영자에 관한 설명이다.

29 엄격하고 강압적인 조직문화는 조직의 성과를 목표로 두고 있지만 항상 조직의 성과를 높인다고 보기는 어렵다.

30 다음의 괄호에 들어갈 말로 가장 적절한 것은?

> (   )(이)란 (   )에 따라 기업의 (   )(이)가 달성되도록, 계획과 (   )을/를 비교하고 만약 이상이 있으면 이를 (   )하는 것을 말한다.

① 경영계획 – 계획 – 목표 – 실적 – 수정
② 경영통제 – 계획 – 목표 – 성과 – 수정
③ 경영계획 – 계획 – 목적 – 실적 – 수정
④ 경영통제 – 계획 – 목적 – 실적 – 제거

31 다음 중 매슬로우의 욕구계층이론과 허즈버그의 2요인이론에 대한 설명으로 가장 적절하지 않은 것은?

① 매슬로우의 5단계 욕구 중에서 생리적 욕구는 사람의 가장 기초적인 욕구이다.
② 허즈버그는 불만요인을 충족시켜주더라도 동기를 유발하는 데는 유효하지 않다고 하였다.
③ 매슬로우는 인간의 욕구는 5단계의 계층을 이루고 있으며, 생리적 욕구 → 안전의 욕구 → 사회적 욕구 → 존경의 욕구 → 자기실현의 욕구 순으로 욕구의 강도가 낮아진다고 하였다.
④ 허즈버그의 만족요인은 지위, 개인상호 간의 관계, 개인적 생활 등이 해당된다.

30 경영통제란 기업의 목적을 달성하기 위해 수립한 계획이 실제로 이루어지고 있는지를 확인하며, 이상이 있을 때 수정하는 기능을 말한다.

31 허즈버그의 2요인이론
　㉠ 위생요인 : 개인의 욕구를 충족시키는데 있어서 주로 개인의 불만족을 방지해주는 효과를 가져오는 요인을 말하며, 불만족요인이라고도 한다. 그러나 이 요인이 충족되었다 하더라도 불만이 생기는 것을 예방하는 역할만 할 뿐, 일을 열심히 하고자 하는 동기가 유발되는 것은 아니다. 따라서 개인의 직무환경과 관련된 직무 외재적 성격을 지닌다. 위생요인에는 지위, 개인 상호간의 관계, 회사정책과 관리, 감독의 질, 작업조건, 직무안전, 임금, 보수 등이 속한다.
　㉡ 동기요인 : 보람이 있고 자기가 자신을 가진 지식과 능력을 활용할 여지가 있는 일을 할 때 경험하게 되는 성취감, 전문직업인으로서의 성장, 인정을 받는 등 사람에게 만족감을 주는 요인을 말한다. 이들은 직무만족에 영향을 미치고, 생산능력의 증대를 직접적으로 가져올 수 있기 때문에 이와 같은 요인을 동기요인이라고 한다. 동기요인 혹은 만족요인은 사람이 하는 직무와 사람간의 관계에 관한 것으로서 보다 나은 직무수행과 노력을 위한 동기부여의 요인이 된다.

32 다음 중 기업문화 형성단계에서 비교적 가장 크게 영향을 미치는 요인은?

① 창업자의 경영이념 　　　　　　② 사원의식

③ 행동강령 　　　　　　　　　　④ 슬로건

33 성과에 비례하여 임금을 차등화하는 임금체계는 다음 중 무엇인가?

① 업적급 　　　　　　　　　　　② 직무급

③ 성과급 　　　　　　　　　　　④ 연공급

34 다음 중 직무관리에 대한 설명으로 가장 적절하지 않은 것은?

① 직무평가는 직무의 상대적 가치를 분석·비교하는 평가과정이다.

② 직무순환은 종업원을 동기부여하기에 유용하지만 훈련비용이 많이 들고 생산성을 저하시킬 수 있다.

③ 직무확대는 한 직무에서 수행되는 작업의 수를 증가시켜 직무를 수평적으로 확대하는 방법이다.

④ 직무충실화는 직무내용과 직무의 질을 낮추는 것을 의미한다.

Aɴꜱᴡᴇʀ 32.① 33.③ 34.④

32 기업문화란 구성원들이 보편적으로 지니고 있는 공유된 가치를 말하는데, 최고경영자가 강조하는 강조정신, 주요 관리관행의 특성이 강조된다.

33 성과에 비례하여 임금을 지급하는 방법은 성과급이다.

34 직무충실화는 직무에 대한 도전성, 성취의욕, 책임감 그리고 인정감 등 Herzberg의 동기요인을 강조하는 기법이다. 그러므로 직무충실화는 직무 그 자체가 성취감, 책임감, 자율감, 도전감 발전과 성장 등의 기회를 제공하게끔 재구성되는 것이다.

35 다음 중 소비자 만족의 극대화를 목표로 하는 마케팅믹스인 4P에 가장 해당되지 않는 것은?

① 제품　　　　　　　　　　　　② 물류
③ 가격　　　　　　　　　　　　④ 유통

36 다음 중 재무상태표의 왼쪽 차변에 기재하는 내용으로 가장 적절하지 않은 것은?

① 현금　　　　　　　　　　　　② 장기대여금
③ 자본　　　　　　　　　　　　④ 건물

37 균형성과표(BSC)의 4가지 성과측정관점으로 가장 옳지 않은 것은?

① 재무적관점　　　　　　　　　② 경영자관점
③ 내부프로세스관점　　　　　　④ 학습과성장관점

38 다음 중 회사채의 종류에 대한 설명으로 가장 적절하지 않은 것은?

① 보증사채는 사채의 원금상환 및 이자지급을 금융기관이 보증하는 사채를 말한다.
② 전환사채는 일정조건에서 주식으로 전환될 수 있는 사채를 말한다.
③ 신주인수권부사채는 신주발행 시에 주식을 받을 수 있는 사채를 말한다.
④ 보증사채는 사채의 원금상환, 이자지급, 이익배당 참가를 발행회사만이 할 수 있어서 보증이 필요 없는 사채를 말한다.

ANSWER 　35.② 　36.③ 　37.② 　38.④

35 마케팅 믹스는 기업의 목표를 달성하기 위해 마케팅에 관한 각종 전략과 전술을 실시하는 것으로 마케팅 4P요소인 가격, 제품, 판촉, 유통을 얼마나 합리적으로 결합시키느냐가 중요하다.

36 재무상태표의 차변에는 자산의 내역과 금액이, 대변에는 부채와 자본이 들어가야 한다.

37 균형성과표는 재무적 측정치들뿐만 아니라 고객 관점, 기업 내부 프로세스 관점, 그리고 조직의 학습 및 성장관점 등 비재무적 측정 항목들도 포함되어 있다.

38 보증사채란 발행한 사채의 원금상환 및 이자의 지급을 발행회사 이외의 제3자가 보증하는 사채를 말한다.

39 다음 중 조직구조의 유형에 대한 설명으로 가장 적절하지 않은 것은?

① 매트릭스 조직구조는 단일 명령계통 체계를 갖고 있어서 환경변화에 유연하게 대처하기 어렵다.

② 사업부별 조직구조는 책임경영체제 확립과 신속한 의사 결정이 가능하지만 사업부별 자원의 낭비를 가져올 수 있다.

③ 위원회 조직은 부문 간의 협조와 조정을 위해 기존의 조직 구조에 부속되어 보조하는 조직구조로 활용된다.

④ 혼합형 조직구조는 기능조직과 사업부별 조직구조를 혼합한 형태로 조직목표와 사업부 목표의 통합이 가능하다는 장점이 있다.

40 다음 중 인적자원관리의 주요활동내용에 대한 설명으로 가장 적절하지 않은 것은?

① 인적자원관리는 조직원의 모집 및 선발에서 퇴사에 이르는 전 과정을 관리하는 것을 말한다.

② 인력수요를 예측하기 위해서는 직무분석 기법을 활용하는데, 직무분석을 위해서는 직무기술서와 직무명세서를 활용할 수 있다.

③ 조직원의 평가와 관련된 임금 결정은 연공서열, 성과, 직무특성, 직무자격 등의 기준을 바탕으로 결정된다.

④ 유지관리란 회사를 나가는 사람들을 관리하는 것을 말하며, 퇴직관리란 조직원들이 이직하지 않고 계속 열심히 일하도록 만드는 것을 말한다.

ANSWER 39.① 40.④
....

39 다양한 기능별 전문가들을 하나의 팀으로 모아둠으로써 나타나는 경제성을 지속적으로 유지하면서 여러 가지 프로젝트를 독립적으로 다양하게 수행할 수 있다는 점이 매트릭스 구조의 장점이다.

40 유지관리란 조직원들이 이직하지 않고 열심히 일하도록 만드는 것이고, 퇴직관리란 회사를 나가는 사람들을 관리하는 것을 말한다.

41 Choose one which does not match each other.

① Corp. – Corporation

② Hq. – headquarters

③ pp. – page

④ M. C. – Master of Ceremonies

42 Choose the correct department abbreviation of a business organization which has the most close relation with the given words below.

Resume / Cover letter / Interview / Job Opening / Salary

① PR   ② HR

③ R&D   ④ GA

41.③ 42.②

41 p. : page

pp. : paginate(pages)

42 보기는 인적자원에 관련된 단어이므로 인사부서가 알맞다.

43 Which of the followings is not an appropriate explanation for the underlined word?

① <u>traveller's check</u> : a company's records of its employees' salaries and wages, bonuses, and withheld taxes

② <u>visa</u> : an official document, or a stamp put in your passport, which allows you to enter or leave a particular country.

③ <u>stopover</u> : to stop somewhere for a short time when you are on a long journey, especially a journey by plane

④ <u>rain check</u> : to make an arrangement to do a said activity at another time

44 다음 빈칸 ⓐ, ⓑ에 들어갈 단어로 가장 적절한 것은?

> Hello, Ms. Robinson. This is James Parker. I'm calling ___ⓐ___ the change of schedule for the sales meeting. I need to speak to you ___ⓑ___ it ASAP, so please call me when you get a chance.

① regarding, to

② regarding, about

③ regards, on

④ regards, about

43 traveller's check … 국내뿐만 아니라 해외에서도 통용되는 글로벌 수표로 현금을 소지함에 따른 불편함과 분실, 도난 등의 위험을 피하기 위해 전세계적으로 사용되고 있는 수표

44 ⓐ는 calling의 목적어이자, the change의 동사 역할을 할 수 있는 동명사 regarding이 들어가야 옳다. ⓑ는 ASAP에 '관한' 내용이 들어가야 하므로 about이 옳다.

45 다음 영문서의 내용을 가장 잘 설명한 것은?

Mr. Micelle Sanderson

requests the honor of your presence

at a formal reception

of our new Vice President

on Friday, April 25th

from 6 to 9 o'clock in the evening

at the Woodvalley Country Club

RSVP

010 555 2463

① rejecting to invitation   ② requesting a presentation

③ making a reservation   ④ inviting to reception

46 Which of the followings is the best arrangement of a business letter?

ㄱ date   ㄴ salutation

ㄷ letterhead   ㄹ body

ㅁ signature   ㅂ inside address

ㅅ complimentary close

① ㄱ, ㅂ, ㄴ, ㄹ, ㅁ, ㅅ, ㄷ   ② ㄱ, ㅂ, ㄷ, ㄴ, ㄹ, ㅅ, ㅁ

③ ㄷ, ㄱ, ㅂ, ㄴ, ㄹ, ㅅ, ㅁ   ④ ㄷ, ㄱ, ㄴ, ㅂ, ㄹ, ㅁ, ㅅ

ANSWER   45.④   46.③

45 「Micelle Sanderson
당신의 참석을 원합니다.
새로운 부사장님에 관한 공식만찬회에
4월 25일 금요일
저녁 6시에서 9시 사이
Woodvalley Country Club에서」

46 business letter는 letterhead〉date > inside address > salutation > body > complimentary close > signature 순서
로 써야한다.

47 Choose one which is translated into English properly.

> 이 전화를 김 선생님에게 돌려주시겠습니까?

① Will you transport this call to Mr. Kim?

② Will you transfer this call to Mr. Kim?

③ Will you assign this call to Mr. Kim?

④ Will you turn this call to Mr. Kim?

48 Which of the followings is the most appropriate order?

> Dear Mr. Suh:
>
> Thanks for the detailed information and complete arrangement of my participation at the KAP Conference.
> Enclosed is my application.
>
> I look forward to seeing you there. Thanks again.
>
> ⓐ Planning Manager
> ⓑ Antonia Wong
> ⓒ Enclosure
> ⓓ Best regards,
> ⓔ *Antonia Wong*

① ⓓ − ⓔ − ⓑ − ⓐ − ⓒ

② ⓑ − ⓔ − ⓓ − ⓒ − ⓐ

③ ⓒ − ⓓ − ⓔ − ⓑ − ⓐ

④ ⓓ − ⓐ − ⓔ − ⓒ − ⓑ

ANSWER **47.② 48.①**

47 transfer … 옮기다, 이동[이송/이전]하다

48 영문서에서 글을 마무리 할 때, 맺음말 > 이름(이탤릭체) > 이름 > 직위 > 동봉한 것 순으로 써야한다.

49 What is the purpose of the following passage?

- Opening ceremony starts at 9:00 a.m.
- Individual presentation starts after the keynote speech so all facility check−ups should be done before the keynote speech.
- We'll have 4 presentations and handouts are necessary for the first 2 sessions.
- Coffee break will be after the second presentation.

① To inform   ② To complain

③ To register   ④ To inquire

50 다음 이메일의 목적을 가장 잘 설명한 것은?

Dear all sales staff,

The last meeting for 2016 will be held on Friday, December 16th 10:00 a.m. until 4:00 p.m. at the Head Office. Lunch will be provided. The agenda will be mailed by the end of November. If you are unable to attend the meeting, please call 412−1234 (area code 041) no later than November 30th.

Best wishes,

① To cancel the reservation

② To notify the year−end sales meeting

③ To rearrange the 2016 last meeting

④ To remind sales people of the change of schedule

ANSWER 49.① 50.②

49 「개회식은 9:00에 시작합니다.
기조 연설 후에 발표가 있을 예정이고 모든 공장은 기조 연설 전까지 검사를 마쳐야합니다.
우리는 4개의 발표와 4개의 발표와 유인물들을 제공합니다.
휴식 시간은 두 번째 발표 이후입니다.」

50 「영업 팀원에게,
2016년 마지막 회의는 금요일에 이루어질 예정이고, 12월 16일 10시에서 4시까지 본사에서 이루어집니다. 점심은 제공됩니다. 의제는 11월 말까지 메일로 보내드리겠습니다. 회의에 참여할 수 없으면 11월 30일까지 412−1234로 연락주시기 바랍니다.」

51 Which of the following sentences is not correct?

① It's on the left of Mr. Taylor's office.

② It's at the end of the corridor.

③ Take the elevator on your right to the 21th floor.

④ It's opposite the Sales Department.

52 What is not true to the conversation below?

> A : Now let's get started. I hope everyone received the agenda sent along with the minutes of our last meeting.
>
> B : There does not seem to be enough copies here.
>
> C : I haven't received one for this meeting.
>   When is the agenda supposed to be sent to the board members?
>
> B : We haven't specified it, but normally the agenda has to be distributed at least two weeks prior to the meeting.
>
> A : I know Jennifer did her best to ensure that everyone received the documents by sending them by registered mail.

① Not everyone of the members received the agenda in advance.

② Jennifer will distribute the agenda at the meeting.

③ The members are normally supposed to receive the agenda two weeks before the meeting.

④ Registered mail service was used to send the documents to the members.

53 Choose one which is the most appropriate for the blank.

_____ FOR THE VISIT OF MR. PARK
TO THE K&D FACTORY

September 15

9:00   Arrival

9:05~9:45 Meeting with the Overseas Sales Manager(Conference Room 215)

9:45~10:15 Company Presentation Video

10:15~11:00 Demonstration of the Online System

11:00~12:00 Meeting with Professional Engineers

12:00~2:00 Lunch with Overseas Sales & Marketing Dir.

---

① LETTER OF CREDIT   ② BROCHURE

③ CONTENTS   ④ ITINERARY

53 빈칸 뒤의 for the visit of Mr. Park to the K&D Factory로 보아 일정표에 관한 내용인 것을 알 수 있다.

54 Which of the followings is not appropriate for the blanks?

A : Excuse me. I'd like to see Mr. N. J. Cho, Manager of Import Department.

B : Have you ①_____ an appointment?

A : No. I didn't think it was ②_____.

B : Well, could you give me your name and some idea of the ③_____?

A : I'm Mike Jordan of Westing House.

    I'd like to discuss product package.

B : I'll see if he is ④_____ now.

    Would you please wait for a while?

---

① made

② necessary

③ nature of your business

④ availability

55 Which of the followings is the most appropriate expression for the blank ⓐ, ⓑ, and ⓒ?

A : Good morning. May I help you?

B : Yes, I'd like to see Mr. Miller.

A : Is Mr. Miller ⓐ_____ you?

B : Yes. I have an appointment.

　　I'm Robert Johnson of Apple Company.

A : Would you please have a seat over there for a moment?

B : Thank you.

A : (To Mr. Miller) Mr. Robert Johnson of Apple

　　Company wants to see you.

C : ⓑ_____

A : Yes. (To Mr. Johnson) Thank you for waiting. Mr.

　　Miller is ⓒ_____ for you. This way, please.

---

① ⓐ expecting ⓑ Please show him in. ⓒ waiting

② ⓐ waiting ⓑ Go right in, please. ⓒ looking

③ ⓐ staying ⓑ I don't want to be interrupted now. ⓒ finding

④ ⓐ seeing ⓑ Please send in him. ⓒ looking

56 Choose the most appropriate expression for the blank.

Secretary : Good afternoon, Asia Cosmetics.
Mr. Anderson : Good afternoon.
　　　　　　　　May I speak to Mr. Lee, please?
Secretary : I'm afraid he's not in the office right now. _____
Mr. Anderson : No, I'd like to reach him immediately.
Secretary : Who's calling, please?
Mr. Anderson : This is Tom Jones of Apple Company.

① Can I get you through?
② Could you say that again slowly?
③ Hang up the phone, please.
④ Could you leave a message?

57 Which of the followings is the most appropriate for the blank?

Could you please make reservations for James Lee for 3 nights.
Please also arrange car transfers with the following _____.

Jan. 5. Mon CX410 10.20/14.40 Seoul/Hong Kong
Jan. 8. Thu CX417 10.45/13.40 Hong Kong/Seoul

① deposit　　　　　　　　　　　② promotion rate
③ hotel reservation　　　　　　　④ flight details

ANSWER) 56.④ 57.④

56 「Secretary : 안녕하세요.
Anderson : 안녕하세요. Lee씨를 볼 수 있을까요?
Secretary : 유감스럽게도 그는 방금 사무실을 나가셨습니다. 메시지를 남기시겠어요?
Anderson : 아니요. 저는 그를 지금 만나고 싶습니다.
Secretary : 성함이 어떻게 되시죠?
Anderson : 저는 Apple Company의 Tom Jones입니다.」

57 「Jmae Lee를 3박 예약해 주시겠습니까?
그리고 아래의 항공편 세부정보와 함께 차량 양도도 준비해 주세요.」

58 Read the following conversation and choose one which is true.

Mr. Brown : Hello. Gerald Brown speaking.

Secretary : Good morning, Mr. Brown.

　　　　　　This is Angela from XYZ Corporation.

Mr. Brown : Oh, hello. How can I help you?

Secretary : I'm Mr. Fisher's secretary. I'm calling to arrange an appointment with you and

　　　　　　Mr. Fisher. Is Tuesday okay for you?

Mr. Brown : Tuesday is fine. At what time?

Secretary : Can you meet him at noon for lunch?

　　　　　　Do you know the QM Restaurant?

Mr. Brown : Yes, I do. That sounds fine.

---

① Mr. Brown is available on Tuesday for lunch.

② The secretary will reserve three tables for her boss.

③ The secretary should send a map of QM Restaurant to Mr. Brown.

④ Angela wants to meet Mr. Brown to discuss the project.

58 「Brown : 안녕하세요. Brown입니다.
　　Secretary : 좋은 아침입니다. Brown씨. 저는 XYZ의 Angela입니다.
　　Brown : 안녕하세요. 제가 어떻게 도와드리면 될까요?
　　Secretary : 저는 Fisher씨의 비서입니다. 저는 당신과 Fisher씨의 약속을 조정하려고 전화드렸습니다. 화요일 가능하신가요?
　　Brown : 화요일 좋습니다. 몇 시가 좋으신가요?
　　Secretary : 점심에 보시는 건 어떠신가요? QM 식당을 아시나요?
　　Brown : 예, 그렇게 하죠.」

59 Read the following letter and choose one which is true.

Dear Mr. Anderson,

I'd like to see you in person, if possible, to discuss further our next year's project rather than talking to you over the phone or by e-mail. As you know, we need to consensus very soon, and it is more likely that we can come to some sort of decision if we meet in person.

Sincerely yours,

Pauline Wong

---

① Ms. Wong wants to discuss the upcoming project over the phone.

② Ms. Wong wants to meet the deadline for the project.

③ Ms. Wong wants to meet Mr. Anderson in person.

④ Ms. Wong wants to inform Mr. Anderson of their meeting schedule.

59 「Anderson씨께,
내년도 프로젝트에 대해 토의하기 위해 전화나 이메일보다 가능하다면 저는 당신을 직접 뵙고 싶습니다. 아시다시피, 우리는 합의를 봐야합니다. 그리고 그것은 우리가 직접 만나서 결정을 지어야 할 부분입니다.
Pauline Wong」

60 다음 이메일의 설명에서 사실과 다른 것은?

From : "Darren Thornten"〈darren.thornten@odt.com〉

To :　　"Hallwell Gary"〈gary.hallwell@odt.com〉

Cc :　　Gabriella〈gabriella.m@bradfords.co.uk〉

Bcc :　　Yanis〈yta@infotech 2.co.uk〉

　　　　Sidney〈sb@texnet.de〉

Subject : Internet use

---

① 이 이메일을 받는 사람은 모두 4명이다.

② Darren Thornten이 보내는 이메일이다.

③ Sidney는 Gabriella가 이 이메일을 받은 사실을 모른다.

④ Hallwell Gary는 Yanis가 이 이메일을 받은 사실을 모른다.

ANSWER　60.③

60 숨은 참조를 의미하는 bcc는 "blind carbon copy"의 약어로서, 메시지의 사본이 그 항목에 적힌 사람에게도 보내진다. 그러나, 참조(cc)와는 달리, 메시지를 받은 사람들의 헤더에 숨은 참조를 통해 받은 사람들의 이름은 나타나지 않는다. 이것은 메시지의 사본을 (다른 수신자들에게는 그 사실을 알리지 않으면서도) 비밀리에 누군가에게 보내줄 수 있도록 해 주는 기능이다.

86　비서 2급 기출문제정복

61 문서의 윗부분에 기재된 회사의 로고, 회사명, 주소, 연락처 등이 들어있는 부분을 무엇이라고 하는가?

① 템플릿(template)

② 뉴스레터(newsletter)

③ 레터헤드(letterhead)

④ 헤드라인(headline)

62 다음은 문서의 성립과 효력 발생 시기에 관한 설명이다. 이 중 가장 올바르지 않은 것은?

① 우리나라는 문서효력 발생 시기를 정하는 원칙으로 표백 주의를 채택하고 있다.

② 수신자에게 문서가 도착할 때 효력을 발생하므로 분쟁의 소지가 있는 문서는 수령증을 받아둔다.

③ 공고문서의 경우는 공시 또는 공고가 있은 후 5일이 경과한 날로부터 효력을 발생한다.

④ 문서의 성립 시기는 특별한 규정이 없는 한, 최종결재권자의 서명에 의한 결재가 완료되면 성립한다.

ANSWER 61.③ 62.①

61 레터헤드는 편지를 보내는 회사의 이름, 주소, 전화번호 등이 찍힌 것을 말한다.
① 템플릿이란 파워포인트 작업 시 슬라이드의 배경으로 사용하는 각종 디자인 서식을 가리킨다.
② 회사 등의 조직이 자신의 인터넷 사이트에 가입한 회원에게 도움이 되는 내용의 정보를 보내는 정보소식지를 말한다.
④ 헤드라인은 신문기사나 광고의 표제를 말한다.

62 문서의 효력발생 시기는 일반적으로 도달주의 원칙으로 수신자에게 도달됨으로써 효력을 발생한다. 전자문서는 수신자가
지정한 전자적 시스템 등에 입력됨으로써 그 효력이 발생한다.

63 다음 중 기안문서의 "끝"표시가 가장 옳지 않은 것은?

①
3. 위 사항과 관련하여 문의사항이 있는 경우에는 담당자에게 연락하여 주시기 바랍니다. 끝.
한국 상공 주식회사 대표이사

②
3. 붙임의 자료를 참고하시기 바랍니다.
붙임 : 제품 설명서 1부. 끝.
한국 상공 주식회사 대표이사

③

품명	모델명	단가
컴퓨터	CAA-123	700,000
모니터	MBB-23E	200,000

끝.

④

품명	모델명	단가
컴퓨터	CAA-123	700,000
모니터	MBB-23E	200,000

끝.

64 다음 중 문서관리의 목적과 가장 거리가 먼 것은?

① 문서 색출 시간 절약
② 문서 보관 공간 절약
③ 사무환경 개선
④ 의사 전달의 간소화

ANSWER 63.④ 64.④

63 공문서의 본문이 끝났을 경우 1자(2타)를 띄우고 "끝."이라고 표시한다.

64 문서관리에서 간소화란 문서의 처리와 작성 및 취급이 쉽고 간편하여야 한다는 의미이다.

65 다음 감사장 작성에 관련한 사례 중 가장 올바르지 않은 것은?

① 황 비서는 취임축하에 대한 감사장 작성 시, 축하에 대한 감사의 글로 시작한 후, 마지막은 상대방의 지원을 부탁하는 글로 끝맺었다.

② 강 비서는 감사의 뜻을 전하기 위하여 겸손하고 정중하면서도 서식에 맞추어서 작성하였다.

③ 채 비서는 편지병합으로 개인별 축의금액을 언급하면서 감사장을 작성하여 개개인에 대해 관심을 보였다.

④ 유 비서는 창립기념축하연 참가자에 대한 감사장을 작성하면서 진행상 미숙으로 인한 불편함을 초래한 것에 대해서 사과의 말도 함께 기재하였다.

66 김 비서는 문서 담당부서에서 접수문서를 전달받았다. 하지만 내용을 읽어보고 비서실이 아닌 기획부 업무인 것을 알고 접수받은 문서를 기획부로 전달했다. 이러한 경우 문서의 처리단계에 따른 올바른 문서 명칭은 무엇인가?

① 공람문서   ② 이첩문서

③ 폐기문서   ④ 시행문서

ANSWER 65.③ 66.②

65 ③ 감사장 작성 시 축의금액이나 선물 품목에 대한 직접적인 언급은 자제하는 것이 좋으며, 개개인에게 진심을 담아 전달하는 것이 중요하다.
   ※ 메일머지로 사용가능한 항목
      ㉠ 한글문서로 작성해 놓은 데이터 파일
      ㉡ DBF(데이터베이스 파일)
      ㉢ 윈도우즈(주소록)

66 ① 공람문서 : 배포문서 중 별도의 처리절차 없이 단순히 상급자에게 보고 또는 열람을 하는 문서
   ③ 폐기문서 : 자료가치가 상실된 문서로 폐기처분되는 문서
   ④ 시행문서 : 기안문서의 내용을 시행하기 위하여 작성된 문서

67 문서의 회람에 대한 설명 중 가장 적절한 것은?

① 회의결과를 작성된 서식에 기록하는 것이다.

② 회람을 할 때는 원본으로 한다.

③ 한 장소에 모여 의견을 나누고 그 실시사항을 결정하는 경우에 활용한다.

④ 다수가 보아야 하는 사안인 경우 각자가 문서를 열람하였다는 확인을 할 수 있도록 한다.

68 다음 중 이름(회사명)으로 문서를 관리하는 명칭별 분류법의 특징에 대한 설명으로 가장 적절하지 않은 것은?

① 무한하게 확장이 가능하다는 장점이 있다.

② 동일한 개인(회사)에 관한 문서가 한 곳에 집중된다.

③ 직접적인 정리와 참조가 가능하다.

④ 색인이 불필요하다.

69 다음 중 전자결재시스템의 특징에 대한 설명으로 가장 옳지 않은 것은?

① 문서작성 양식을 단순화시킨다.

② 문서 유통 과정을 표준화시킨다.

③ 문서작성 실명제가 시행된다.

④ 문서 사무처리 절차가 복잡해진다.

67 회람
　㉠ 업무와 관련하여 해당부서의 통지내용을 담은 문서이다.
　㉡ 공지사항을 알리기 위해 전달되며 분명한 전달을 확인하기 위해 회람 문서에 따른 확인을 작성하는 경우도 있다.
　㉢ 회람을 전달하는 경우 부서명을 정확하게 기재하여 제대로 전달할 수 있도록 한다.

68 명칭별 분류법이 무한 확장이 가능하다고 보기는 어렵다.

69 전자결재시스템의 등장으로 문서 사무처리가 절차가 간소화되었다.

70 디지털 정보를 저장하는 광디스크로, 제작 시 최초 1회만 기록할 수 있고 그 후로는 읽기만 가능하며 주로 음악, 게임, 소프트웨어 등을 담아 판매할 때 주로 사용되는 것은?

① CD-ROM
② USB메모리
③ CD-RW
④ LP(Long Play Record)

71 다음 중 김 비서의 이메일 사용 방법이 가장 적절하지 않은 것은?

① 거래처에 이메일을 보낸 후 수신 확인 전화를 했다.
② 수신인과 참조인은 구분하여 표시했다.
③ 답신 표기의 경우 제목의 'Re'는 무조건 지우고 새로운 제목을 작성한다.
④ 붙임 파일을 함께 발송할 경우 메일 내용에 적절한 파일명으로 저장한다.

72 다음 설명에 올바른 용어가 순서대로 짝지어진 것은?

> 가. 각종 자료를 사용자의 PC나 스마트폰 등 내부 저장 공간이 아닌 외부 중앙 서버에 저장한 뒤 다운로드 받는 서비스
> 나. 일반 사용자들이 직접 만들어 유통하는 저작물(영상, 사진 등)
> 다. 소셜 네트워크 서비스를 통하여 이루어지는 전자상거래

① 클라우드 서비스 - UCC - SNS
② 유비쿼터스 - DMB - SNS
③ 클라우드 서비스 - UCC - 소셜 커머스
④ 유비쿼터스 - SNS - 소셜 커머스

ANSWER 70.① 71.③ 72.③

70 CD-ROM은 최초 1회만 기록 가능하고, 그 이후에는 변경이 불가능하다.

71 'Re'는 답신 표시 기호이다.

72 가 - 클라우드 서비스
나 - UCC
다 - 소셜 커머스

73 컴퓨터에서 LAN카드를 활용하여 인터넷에 연결하기 위해서는 사용자의 네트워크 환경에 적합하도록 TCP/IP 프로토콜을 설정해야 한다. 일반적인 운영체제에서 TCP/IP를 설정할 때 입력해야 하는 기본 정보로 가장 거리가 먼 것은?

① IP 주소
② 서브넷 마스크
③ 기본 게이트웨이
④ MAC 주소

74 프레젠테이션을 잘 하기 위해 양 비서가 시도하는 방법으로 가장 적절하지 않은 것은?

① 청중 모두에게 골고루 아이컨텍을 시도한다.
② 긍정적인 말투로 강약 고저 없이 일정한 톤으로 발표한다.
③ 미리 발표연습을 해보고 피드백을 받아본다.
④ 이야기를 만들어 전달하고, 후에 요약을 한다.

75 다음 중 전산회계 프로그램끼리 올바르게 짝지어진 것은?

① 오라클 – KcLep
② CAMP – KcLep
③ 더존 s Plus – Mysql
④ 오라클 – Mysql

76 다음 기사를 읽고 유추할 수 있는 내용으로 가장 적절하지 않은 것은?

〈전략〉 돈의 일생은 한은이 경상북도 경산에 위치한 한국 조폐공사에 화폐 제조를 발주하면서부터 시작된다. 얼마나 많은 돈을 만들지는 매년 화폐 발행량, 환수량, 폐기량 등을 고려해 정한다. 지폐의 경우 우리가 평소 사용하는 모습이 되기까지 8단계의 공정을 거치는데, 총 40~45일이 걸린다.

먼저 전지에 바탕 그림(지문)을 인쇄한다. 돈을 만들 때 사용되는 전지는 종이가 아니다. 100% 면이다. 이 때문에 물에 젖어도 그 형태가 보존된다. 5만 원권을 예로 들면 전지한 장에 28장의 5만 원이 들어간다. 전지 한 장으로 140만 원이 만들어지는 것이다. 바탕 그림이 찍히면 5~7일 간 잉크를 말린 뒤 금액을 표시하는 스크린 인쇄 단계를 밟는다.

금액이 표시되고 나면 위변조를 막기 위해 홀로그램을 부착하는 과정이 시작된다. 5만 원권의 띠형 홀로그램에는 상, 중, 하 세 곳에 무늬가 들어가 있다. 우리나라 지도와 태극 문양, 4괘 무늬가 하나씩 들어가 있다.

이들 무늬는 보는 각도에 따라 뒤바뀐다. 처음 봤을 때 위에서 부터 지도-태극-4괘의 순서이던 무늬가 조금 비스듬히 보면 태극-4괘-지도의 순서로 보이는 식이다. 무늬 사이에 숫자 '50000'이 세로로 쓰여 있다. 5만 원권에는 이 같은 위변조 방지 장치가 22가지 담겨 있다.

액면숫자와 홀로그램까지 부착하고 나면 인물과 글자를 볼록하게 튀어나오도록 만드는 요판 인쇄 과정을 거친다. 시각장애인도 화폐 액수를 인식할 수 있게 한다. 화폐 고유번호를 부여하는 활판 인쇄와 검수, 절단 과정 등을 모두 마치면 완성이다.

지금과 같은 모습의 지폐가 등장한 것은 지난 2006년부터다. 1983년 이후 23년만의 교체였다. 5000원권을 시작으로 2007년 1만 원권, 1000원권이 신권으로 교체됐고, 2009년 5만 원권이 처음으로 탄생했다. 당초 5만 원권과 함께 10만 원권도 출시될 예정이었지만, 지하경제가 활성화할지 모른다는 우려로 10만 원권 발행 계획은 2009년 1월 중단됐다. 10만 원권의 표지 모델은 김구 선생이었다. 〈후략〉

〈조선일보, 2016.9.17.〉

---

① 돈의 제작공정은 바탕그림인쇄 → 잉크건조 → 금액인쇄 → 홀로그램부착 → 요판인쇄 → 활판인쇄 → 검수 → 절단의 8단계를 거친다.
② 종이화폐라는 의미인 지폐는 종이로 만들어지지 않는다.
③ 전지 한 장의 가격은 140만 원이다.
④ 김구선생을 모델로 하는 10만 원권은 발행되지 않았다.

ANSWER 76.③
....
76 전지 한 장으로 140만 원이 만들어지지만 전지 한 장의 가격은 알 수 없다.

77 기밀정보를 다루는 김 비서의 행동으로 가장 적절하지 않은 것은?

① 외부요청이 있을 경우 평소 상사가 선호하는 방식으로 처리한다.

② 컴퓨터 정보는 외장하드에 분기별로 백업하였다.

③ 비서의 컴퓨터는 비밀번호를 설정하여 두었다.

④ 팩스나 복사기 사용 후 문서를 빠뜨리지 않고 챙긴다.

78 무선공유기에서 제공하는 보안기술에 해당하지 않는 것은?

① WEP
② WPA
③ WPW
④ WPA2

79 다음 정보보안에 관련한 박 비서의 행동 중 가장 잘못된 것은?

① 외장하드 1TB를 구매하여 상사 컴퓨터의 파일을 반기별로 백업했다.

② 외부에서 상사를 찾는 전화가 와서 "사장님은 지금 경영자 모임에 참석하셔서 바로 퇴근하실 예정입니다"라고 응답했다.

③ 상사의 외출이나 부재 시에는 상사의 집무실을 잠가 놓아 아무도 못 들어가도록 조치했다.

④ 상사의 노트북에 노트북 보안필름을 붙여 측면에서 화면을 볼 경우 화면내용이 잘 보이지 않도록 조치했다.

ANSWER 77.① 78.③ 79.②

77 기밀정보는 상사와 비서 각자가 보안을 철저히 해야 한다.

78 무선보안 기술은 WEP → WPA → WPA2 순서로 발전을 했다.

79 상사의 개인 정보는 상사의 허락이 난 후에 전달해야 한다.

80 다음 중 공문서 작성요령에 대한 설명으로 가장 옳지 않은 것은?

① 공문서는 두문, 본문, 결문으로 구성되어 있다.

② 공문서의 발신기관명은 글자로만 표시하고 기관의 로고, 상징, 마크 등을 표시하지 않는다.

③ 수신기관이 여럿인 경우는 '수신'란에 '수신자 참조'라고 기재하고, 결문의 발신명의 다음 줄에 '수신자' 란을 만들어 수신자 기호 또는 수신자명을 표시한다.

④ 경유 기관은 수신기관에 앞서 중간에 거쳐 가는 기관이다.

1과목 비서실무

1 김영숙 비서는 첫 출근을 앞두고 있다. 첫 출근 시 김 비서의 준비 자세로 바람직하지 않은 것은?

① 면접 때의 조용하고 내성적인 분위기의 모습에서 벗어나 활기차고 적극적인 모습을 보일 수 있는 의상과 화장을 선택하였다.

② 첫날이라 아침에 준비할 업무가 많지 않을지라도 상사보다 먼저 출근하여 업무 준비를 하였다.

③ 전임비서가 알려주는 내용을 모두 메모하였다.

④ 출근 전에 회사 사람들에게 자신을 소개할 때 필요한 내용을 노트에 적어두고 연습해 보았다.

2 비서의 자기개발과 경력계획에 대한 설명으로 가장 적절하지 않은 것은?

① 자기개발은 업무시간 이외의 시간에만 하는 것은 아니며, 업무 중에 스스로의 업무방식을 연구하는 것을 통해 자기개발이 가능하다.

② 업무의 능률이나 결과를 신중하게 검토하는 일, 업무의 낭비를 없애고 업무시간의 손실을 없애기 위해 노력하는 일과 같이 효율적 업무방식을 생각하는 것도 자기개발의 하나이다.

③ 비서는 ERP나 PI 시스템 적용 관련 내용 습득보다는 임원 보좌 업무에 충실할 수 있는 문서작성 기술을 연마하는 것에 한정을 두어야 한다.

④ 경력개발을 위해서는 업무 자체를 즐기고, 새로운 일에 대한 모색과 미래에 대한 관심과 같은 기본자세가 필요하다.

ANSWER 1.① 2.③

1 ① 첫 출근 시 면접 때와 너무 다른 모습을 보이는 것은 바람직하지 않다. 단정하고 차분한 의상과 화장을 선택하는 것이 좋다.

2 ③ 비서는 임원보좌 업무를 위한 문서작성 기술을 연마하는 것에 한정하지 않고 ERP나 PI 시스템 적용 관련 내용도 습득하는 것이 좋다.

3 다음은 김 비서의 전화응대 상황을 나타낸 것이다. 적절하지 않은 것끼리 짝지어진 것은?

> ㉠ 용건을 들으며 "전하실 말씀이 있으십니까?"라고 응대하며 메모하였다.
> ㉡ (전화벨이 네 번 울린다.) "안녕하십니까? 한국회사 김○○입니다."라고 응대하였다.
> ㉢ 옆의 동료에게 전화를 중계할 경우 보류 버튼을 누르지 않은 채 전화를 건 상대방의 성명과 용건을 구두로 전하였다.
> ㉣ 용건이 끝났는데도 전화 건 사람이 계속 이야기를 할 때에는 상대방이 기분 상하지 않도록 주의하며 "전화 주셔서 감사합니다."라고 말하며 전화를 끊었다.

① ㉠, ㉡   ② ㉡, ㉢

③ ㉢, ㉣   ④ ㉠, ㉣

4 한고은 비서는 상사가 긴급 외부 회의에 참석해야 하는 상황이 발생하여 대리자로서 내방객 응대를 하라는 상사의 지시를 받았다. 이 때 한 비서의 손님 응대로 가장 적절한 것은?

① 비서는 자신이 상사의 대리자이므로 가능한 상대방에게 도움이 될 수 있는 정보를 제공한다.

② 대리로 면담을 한 내용을 신속하고 정확하게 상사에게 보고한다.

③ 손님으로부터 질문을 받았을 경우 자신이 아는 범위 내에서만 말씀드린다고 손님에게 양해를 구한다.

④ 손님의 질문에 충분히 답할 수 없을 경우에는 회사 업무 담당자를 불러 설명하도록 부탁한다.

ANSWER 3.② 4.②

3 ㉡ 전화벨이 3번 울리기 전에 받는다.
　㉢ 옆의 동료에게 전화를 중계할 경우 보류 버튼을 누른다.

4 ② 상사의 대리자로서 내방객을 응대한 경우에는 면담을 한 내용을 신속하고 정확하게 상사에게 보고 한다.

5 다음은 이난숙 영업과장의 영문 명함이다. 이에 대한 설명이 바르지 않은 것은?

Nan Sook Lee
Sales Manager

Seoul Hotel
747-7, Hannam-ro, Yongsan-Ku,
Seoul 140-210, Korea

SEOUL
HOTEL   Tel   : (82)(2)799-8479 (Direct)
                      (82)(2)797-1234 Ext.80479

           Facsimile : (82)(2)798-6953(Hotel)
                      (82)(2)798-1606(Direct to Marketion)

           CP   : 017-206-5179
           E-mail   : nslee@seoul.com

① 중국 지사에 있는 비서에게 이난숙 과장의 휴대폰 번호를 82-017-206-5179로 알려준다.
② 중국 지사에 있는 비서에게 팩스는 가능하면 마케팅 부서인 82-2-798-1606으로 보내라고 말한다.
③ 사무실에 전화하여 자신과 통화를 원할 때는 82-2-797- 1234로 전화하여 내선번호 80479를 누르라고 말한다.
④ 중국 지사에 있는 비서에게 이난숙 과장의 휴대폰 번호를 82-17-206-5179로 알려준다.

6 비서의 업무 수행 자세로 적절하지 않은 것은?

① 상사에게 꾸중을 듣더라도 그 자리에서 잘잘못을 가리지 않는 것이 좋다.
② 상사의 개인적인 결점을 굳이 언급할 필요는 없다.
③ 상사의 일하는 방식이 비효율적일 경우 상사에게 일에 관한 조언을 아끼지 않아야 한다.
④ 상사의 업무 영역에 필요 이상으로 개입해서는 안 되며, 사전에 지시받고 합의된 업무에 한하여 융통성을 발휘하도록 한다.

ANSWER 5.① 6.③

5   ① 017에 0은 빼야 한다. 82-17-206-5179로 알려준다.

6   ③ 상사의 일하는 방식이 비효율적으로 보이더라도 상사에게 일에 관한 조언을 아끼지 않는 것은 비서의 업무 수행 자세로 적절하지 않다.

7 김 비서는 태국에서 오시는 치홍마이 지점장을 위해 리무진을 준비하려했으나 여의치 않아 마케팅 이사인 James Park이 자신의 차량으로 치홍마이 지점장을 공항으로 모시러 가야하는 상황이다. James Park이 운전할 경우 치홍마이 지점장의 좌석으로 옳은 것은?

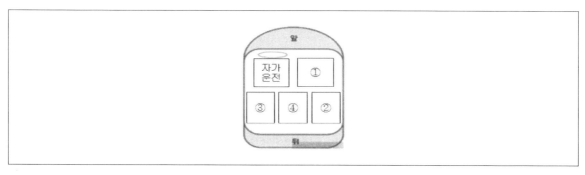

① ①

② ②

③ ③

④ ④

8 다음은 L사의 K 전무의 10월 셋째 주에 예정된 일정이다. K 전무의 일정 우선순위를 중요도와 긴급도에 따라 민 비서가 가장 잘 배열한 것은?

> ㈎ 회사 카페테리아 인테리어 변경안 총무과장 보고
> ㈏ 회장님이 참석하시는 신제품 개발 시연회
> ㈐ 출장지에서 만난 B사 외국인 임원과의 미팅
> ㈑ 휴대폰 최신 기종 사양 알아보기
> ㈒ 화요일 오전 9시 정기 주주 총회

① ㈒ – ㈑ – ㈐ – ㈏ – ㈎

② ㈒ – ㈐ – ㈏ – ㈑ – ㈎

③ ㈒ – ㈏ – ㈐ – ㈑ – ㈎

④ ㈒ – ㈏ – ㈐ – ㈎ – ㈑

Answer 7.① 8.④
···

7 ① 운전자와 탑승자 2명이 차량에 탑승하는 경우 조수석에 앉는다.

8 우선순위를 중요도와 긴급도에 따라 배열하면 다음과 같다.
   ㈒ 화요일 오전 9시 정기 주주 총회
   ㈏ 회장님이 참석하시는 신제품 개발 시연회
   ㈐ 출장지에서 만난 B사 외국인 임원과의 미팅
   ㈎ 회사 카페테리아 인테리어 변경안 총무과장 보고
   ㈑ 휴대폰 최신 기종 사양 알아보기

9 최근에는 상사의 일정관리를 위해 비서가 다양한 전자스케줄러를 활용하고 있다. 전자스케줄러의 특징을 설명한 것이 아닌 것은?

① 일정의 상세 내용을 분량에 상관없이 입력하기 편리하다.

② 일정과 관련된 수정 혹은 알림 등의 각종 기능을 활용할 수 있다.

③ 각종 Mobile 도구로 쉽게 연동되므로, 언제 어디서나 확인이 가능하다.

④ 여러 사람이 서로 다른 PC에서 동시에 같은 일정을 수정할 경우에도 오류가 발생하지 않아 효율적이다.

10 다음 중 비서가 경영진의 출장지원업무를 수행한 내용으로 가장 적절하지 않은 것은?

① 상사의 직위에 따라 이용 가능한 교통편과 좌석 등급이 다르므로 회사의 출장 경비규정을 확인하여 규정에 알맞은 교통 편과 좌석 등급을 선정했다.

② 귀국 일정이 확정되지 않아 돌아오는 항공편 날짜를 지정할 수 없어 일정 변경이 가능한 항공권인 1등석(first class) 항공권으로 예약을 진행했다.

③ 예약하려는 항공사에 남은 좌석이 없어서 대기자 명단에 올리고, 비슷한 시간대의 다른 좌석을 확보해 두고 대기 좌석이 오픈되는지 수시로 확인했다.

④ 비자 발급을 위해서는 보통 여권 만료일이 6개월 이상 남아있어야 하므로 상사 여권의 만료일을 별도로 기입해 두고 만료 6개월 이내 재발급 받았다.

ANSWER 9.④ 10.②

9 ④ 여러 사람이 서로 다른 PC에서 동시에 같은 일정을 수정할 경우 오류가 발생할 수 있다.

10 ② 돌아오는 항공편 날짜를 지정할 수 없을 때에는 오픈티켓으로 예약을 진행한다.
  ※ 오픈티켓(Open Ticket) … 일정이 확정되지 않아 돌아오는 날짜를 정확히 지정하기 어려운 경우, 돌아오는 날짜를 임의로 정하여 예약하고, 항공권의 유효 기간 내에서 일정 변경이 가능한 항공권

11 다음은 홍 비서가 알아본 상사의 항공일정이다. 항공일정에 따른 홍 비서가 상사에게 보고하는 내용이 올바르지 않은 것은?

출발일정	도시	항공일정
5월 10일	서울(ICN) – 동경(NRT)	JX950 / 09:30~11:50
5월 13일	동경(HND) – 뉴욕(JFK)	AA134 / 06:40~05:15
5월 19일	뉴욕(JFK) – 런던(LHR)	BT 178 / 18:00~06:20 (+1)
5월 22일	런던(LHR) – 서울(ICN)	OZ 135 / 19:00~06:15 (+1)

① "5월 13일 뉴욕행은 동경 하네다 공항에서 이른 아침에 출발합니다."

② "뉴욕 도착 일자는 현지 날짜로 5월 13일입니다."

③ "서울에 22일에 도착하시는 대로 차를 대기시켜 놓도록 하겠습니다."

④ "5월 19일 뉴욕 케네디 공항에서 출발하여 런던에 도착하시면 호텔 숙박이 2박으로 예약되어 있습니다."

12 다음 중 회의록에 기재되어야하는 항목으로 가장 부적절한 것을 고르시오.

① 회의 명칭 – 심의사항

② 회의의 의제 – 발언자의 발언 내용

③ 개최 일시 및 폐회 시간 – 특별 참석자

④ 회의 참석자 명단 – 전 회의록 요약 내용

ANSWER 11.③ 12.④

11 ③ 항공일정이 (+1)이므로 서울에 도착하는 날짜는 5월 23일이다.

12 회의록에 기재되어야 하는 항목으로는 결재, 회의명, 일시 및 장소, 회의자료, 참석자 명단, 회의 내용, 결재자 의견, 문서번호 등이 있으며, 회의의 핵심안건(심의사항)과 그 안건에서 나온 결론, 회의 후 취해야 할 행동과 스케줄, 책임자 정보 등은 회의록에 반드시 포함되어야 한다.

13 다음 중 비서의 의전행사 지원업무에 대한 설명으로 가장 적절하지 않은 것은?

① 의전행사 계획 시 상사 의전 계획은 시간 단위로 작성한다.

② 행사 의전 정보로 참석자 프로필로 수집해야 될 사항은 사진, 성명, 회사명, 직위, 학력, 회사 전화번호, 생년월일, 상사와의 관계, 종교, 취미 기호 등이 있다.

③ 만찬 행사는 입장 및 착석 → 오프닝 퍼포먼스 및 문화 공연 → 환영사(주최 기관의 장) → 개회사(주최 기관) → 축사 및 건배 제의(주관 기관의 장) → 만찬 → 퇴장의 순서로 진행되는 것이 일반적이다.

④ 행사 단상 좌석 배치는 행사에 참석한 최상위자를 중심으로 하고 최상위자가 부인을 동반하였을 때에는 단 위에서 아래를 향하여 중앙에서 우측에 최상위자를, 좌측에 부인을 각각 배치하며, 그다음 인사는 최상위자 자리를 중심으로 단 아래를 향하여 우좌의 순으로 교차 배치한다.

14 다음은 주요 나라별 주의해야 할 문화적 에티켓에 대한 설명이다. 틀린 내용을 고르시오.

① 인도네시아에 체류하는 동안 라마단 기간일 경우 해가 있는 동안에는 금주, 금연, 금식, 금욕을 실시하므로 고기와 술을 찾는 행위는 삼간다.

② 일본에서는 회의 시작 시간보다 미리 방문하여 회사를 둘러보는 것은 삼간다.

③ 스코틀랜드 사람이나 아일랜드 혹은 웨일즈 사람에게 잉글리시라고 하면 불쾌하게 여기므로 주의한다.

④ 독일인의 경우 초면에 이름을 호명함으로써 친근함을 표현하는 것이 좋다.

ANSWER 13.① 14.④

13 ① 의전행사 계획 시 상사 의전 계획은 여러 가지 예외 상황을 고려하여 치밀하게 계획을 세워 진행해야 하므로 분 단위로 작성한다.

14 ④ 독일인의 경우 친구 사이가 아닐 경우 결코 이름을 불러서는 안 된다. 남성의 경우 영어의 Mr에 해당하는 Herr, 여성의 경우 Miss와 Mrs 모두를 의미하는 Frau를 반드시 성 앞에 붙여 부른다. 직함이 있을 경우는 Herr나 Frau를 직함에 앞에 넣어 불러주는 것이 예의이다.

15 다음은 직급이 다른 두 임원의 전화연결 대화이다. 비서의 전화 응대 화법으로 가장 적절하지 않은 것은?

사장 비서 : 안녕하십니까? 삼신전자 비서실입니다.

회장 비서 : ㉮ 안녕하세요, 최미영씨?

　　　　　　㉯ 삼신중공업 한최고 회장님 비서 김영숙입니다.

사장 비서 : 김영숙 씨, 안녕하셨어요?

회장 비서 : 네, 안녕하세요. ㉰ 회장님께서 강 사장님과 전화 통화하시고 싶다는데, 지금 가능한가요?

사장 비서 : 예, 가능하십니다.

회장 비서 : ㉱ 그럼 제가 먼저 연결하겠으니 잠시만 기다려 주세요.

사장 비서 : 예, 알겠습니다.

회장 비서 : (잠시 기다린 후)

　　　　　　회장님, 강동식 사장님 전화 연결되었습니다.

---

① ㉮

② ㉯

③ ㉰

④ ㉱

---

16 강 비서는 한국상사(주)의 한 전무의 비서이다. 강 비서는 한 전무의 지시를 받고 다음과 같이 확인하였다. 강 비서가 업무지시를 받은 후 꼭 확인하지 않아도 되는 내용은 무엇인가?

강 비서 : 전무님, 12월 첫 번째 주 토요일(5일) 오전 6~7시 사이에 KY CC Mountain 코스를 예약하도록 하겠습니다. 그리고 이번 주 목요일 11시 미팅은 7명 이상 참석 가능한 회의실로 예약하고 12시 30분에 일식당 '모모'에 예약한 뒤 재무팀 TFT에도 공지하겠습니다. 마케팅팀 자료는 바로 확대 복사해서 올려 드리겠습니다. 혹시 더 지시하실 일 있으신가요?

---

① KY 컨트리클럽(Country Club) 코스 확인

② 식당 룸(room) 예약 여부 확인

③ 회의장소 및 오찬 여부 확인

④ 컬러 혹은 흑백 복사 확인

---

15 ㉱ 직급이 다른 임원 간의 전화연결 시에는 직급이 낮은 임원을 먼저 연결한다.

16 ① KY 컨트리클럽(Country Club) 코스는 상사가 확인 후 지시한 업무이므로 따로 확인할 필요가 없다.

17 다음 중 비서가 상사의 보고 및 지시 업무 수행 시 지켜야 할 집무실 출입 예절에 관한 설명으로 옳은 것은?

> (가) 상사가 호출하여 집무실에 들어갈 때는 복장, 머리 상태, 신발 등이 잘 갖추어져 있는지 신속히 살핀다.
>
> (나) 집무실이 닫혀 있는 경우 노크를 두 번 함으로써 상사에게 지금 들어가리라는 것을 암시한다.
>
> (다) 상사의 지시를 받을 경우 상사 정면에 서서 지시를 받는다.
>
> (라) 지시를 받고 지시 내용 확인이 끝난 후에는 가벼운 인사(목례)를 하고 두세 걸음 뒷걸음질을 한 뒤 문을 열고 나온다.
>
> (마) 문이 닫힐 때까지 집무실 문고리를 잡고 조용히 문을 닫는다.

① (가), (나), (다), (라), (마)

② (가), (나), (라), (마)

③ (가), (나), (다), (마)

④ (가), (나), (다), (라)

18 비서의 화법으로 가장 적절한 것은?

① "사장님, 예정보다 회의가 많이 길어졌습니다. 수고 많으셨습니다."

② "사장님, 오늘 교통체증이 심해 늦었습니다. 죄송합니다."

③ "사장님의 말씀이 있으시겠습니다."

④ "사장님, 영업부 김상경 부장님은 현재 외근중이십니다."

ANSWER 17.② 18.④

17 (다) 상사의 지시를 받을 경우 상사 정면에 서지 않도록 주의한다.

18 ④ 압존법은 말하는 사람 입장에서는 높여야 할 대상이나, 듣는 사람보다는 존귀한 대상이 아니어서 높이지 못하는 것을 말하며 이는 가족 간이나 사제 간처럼 사적인 관계에서는 적용되나 직장에서는 적용되지 않는다. 따라서 직장에서 윗사람을 그보다 윗사람에게 지칭하는 경우, 예를 들어 사장님 앞에서 부장님을 지칭할 때 '부장님께서는'까지는 곤란하여도 '과장님이'처럼 '-님'을 쓰고, 주체를 높이는 '-시-'를 넣어 '사장님, 부장님은 외근중이십니다.'처럼 높여 말하는 것이 우리의 언어 예절이다.

19 상사가 업무를 효율적으로 수행할 수 있게 하기 위해서 비서는 상사의 다양한 정보를 관리하게 된다. 다음 중, 비서가 할 수 있는 상사의 다양한 정보관리와 가장 관련이 없는 것은 어느 것인가?

① 상사의 신상 카드를 작성한다.

② 상사의 사번, 신용 카드 번호와 각각의 만기일을 체크한다.

③ 상사의 여권번호, 만기일, 항공사 및 각종 마일리지 번호와 적립 상황을 최신의 정보로 유지하도록 한다.

④ 상사의 인사 기록 카드 관리를 담당한다.

20 최 비서는 상사를 대신하여 경조사업무를 수행하는 일이 빈번하다. 이때 최 비서가 지켜야할 조문 예절 중 가장 바람직하지 않은 것은?

① 헌화시에는 꽃은 오른손으로 받아 왼손을 위에 살짝 얹고 꽃이 오른쪽으로 오도록 받은 후, 헌화대 앞에서 묵례하고 시계 방향으로 돌려 줄기를 영정 앞쪽으로 향하게 한다.

② 상제에게 자신이 상사를 대신하여 왔음을 밝힌다.

③ 조문 복장을 하지 못할 상황이면 차분한 느낌의 평상복을 입는다.

④ 조객록에 자신의 이름을 적은 후 조문을 한다.

ANSWER 19.④ 20.④

19 ④ 상사의 인사 기록 카드 관리는 비서가 할 수 있는 정보관리에 포함되지 않는다.

20 ④ 상사를 대신하여 경조사 업무를 수행하는 것이므로 조객록에는 상사의 이름을 적는다.

21 다음 중 인공지능, 사물인터넷, 빅데이타 등과 가장 연관성이 높은 경영환경요소는 무엇인가?

① 기술적환경 ② 사회적환경

③ 경제적 · 법적환경 ④ 경쟁적환경

22 다음의 내용은 무엇을 설명하는 것인지 다음 보기 중 가장 적합한 것은?

> 주식회사의 경우, 수많은 주주들의 경영권 위임을 받은 경영자들은 주주의 부를 극대화하기 위해 최선을 다해야 하지만, 자신의 이익이나 실속을 채우기 위해 기업의 자원을 낭비하는 도덕적 해이를 일으키기도 한다.

① 고위험투자 문제 ② 대리인 문제

③ 주주 문제 ④ 특혜 문제

23 글로벌 경영에 대한 설명으로 가장 적절하지 않은 것은?

① 글로벌 경영이란 다른 나라와 관계를 갖는 모든 기업경영 활동을 뜻한다.

② 글로벌 경영은 지구를 하나의 활동무대로 생각하여 전략, 생산, 마케팅, 인력, 재무 등의 기능들을 전 세계에 걸쳐 수행하는 경영방식을 말한다.

③ 글로벌 환경에서 적절한 리더십은 현지법인이 위치하고 있는 국가의 가치관 및 태도에 대해 이해하는 것이다.

④ 전 세계적으로 자유화와 개방화의 물결이 일어나면서 무역 장벽이 높아지고 있으며, 경영의 글로벌화가 신속하게 진행되고 있다.

Ａｎｓｗｅｒ 21.① 22.② 23.④

21 인공지능, 사물인터넷, 빅데이터 등은 과학기술의 발달과 관련된 것이므로 기술적 환경에 해당한다.

22 제시된 내용은 수많은 주주들의 경영권을 위임 받은 경영인, 즉 대리인이 주주의 부를 극대화하기 위해 노력하지 않고 자신의 이익을 채우기 위해 자원을 낭비하는 문제에 대한 설명이다.

23 ④ 전 세계적으로 자유화와 개방화의 물결이 일어나면서 무역 장벽이 낮아지고 있다.

24 다음은 경영환경에 대한 설명이다. 이 중 가장 적절하지 않은 것은?

① 기업은 자신이 속한 환경과는 분리해서 존재할 수 없기에 단독으로 활동할 수 없다.

② 국가는 기업이 경영활동을 하게 해주거나, 감시하는 기업의 환경요인이다.

③ 기업은 외부환경과 상호작용을 할 필요 없는 폐쇄 시스템이다.

④ 기업은 환경변화에 끊임없이 대응해야한다.

25 기업 인수합병에 관한 다음 설명 중 가장 적절하지 않은 것은?

① 인수는 한 기업이 다른 기업의 경영권을 매입하는 것을 의미하고, 합병은 두 개 이상의 기업이 합쳐 하나의 기업이 되는 것을 말한다.

② 동종업계에서 원료공급업체나 유통판매회사와 합하여 공급 사슬로 엮어 놓으면 수평합병이다.

③ 기업인수는 기존 기업이 보유한 유리한 조건을 그대로 향유할 수 있다는 이점이 있다.

④ 우리사주조합의 지분율을 높여 좀 더 많은 의사결정권을 확보하는 경우, 인수합병을 방어하기 위한 수단이 된다.

ANSWER 24.③ 25.②

24 ③ 기업은 외부환경과 끊임없이 상호작용을 하는 개방적 시스템이다.

25 ② 수평합병은 동일산업에 있는 기업 간의 합병을 말하며, 한 기업이 시장점유율을 확대하거나 제품생산에서의 규모의 경제를 달성하기 위해서 경쟁기업을 매수하는 것이다. 이에 반해 수직합병은 제품의 생산이나 원재료의 공급 등이 상이한 단계에 있는 기업 간에 이루어지는 합병으로 주로 대기업이 원료에서부터 완제품의 유통까지 모든 단계를 지배하려는 목적에서 기업의 상하 계열관계에 있는 회사를 매수하는 형태를 취한다.

26 다음 중 주식회사의 특징에 대한 설명으로 가장 적절하지 않은 것은?

① 주식회사는 소수의 출자자로부터 자본을 모으는 것이 아니라 널리 일반 대중에 산재하는 자본으로 대규모의 자본을 조달하는 기업형태이다.

② 주식회사는 회사의 지분 또는 주식 모두가 개인 일인 독점 소유에 속한다.

③ 주식회사의 주주는 주주총회에 참석하여 의결권을 행사할 수 있으며, 이익배당을 청구할 수 있다.

④ 주식회사는 주식의 발행으로 설립된 회사이다.

27 중소기업의 특징에 대한 설명으로 가장 적절한 것은?

① 우수한 인력과 자금의 확보가 용이하다.

② 넓은 시장을 대상으로 전국적인 인지도를 얻기가 쉽다.

③ 대량 생산을 통해 규모의 경제를 얻는다.

④ 고용에서 차지하는 비중이 높아 고용증대에 효과가 크다.

28 다음 중 지식경영에 대한 설명으로 가장 적절하지 않은 것은?

① 지식경영은 조직 구성원 개개인의 지식이나 노하우를 활용하는 경영기법이다.

② 암묵지는 문서나 매뉴얼처럼 여러 사람이 공유할 수 있는 지식이다.

③ 형식지와 암묵지는 상호작용을 하면서 지식이 확장, 공유된다.

④ 지식은 형식지와 암묵지로 구분된다.

ANSWER 26.② 27.④ 28.②

26 ② 주식회사는 주식의 발행으로 설립된 회사로, 사원인 주주의 출자로 이루어지며, 권리·의무의 단위인 주식으로 나뉘진 일정한 자본금을 갖는다. 따라서 개인 일인 독점 소유에 속한다는 설명은 틀리다.

27 ① 중소기업은 대기업에 비해 우수한 인력과 자금의 확보가 어렵다.
② 중소기업은 대기업에 비해 넓은 시장을 대상으로 전국적인 인지도를 얻기가 어렵다.
③ 대량 생산을 통해 규모의 경제를 얻는 것은 대기업의 특징이다.

28 ② 문서나 매뉴얼처럼 여러 사람이 공유할 수 있는 지식은 명시지이다. 암묵지는 학습과 경험을 통하여 개인에게 체화되어 있지만 겉으로 드러나지 않는 지식을 말한다.

29 다음 중 경영통제의 유형에 관한 설명으로 가장 적절하지 않은 것은?

① 종업원을 생산활동에 투입하기 전에 교육이나 훈련하는 것은 사전통제에 해당한다.

② 일선 감독자들이 작업진행상황을 직접 측정하고 수정하는 것은 동시통제에 해당한다.

③ 사후통제는 작업종료 후 이루어지는 통제활동으로 결과변경이 불가능하며 피드백만 가능하다.

④ 미래 예측이 어려운 시장에서는 사후통제보다 사전통제를 충분히 함으로써 통제의 효과를 높이고 비용을 줄일 수 있다.

30 조직의 구성원들이 공유하고 있는 가치관, 신념, 이념, 관습 등을 총칭하는 것으로 조직과 구성원의 행동에 영향을 주는 기본적인 요인을 무엇이라 하는가?

① 조직 구조   ② 제도
③ 비전   ④ 조직문화

31 다음 중 리더십에 대한 설명으로 가장 옳지 않은 것은?

① 리더십은 비전이나 목표를 달성하도록 집단에게 영향력을 발휘할 수 있는 능력으로 정의한다.

② 리더십 이론은 특성이론, 행동이론, 상황이론으로 발전하였다.

③ 상황이론은 유일한 이상적인 리더의 형태가 있다고 보고 이상적 리더십 유형을 규명하려고 한다.

④ 혁신적 리더십은 부하들로 하여금 스스로의 관심사를 조직 발전 속에서 찾도록 영감을 불러 일으켜주며 새로운 창조와 혁신을 할 수 있도록 비전을 제시하는 리더십이다.

ANSWER 29.④ 30.④ 31.③

29 ④ 미래 예측이 어려운 시장에서는 사후통제보다 사전통제가 중요하다. 충분한 사전통제를 통해 통제의 효과를 높이고 비용을 줄일 수 있다.

30 조직문화 … 조직의 구성원들이 공유하고 있는 가치관, 신념, 이념, 관습 등을 총칭하는 것으로 조직과 구성원의 행동에 영향을 주는 기본적인 요인

31 ③ 피들러의 상황이론은 상황을 고려한 최초의 리더십 이론으로, 과업의 성공적 수행은 이를 이끌어 나가는 리더십의 스타일과 과업이 수행되는 상황의 호의성에 따라 달라진다고 본다. 피들러는 리더십 스타일을 과업지향형(task-oriented)과 관계지향형(relationship-oriented)으로 분류한다.

32 다음 동기부여의 내용이론과 관련된 설명으로 가장 적절한 것은?

① 매슬로우이론에 의하면 인간의 욕구는 생리적 – 안전–애정 – 존경 – 자아실현 등 5가지단계로 계층화되어있다.

② 맥클리랜드는 인간의 욕구 중 성취욕구, 권력욕구, 친교욕구를 주로 연구하였고 그 중 친교욕구가 가장 중요하다고 주장하였다.

③ 앨더퍼는 인간은 동기요인과 위생요인 2가지의 욕구를 가지고 있다고 주장하였다.

④ 허쯔버그는 ERG이론에서 욕구가 충족되면 상위욕구에 대한 욕망이 커지지만 목표가 좌절되면 하위욕구에 대한 욕망이 증가한다고 주장하였다.

33 다음의 마케팅 기법의 설명 중, 가장 적절하지 않은 것은?

① 다이렉트마케팅 – 때와 장소를 가리지 않고 잠재적인 고객 또는 기존고객 정보를 확보하여 고객과 직접 1:1로 상대하여 거래를 유도하는 것을 목적으로 하는 기법

② 데이터베이스마케팅 – 기업이 고객정보를 수집하여 컴퓨터에 입력하여 데이터베이스를 만든 다음 이 자료를 이용하여 마케팅활동을 하는 기법

③ 텔레마케팅 – 원거리에 있는 잠재구매자에게 직접 방문하여 상품정보를 제공하고 구매를 유도하는 마케팅 기법

④ 텔레비전 홈쇼핑 – 케이블 TV 홈쇼핑채널에서 방송한 상품 정보를 보고 구매자가 전화를 걸어 상품을 주문하도록 유도하는 판매방법

ANSWER 32.① 33.③

32 ② 맥클리랜드는 권력욕구와 친교욕구가 경영자의 성공과 밀접한 관련이 있다고 보았다. 권력욕구가 높고 친교욕구가 낮은 경영자가 최선의 경영자가 될 수 있다.
③ 인간은 동기요인과 위생요인 2가지의 욕구를 가지고 있다고 주장한 것은 허츠버그이다.
④ ERG 이론을 주장한 것은 앨더퍼이다.

33 ③ 텔레마케팅은 전화 등의 매체를 이용하여 소비자마다의 구매이력 데이터베이스에 근거하여 세심한 세일즈를 행하는 과학적 마케팅 방법으로 구매자를 직접 방문하지는 않는다.

34 다음을 설명하는 가장 적절한 용어는 무엇인가?

> 기업이 고객의 거래정보와 모든 고객접점에서 얻어지는 접촉정보 들을 통합적으로 분석 및 관리하고 이를 영업 및 마케팅 활동에 전략적으로 활용함으로써 고객이탈을 방지하고 고객의 평생가치 및 기업의 수익기여도를 극대화하는 경영활동

① 고객만족관리(CSM-Customer Satisfaction Management)
② 고객관계관리(CRM-Customer Relationship Management)
③ 컴퓨터통합생산(CIM-Computer Integrated Manufacturing)
④ 공급사슬관리(SCM-Supply Chain Management)

35 다음의 공식조직과 비공식조직에 대한 설명으로 가장 적절하지 않은 것은?

① 공식조직은 어떤 목적을 위한 인위적 조직이다.
② 공식조직과 비공식조직은 서로 보완적·촉진적인 상호작용을 함과 동시에 대립적으로도 작용한다.
③ 비공식 조직은 개인들의 학연, 지연, 기호 등에 의한 자연 발생적 조직이다.
④ 비공식 조직은 종업원들에게 만족감을 낮추며 기업성과와는 전혀 상관없다.

36 기업의 수익성을 나타내는 지표 중 하나인 자기자본이익률(ROE)을 계산하는 산식으로 가장 옳은 것은?

① $\dfrac{당기순이익}{자기자본} \times 100$

② $\dfrac{매출액}{자기자본} \times 100$

③ $\dfrac{주당배당액}{자기자본} \times 100$

④ $\dfrac{매출액}{총자산} \times 100$

ANSWER 34.② 35.④ 36.①

34 제시된 내용은 고객관계관리(CRM)에 대한 설명이다.

35 ④ 비공식 조직은 종업원들에게 만족감을 높여 기업성과와 관련된다.

36 자기자본이익률 $= \dfrac{당기순이익}{자기자본} \times 100$

37 주택을 담보로 하여 금융기관으로부터 일정기간 일정금액을 연금식으로 지급받는 장기주택저당대출제도는 다음 중 무엇인가?

① 역모기지론(reverse mortgage loan)

② 모기지론(mortgage loan)

③ 머니마켓펀드(MMF)

④ 하드론(hard loan)

38 다음의 수요를 결정하는 요인에 대한 설명 중, 보완재에 대한 설명으로 가장 적합한 것은?

① 커피가격이 상승하면 상대적으로 저렴해진 녹차에 대한 수요가 증가한다.

② 쌀에 대한 수요는 설탕 값이 상승하더라도 거의 변화하지 않는다.

③ 조각케이크에 대한 수요는 커피 값이 상승하면 감소한다.

④ 수박가격이 상승하면 참외에 대한 수요가 증가한다.

39 "첨단 디지털기기에 익숙한 나머지 뇌가 현실에 무감각 또는 무기력해지는 현상"을 다음 중 무엇이라고 하는가?

① 스낵브레인   ② 팝콘브레인

③ 챗봇브레인   ④ 프레브레인

ANSWER 37.① 38.③ 39.②

37 역모기지론 … 주택을 담보로 하여 금융기관으로부터 일정기간 일정금액을 연금식으로 지급받는 장기주택저당대출제도
② 모기지론 : 부동산을 담보로 주택저당증권을 발행하여 장기주택자금을 대출해 주는 제도
③ 머니마켓펀드 : 단기금융상품에 집중투자해 단기금리의 등락이 펀드 수익률에 신속히 반영될 수 있도록 한 초단기 공사채형 금융상품
④ 하드론 : 외국차관 가운데 조건이 까다롭거나 상환기간이 짧고 금리 수준도 높아 차입국에 불리한 차관↔소프트론

38 보완재는 한 재화의 가격이 하락(상승)할 때 다른 한 재화의 수요가 증가(감소)한다. 보완재 관계에 있는 두 재화는 따로 소비할 때보다 함께 소비할 때 효용이 증가한다.

39 팝콘브레인 … 첨단 디지털기기에 익숙한 나머지 뇌가 현실에 무감각 또는 무기력해지는 현상으로, 팝콘이 터지듯 크고 강렬한 자극에만 우리의 뇌가 반응하는 현상을 말한다.

40 다음 중 인사관리와 관련된 활동에 대한 설명으로 가장 적절하지 않은 것은?

① 인사관리란 조직에서 인적자원을 관리하는데 관련된 모든 기능과 활동을 의미하는 경영활동의 한 과정을 의미한다.

② 인력수요를 예측하기 위해서는 직무분석 기법을 활용하는데, 직무분석을 위해서는 직무기술서와 직무명세서를 활용할 수 있다.

③ 직무조사표에 의해 관련 직무에 관한 제 항목을 상세하게 기술하여, 직무분석내용을 정리한 후 그 요점을 기술한 문서가 직무기술서이다.

④ 직무기술서는 직무 및 그 직무에 필요한 항목 및 요건만을 개인적 자격에 중점을 두어 작성한 양식을 의미한다.

40 ④ 직무기술서는 직무분석의 결과 직무의 능률적인 수행을 위하여 직무의 성격, 요구되는 개인의 자질 등 중요한 사항을 기록한 문서이다.

41 Choose the one which does not correctly explain the abbreviations.

① ATM : Automated Teller Machine

② CPA : Certified Processing Accountant

③ CV : Curriculum Vitae

④ MOU : Memorandum of understanding

42 다음은 네 명이 각각 자신의 직업을 묘사하는 인터뷰 내용이다. 보기 중 가장 잘못 연결된 것을 고르시오.

---

① Julia : We have offices in a lot of countries, so often I only have to arrange the shipping. When there is no local office, I take care of marketing our products and packaging them, as well as arranging shipping.

② Sam : I am in charge of doing the department's accounts, and I often have to present accounting reports. I report to the Chief Accountant.

③ Andy : I report to the Purchasing Manager. I am responsible for finding the goods we need like computers, printers, etc. and getting a good price for them. I also make sure the suppliers deliver on time.

④ Trisha : I work part-time at the reception so mainly I have to pass the incoming calls to the company, then I receive visitors with appointments.

---

① Julia – Export Officer Manager

② Sam – Accountant

③ Andy – Director of Human Resources

④ Trisha – Receptionist

ANSWER 41.② 42.③

41 ② CPA : Certified Public Accountant(공인회계사)

42 ③ Andy는 구매 관리자에게 보고하고, 컴퓨터나 프린터 같은 필요로 하는 물건들을 찾아서 좋은 가격에 살 수 있는 책임이 있다. 따라서 인사부장은 잘못 연결되었다.

43 다음 빈칸에 들어갈 단어들끼리 바르게 연결된 것은?

> A : Excuse me, where is the newstand in this hotel?
> B : Oh, it's on the (A)_____ floor, (B)_____ the right of the elevator.

① (A) 2th – (B) to
② (A) 2nd – (B) to
③ (A) 2nd – (B) of
④ (A) 2th – (B) of

44 Read the following phone conversation and choose one which is the most grammatically correct.

> A : Hello. ⓐ I'm Mr. Jackson's secretary.
>   May I talk to Mr. Martin's secretary?
> B : This is she speaking.
> A : Mr. Jackson ⓑ like to see Mr. Martin sometime next week.
> B : Well, let's see... either Monday ⓒ nor Thursday would be fine.
> A : Monday would be ⓓ preferable.
>   Would that be O.K. with Mr. Martin?
> B : Yes, that's good.

① ⓐ I'm
② ⓑ like
③ ⓒ nor
④ ⓓ preferable

43 (A) 2nd floor : 2층
  (B) of는 공간적 · 시간적 위치를 나타낸다.

44 ⓐ I'm → This is
  ⓑ like → would like
  ⓒ nor → or

45 Choose the correct inside address in a business letter.

① Mr. Robert Wilkinson
Sunshine Hotel
Reservation Manager
8 Hillside Street
Albany, NY 90221

② Dear Mr. Robert Wilkinson/Reservation Manager
Sunshine Hotel
8 Hillside Street
Albany, NY 90221

③ Mr. Robert Wilkinson
8 Hillside Street
Albany, NY 90221
Sunshine Hotel
Reservation Manager

④ Mr. Robert Wilkinson
Reservation Manager
Sunshine Hotel
8 Hillside Street
Albany, NY 90221

45 Inside Address 작성 순서
ⓐ 수신인의 이름
ⓑ 직위
ⓒ 직장이름
ⓓ 구, 동단위 주소
ⓔ 도단위 주소와 사서함, 우편번호

46 다음은 어떤 종류의 문서를 설명한 것인가?

- Write your career objective
- Highlight your main skills and experience
- Emphasize your personal attributes
- Motivate the reader into wanting to know more

① letter of collection

② resume

③ letter of complaint

④ invitation

47 아래 편지 봉투의 빈 칸에 들어갈 수 없는 것을 하나 고르시오.

Rose Beauty Supply   stamp

58 South State

Imperial City, CA91480   Registered

_____

                         Ms. AmandaGreen

                         Manager

                         Dream Research

                         332 E. Fox Street

                         Philadelphia, PA 23450

① Confidential   ② Urgent

③ Special Delivery   ④ Private

ANSWER   46.②   47.③

46 제시된 내용은 이력서에 대한 설명이다.

「- 직업 목표를 적으시오.
- 주요 기술과 경험을 강조한다.
- 개인적 특성을 강조한다.
- 읽는 사람이 더 많이 알고 싶도록 동기부여한다.」

47 'Special Delivery'는 우표 아래 쪽 'Registered(등기)' 자리에 들어간다.
① 기밀의 ② 긴급한 ③ 속달 우편 ④ 비공개의

48 Choose the Korean expression which is not matching with the English Part.

① I need to wrap it up for today.

　→ 오늘 일과를 시작해야겠어요.

② Refer to the quarterly report for the last year.

　→ 작년 분기별 보고서를 참조하세요.

③ Just for your information, I am forwarding this email.

　→ 정보를 참조하시라고 이메일을 전송합니다.

④ I would like to take tomorrow off.

　→ 내일 하루 쉬고 싶은데요.

49 Which of the followings is the most appropriate to fill the blank ⓐ in the e-mail below?

To : Jane Kim〈jkim20@hanmail.com〉

From : Alan Kimball〈booking@willows.com〉

Date : September 1

Subject : Request for reservation

Dear Ms. Kim,

Referring to your e-mail requesting reservation for a group of 18, we regret to inform you that we are unable to book you for tomorrow night. To guarantee a table for such a large group, making reservation at least one week in advance is advised. We hope to be ＿＿＿ⓐ＿＿＿ again soon and appreciate your patronage as always.

① for service　　　　　　　　② with service

③ of service　　　　　　　　④ to serve

48 ① I need to wrap it up for today. → 오늘 안으로 끝내야 해요.

49 be of service (to) 도움이 되다

「친애하는 Ms. Kim,
18명의 단체 예약을 요청하신 귀하의 이메일과 관련하여, 유감스럽게도 내일 밤 귀하를 예약할 수 없다는 것을 알려드립니다. 그런 큰 모임을 위한 테이블을 확보하기 위해서는 적어도 일주일 전에 예약을 하시는 것이 좋습니다. 곧 다시 도움이 될 수 있길 바라며, 언제나처럼 당신의 애호에 감사드립니다.」

50 Read the following message and choose one which is not true.

> To : All Salesman
> Subject : The Year-End Sales Conference
> From : Mr. Park's secretary
>
> The last sales conference for 2015 will be held on Monday, December 29th 10:00a.m. until 4:00p.m at the Headquarter. Lunch will be provided.
>
> The agenda will be mailed by the end of November. If you have any items to be included, please forward them to me by November 20th. If you are unable to attend the meeting, please call 321-1234 (area code 042) no later than November 30th.

① The conference will be held at the head office for six hours.

② The organizer of the conference will serve lunch for all participants.

③ The participants will receive the agenda in the middle of November.

④ An absentee list will be collected no later than the end of November.

50 ③ 참가자들은 11월 말까지 의제를 받게 될 것이다.

「수신 : 모든 판매원
제목 : 연말 영업 회의
발신 : Mr. Park의 비서
2015년 마지막 영업 회의가 12월 29일 월요일 오전 10시부터 오후 4시까지 본사에서 개최될 예정입니다. 점심이 제공될 것입니다. 그 의제는 11월 말까지 우편으로 보내질 것이다. 만약 당신이 포함될 어떤 주제가 있다면, 11월 20일까지 저에게 보내 주세요. 만약 당신이 회의에 참석할 수 없다면, 늦어도 11월 30일까지는 321-1234(지역 번호 042)로 전화 주십시오.」

51 Choose one which is the most appropriate answer regarding the following conversation.

> A : Is there something you would like to tell me?
> B : The meeting is scheduled from 2:00 this afternoon.
>   The Vice President wants you to report on this department's earning for the last quarter.
> A : Oh, that's right. I almost forgot.
> B : Would you like to hold the meeting here or in the conference room?
> A : Let's use the conference room.
> B : Okay. I'll make the arrangements.

① 부사장은 회의를 2시로 바꾸기를 원한다.
② 회의는 회의실에서 열릴 것이다.
③ 부사장이 지난 분기 수익에 대해 보고할 것이다.
④ A는 회의실을 예약하고 회의준비를 할 것이다.

A NSWER 51.②

51 「A : 나에게 하고 싶은 말이 있습니까?
B : 그 회의는 오늘 오후 2시부터 예정되어 있습니다. 부사장님은 당신이 지난 분기 동안 이 부서의 수익을 보고하기를 바라십니다.
A : 아, 맞아요. 하마터면 잊을 뻔 했네요.
B : 회의를 여기서 하시겠습니까, 아니면 회의실에서 하시겠습니까?
A : 회의실을 사용합시다.
B : 알았습니다. 준비하겠습니다.」

52 According to the following itinerary, which one is not true?

Itinerary for Mr. George Smith

(June 14-16, 2017)

Monday, June 14

20:30 Arrive at Incheon via CX881.

　　　(pick up by S.K. Kim, MD and T.K. Lee, driver)

Tuesday, June 15

1:00 Lunch with S.K. Kim & Y.J. Lee, Tower Restaurant

3:00 Management Meeting, Conference Room

5:00 Seoul Office Tour

6:30 Kinner with Phillip Eisner, President,

　　　Bain Life Insurance, Han Restaurant

Wednesday, June 16

7:00 Breakfast with Frank Jameson, Banana Grill

9:00 Leave for Incheon Airport

12:30 Depart via CX921

---

① Mr. Smith will be staying at Seoul Grand Hotel for 2 nights.

② Mr. Smith doesn't have any appointment scheduled on Tuesday morning.

③ Mr. Smith will be touring the Seoul office after Management Meeting.

④ Mr. Smith will be leaving Incheon Airport at 9 in the morning on June 16.

52 ④ Mr. Smith는 6월 16일 아침 9시에 인천 공항으로 출발할 예정이다.

53 According to the conversation, which one is the most true sentence?

Secretary : How may I help you?

Visitor : Could you stamp your company name on my parking ticket?

Secretary : Definitely.

Visitor : It was really hard to find a parking spot today. What was worse, I was not allowed to park on the ground level.

Secretary : Ah, we're sorry. Our parking lot is very limited. When you can not find a parking spot, you can use the public parking lot next to this building. You can get three hours of free parking.

Visitor : Oh, I see. Thanks.

---

① The visitor could park on the ground level of this building for free today.

② It was difficult for the secretary to find a parking spot today.

③ The visitor got a ticket for a parking violation.

④ This building doesn't provide enough parking space for all of the visitors.

ANSWER 53.④

53 「비서 : 무엇을 도와드릴까요?
방문객 : 주차권에 주차 도장을 찍어 주시겠습니까?
비서 : 물론입니다.
방문객 : 오늘 주차할 곳을 찾기가 정말 어려웠어요. 설상가상으로, 나는 1층에 주차하지 못 했어요.
비서 : 아, 죄송합니다. 저희 주차장은 매우 좁습니다. 주차 공간을 찾을 수 없을 때, 이 건물 옆에 있는 공공 주차장을 이용하세요.
　　　3시간 무료 주차가 가능합니다.
방문객 : 오, 알겠어요. 감사합니다.」

54 Read the following conversation and choose the most appropriate set for the blank ⓐ, ⓑ and ⓒ.

Visior : Good aftenoon.

Secretary : Good aftenoon. May I help you?

Visior : I'm Bill Yoon. I'd like to neet with Mr. Hong.

Secretary : I'll see if he is ⓐ_____ now.
Would you wait for a moment, please?

Visior : Certainly. (after a couple of minustes)

Secretary : I'm afraid he is ⓑ_____ right now.
May I ask what your visit is in ⓒ_____ to?

Visior : I am a Marketing Manager from AR company.
I came here to give him our up-to-date brochure.
Can I leave it here?

Secretary : Of course. I will hand it to him later.

Visior : Thanks a lot.

---

① ⓐ all right – ⓑ available – ⓒ regard

② ⓐ certain – ⓑ unoccupied – ⓒ about

③ ⓐ available – ⓑ occupied – ⓒ regard

④ ⓐ in stock – ⓑ free – ⓒ about

---

54 available 시간이 있는 occupied 바쁜 in regard to ~에 대하여

「방문객 : 안녕하세요.
비서 : 안녕하세요. 무엇을 도와드릴까요?
방문객 : 저는 Bill Yoon입니다. Mr. Hong을 만나고 싶습니다.
비서 : 그 분이 지금 시간이 있는지 알아보겠습니다. 잠시만 기다려 주시겠어요?
방문객 : 물론이죠. (몇 분 후)
비서 : 죄송하지만 그 분은 지금 바쁘십니다. 방문 목적이 무엇인지에 대해 여쭤도 될까요?
방문객 : 저는 AR Company의 마케팅 관리자입니다. 그에게 우리의 최신 책자를 주기 위해 여기에 왔습니다. 여기에 놔둬도 될까요?
비서 : 물론입니다. 나중에 그에게 전해 주겠습니다.
방문객 : 감사합니다.」

55 Fill in the blank Ⓐ with the most appropriate phrase.

Caller : This is Anthony Parker of TLC Company calling from Seattle. Could you put me through to Ms. Yang?

Secretary : I'm sorry, but she's on another line. Would you hold for a few minutes or do you want her to get back to you after she finishes her call?

Caller : I'd appreciate it _____Ⓐ_____ as soon as possible.

Secretary : OK, Mr. Parker, what's the name of the company again?

Caller : It's T as in 'tango', L as in 'lima', and C as in 'chalie'.

Secretary : I see, and your phone number?

---

① if she rings me back   ② when she calls me back

③ for her to give me a call   ④ returning my call

56 Read four sets of dialogue and choose one which does not match each other.

① A : May I ask who's calling, please?
   B : This is Caron Green from IBG.

② A : Could I leave a message?
   B : I'm sorry but I did not catch your name.

③ A : I'm sorry. My phone was out of order.
   B : Oh, is it fixed now?

④ A : I'm afraid he's in a meeting at the moment.
   B : What time do you expect it to be over?

Aɴꜱᴡᴇʀ 55.① 56.②

55 「발신자 : Tappin사의 Anthony Parker입니다. 시애틀에서 걸었습니다. Ms. Yang 좀 연결해 주시겠어요?
비서 : 죄송하지만, 그녀는 지금 다른 전화를 받고 계십니다. 몇 분만 기다려 주시겠습니까? 아니면 통화가 끝난 후에 다시 연락드릴까요?
발신자 : 그녀가 가능한 한 빨리 저에게 전화를 주면 감사하겠습니다.
비서 : 네, Mr. Parker, 회사 이름이 뭐라고 하셨죠?
발신자 : 'tango'에 'T', 'lima'에 L, 그리고 'chalie'에 'C'입니다.
비서 : 알겠습니다, 그리고 전화번호가 어떻게 되십니까?」

56 ② A : 메시지를 남기시겠어요?
   B : 죄송합니다만 성함을 잘 못 들었습니다.

57 According to the conversation, which of the followings is not true?

> A : Ms. Kim, when is the Marketing meeting scheduled?
> B : It is scheduled at 11:00 a.m. next Wednesday, Mr. Burr.
> A : I see. Can you ask Mr. Lee, Sales Director to join the meeting and present next year's sales plan?
> B : Yes, I'll ask him.
> A : Good. And what should I do today?
> B : Mr. Kim of Sales Department is reporting this month's sales report in 10minutes. And a lunchon meeting is scheduled at the Regency Hotel at 12:00 with Mr. Tom Harrison of IBM. And Ms. Yang of Finance Department is going to report last month's financial report to you at 4:00.
> A : Okay. Please don't make any other schedule after that. I think I have to review my presentation material for tomorrow meeting.
> I need a computer and a beam projector at that meeting.
> B : I'll have it ready.

① Mr. Burr doesn't want any other schedule after Ms. Yang's report.
② Mr. Lee, Sales Director wants to join the Marketing meeting next Wednesday.
③ Ms. Kim should have a computer and a beam projector ready tomorrow.
④ Mr. Burr will meet Mr. Kim of Sales Department in 10 minutes.

ANSWER 57.②

57 ②의 내용은 언급되지 않았다.

「A : Ms. Kim, 마케팅 회의가 언제로 예정되어 있습니까?
B : 다음 주 수요일 오전 11시에 예정되어 있어요, Mr. Burr.
A : 알겠습니다. 영업부장인 Mr. Lee에게 회의에 참석해서 내년 영업계획을 발표해 달라고 요청할 수 있을까요?
B : 네, 그에게 요청하겠습니다.
A : 좋아요. 그럼 오늘 뭘 해야 하죠?
B : 영업부의 Mr. Kim이 10분 후에 이번 달 영업 보고서를 보고할 예정입니다. 그리고 점심 회의는 IBM의 Tom Harrison씨와 12시에 Regency 호텔에서 열릴 예정입니다. 그리고 재무부의 Ms. Yang이 지난 달의 재무 보고서를 4시에 당신에게 보고할 것입니다.
A : 알았어요. 그 다음엔 다른 약속 잡지 마세요. 내일 회의를 위해 발표 자료를 검토해야 할 것 같아요. 그 회의에 컴퓨터와 빔 프로젝터가 필요합니다.
B : 준비해 놓겠습니다.」

58 According to the given passage, which of the followings is true?

Your attention, please. We will begin boarding in 10 minutes. Passengers should board as follows. Passengers needing special assistance or traveling with babies or young children should board first. Second, Skyteam elite members and economy-class passengers from row 47 and higher may board. Finally, economy-class passengers from row 46 and lower may board. First and prestige-class passengers and Skyteam elite plus members may board anytime. Thank you for your cooperation.

① Skyteam elite members are asked to board first.
② First-class passengers from row 47 and lower should board last.
③ Passengers who accompanied by a 1 year old son can board at any time.
④ Economy-class passengers from row 46 and lower should board last.

59 다음 중 약어를 잘못 풀이한 것은?

① RSVP : Repondez s'il vous plait. 회신요망
② COO : Chief Organization Officer 최고운영책임자
③ R&D : Research and Development 연구개발
④ SME : Small and Medium-sized Enterprises 중소기업

58 「주목하세요. 10분 후에 탑승을 시작하겠습니다. 승객들은 다음에 따라 탑승해야 합니다. 특별한 도움이 필요하거나 아기들이나 어린 아이들과 여행을 하는 승객들은 먼저 탑승해야 합니다. 둘째로, 스카이팀 엘리트 회원들과 47열 이상의 일반석 승객들이 탑승할 수 있습니다. 마지막으로, 46번 이하의 일반석 승객들이 탑승할 수 있습니다. 일등석과 특등석 승객 및 스카이팀 엘리트 플러스 회원은 언제든지 탑승할 수 있습니다. 협조해 주셔서 감사합니다.」

59 ② COO : Chief Operating Officer

60 Read the following conversation and choose the most appropriate explanation for the underlined words.

A : I'd like to reserve a plane ticket to Milan on Feb. 3.

B : On Feb. 3, there's a flight leaving at 4 p.m.

A : Isn't there any earlier flight?

B : I'm afraid not, sir.

A : Then I'll take it.

B : Business class or economy class?

A : I want to travel economy class.
  And I'd like to get an (A)<u>open-ended return ticket</u>, please.

B : Sure. Please wait a moment, sir. I'll check it for you.

---

① prestige class ticket이라고도 한다.

② 돌아오는 날짜를 정하지 않은 비행기표이다.

③ 편도 티켓을 말한다.

④ 왕복티켓을 의미한다.

---

60 open-ended return ticket은 돌아오는 날짜를 정하지 않은 비행기표이다.
「A : 2월 3일 밀라노행 비행기편을 예약하고 싶습니다.
B : 2월 3일 오후 4시에 출발하는 비행기가 있습니다.
A : 좀 더 이른 비행기는 없습니까?
B : 죄송하지만 없습니다, 손님.
A : 그러면 그걸로 할게요.
B : 비즈니스 클래스세요? 아니면 이코노미 클래스세요?
A : 일반석으로 여행하길 원합니다. 오픈 엔드 왕복 표를 주세요.
B : 그럴게요. 잠시만 기다려 주십시오. 제가 확인해 드리겠습니다.」

61 문서 작성에서 협조에 대한 설명으로 가장 잘못된 것은?

① 기안문의 내용과 관련된 부서의 업무협조를 받아야 하는 경우 협조란을 작성한다.

② 협조는 최종결재권자의 서명을 받고 나서 협조부서의 서명을 받는다.

③ 협조의 표시 방법은 협조란에 협조부서장의 직위와 성명을 쓰고 서명을 한다.

④ 기안부서와 협조부서가 동일직급일 때는 교차적으로 서명을 할 수 있다.

62 다음 비서의 우편관련 업무에 관한 설명 중 가장 적절하지 않은 것은?

① 여러 사람에게 발송하는 경우에는 편지 병합 기능을 이용하여, 봉투 또는 레이블 용지에 주소를 작성하면 효율적으로 처리할 수 있다.

② 요금별납우편이란 동일인이 우편물의 종류와 우편요금 등이 동일한 우편물을 동시에 다량 발송하는 경우에 우표를 붙이지 않고 현금으로 직접 납부할 수 있는 서비스로 10통 이상 우편물에 적용된다.

③ EMS는 현금 우송을 다루는 국제 등기 우편으로 통상적으로 백만원 이하의 금액으로 한정해서 우체국에서 취급한다.

④ 내용증명은 우편물의 내용인 문서를 등본에 의하여 증명하는 제도이다.

Aɴsᴡᴇʀ 61.② 62.③

61 ② 협조부서의 서명은 최종결재권자의 서명을 받기 전에 받는다.

62 ③ EMS란 급한 편지, 서류나 소포 등을 가장 빠르고 안전하게 외국으로 배달해 주는 국제특급우편으로 우정사업본부가 외국의 공신력 있는 우편당국과 체결한 특별협정에 따라 취급한다. 현금을 받는 사람에게 우편으로 배달하는 서비스는 현금배달(통화등기)로 10원~100만 원까지 가능하며 우체국에 의해 분실된 현금배달(통화등기)은 전액 변상해 준다.

63 다음 중 문서의 수발신 업무 처리가 가장 적절하지 않은 비서는?

① 박 비서는 수신된 편지속의 발신인 주소와 봉투의 주소가 달라서 봉투를 보관해두었다.

② 배 비서는 문서 발송전에 첨부한 청구서의 이름과 수신인 이름이 동일한지 다시 확인하였다.

③ 채 비서는 창립기념식 초대장을 200명에게 우편으로 발송하기 위하여 편지병합 기능을 이용해서 우편 레이블을 작성하였다.

④ 윤 비서는 상사가 출장 중에 온 문서를 접수 즉시 모두 스캔하여 상사의 이메일로 송부하였다.

64 다음 중 문서가 효력을 발생하는 시점에 대한 설명으로 가장 옳지 않은 것은?

① 공문서는 특별한 규정이 없는 한 문서가 수신자에게 도달되었을 때 그 효력이 발생한다.

② 전자문서는 수신자가 문서를 열어 보았을 때 효력이 발생한다.

③ 공고문서는 공고문서에 특별한 규정이 있는 경우를 제외하고는 공고일 이후 5일이 경과한 날부터 효력을 발생한다.

④ 법규문서는 법규 공포일로부터 20일 경과 후 효력이 발생한다.

65 회의 참석에 대한 감사장 작성에 관한 업무처리를 하고 있다. 다음 중 가장 적절하지 않은 것은?

① 발신인은 그 문서를 실제로 처리하는 담당자와 일치하는 것이 보통이다.

② 정중하고 예의바른 표현을 사용하여 감사의 마음이 전달되도록 작성한다.

③ 김 비서는 회의 참석자들에게는 회의 후 일주일 이내에 감사장을 보냈다.

④ 연사를 초빙한 회의 개최 완료 후 연사에게 감사장을 보냈다.

ANSWER 63.④ 64.② 65.①
....

63 ④ 상사가 출장 중에 온 문서를 모두 접수 즉시 스캔하여 상사에게 이메일로 송부하는 것은 상사의 출장을 방해할 수 있다. 급하지 않은 문서에 대해서는 출장 후에 보고하도록 한다.

64 ② 전자문서의 효력은 수신자의 컴퓨터 파일에 기록되었을 때 발생한다.

65 ① 감사장은 회의를 주체한 책임자(상사 등)가 발신인이 되지만, 실제로 문서를 처리하는 것은 담당자(비서 등)로 일치하지 않는 것이 보통이다.

66 다음은 문서관리 중 상호 참조(Cross referencing)에 대한 설명이다. 가장 옳지 않은 것은 무엇인가?

① 한 장의 문서가 두 개 이상의 분류 항목에 해당될 때 사용한다.

② 주된 제목의 폴더에 상호 참조표를 넣어 두고, 다른 쪽 폴더에는 문서를 넣어 둔다.

③ 상호 참조는 문서 검색을 용이하게 한다.

④ 문서를 복사하여 관계된 모든 폴더에 보관할 수도 있다.

67 다음 중 문서 관리에 대한 설명이 가장 올바르지 않은 것은?

① 문서 처리 단계에 따른 문서 분류는 하나의 문서가 처리 단계에 따라서 불리는 명칭이 다른 것이다.

② 기업에서 정관은 영구보존하여야할 문서에 해당한다.

③ 문서의 이첩은 보존중인 문서의 이용 빈도수가 증가하여, 원래 부서 내 문서보관함으로 옮기는 것이다.

④ 선람문서는 선결문서라고도 하며, 공문이 시행되기 전에 미리 결재를 얻는 문서이다.

68 다음 중 문서의 종류가 다른 것은?

① 통지서   ② 안내문
③ 회의록   ④ 게시문

69 다음 문서 중 메일머지를 이용하여 작성하지 않아도 될 부분을 모두 고르시오.

(가) 상공상사

(나) 최진우 (다) 부장 귀하   (라) 2016년 9월 17일

(마) 최진우 님의 행복을 기원합니다.

다름 아니오라 이번에 저희 ㈜공상 물산이 창사 30년을 맞이하게 되었습니다.

이에 여러 귀빈들을 모시고 창사기념일 행사를 열고자 하오니 바쁘시더라도 부디 참석해 주시기 바랍니다.

다시 한 번 감사드립니다.

                                         (바) ㈜ 공상 물산

                                         대표이사 이문영

---

① (가), (나), (다)   ② (라), (바)

③ (라), (마), (바)   ④ (다), (라), (바)

70 다음 전자문서 관리 절차가 순서대로 나열된 것은?

① 생성 – 분류 – 등록 – 보관 – 유통 – 처분

② 등록 – 생성 – 유통 – 분류 – 보관 – 처분

③ 생성 – 등록 – 분류 – 보관 – 유통 – 처분

④ 작성 – 분류 – 등록 – 유통 – 보관 – 처분

ANSWER **69.②** **70.③**

69 메일머지는 동일한 내용의 편지를 여러 명에게 보낼 경우 편지의 내용은 같고 받는 사람의 이름이나 주소 등 정보만 다를 때 매번 같은 내용을 반복해서 작업하지 않고 동일한 내용은 워드프로세서를 이용해 한 번만 작성해 수신자 정보를 담고 있는 데이터베이스로부터 여러 개인의 정보를 받아들여 여러 장의 편지를 인쇄하거나 컴퓨터 또는 팩스로 발송하는 기능이다.

② 날짜와 발신인의 회사명은 같은 내용으로 메일머지 기능을 이용하지 않아도 된다.

70 전자문서 관리 절차

생성 – 등록 – 분류 – 보관 – 유통 – 처분

71 광디스크는 컴퓨터 정보의 저장매체로, 사용하는 레이저의 파장과 홈의 간격에 따라 정보의 용량이 달라진다. 홈을 촘촘히 많이 팔수록 정보를 많이 저장할 수 있는데, 홈이 작아지면 홈에 쏘아 주는 레이저의 파장이 짧아져야 한다. 이러한 광디스크의 종류가 아닌 것은?

① 블루레이 디스크
② DVD
③ CD
④ 플래시 메모리

72 전자문서에 대한 설명으로 가장 잘못된 것은?

① 전자문서는 전자적 형태로 작성, 송신, 수신, 저장된 모든 문서를 말한다.
② 종이문서를 전자문서로 변환한 전자화문서의 경우에도 전자 문서와 동일한 효력을 가진다.
③ 전자문서로서 요건을 갖추더라도 전자화 이전의 문서가 가졌던 동일한 법적 효력을 가지지 않는다.
④ 전자문서라도 표준에 따라 작성하여 진본성, 무결성, 신뢰성, 이용가능성을 보장할 수 있다.

73 다음의 설명이 의미하는 것은?

> 가전제품, 전자기기뿐만 아니라 헬스케어, 원격검침, 스마트홈, 스마트카 등 다양한 분야에서 사물을 네트워크로 연결해 정보를 공유할 수 있다. 미국 벤처기업 코벤티스가 개발한 심장박동 모니터링 기계, 구글의 구글 글라스, 나이키의 퓨얼 밴드 등도 이 기술을 기반으로 만들어졌다. 특히 심장박동 모니터링 기계는 대표적인 예로, 부정맥을 앓고 있는 환자가 기계를 부착하고 작동시키면 심전도 검사 결과가 자동으로 기록돼 중앙관제센터로 보내진다. 중앙관제센터는 검사 결과를 전문가에게 전송해 임상보고서를 작성하고 이 보고서를 통해 환자가 적합한 의료진이 연결된다.

① IoT(Internet of things)
② 유비쿼터스(Ubiquitous)
③ AR(Augmented reality)
④ 클라우드 컴퓨팅(Cloud computing)

ANSWER 71.④ 72.③ 73.①

71 ④ 플래시 메모리는 전원이 끊긴 뒤에도 정보가 계속 남아 있는 반도체로 광디스크에 해당하지 않는다.

72 ③ 전자문서로서 요건을 갖추면 전자화 이전의 문서가 가졌던 동일한 법적 효력을 가진다.

73 제시된 내용은 IoT(Internet of things), 사물인터넷에 대한 설명이다.

74 자신의 데이터베이스를 가지고 있지 않고 다른 검색엔진을 이용하여 정보를 찾는 검색엔진은?

① 메타 검색엔진
② 주제별 검색엔진
③ 하이브리드 검색엔진
④ 인덱스 검색엔진

75 상공건설에 근무하고 있는 김 비서는 상사의 명함을 관리하기 위한 데이터베이스를 작성하려고 MS-Access를 사용하고 있다. 이 데이터를 이용하여, 다른 SW를 별도로 이용하지 않고 레이블 용지에 연하장 발송을 위한 주소를 출력하려고 한다. 이 때 사용할 수 있는 것으로 가장 적절한 것은?

① 쿼리
② 폼
③ 매크로
④ 보고서

76 상공전자에 근무하는 최 비서는 증권시장 동향에 대해 간단히 보고를 하라는 지시에 따라 오후 3시에 다음과 같은 자료를 확인 후 보고에 들어갔다. 최 비서의 보고 중 가장 올바르지 않은 내용은?

KOSPI	2,039.74	▲7.39
KOSDAQ	667.61	▲4.03
NASDAQ	5,217.61	▼14.72
상공전자	57,500	▲7,500

① 종합주가지수는 7.39포인트 상승하였습니다.
② 어제 미국의 나스닥 지수는 하락하였습니다.
③ 우리회사 주식은 상한가까지 상승하였습니다.
④ 코스닥은 전일 대비 4.03포인트 상승했습니다.

77 다음 중 신문스크랩에 대한 설명으로 가장 옳지 않은 것은?

① 스크랩은 주제 구분 없이 날짜별로 다양한 내용을 정리한다.

② 기사를 스크랩한 경우 반드시 출처와 날짜 정보를 기입한다.

③ 큰 제목을 중심으로 훑어본 후 필요한 기사를 찾아 스크랩한다.

④ 기사 중 중요 내용에는 밑줄을 그어 둔다.

78 비서들이 그래프를 작성하고 있다. 다음 중 원하는 목적에 맞추어서 가장 적절하게 표현할 수 있는 그래프를 작성했다고 보기 어려운 것은?

① 최 비서는 2016년 12월말일자로 주요생산품별 매출액을 비교하기 위하여 가로막대그래프를 이용하였다.

② 한 비서는 전국과 서울 인구의 종교 분포 비율을 비교하기 위하여 원그래프를 사용하였다.

③ 이 비서는 2010년부터 2016년까지 직원 수의 변화를 보여주기 위하여 꺾은선 그래프를 사용하였다.

④ 양 비서는 휴대폰 기기의 시장 점유율을 보여주기 위해서 도넛형 그래프를 이용하였다.

79 아래의 컴퓨터 바이러스 진단 및 방지를 위한 조치 중 가장 적절하지 않은 것은?

① 김 비서는 여러 종류의 백신을 동시에 설치하여 검사하였다.

② 문 비서는 USB드라이브의 자동실행기능을 해제하였다.

③ 안 비서는 웹브라우저를 최신버전으로 업데이트 하였다.

④ 오 비서는 비밀번호를 웹사이트마다 다르게 하고, 복잡하게 설정하였다.

80 다음은 비서들이 업무상 자주 사용하게 되는 스마트폰 어플리케이션이다. 이 중 성격이 다른 한 가지는?

① 어썸노트   ② 드롭박스

③ 아웃룩   ④ 구글캘린더

ANSWER   77.①   78.②   79.①   80.②

77 ① 스크랩은 주제 구분을 해야 한다.

78 ② 전국과 서울 인구의 종교 분포 비율을 비교할 때에는 세로막대그래프를 이용하는 것이 더 적절하다.

79 ① 여러 종류의 백신을 동시에 설치하여 검사하는 것은 바람직하지 않다.

80 드롭박스는 웹 기반 파일 공유 서비스로, 어썸노트, 아웃룩, 구글캘린더 등과 그 성격이 다르다.

04 2017년 11월 12일 시행

1과목 비서실무

1 다음 중 전문비서의 직업윤리에 맞게 행동한 비서는 누구인가?

① 박 비서 : 상사가 외부회의 참석 중일 때 인맥관리를 위해 한동안 통화를 못한 친구와 자신의 휴대폰으로 조용한 회의실에서 한 시간 동안 통화를 하였다.

② 강 비서 : 상사의 신뢰를 얻기 위해 업무가 없더라도 언제나 늦게까지 남아 성실하게 근무한다.

③ 윤 비서 : 상사가 외부회의 중 전화로 중요한 기밀문서를 외부회의 장소로 가져와 달라고 하여 직접 전해드리기 위해 외출하였다.

④ 한 비서 : 회의 자료로 작성된 자사 주가전망 자료를 보고 회사에 투자한다는 마음으로 주식거래에 참고하였다.

2 새로 입사한 한여름 비서는 선배들로부터 비서 업무를 효율적으로 수행하기 위해서는 인간관계 관리가 중요하다는 충고를 받았다. 다음 중 한 비서의 업무태도로 가장 적절한 것은?

① 인간관계를 위한 네트워킹 차원에서 퇴근 후 회사사람들과 자주 어울리며 솔직하게 업무이야기를 하면서 친목을 도모한다.

② 상사의 출장업무 수행 시 도움을 받을 수 있도록 거래처 여행사 직원에게 명절에 개인적으로 선물을 하는 등의 노력을 하였다.

③ 지역 비서 모임에 가입하여 다른 기업의 비서들과 비서의 경력 개발과 관련하여 도움을 주고받았다.

④ 상사와 업무상 관련성이 높은 인사들의 정보를 공식적 및 비공식적 정보를 모두 수집하여 비서 업무 수행 시 활용하였다.

ANSWER 1.③ 2.③
....

1 ① 업무 시간 중에 사적인 일로 통화를 하는 것은 직업윤리에 반한다.
② 업무가 없을 때에도 늦게까지 남아서 근무를 하는 것은 비효율적이다.
④ 내부 자료를 보고 주식거래를 하는 것은 직업윤리에 반한다.

2 ① 퇴근 후 회사사람들과 너무 자주 어울려 업무이야기를 사사건건 솔직하게 이야기하는 것은 적절하지 않다.
② 거래처 직원에게 개인적인 선물을 하는 것은 바람직한 노력이 아니다.
④ 비공식적 정보를 수집하여 업무 수행 시 활용하는 것은 부적절하다.

3 예약 업무를 수행하는 비서의 자세로 가장 바람직한 것은?

① 상사 해외 출장 일정이 다음 달로 예정되어 있어 아직 시간적 여유가 많아 추후 변경될 가능성이 있어 항공권 예약은 하지 않았다.

② 외국인 손님들을 위해 각 문화별로 추천할만한 음식점 목록을 만들어 두었다.

③ 상사가 자주 이용하는 음식점의 예약 담당자와 좋은 인간관계를 맺기 위해 자주 음식점을 방문한다.

④ 상사 출장과 관련하여 숙박 시설을 예약할 때 우리 회사와 거래하는 주 여행사에만 견적서를 요청한다.

4 다음은 상사의 회의 일정을 확정하고자 할 때 일반적으로 비서가 수행하는 절차이다. 〈보기〉에 제시한 일정 확인 절차를 순서대로 바르게 나열한 것은?

〈보기〉

㈎ 참석자들에게 확정된 일정을 알린다.

㈏ 상대측에서 가능한 날짜와 시간대를 알려주면 전체 참석자들의 일정을 정리한다.

㈐ 정리된 일정으로 시간대가 확정되면 상사에게 보고한다.

㈑ 상사와 최종 일정을 확정한다.

㈒ 상사가 참석 가능한 시간대를 우선적으로 고려하여 회의 및 면담 대상자의 비서에게 전화를 통해 가능한 일정을 문의한다.

① ㈎ – ㈏ – ㈐ – ㈑ – ㈒

② ㈎ – ㈏ – ㈑ – ㈐ – ㈒

③ ㈒ – ㈏ – ㈐ – ㈑ – ㈎

④ ㈒ – ㈏ – ㈑ – ㈐ – ㈎

ANSWER   3.② 4.③

3 ① 예약 가능한 항공권이 없을 수 있으므로 해외 출장 항공권은 미리 예약해 놓는다. 일정이 변경될 가능성이 있다면, 변경 가능한 항공권으로 예약한다.
③ 음식점 예약 담당자와 좋은 인간관계를 맺기 위해 자주 음식점을 방문하는 것은 불필요하다.
④ 우리 회사와 거래하는 주 여행사는 물론 다른 여행사에도 견적을 요청하여 더 효율적인 쪽으로 예약하는 것이 바람직하다.

4 상사의 일정을 우선적으로 고려하여 상대측이 가능한 날짜로 일정을 정리하며, 최종 일정을 확정하기 전에 상사에게 보고하고, 일정이 확정되면 참석자들에게 확정된 일정을 알린다.

5 다음 (a)와 (b)에 들어갈 말로 바른 것은?

Dynasty

Sir Peter Knowl, Chairman of Dynasty requests the pleasure of your company to celebrate the opening of the Dynasty Seoul Branch at the Shilla Hotel on Thursday, 12th October, 2017 from 6:30 p.m.

(a) : Grandball Room, Shilla Hotel
    202, Jangchung-ro
    Jung-ku, Seoul
    Tel : (82-2) 2233-1234

(b) : Ms. N. S. Lee
    Tel : (82-2) 2126-2730
    email : nslee@dynasty.com

---

① (a) venue (b) bcc
② (a) place (b) contact
③ (a) cc (b) RSVP
④ (a) venue (b) RSVP

6 호칭에티켓에 대한 설명이 올바르지 않은 것은?

① 상대방이 자신의 first name(이름)을 불러도 좋다고 하기 전에는 경칭을 사용한다.

② 영어권에서는 last name(성)에 Mr./Mrs./Ms. 등을 붙인다.

③ 독일 등 유럽의 일부 나라에서는 회사의 직함이 학위를 통해 얻은 직함보다 더 존중되어야 하고 중요하므로 명함을 받았을 때 주의 깊게 보고 부른다.

④ 호칭에 있어 발음에 주의한다. 그 나라 방식대로 발음하는 것이 기본 매너이므로 국가별 호칭과 이름 문화에 주의하고, 자신이 없으면 사전에 물어본다.

ANSWER   5.④   6.③

5 (a) venue : (콘서트 · 스포츠 경기 · 회담 등의) 장소
    (b) RSVP : 프랑스어 répondez s'il vous plaît(please reply)를 줄인 것

6 ③ 독일 등 유럽의 일부 나라에서는 학위를 통해 얻은 직함이 회사의 직함보다 더 존중되어야 하고 중요하므로 명함을 받았을 때 주의 깊게 보고 부른다.

7 보고 자세에 대한 설명으로 부적절한 것은?

① 보고 내용이 많아 시간이 많이 걸릴 것으로 예상될 경우 미리 양해를 구한 후 보고한다.

② 보고할 때 객관적인 내용과 자신의 의견은 구분하여 보고한다.

③ 본인이 판단하고 결정하기 어려운 문제일지라도 최선을 다해 업무 처리를 한 후 상사에게 결과를 보고하도록 한다.

④ 다른 상급자로부터 업무 지시를 받은 경우 본인의 직속 상급자에게도 보고한다.

8 다음 중 회의용어 한자가 잘못 짝지어진 것은?

① 표결(表決) : 안건의 토론 과정이 끝나면 안건을 최종적으로 결정하는 단계이다.

② 채결(採決) : 의장이 회의 참석자에게 거수, 기립, 투표 등의 방법으로 의안에 대해 찬성 및 반대를 결정하는 것이다.

③ 재청(再請) : 타인의 동의를 얻어 거듭 청하는 것이다.

④ 의안(義眼) : 회의에서 심의하고 토의할 안건을 말한다.

9 다음은 회사의 고객들에게 연하장을 발송할 때 유의해야할 내용들이다. 가장 바르게 설명된 것을 고르시오.

① 연하장을 보내지 않은 사람으로부터 연하장을 받았을 때는 받은 해에는 일단 유보하고 다음 해 발송목록에 추가한다.

② 연하장을 주문할 경우 예산보다는 상사의 취향이나 기호를 기준으로 모양과 수량을 결정한다.

③ 연하장 발송 업무는 대개 음력 설날까지는 지속하는 것이 바람직하다.

④ 회사의 VIP 고객일 경우, 업무 관련성이 있는 임원들이 모두 개별적으로 VIP 고객에게 연하장을 보내도록 한다.

10 다음 중 전화기의 기능에 대한 설명으로 바르지 않은 것은?

① 단축 다이얼은 자주 거는 전화번호를 단축키로 줄여서 저장하는 기능을 말한다.

② 착신 통화 전환은 걸려오는 전화를 휴대폰 혹은 다른 번호에서도 받을 수 있도록 착신을 전환하는 기능이다.

③ 음성 정보 서비스(ARS)는 상대방의 전화 전원이 꺼져 있거나 전화를 받지 않을 때 전하고 싶은 내용을 언제든지 상대방 사서함에 녹음, 저장하고, 상대방이 저장한 내용을 들을 수 있는 기능이다.

④ 전환 버튼은 걸려온 전화를 다른 전화기에서 받을 수 있도록 연결해 주는 기능을 가진 버튼이다.

11 강주은 비서는 새로운 업무가 주어지면서 과다한 업무로 인해 자신감이 상실되고 스트레스를 받고 있다. 이에 대처하는 자세 및 스트레스 관리방법에 대한 설명으로 가장 적절하지 않은 것은?

① 새로운 업무가 주어지는 것으로 인한 스트레스를 해소하고 업무에 자신감을 가질 수 있도록 관련된 세미나에 참석하거나 전문가의 조언을 받는다.

② 다른 사람에게 업무를 위임하기 보다는 모든 일을 스스로 해결하기 위해 업무와 관련된 모든 역량을 길러서 경쟁력을 갖추도록 한다.

③ 규칙적인 운동과 긍정적인 마음으로 스트레스를 조정하면 자신감도 가질 수 있다.

④ 현재 하고 있는 업무를 분석하여 업무를 조직화하여 업무의 효율성을 높인다.

ANSWER 10.③ 11.②

10 ③ 음성 정보 서비스(Automatic Response Service)는 자동응답시스템으로, 음성으로 된 각종 정보를 기억장치에 저장하여 사용자가 원하는 정보를 자동으로 전달하는 시스템을 말한다.

11 ② 혼자서 모든 일을 해결하려고 하다 보면 스트레스를 받을 수 밖에 없다. 다른 사람에게 위임할 수 있는 업무에 대해서는 적절하게 위임하는 것도 필요하다.

12 사장님은 내방객인 황시목 상무와 면담 직전에 비서에게 면담이 끝나면 황시목 상무를 강남수 전무 집무실로 안내해 드리라고 한다. 강남수 전무실은 한 층(17층) 올라가서 긴 복도를 따라 쭉 가다가 왼쪽 모퉁이에 있다. 김 비서가 황시목 상무를 안내할 때 지켜야할 사항으로 가장 옳지 않은 것은?

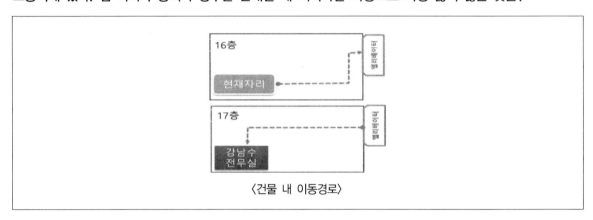

〈건물 내 이동경로〉

① 김 비서는 안내할 때 황시목 상무보다 두서너 걸음 앞에서 안내한다.

② 김 비서는 안내할 때 손가락으로 가리키지 말고 손등을 위로 하여 가고자 하는 방향을 가리키며 안내한다.

③ 엘리베이터 승무원이 없어 김 비서가 "먼저 실례하겠습니다."라고 한 후 먼저 타서 문이 닫히지 않도록 열림 버튼을 누르고 있다가 황시목 상무를 타게 한다. 내릴 때는 황 상무가 먼저 내리도록 한다.

④ 엘리베이터 안에서 김 비서는 조작판 앞에 서고 황 상무는 뒤편에 설수 있도록 배려한다.

ANSWER 12.②

12 ② 안내 시에는 손바닥을 위로 향하게 하여 방향을 가리켜 안내한다.

13 다음 상황문에서 괄호에 들어갈 표현으로 가장 부적절한 것은?

> 비서 : 죄송합니다만 어느 분을 찾아오셨습니까?
>
> 상대방 : 사장님 좀 뵈려구요.
>
> 비서 : 죄송합니다만 성함이 어떻게 되시는지요?
>
> 상대방 : 저는 태평전자의 김민석 차장입니다.
> 　　　　잠시 지나는 길에 사장님께 안부 차 들렀습니다.
>
> 비 서 : 알겠습니다. (㉠). 잠시 앉아서 기다려주십시오.
>
> 비 서 : (명함을 드리며) 사장님, 태평전자의 김민석 차장이란 분이 안부 인사차 방문하였습니다.
> 　　　　선약은 하지 않았습니다.
>
> 상 사 : 다음에 오시라고 하세요.
>
> 비 서 : 차장님, 기다려 주셔서 감사합니다. (㉡)
>
> 상대방 : 알겠습니다. 다시 연락드리죠. 안부 전해 주십시오.
>
> 비 서 : 예, 알겠습니다. 죄송합니다. 안녕히 가십시오.

① ㉠ : 사장님께서 잠시 자리를 비우셨습니다. 곧 돌아오실 수 있는지 여쭤보겠습니다.

② ㉡ : 죄송합니다만 사장님께서 지금 바로 돌아오시기가 어렵다고 하십니다.

③ ㉠ : 사장님께서 지금 회의 중이십니다. 회의가 길어지실 것 같습니다만 일정을 다시 한 번 확인해 보겠습니다.

④ ㉡ : 확인해 보았으나 사전에 연락 없이 방문하실 경우 면담이 어렵다고 하십니다.

14 다음 중 상황별 비서의 전화업무 처리로 가장 바람직한 경우는?

> – 최 비서 : 다음 주 화요일 오후에 예정된 '하반기 영업전략회의'에 사장님께서 그날 동창과의 점심약
> 속이 있어 참석하기 어렵다고 영업부에 연락하라고 하신다. 그래서 나는 영업부장에게 전화하여 "사장
> 님은 그날 동창모임이 있어 하반기 영업전략 회의에 참석할 수 없습니다."고 알려드렸다.
> – 이 비서 : 상사가 외부 회의에 참석 중이다. 자신을 밝히지 않는 사람이 전화를 해서 급한 일이니
> 상사의 휴대전화 번호를 알려달라고 하신다. 휴대전화 번호를 알려드리면서 상사가 4시에 회의가
> 끝나므로 그 이후에 전화를 하시라고 부탁하였다.
> – 김 비서 : 사장님은 용건을 밝히지 않는 전화를 받는 것을 싫어하셔서 나는 사장님을 찾는 전화마다
> 반드시 용건을 확인하고 전화를 연결한다. 오늘 아침 회장님께서 직접 전화하셔서 사장님을 찾으시
> 길래 "회장님, 제가 용건을 여쭤봐도 될까요?"하고 공손히 여쭤보았다.
> – 박 비서 : 사장님이 통화 중인데 친분이 두터운 홍길동 이사님이 전화를 하셨다. 나는 "이사님 안녕
> 하셨어요?"라고 인사한 후 "사장님께서 지금 통화 중이신데 잠시 기다리시겠습니까? 아니면 사장님
> 통화 마치는 대로 전화 드릴까요?"라고 여쭈었다.

① 최비서   ② 이비서

③ 김비서   ④ 박비서

15 다음 중 비서의 회의 보좌 업무에 대한 설명으로 가장 적절하지 않은 것은?

① 회의 준비를 위해 회의 목적 확인, 개최일시 확인, 참석자 범위 선정, 회의 장소 선정, 회의 운영 계획
의 절차를 거친다.

② 오전에서 오후까지 이어지는 회의는 오전과 오후에 1~2회 휴식 시간을 넣는 것이 좋으며, 1시간 30분
에서 2시간 사이에 한 번의 휴식이 적당하다.

③ 회의 초청장에 RSVP 문구를 삽입함으로써 회의 참석 인원을 사전에 확인할 수 있다.

④ 발표회나 설명회와 같이 정보 전달을 목적으로 하는 회의나 주주 총회 등 참석자가 많은 회의 개최 시
원탁형 좌석 배치가 적절하다.

ANSWER   14.④   15.④

14 ① 최 비서 : 사장님의 개인적인 일정을 영업부에 밝히는 것은 바람직하지 않다.
     ② 이 비서 : 상사의 휴대전화 번호는 알려주는 것은 바람직하지 않다. 상대방이 누구인지 먼저 확인하고 사장님께 문의
       후 다시 연락하는 것이 좋다.
     ③ 김 비서 : 직급이 더 높은 회장님에게 용건을 묻는 것은 바람직하지 않다.

15 ④ 발표회나 설명회와 같이 정보 전달을 목적으로 하는 회의나 주주 총회 등 참석자가 많은 회의 개최 시에는 교실형 좌
     석 배치가 적절하다.

16 비서가 상사의 메시지 전달 업무를 효율적으로 수행하는 방법으로 가장 적절하지 않은 것은?

① 지시 사항과 관련된 담당자가 현재 하고 있는 업무 내용 뿐 아니라, 담당자의 현재 상황을 비서가 직접 점검한 후에 메시지 전달 시기를 결정해서 알려준다.

② 부서의 업무 내용, 조직 구성원의 직위 및 직책에 따른 업무 내용과 업무 범위를 먼저 확인한 후 업무 담당자에게 상사의 지시 사항을 전달한다.

③ 조직도를 통해서 조직 구성원에게 부과된 직무, 권한, 의무 등을 이해하고 보고체계, 부서 성격과 부서 간의 업무 배분 등을 먼저 이해한다.

④ 상사가 지시한 업무와 관련해서 전달할 내용은 구두, 문서, 전자메일, 사내 통신망 등의 다양한 방법 중에 적절히 선택하여 효율적으로 전달한다.

17 보통은 상사가 사장단 회의 일주일 전에 부서장 회의를 개최하는데 이번에는 갑자기 사장단 회의 2주일 전인 이번 주 수요 일에 긴급미팅을 소집하라고 지시하였다. 이 때 한 비서의 업무 처리 방식으로 가장 적절하지 않은 것은?

> 매월 셋째 주 수요일은 계열사 사장단 회의로 회사의 월간 일정에서 가장 중요한 행사이다. 오늘은 첫째 주 월요일, 사장단 회의까지는 약 2주가 남은 상황이다. 사장단 회의 일주일 전 수요일에 사장님 주최로 사장단 회의 안건과 관련된 부서장들과 사전 보고 형식의 회의를 진행한다. 한 비서는 이 사전 회의에 재무팀, 인사팀, 기획팀, 상품개발팀 팀장들과 실무 담당자인 과·차장들이 모두 다 참석할 수 있도록 회의 일정을 조율해야 한다.

① 상사와 의논하여 회의 시간과 장소를 결정한 후 전화상으로 참석자들의 일정을 알아보고 회의에 참석할 수 있도록 요청한다.

② 단체 메신저 방에 긴급미팅 소집 내용을 올려 참석자들의 일정을 알아보고 회의에 소요될 시간과 참석 인원수를 예상하여 회의시간을 정한다.

③ 회의 일정이 잡히면 그 시간에 가능한 회의장소를 물색한다.

④ 회의 통지문을 작성하여 참석자들에게 이메일로 발송한 후 참석여부 회신을 기다린다.

ANSWER 16.① 17.④

16 ① 상사의 메시지 전달 시기를 비서가 결정하는 것은 적절하지 않다.

17 ④ 긴급한 미팅이 소집되었을 경우 회의 통지문을 작성하여 참석자들에게 이메일로 발송한 후 참석여부 회신을 기다리기보다는 전화상으로 참석자들의 일정을 알아보고 회의에 참석할 수 있도록 요청한다.

18 상사 출장 중 비서의 업무 처리 방식으로 가장 적절하지 않은 것은?

> 대한상사에 근무하는 안 비서의 상사인 서동재 사장은 해외투자 관련으로 9월 1일 월요일부터 9월 5
> 일 금요일까지 두바이 출장을 가게 되었다. 안 비서는 특별한 지시가 없는 모는 업부에 대해서는 부
> 사장의 지시를 받으라는 사장님의 업무지시를 받았다.

① 상사 출장 기간 중의 일정은 가능한 상사 귀국 이후로 조정하되, 9월 8일 월요일에는 가능한 외부 일
  정은 잡지 않도록 조치한다.

② 회사에서 발생한 모든 일은 한국시간으로 오전 중에 시간을 정해 매일 보고한다.

③ 사내 업무는 상사 부재 시의 업무 권한 대리자인 부사장과 상의해 처리한다.

④ 상사 출장 중 상사를 찾는 긴급 전화의 경우 상대방의 연락처를 받아 둔 후 상사에게 상황을 보고한 후
  상사의 지시에 따른다.

19 다음은 경조사용어들이다. 용어에 대한 설명이 바르지 않은 것은?

① 호상(護喪) : 상례를 거행할 때 처음부터 끝까지 모든 절차를 제대로 갖추어 잘 치를 수 있도록 상가 안
  팎의 일을 지휘하고 관장하는 책임을 맡은 사람.

② 단자(單子) : 부조나 선물 등의 내용을 적은 종이. 돈의 액수나 선물의 품목, 수량, 보내는 사람의 이름
  등을 써서 물건과 함께 보냄

③ 부의(賻儀) : 상가에 부조로 보내는 돈이나 물품. 또는 그런 일

④ 발인(發靷) : 시신을 관속에 넣는 절차

ANSWER 18.② 19.④
----

18 ② 두바이는 한국보다 5시간 느리다. 한국시간으로 오전 중에 시간을 정할 경우 두바이에 있는 상사에게는 매우 이른 시
  간이므로 시차를 고려해 시간을 정하도록 한다.

19 ④ 발인 : 장례에서 사자(死者)가 빈소를 떠나 묘지로 향하는 절차

20 상사는 김 비서를 불러 아래와 같이 지시하였다. 다음의 지시 내용 중 비서가 상사에게 바로 확인해야 할 사항으로 가장 거리가 먼 것은?

다음 주 수요일 저녁예약 부탁해. 마케팅 김 이사하고 이 팀장, 대한물산 정 본부장, 한국산업 남 부장 초대하고, 인터컴의 강대표도 초대하지. 장소는 지난 번 갔던 여의도 중식당으로 가능하면 '방'으로 부탁해. 그리고 올 때 지난 번 '전략회의'때 받았던 보고서 좀 검토하고 오라고 해줘.

---

① 그날 저녁 약속이 상사의 기존 일정과 겹치지 않는지 여부
② 상사가 초대하는 사람들의 소속과 이름 및 인원 수
③ 초대받은 사람들의 참석 가능여부
④ 여의도 중식당의 이름과 보고서의 제목이나 간략한 내용

21 다음 중 기업윤리에 대한 설명으로 가장 옳지 않은 것은?

① 최고경영진은 분명한 기업의 행동규범을 채택해야한다.

② 종업원은 기업의 의사결정과정에서 윤리적인 고려를 하도록 훈련받아야한다.

③ 모든 기업은 윤리규범을 실행해야한다.

④ 내부고발자는 기업에 피해를 입혔기 때문에 보복으로부터 보호받지 못한다.

22 다음은 경영환경에 대한 요인을 열거한 것이다. 이 중 환경의 종류가 다른 것은 무엇인가?

① 주주　　　　　　　　　② 경영자

③ 지역사회　　　　　　　④ 조직문화

23 다음 중 생산과 판매의 규모를 키움으로써 얻을 수 있는 이점과 가장 거리가 먼 것은?

① 개당 생산 원가를 줄일 수 있다.

② 시장 지배력을 키울 수 있다.

③ 원재료 구입 시의 협상력을 키울 수 있다.

④ 다품목 소량생산이 용이해진다.

ANSWER 21.④ 22.③ 23.④

21 ④ 내부고발자는 어떠한 보복으로부터도 보호받아야 한다.

22 주주, 경영자, 조직문화는 내부환경이고, 지역사회는 외부환경에 해당한다.

23 ④ 생산과 판매의 규모를 키우면 대량생산이 용이해진다.

24 다음은 대기업과 비교해보았을 때 중소기업의 특징을 설명한 내용이다. 가장 거리가 먼 것은 무엇인가?

① 경영관리기법이 매우 다양하다.

② 주로 소유자가 경영을 담당한다.

③ 시장범위의 한계성을 가지며, 전문경영자가 부족하다.

④ 비교적 조직구조가 단순하며, 대기업의 종속성이 높을 수도 있다.

25 다음의 벤처기업의 설명 중 가장 거리가 먼 것은 무엇인가?

① 하이테크기업, 모험기업, 연구개발형 중소기업 등으로 다양한 이름으로 불린다.

② 새로운 연구 성과를 기업화하는데 위험이 낮다.

③ 경영조직이 관료적이 아니고 비교적 역동적이다.

④ 창업자의 지적인 능력이 높으며, 이 중 대기업 및 연구소의 전문능력 및 고도의 기술을 가진 기업가들이 많다.

26 다음의 설명 중 가장 적절하지 못한 것은?

① 합병은 기존의 독립적인 2개 이상의 개별기업이 결합하여 하나의 회사가 되는 것이다.

② 매수는 한 기업이 다른 회사의 자산을 매입함과 동시에 그 회사의 부채도 함께 승계한다.

③ 합병은 결합형태에 따라 수평합병, 수직합병, 복합합병의 형태로 나뉠 수 있다.

④ 수직합병은 동일한 영업과 동일한 시장에 속해있는 회사 간의 합병을 의미한다.

ANSWER 24.① 25.② 26.④

24 ① 중소기업은 대기업에 비해 경영관리기법이 다양하지 않다.

25 ② 벤처기업은 새로운 연구 성과를 기업화하는데 위험이 높다.

26 ④ 수평합병은 동일산업에 있는 기업 간의 합병을 말하며, 한 기업이 시장점유율을 확대하거나 제품생산에서의 규모의 경제를 달성하기 위해서 경쟁기업을 매수하는 것이다. 이에 반해 수직합병은 제품의 생산이나 원재료의 공급 등이 상이한 단계에 있는 기업 간에 이루어지는 합병으로 주로 대기업이 원료에서부터 완제품의 유통까지 모든 단계를 지배하려는 목적에서 기업의 상하 계열관계에 있는 회사를 매수하는 형태를 취한다.

27 다음 중 경영통제 활동의 과정에 대한 설명으로 가장 적절하지 않은 것은?

① 표준설정은 평가활동의 첫 단계로 업무성과측정을 하기 위한 기초가 된다.
② 업무성과를 측정할 때는 수량적 표기를 위해 반드시 계량적 측정만 가능하므로 계량화가 어려운 부분은 통제대상이 될 수 없다.
③ 수정을 위한 조치는 업무성과의 측정결과가 설정된 표준과 일치하지 않을 때 취해진다.
④ 업무성과가 표준에 미달되었을 경우, 목표나 전략을 수정하거나 조직의 짜임새를 변경하는 등 다양한 방법으로 수정 조치를 취할 수 있다.

28 다음의 경영조직에 관한 서술 중 가장 적절하지 않은 것은?

① 수평적 조직, 네트워크 조직, 가상 조직 등은 기계적조직의 특성이 강한 조직이다.
② 사업부제 조직은 대규모 다품종 기업에 적합하다.
③ 네트워크 조직은 본사는 소수의 핵심기능만을 수행하고 내부 여러 기능들은 아웃소싱하고 있는 조직이다.
④ 유기적 조직은 낮은 공식화가 특징이다.

29 다음의 경영자에 대한 설명으로 가장 적절하지 않은 것은?

① 경영자란 회사의 다양한 사업과 활동을 계획하고 조직화하고 통제하는 활동을 수행하는 사람이다.
② 최고경영자는 회사의 최고의사결정권자로 막강한 권력과 책임을 가지고 회사원들을 관리하는 일을 한다.
③ 중간경영자는 최고경영자의 지시를 받아 업무를 수행하면서 일부는 다시 하위경영자에게 지시를 한다.
④ 하위경영자는 주로 부장, 차장, 과장으로 구성되는데 경영 활동을 현장에서 수행하는 역할을 한다.

ANSWER 27.② 28.① 29.④

27 ② 업무성과는 수량적으로 측정이 불가능한 부분이 많다.

28 ① 기계적 조직은 공식화된 규칙과 규정, 기능별 분리, 표준화된 업무흐름, 공식적 채널을 이용한 의사소통 및 의사결정 등을 바탕으로 모든 기능을 조직 내에서 수행하고 통제하는 조직이다. 수평적 조직, 네트워크 조직, 가상 조직은 기계적 조직의 특성이 약한 조직이다.

29 ④ 하위경영자는 일선감독자 또는 감독관리자로 현장에서 직접 감독책임을 지고 있는 현장관리자 역할을 한다.

30 다음의 리더십 이론은 어느 것을 설명하는 것인지 가장 적합한 것은?

> 가장 효과적인 리더란 여러 가지 상황의 요구에 가장 부합되는 리더라고 할 수 있다. 즉 추종자의 특성, 수행할 과정의 특징, 리더와 추종자 사이의 친밀도와 같은 상황적 여건에 가장 효과적으로 작용할 수 있는 리더십 스타일을 개발할 필요가 있다는 것이다.

① 특성이론

② 행위이론

③ 상황이론

④ 직무이론

31 개인이나 조직의 의사결정은 조직 성과로 연결되는 중요한 요소이다. 다음 중 조직의 의사결정에 대한 설명으로 가장 적절한 것은?

① 정형적 의사결정은 일상적이고 구조화된 문제를 다루며 책임수준이 낮아서 조직의 하위계층에서 이루어진다.

② 의사결정과정에서 대안의 평가는 의사결정자의 직관과 판단에 따른다.

③ 창의성이 요구되는 문제나 과업에는 개인의사결정보다 항상 집단의사결정이 더 적합하다.

④ 집단의사결정은 시간과 비용이 적게 들기 때문에 비교적 시간적 여유가 없을 때 적합하다.

ANSWER 30.③ 31.①

30 제시된 내용은 상황이론에 대한 설명이다.

31 ② 대안의 평가는 과학적이고 구체적인 근거에 따라 평가하며, 직관과 판단에 따르는 것은 부적절하다.
③ 집단의사결정의 특성상 창의성이 요구되는 문제나 과업에서는 개인의사결정보다 부적합하다.
④ 집단의사결정은 시간과 비용이 많이 든다.

32 제품수명주기는 제품이 시장에 도입되어 폐기까지의 과정을 말한다. 다음 중 제품수명주기의 각 단계에 대한 설명으로 가장 적절하지 않은 것은?

① 도입기에는 제품가격이 높은 편이지만 저조한 매출실적과 높은 광고비의 지출 때문에 이윤폭이 낮은 경향이 있다.

② 성장기는 시장잠재력을 확인한 경쟁자가 대거 시장에 진입하는 시기이며 이 시기에는 경험곡선효과에 의한 제조원가의 감소로 수익이 증가한다.

③ 성숙기에는 제품에 대한 수요가 포화상태이므로 품질개선을 통해 매출을 최대한 올려 현금유입을 극대화하는 수확 전략을 구사한다.

④ 쇠퇴기에는 유휴생산시설이 증가하고 이윤감소 현상이 초래되어 많은 기업이 시장에서 제품을 철수하게 된다.

33 다음 괄호에 들어갈 가장 적합한 용어는 무엇인가?

> (   )란 "데이터가 발생되는 주기와 정보의 양 및 형식 등이 기존데이터에 비해 매우 다양하고 방대하기 때문에, 기존의 방법으로는 수집, 저장, 검색, 분석이 어려운 데이터를 말한다. 또한 디지털환경에서 생성되는 데이터로 규모가 방대하며 문자와 영상데이터도 포함하는 대규모 데이터를 의미한다."

① 데이터베이스시스템(database system) ② 2차 데이터
③ 전문가 데이터(expert data) ④ 빅데이터(big data)

34 경쟁자가 누구인지를 파악하기 위한 경쟁자분석방법으로 가장 적절하지 않은 것은?

① 지각도(perceptual map)
② 브랜드전환 매트릭스(brand switching matrix)
③ 제품수명주기(product life cycle)
④ 표준산업분류코드표를 이용하는 방법

ANSWER 32.③ 33.④ 34.③

32 ③ 성숙기는 수익성이 감소하고 시장이 더 이상 성장하지 않지만, 대신 시장 규모가 가장 큰 시기이다. 성숙기에는 현재 고객들의 가치 제공을 유지해야 하는 동시에 회사의 마진을 강화하는 유지-수확전략을 사용한다.

33 제시된 내용은 빅데이터에 대한 설명이다.

34 ③ 제품수명주기는 하나의 제품이 시장에 도입되어 폐기되기까지의 과정이다.

35 다음 중 기업의 임금 지급방법에 대한 설명으로 가장 옳지 않은 것은?

① 직무급은 직무의 상대적 가치에 따라 임금 수준을 결정한다.
② 연공급은 종업원의 직무수행능력을 기준으로 임금수준을 결정한다.
③ 직무급은 '동일노동 동일임금 원칙'에 입각하고 있다.
④ 연공급은 임금계산이 객관적이고 용이하며 근로자의 생활을 안정시키는 장점이 있다.

36 다음 중 기업의 정보관리에 대한 설명으로 가장 적절하지 않은 것은?

① 기업의 정보관리 기능이란 조직 내 각종 의사결정이 효율적이고 효과적으로 이루어질 수 있도록 필요한 정보를 필요한 때에 필요한 사람들에게 체계적으로 제공하는 일체의 활동을 일컫는다.
② 전사적 자원관리(ERP : Enterprise Resource Planning)란 재무, 회계, 마케팅, 인사, 생산, 재고관리, 유통 등과 같은 경영의 전 기능을 체계적으로 계획, 관리, 통제하는 것을 목적으로 구축된 정보관리시스템이다.
③ 공급사슬관리(SCM : Supply-Chain Management)란 원자재 공급자, 생산자, 도매상, 소매상 그리고 최종소비자들을 포함하는 물자공급의 전 과정을 하나의 단위로 묶어 종합적으로 관리하는 정보관리시스템이다.
④ 고객관계관리(CRM : Customer Relationship Management)란 마케팅, 영업, 서비스부서 등을 정보시스템을 통하여 묶어 미래고객을 제외한 현재와 과거고객에 집중하여 종합적으로 관리하는 정보관리시스템이다.

37 다음은 무엇을 설명한 것인지, 가장 적합한 용어는 무엇인가?

> 인공지능, 사물인터넷, 빅데이터 모바일 등 첨단 통신 기술이 경제, 사회 전반에 융합되어 혁신적인 변화가 나타나는 차세대 산업혁명이다. 인공지능, 사물인터넷, 클라우드 컴퓨팅 등 지능 정보기술이 기존산업과 서비스에 융합되어 신기술과 결합되어 실세계 모든 제품 서비스를 네트워크로 연결하고 사물을 지능화한다.

① 정보지능혁명   ② 4차 산업혁명

③ 네트워크 혁명   ④ 모바일 혁명

38 다음 중 기업어음(Commercial Paper : CP)에 대한 설명으로 가장 적절하지 않은 것은?

① 기업어음은 기업이 재화나 용역을 공급받고 상거래에 수반되어 결제수단으로 사용하는 어음으로 진성어음이라고도 한다.

② 기업어음은 기업이 단기자금을 조달하기 위해 발행하는 융통어음이다.

③ 기업어음은 할인매매가 가능해 단기 재테크 수단으로 활용된다.

④ 신용도가 높은 기업은 낮은 금리로 기업어음을 발행할 수 있지만 신용도가 낮은 기업일 경우 금리가 올라간다.

ANSWER 37.② 38.①

37 제시된 내용은 4차 산업혁명에 대한 설명이다.

38 ① 진성어음은 상업어음이라고도 하며 기업 간 상거래를 하고 대금결제를 위해 발행되는 어음이다. 기업어음은 융통어음이다.

39 다음의 A, B, C는 무엇을 의미하는지 알맞은 순서대로 정리한 것은 무엇인가?

> A - 1년 이내에 현금화될 수 있는 것으로 현금, 매출채권, 재고자산이 포함된다.
> B - 상대적으로 영구적인 토지, 건물, 장비와 같은 장기자산을 의미한다.
> C - 가치가 있는 장기자산으로 상표, 특허권, 저작권, 영업권을 포함한다.

① 유동자산 - 고정자산 - 무형자산
② 유동자산 - 토지자산 - 가치자산
③ 유형자산 - 고정자산 - 무형자산
④ 유형자산 - 토지자산 - 가치자산

40 다음의 빈칸에 들어갈 내용으로 가장 적절한 것은 무엇인가?

> (   )은/는 좋은 비즈니스 아이디어를 가진 사람이 특정지역에 한정된 고객들을 대상으로 사전에 고안된 방식을 통해 자신의 비즈니스 이름을 사용하여 제품이나 서비스를 사용할 권리를 다른 제3자에게 판매하는 것이다. 예를 들어 던킨 도넛, 서브웨이, 홀리데인 인 등이 이런 방식이다.

① 라이센싱(Licensing)
② 프렌차이징(Franchising)
③ 합작투자(Joint Venture)
④ 해외직접투자(Foreign Direct Investment)

ANSWER 39.① 40.②

39 A : 유동자산, B : 고정자산, C : 무형자산

40 제시된 내용은 프렌차이징에 대한 설명이다.
 ① 라이센싱 : 표 등록된 재산권을 가지고 있는 개인 또는 단체가 타인에게 대가를 받고 그 재산권을 사용할 수 있도록 상업적 권리를 부여하는 계약
 ③ 합작투자 : 2개국 이상의 기업·개인·정부기관이 특정기업체 운영에 공동으로 참여하는 해외투자방식
 ④ 해외직접투자 : 외국에 주식·채권과 같은 자본시장에 투자하는 것이 아니라 직접 공장을 짓거나 회사의 운용에 참여하는 것

41 Choose the one which does not correctly explain the abbreviation.

① TBD : to be determined (추후 결정)

② FYI : for your information (참고로)

③ N/A : not appropriate (해당사항 없음)

④ TBA : to be announced (추후 통지)

42 아래 설명의 일을 하는 부서의 바른 영문 이름은?

> This department adapts, improves and changes the products and set technical plans for products.

① Research and Development Department

② Accounting Department

③ Sales Department

④ Purchasing Department

Answer 41.③ 42.①

41 ③ N/A : not applicable

42 ① 연구개발부 ② 경리부 ③ 영업부 ④ 구매부

「이 부서는 제품을 조정, 개선 및 변경하고 제품에 대한 기술 계획을 수립한다.」

43 Which of the following is the most appropriate expression for the blanks ⓐ, ⓑ, and ⓒ.

ABC Motors, Inc. ⓐ_____

To : All Sales Representatives
From : Ken Smith, Sales Manager
Date : October 25, 2017
Subject : Rescheduling of Monthly Sales Meeting

The Sales Meeting has been cancelled. ⓑ_____
Tuesday, November 15, we will meet on
<u>Thursday, November 22 at 14:30 p.m.</u>
in the Conference Room 101. Please ⓒ_____ your calendar.

---

① ⓐ Announcement ⓑ In spite of ⓒ open
② ⓐ E-mail ⓑ Instead of ⓒ show
③ ⓐ Fax ⓑ As a matter of fact ⓒ see
④ ⓐ Memo ⓑ Instead of ⓒ mark

43 11월 15일 화요일에 예정되었던 영업 회의가 취소되고 11월 22일 목요일로 변경되었음을 알리는 업무메모이다.
ⓐ Memo 메모
ⓑ Instead of ~ 대신에
ⓒ Please mark your calendar. 꼭 기억해 주세요.

44 What kind of letter is this?

Dear Mr. Jung,

I was so sad to hear that Christopher Leap has passed away. He was a good friend to me at work, and he will be missed by his colleagues here.

I wish to extend our deepest sympathy to you and your family during this time bereavement.

With best regards,

James Lee

① Obituary Notice   ② Announcement

③ Condolences   ④ Requirements

44 ① 부고 ② 발표 ③ 조의 ④ 자격 요건

「친애하는 Mr. Jung,
Christopher Leap이 사망했다는 소식을 듣고 너무 슬펐습니다. 그는 직장에서 나에게 좋은 친구였고, 그의 동료들도 그를 그리워할 것입니다.
당신과 당신의 가족들에게 깊은 조의를 표합니다.
안부를 전하며,
James Lee」

45 Which of the followings is correct in order?

① Unfortunately, we have not yet received the filing cabinets which were a part of this order. We would be grateful if you could deliver these as soon as possible or refund our money.

② Thank you for your letter of April 24.

③ I am writing on your letter concerning the above order for some office furniture.

④ We look forward to hearing from you.

① ① - ② - ③ - ④

② ② - ③ - ① - ④

③ ③ - ① - ④ - ②

④ ① - ③ - ④ - ②

46 Choose the most appropriate subject for the following conversation.

Jane : David, I need some stationery – like pens and notebooks.

David : Write a memo to the Purchasing Department to order them, Jane.

Jane : Why don't we just buy some supplies ourselves?

David : No. We first have to write a memo to the Purchasing Department. They prepare a purchase order and send the purchase order to a vendor who sells office supplies. Then the vendor ships the supplies to you, and bills our company.

① Acknowledging an Order

② Requesting a Service

③ Ordering Goods

④ Confirming a Service

ANSWER 45.② 46.③

45 「② 4월 24일자 편지는 잘 받았습니다.
③ 일전의 사무용 가구 주문과 관하여 당신에게 이 글을 쓰고 있습니다.
① 안타깝게도, 우리는 아직도 이 주문의 일부인 서류함을 받지 못 했습니다. 가능한 한 빨리 배달해 주시거나 저희 돈을 환불해 주시면 감사하겠습니다.
④ 귀하의 연락을 기다리겠습니다.」

46 제시된 대화는 상품 주문에 대한 내용이다.
「Jane : David, 나는 펜과 공책 같은 필기 도구가 필요해요.
David : 구매부에 전할 그것들을 주문할 메모를 써 줘요, Jane.
Jane : 우리가 직접 소모품을 좀 사는 게 어때요?
David : 아니오. 먼저 구매 부서에 메모를 써야 해요. 그들은 구매 주문서를 작성하고 사무 용품을 판매하는 상인에게 구매 주문서를 보냅니다. 그리고 나서 그 공급 업체는 당신에게 물품 보내고 우리 회사에 청구서를 보냅니다.」

47 According to the below, which of the followings is NOT true?

This letter will confirm your reservation for a single room for August 24-27. Your room will be available after 2 pm on the 24th.

Since you will be arriving in Omaha by plane, you may want to take advantage of the Barclay's Shuttle. Our limousine departs from the domestic terminal every half hour, and the service is free for guests of the hotel.

---

① 호텔 예약을 확인하는 편지이다.

② 호텔 check-in은 2시 이후에 가능하다.

③ 바클레이즈 셔틀 버스는 국내청사에서 매 시간 30분에 있다.

④ 바클레이즈 셔틀 버스는 호텔 손님에게 무료이다.

---

47 ③ Barclay's Shuttle은 30분 간격으로 운행한다.

「이 편지는 8월 24-27일까지 싱글 룸에 대한 당신의 예약을 확인해 줄 것입니다. 당신의 방은 24일 오후 2시 이후에 이용 가능합니다. Omaha에 비행기로 도착한 후에 Barclay's Shuttle을 이용하실 수 있습니다. 우리 리무진은 30분 간격으로 국내선 터미널을 출발하며, 호텔 투숙객들은 무료로 운행할 수 있습니다.」

48 Which is not true according to the followings?

Our Hotels have the facilities and services ideally suited for your meetings or banquets. Just choose the options you need and we'll get right back to you with a quote.

Our Meeting Package includes: Meeting room, WiFi, Flip chart & Markers, All day non -alcoholic beverage service per person pricing.

Need more options? Choose from the following:
Breakfast, Lunch and Dinner options
Healthy and fun break options to enhance energy levels
LCD Projector and screen or monitor

---

① 우리 호텔은 당신이 연회나 회의를 개최하는데 필요한 시설과 서비스를 갖추고 있다.
② 당신이 필요로 하는 선택 사항을 알려주면 바로 견적을 낼 수 있다.
③ 우리의 회의 팩키지에 포함된 비알코올 음료는 인당 가격 기준으로 하루 종일 제공된다.
④ 미팅 패키지에는 LCD 프로젝터와 스크린이 필수로 포함되어 있다.

ANSWER 48.④
....

48 「저희 호텔에는 귀하의 모임이나 연회에 이상적으로 어울리는 시설과 서비스가 있습니다. 필요한 옵션만 선택하시면 견적과 함께 바로 알려
드립니다.
회의 패키지에는 회의실, WiFi, 플립 차트 및 마커, 1인당 가격에 따라 하루 종일 무알코올 음료 서비스가 포함되어 있습니다.
더 많은 옵션이 필요하십니까? 다음 중에서 선택하십시오.
아침, 점심 및 저녁 옵션
에너지 레벨을 높이기 위한 건강하고 재미 있는 휴식 옵션
LCD 프로젝터 및 화면 또는 모니터」

49 Choose the most appropriate word for the blank.

> Boss : Can you tell me how you've planned my business trip to Singapore next week?
> Secretary : Yes, sir. You are leaving Seoul at 10 a.m.
>   Thursday and arriving Singapore at 11:30 a.m. local time.
> Boss : So, what's the schedule for the day?
> Secretary : You'll be attending APE Meeting at 5 P.m.   at the Head office.
> Boss : I need to know more in details about my schedule during the business trip.
> Secretary : Sure, here is your _____.

① agenda   ② flight number
③ memorandum   ④ itinerary

50 Which is the most appropriate word for the blank?

> _____ contains the name, address, telephone number of the company where the letter is sent from.

① Letterhead   ② Inside address
③ Message   ④ Complementary closing

51 Read the following conversation and choose one which is the least appropriate for the blank.

A : I'll attend APO Conference in Singapore on the 3rd of next month.
   Could you please make my flight reservation?
B : Yes, Mr. Kim.
   What time does the conference start on that day?
A : At 10 a.m. And would you please make a return flight reservation on the 5th?
B : Yes, I will.
A : Please be sure to type up this presentation materials as soon as possible.
   I think I have to review them before the conference.
B : _____

① Of course, I will.

② I'll have it ready.

③ No problem. I'll get right on it.

④ Sure. It's nothing urgent.

51 ① 물론 그렇게 하겠습니다.
② 준비해 놓겠습니다.
③ 문제 없습니다. 지금 바로 할게요.
④ 물론이죠. 급한 일은 아니에요.
「A : 다음달 3일에 싱가포르에서 열리는 APO컨퍼런스에 참석합니다. 비행기 예약을 해 주시겠습니까?
B : 네, Mr. Kim. 그 날 회의는 몇시에 시작합니까?
A : 오전 10시요. 그리고 5일에 돌아오는 항공 편을 예약해 주시겠습니까?
B : 알겠습니다, 그렇게 하겠습니다.
A : 이 프레젠테이션 자료를 가능한 한 빨리 입력해 주십시오. 회의 전에 검토해 봐야 할 것 같아요.
B : _____」

52 According to following airline guidelines, which is the least appropriate?

> United offers a variety of ways to keep up to date on your travel schedule with our online flight status tools.
>
> Flight status updates will promptly notify you if your flight is delayed more than 20 minutes or there is another change in the status of your flight. To receive these notifications, there must be an email address associated with your reservation. See how to add your email address.
>
> Current flight status is available by entering your flight information in the box below.
>
> Flight reminders allows you to be notified on an hourly basis of your flight's departure/arrival time.

① 시간 단위로 당신의 비행기의 도착과 출발 시간을 통지받고 싶을 때는 Flight Reminders에서 확인할 수 있다.

② Flight Status Updates는 비행기가 20분 이상 연착되면 바로 당신에게 알려준다.

③ 현재 비행기 상태 확인은 당신의 항공편 정보를 하단 박스에 입력하면 확인할 수 있다.

④ 이 모든 서비스는 우리 항공사 마일리지 고객에게만 제공된다.

52 「United사는 온라인 비행 상태 도구를 사용하여 당신의 여행 일정에 대한 최신 정보를 얻을 수 있는 다양한 방법을 제공합니다.
비행 상태 업데이트는 비행이 20분 이상 지연되거나 비행 상태에 다른 변화가 있을 경우 즉시 알려 줍니다. 이러한 알림을 받으려면 예약과 관련된 이메일 주소가 있어야 합니다. 이메일 주소를 추가하는 방법을 참조하십시오.
현재 비행 상태는 아래 박스에 비행 정보를 입력하여 확인할 수 있습니다.
비행 미리 알림을 통해 당신의 비행 출발/도착 시간에 대해 매 시간 알려 줍니다.」

53 Who was the boss most likely to wait for according to the dialogue below?

Secretary : Mr. Harris is here to have a press interview with you.

Boss : He's a little earlier than I expected.

    I'm still working on drafting the budget.

Secretary : Would you like me to show him around the company facility prior to the interview?

    That might give him some useful background information, taking up about thirty minutes or so.

Boss : OK. I'll see him after the company tour then.

---

① a job applicant

② a reporter from the media

③ a customer

④ a contractor

53 대화에 따르면 기다릴 사람은 언론기자이다.

「비서 : Mr. Harris가 당신과 기자 회견을 하러 왔습니다.

상사 : 그는 내가 예상했던 것보다 조금 더 일찍 왔네요. 나는 아직도 예산을 입안하는 일을 하고 있습니다.

비서 : 회견을 하기 전에 그에게 회사 시설을 안내해 드릴까요? 대략 30분 정도 소요되는데, 유용한 배경 지식을 얻을 수 있을 것입니다.

상사 : 좋아요. 그럼 회사 안내 후에 만날게요.」

54 Which of the following is not appropriate expression for the blank ⓐ?

A : Is this BioAir Corporation?

B : Yes, it is.

A : This is Brenda James of Purex Industries.

　　Can I speak to Ms. Ellis?

B : It's very noisy here. Could you speak up a bit?

A : I'm afraid _____ⓐ_____. I'll hang up and call again.

B : All right.

① it's a bad connection

② the line seems to be mixed up

③ you have the wrong number

④ we have a crossed line

55 Which is the most appropriate sentence for the blank?

Secretary : Good morning. JE Company.
What can I do for you?
Caller : Good morning. This is Ho Jin Yoon.
I'm calling to inform Mr. Han about our meeting schedule for Wednesday.
Secretary : I'm sorry, but he is not in at the moment.
I think he won't come back to the office until 11:00 this morning.

_____

Caller : Please tell him that the meeting will start at 10 a.m. Actually the meeting schedule
has been changed from 2 p.m. on Wednesday to 10 a.m.
And I would like to meet him at 9:30 a.m.
Secretary : Mr. Yoon. Where do you want to meet Mr. Han?
Caller : Please tell him that I will pick him up in front of his building.
Secretary : Okay. Thank you.

① Could I leave a message?

② Could I take a message?

③ Would I leave a message?

④ Would you like to take a message?

55 「비서 : 안녕하세요. JE사입니다. 무엇을 도와 드릴까요?
발신자 : 안녕하세요. 저는 호진윤이라고 합니다. 한 선생님께 수요일에 있을 회의 일정을 알려 드리려고 전화 드렸습니다.
비서 : 죄송하지만, 지금 안 계십니다. 오늘 아침 11시까지는 사무실로 안 돌아오실 것 같아요. <u>전하실 말씀이 있으십니까?</u>
발신자 : 회의가 오전 10시에 시작할 거라고 말해 주세요. 사실 회의 일정이 수요일 오후 2시에서 오전 10시로 변경되었습니다. 그리
고 9시 30분에 그를 만나고 싶습니다.
비서 : 윤 선생님. 한 선생님을 어디서 만나길 원하십니까?
발신자 : 그의 건물 앞으로 데리러 가겠다고 전해 주세요.
비서 : 네. 감사합니다.」

56 Choose one that is the most appropriate subject for the following conversation.

A : May I speak to Ms. Smith?

This is Terry Adams from ADK Corporation.

B : Terry, hi! How have you been?

A : Not bad. I'd like to set a date for our next meeting.

What day would be good for you?

B : How about next Tuesday at around 3 p.m.?

A : Let me check my schedule first before we can make any arrangement.

B : Okay, I will hold.

---

① cancelling an appointment

② confirming an appointment

③ making an appointment

④ delaying an appointment

57 According to the message below, why does Mr. Scott want Peter to call back?

Telephone Message

TO : Peter Lee

DATE : Oct. 25(Tue) TIME: 14:20

While you were out...

       Mr. James Scott of Sunrider Inc.

PHONE : 02-354-3589

□ Telephoned	☑ Please call
□ Visited to see You	□ Will Call Again
□ Called to see You	☑ Urgent
□ Returned Your Call	□ Left the Attached.

Message : Mr. Scott called about the board meeting that is scheduled for tomorrow. He asked you to call him back immediately because the agenda has been changed.

Taken by : Marry Anderson

① to arrange board meeting

② to notify schedule change

③ to inform topic change

④ to contact board members

57 「메시지 : Mr. Scott이 내일로 예정된 이사회에 대해 전화했습니다. 그는 당신에게 의제가 변경되었기 때문에 즉시 그에게 다시 전화달라고 하셨습니다.」

58 Which are appropriate for the blanks?

This is Miss Young Kim, secretary to Mr. Brown. I'm sorry I can't ⓐ_____ your phone call at the moment. If you want to ⓑ_____ a message, please ⓒ_____ after the beep. I'll ⓓ_____ to you as soon as possible. Thank you for calling.

---

① ⓐ get   ⓑ take   ⓒ speak   ⓓ get back
② ⓐ take   ⓑ leave   ⓒ speak   ⓓ get back
③ ⓐ give   ⓑ leave   ⓒ do   ⓓ return
④ ⓐ take   ⓑ take   ⓒ do   ⓓ return

59 According to the following flight details of Mr. M. Y. Lee, which is not true?

Flight	Departure	Arrival	Seat	Status
KE081	Seoul(ICN) 15 Oct 10:00	New York(JGK) 09:30	Prestige	OK
DL1529	New York(JGK) 20 Oct 14:00	Las Vegas(LAS) 20 Oct 20:00	Prestige	OK
KE062	Las Vegas(LAS) 23 Oct 23:40	Seoul(ICN) 16:00+2	Prestige	OK

① Mr. Lee leaves Seoul for New York on KE081 on October 15.
② Mr. Lee arrives in Seoul on October 23.
③ Mr. Lee flies to New York on business class.
④ Mr. Lee arrives at the John F. Kennedy Airport on October 15.

ANSWER **58.**② **59.**②
....

58 ⓐ take a phone call 전화를 받다
    ⓑ leave a message 메시지를 남기다
    ⓒ please speak 말씀해 주세요.
    ⓓ get back to somebody (특히 회답을 하기 위해) ~에게 나중에 다시 연락하다

    「저는 Mr. Brown의 비서인 Miss Young Kim입니다. 죄송하지만, 지금은 전화를 <u>받</u>을 수가 없습니다. 메시지를 <u>남기</u>고 싶으시면 삐 소리가 난 후에 <u>말씀하세요</u>. 최대한 빨리 <u>연락드리겠습니다</u>. 전화해 주셔서 감사합니다.」

59 ② Las Vegas(LAS) 23 Oct 23:40에 출발하여 +2이므로 Mr. Lee는 October 25에 서울에 도착한다.

60 Choose one that is the least appropriate expression for the blank.

> A : You're scheduled to visit the plant next Tuesday.
> B : Are you going there together with me?
> A : Sorry but I can't. _____.
> B : Then, who's going to interpret for me when I'm visiting the plant?
> A : A production manager will show you around the manufacturing lines.

① I am going to meet with a client that day.

② I will be out of town next week on a business trip.

③ I am willing to go there with you.

④ I have to report an important matter to my boss next Tuesday.

ANSWER 60.③

60 ① 그날 고객을 만날 예정입니다.
② 다음 주에 출장 갑니다.
③ 기꺼이 같이 가겠습니다.
④ 다음 주 화요일에 사장님께 중요한 일을 보고해야 합니다.
「A : 당신은 다음 주 화요일에 공장에 방문하는 일정이 있습니다.
B : 당신도 저와 함께 가십니까?
A : 미안하지만, 저는 갈 수 없습니다. _____.
B : 그럼 내가 공장에 방문했을 때 누가 설명해 주나요?
A : 생산 부장이 제조 라인 주변을 안내해 드릴 겁니다.」

61 다음 중 아래의 위임전결표에 따른 결재 중 가장 올바르지 않게 처리된 것은?

	전결/결재권자		
	부서장	전무이사	대표이사
정규직 전환/채용			●
인턴 채용		●	
아르바이트 채용	●		
이사회 소집			●
5억원 미만의 매출계약 체결		●	
5억원 미상의 매출계약 체결			●

① 인턴사원의 정규직 전환을 위해서 전무이사에게 전결 받았다.
② 정기 이사회 소집을 위한 결재를 대표이사에게 결재 받았다.
③ 5억원의 매출 계약 체결을 위하여 전무이사가 대결하였다.
④ 아르바이트생 20명을 채용하기 위해서 인사부장이 전결하였다.

62 다음 중 문서를 이용하기에 적절한 사항으로 묶인 것은?

> 가. 대화로는 의사소통이 불분명한 때
> 나. 행정기관에 의사를 증거로 남길 때
> 다. 업무처리의 결과를 보존하려 할 때
> 라. 업무처리의 절차를 확인하려 할 때
> 마. 시행상 불가능한 내용을 실행하려 할 때
> 바. 내용이 복잡할 때

① 가, 나, 다, 마
② 나, 다, 라, 마
③ 가, 나, 다, 라
④ 가, 나, 마, 바

63 상공자동차에서 근무 중인 김 비서는 업무상 동일한 내용으로 거래처 300곳에 우편을 보내려고 한다. 이때 사용할 수 있는 우편제도로 가장 적당하지 않은 것은?

① e-그린우편
② 요금별납
③ 요금후납
④ 내용증명

64 다음 밑줄 친 부분의 한글 맞춤법이 맞는 것은?

① 둘이 흥정을 <u>부친다.</u>
② 너는 성격이 <u>야멸치다.</u>
③ 광고 비용을 <u>주린다.</u>
④ <u>선생님으로써</u> 자격이 없다.

65 다음 중 상사의 우편물 처리 방법으로 가장 적절하지 않은 것은?

① 상사의 우편물은 중요도에 따라 분류한다.
② 상사가 비서에게 우편물 개봉을 허락하지 않은 경우는 분류만 하도록 한다.
③ 우편물의 중요도 여부와 관련 없이 상사에게 온 우편물은 모두 상사에게 전달한다.
④ 법원에서 온 문서의 경우 봉투와 내용물을 함께 전달한다.

63 ④ 내용증명 우편물은 보통 3통을 작성하여 1통은 내용문서의 원본으로서 수취인에게 우송하고, 등본 2통은 우체국과 발송인이 각각 1통씩 보관한다.

64 ① 부치다 → 붙이다 : '붙다(겨루는 일 따위가 서로 어울려 시작되다)'의 사동
③ 주린다 → 줄인다 : '줄다(수나 분량이 본디보다 적어지다)'의 사동
④ 로써 → 로서 : 지위나 신분 또는 자격을 나타내는 격 조사

65 ③ 우편물은 중요도에 따라 상사에게 전달하며 상사에게 온 우편물일지라도 광고지 등은 상사에게 전달하지 않는다.

66 다음 중 감사장 작성 방법에 대한 설명으로 가장 옳지 않은 것은?

① 감사장은 상대방의 호의에 대해 감사하는 마음을 전하기 위해 작성한 문서이다.

② 회사와 관련된 축하행사 참석에 대한 감사장에는 순수한 감사의 마음만을 담고 회사의 선전을 하지 않는다.

③ 출장 중 상대방의 호의에 대한 감사장은 출장지에서 돌아온 후 즉시 작성하도록 한다.

④ 문상이나 장례식장 참석에 대한 감사장은 계절에 맞는 계절 인사를 첫머리에 쓴다.

67 다음 중 업무 기능에 따른 문서 분류가 가장 거리가 먼 것은?

① 영업 문서 – 종업원 영업 관리 역량에 관한 사항

② 물자 문서 – 물자의 조달 및 관리, 공사 계약에 관한 사항

③ 재무 문서 – 예산, 회계, 자금 관리에 관한 사항

④ 경영 문서 – 전반적인 경영, 기획 및 감사에 관한 사항

68 상사가 받아온 명함을 비서가 정리하고 있다. 이 중 업무처리가 가장 올바르지 않은 것은?

① 명함의 분류기준은 크게 성명과 회사명으로 나눌 수 있다.

② 회사명으로 분류하는 경우 회사명이 같은 경우에는 직급 순으로 분류한다.

③ 회전식 명함정리기구를 이용하는 경우 양쪽에 달린 손잡이를 이용하여 앞뒤로 회전시켜 가며 명함을 끼워 넣는다.

④ 명함대상과 관련된 특이 사항이나 정보는 별도의 메모지에 기재하여 명함과 함께 정리용구에 보관한다.

ANSWER 66.④ 67.① 68.②

66 ④ 문상이나 장례식장 참석에 대한 감사장은 장례기간 동안 애써주신 분들과 문상객들에게 감사인사를 하는 것이다. 계절에 맞는 계절인사는 쓰지 않는다.

67 ① 영업문서는 기업에서 이익창출을 목적으로 다른 기업이나 고객들을 대상으로 하여 상호 간의 거래 내용을 효율적으로 관리하기 위해 작성하는 문서이다.

68 ② 회사명이 같을 경우에는 다시 성명을 가나다순으로 분류한다.

69 전자문서시스템의 특징으로 가장 거리가 먼 것은?

① 개인의 일하는 방식, 과정이 보장되고 서식의 개인화가 이루어져 신속한 업무처리가 가능하다.

② 결재자와 피결재자가 만나지 않아도 결재가 이루어질 수 있다.

③ 전자문서의 체계적 분류에 따른 등록이 이루어져 검색이 용이하다.

④ 추진내용 및 결재 처리 상황에 대한 실시간 확인이 가능하다.

70 다음에서 설명하는 서비스를 제공하는 전자 정보 시스템 명칭으로 가장 적절한 것은?

- 전자 메일 : 개인 전자 메일 시스템 운영
- 일정 관리 : 개인 및 부서, 회사 등의 업무 일정을 관리
- 게시판 : 사내 부서원들 간의 다양한 정보 공유
- 자원 관리 : 사내 공용 자원 등록 및 통합
- 전자 결재 : 워드프로세서, 스프레드시트 등으로 작성된 전자 문서 결재 및 등록
- 커뮤니티 : 사내 직원들의 동호회 활동 등 지원

---

① 디지털 콘텐츠   ② 클라우드 서비스

③ 인터넷   ④ 그룹웨어

69 ① 전자문서시스템은 방식, 과정, 서식이 체계적으로 통일되어 신속한 업무처리가 가능하다.

70 그룹웨어 … 기업 등의 구성원들이 컴퓨터로 연결된 작업장에서, 서로 협력하여 업무를 수행하는 그룹 작업을 지원하기 위한 소프트웨어나 소프트웨어를 포함하는 구조

71 엑셀 프로그램을 이용하여 데이터를 관리하고 있다. 다음 중 엑셀의 데이터 관리 기능 활용이 가장 적절하지 않은 것은?

① 조건에 맞는 자료만을 화면상에 보이게 하기 위해서 필터 기능을 이용하였다.

② 부분합을 구하기 위해서 부분합을 구할 기준으로 정렬을 먼저 하였다.

③ 데이터베이스 기능 활용을 위해 셀을 병합하여 유사한 항목은 묶어서 관리하였다.

④ 부분합 기능을 이용하여 부분별 합계뿐만 아니라 평균도 산출하였다.

72 다음 중 프레젠테이션 프로그램의 용도와 가장 거리가 먼 것은?

① 슬라이드 쇼 형식으로 대상자에게 정보를 보여준다.

② 문자와 그림 정보를 편집하거나 배치하여 대상자에게 전달한다.

③ 컴퓨터로 작성된 화면을 빔 프로젝터와 연결하여 대상자에게 보여준다.

④ 함수와 데이터베이스 기능을 활용하여 분석한 자료를 대상자에게 보여준다.

73 서로 다른 기업 또는 조직 간에 표준화된 상거래 서식 또는 공공 서식을 서로 합의한 통신 표준에 따라 컴퓨터 간에 교환하는 전달방식을 의미하는 용어는?

① EDI
② EDMS
③ ECM
④ EDPS

71 ③ 데이터베이스 기능을 활용하기 위해서는 데이터베이스를 구성하는 레코드와 필드가 필요하다. 셀 병합은 데이터베이스 기능 활용에 적절하지 않다.

72 ④ 프레젠테이션 프로그램은 개인용 컴퓨터나 멀티미디어 작업이 가능한 기타 멀티미디어 기기를 이용하여 각종 정보를 여러 가지 효율적인 형태로 상대방에게 전달하기 위한 프로그램으로 문서작성은 가능하지만 함수와 데이터베이스 기능은 지원하지 않는다.

73 EDI(Electronic Data Interchange) ··· 서로 다른 기업 또는 조직 간에 표준화된 상거래 서식 또는 공공 서식을 서로 합의한 통신 표준에 따라 컴퓨터 간에 교환하는 전달방식

74 개인정보 노출현황을 분석한 차트이다. 이 차트를 통해 알 수 있는 내용과 가장 거리가 먼 것은?

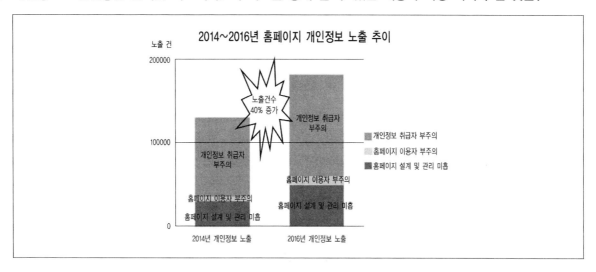

① 2014년 대비 2016년에는 개인정보 노출건수가 약 40%가 상승했다.

② 홈페이지 설계 및 관리 미흡은 감소하였다.

③ 개인정보 취급자 부주의로 인한 노출은 큰 폭으로 증가하였다.

④ 개인정보 유출은 홈페이지 자체의 문제, 이용자의 문제, 개인정보 취급자의 문제 세 가지로 나누어 분석하였다.

75 다음 설명에 해당하는 용어는?

> 일반 검색 엔진과 같이 필요한 정보를 찾아주는 일을 하지만 실제로는 다른 검색엔진을 연결시켜 다른 검색엔진들을 통해 검색한 정보를 보여주는 검색엔진. 즉 자신의 데이터베이스를 가지고 있지 않고, 다른 검색엔진으로부터 검색 결과를 종합하여 보여준다.

① 하이브리드 검색엔진　　　　　　　② 메타 검색엔진

③ 알파 검색엔진　　　　　　　　　　④ 주제별 검색엔진

ANSWER 74.② 75.②

74 ② 홈페이지 설계 및 미흡은 증가하였다.

75 제시된 내용은 메타 검색엔진에 대한 설명이다.

76 다음 중 도메인 네임에 대한 설명이 잘못된 것을 모두 고르시오.

가. com : 상업 회사, 기관
나. org : 비영리기관
다. net : 연구기관
라. mil : 군사기관
마. or : 정부기관

---

① 나, 다, 라　　　　　　　　　　② 다, 마
③ 다, 라, 마　　　　　　　　　　④ 나, 라, 마

77 다음 중 비서의 정보 보안 업무가 가장 잘못된 것은?

① 중요한 서류나 기밀문서는 자물쇠를 활용하여 캐비닛에 보관하도록 한다.
② 사내 백신프로그램을 정기적으로 사용하고 업데이트한다.
③ 중요 문서는 외장하드에 수시로 백업한다.
④ 윈도우(windows) 암호는 시작 메뉴의 디스플레이 설정에서 변경한다.

78 김 비서는 상사와 자신의 스마트폰의 정보보호를 위해서 스마트폰을 다음과 같이 관리하고 있다. 이 중 가장 적절하지 않은 것은?

① 신뢰할 수 없는 사이트는 방문하지 않고, 의심스러운 앱은 다운로드하지 않았다.
② 스마트폰 앱 설치 시에 요구하는 권한이 과다하여 설치하지 않았다.
③ 스마트폰 보안 잠금을 생체인식(지문 또는 홍채 등)을 이용하여 설정하였다.
④ 스마트폰의 순정상태는 제약이 많으므로 루팅하여 기능을 향상시켰다.

ANSWER　76.②　77.④　78.④
ᴡ ....

76 다. net : 네트워크 관련기관(국제 도메인)
　　마. or : 비영리 법인(국내 도메인)

77 ④ 윈도우 암호는 계정 설정 변경 - 로그인 옵션에서 변경한다.

78 ④ 스마트폰은 루팅할 경우 제조사에서 A/S를 제한할 수 있으므로 루팅하지 않는다.

79 다음 중 클라우드서비스에 대한 설명으로 가장 적절한 것은?

① 해외 출장 시에는 클라우드 서비스의 이용이 불가능하다.

② 모바일 기기를 통해서는 파일을 다운로드만 할 수 있다.

③ 클라우드서비스를 이용하여 문서를 업로드하면 읽기전용 파일로 변환되어 저장된다.

④ 인터넷과 연결된 중앙컴퓨터에 저장해서 인터넷에 접속하기만 하면 언제 어디서든 데이터를 이용할 수 있다.

80 다음 중 일반적으로 복합기에 포함되는 기능으로 가장 거리가 먼 것은?

① 복사 기능   ② 제본 기능

③ 팩스 기능   ④ 스캔 기능

79 클라우드 서비스 … 인터넷으로 연결된 초대형 고성능 컴퓨터(데이터센터)에 소프트웨어와 콘텐츠를 저장해 두고 필요할 때마다 꺼내 쓸 수 있는 서비스

80 일반적으로 복합기에는 복사, 팩스, 스캔 기능이 포함되면 제본 기능은 포함되지 않는다.

05 2018년 5월 13일 시행

1과목 **비서실무**

1 비서업무를 수행하기 위하여 필요한 지식 중 중요도가 가장 낮은 것은?

① 심리학 – 조직심리학, 산업심리학 등
② 법학 – 상법, 기업법, 노동법 등
③ 컴퓨터학 – 프로그래밍 언어, 컴퓨터 운영 시스템 등
④ 경제학 – 경제와 사회, 환율과 금리 변동 등

2 현재 상사는 해외 출장 중인데 거래처 임원이 면담을 요청하였다. 비서의 업무태도로 가장 적절한 것은?

① 상사 귀국 일정을 언급하며 현재로는 면담일정을 결정할 수 없고 상사 귀국 후 다시 연락드리겠다고 말한다.
② 상사가 현재 출장 중이어서 바로 면담일정을 확정하긴 어려우나 면담 요청을 상사에게 보고하겠다고 말씀드린다.
③ 면담일정을 바로 확정하여 상사 일정표에 기입한다.
④ 상사가 출장 중이나 통화가 가능하므로 거래처 임원이 상사와 직접 면담일정을 확정할 수 있도록 상사와 상대방을 전화중개한다.

ANSWER 1.③ 2.②

1 ③ 비서업무는 프로그래밍 언어, 컴퓨터 운영 시스템 등 컴퓨터학에 대한 지식보다는 업무에 필요한 소프트웨어를 활용하여 정보를 효율적으로 처리할 수 있는 워드프로세서, 컴퓨터활용능력 등이 요구된다.

2 상사가 부재 중일 때 상사에게 요청된 업무에 대하여 비서가 단독으로 처리하는 것은 바람직하지 않다. 또한 해외 출장 중인 상사에게 상대의 통화를 직접 연결하거나, 전화한 상대방에게 상사가 귀국할 때까지 무작정 기다리게 하는 것도 적절한 업무태도로 보기 어렵다.

3 현재 시각 오후 4시 50분으로 상사인 이영태 전무의 회의가 예정보다 지연되고 있다. 박 비서는 상사로부터 오늘 저녁 6시로 예정된 오성길 교수와의 저녁 식사 약속을 취소하라는 지시를 받았다. 이 업무를 수행하는 비서의 태도로 가장 적절한 것은?

① 오성길 교수에게 '금일 오후 6시 이영태 전무님과의 저녁식사 일정은 취소되었습니다.' 라고 휴대전화 문자를 남긴다.

② 저녁 식사 장소는 예약 시간 15분 이후까지 손님이 방문하지 않을 경우 자동 취소된다는 규정이 있으므로 별도 취소 연락은 하지 않는다.

③ 오성길 교수의 휴대전화 연결이 되지 않아 오 교수의 소속학과 사무실에 연락하여 상황을 설명한다.

④ 저녁식사 장소가 오성길 교수 연구실 근방이라 이영태 전무의 회의 업무 지원을 마무리한 후 5시 30분 경에 예약 취소를 시도한다.

4 다음 중 비서의 업무일지에 대한 설명으로 가장 적절하지 않은 것은?

① 업무일지의 내용을 기초로 성과 평가시 근태, 업무량 등에 대한 근거자료로 제시할 수 있다.

② 업무 유형별 소요시간을 파악하여 일정관리에 대비할 수 있다.

③ 시기별 업무량을 예측할 수 있어 바쁜 시기를 미리 대비할 수 있다.

④ 업무일지에는 비서의 창의적 업무 내용만을 기록한다.

ANSWER 3.③ 4.④

3 당일 저녁 6시 예정이었던 약속을 급박하게 취소하고자 할 때에는 전화로 직접 상황을 설명하고 취소하는 것이 바람직하다.

① 일방적인 통례식의 문자로 약속을 취소하는 것은 무례한 행동이 될 수 있다. 또한 문자는 받는 사람이 뒤늦게 확인할 수도 있으므로 급박한 약속을 취소하는 데는 적절하지 않다.

② 자동 취소에 대한 규정이 있더라도 별도로 취소 연락을 하는 것이 바람직하다.

④ 약속 장소가 약속한 사람이 있는 곳과 가깝다고 하더라도 약속 시간이 얼마 남지 않은 상황에서 취소를 해야 할 때는 취소가 결정된 시점에 바로 연락을 취하는 것이 바람직하다.

4 ④ 업무일지에는 창의적 업무 내용뿐 아니라 일상적으로 행하는 반복적인 업무를 포함한 모든 업무 내용을 기록한다.

5 상사가 9시 10분이 되었는데도 출근을 하지 않았다. 비가 많이 오기 때문에 상사가 늦으시는 것이라고 생각하고 있었다. 이 때 전화가 걸려왔다.

> 손님 : 사장님 계신가요?
>
> 김 비서 : 사장님은 오전에 외부에서 회의가 있어서 10시쯤 사내로 오실 예정입니다. 메모 남기시겠습니까?
>
> 손님 : 대한물산 김수철 부장인데 지난번 말씀하신 계약 건으로 찾아 뵙고 싶은데 오시면 연락 부탁드립니다.

이렇게 통화를 마쳤는데, 상사가 건강상 이유로 오늘은 출근하지 않겠다고 연락이 왔다. 이럴 때 김 비서의 업무 처리 방법으로 가장 적절한 것은?

① 손님에게 전화드려 오늘은 상사가 종일 외근 예정이니 내일 방문하시라고 말씀드린다.

② 상사에게 솔직히 말씀드리고 어떻게 처리해야 할지 여쭈어 본다.

③ 손님에게 전화드려 솔직하게 상사가 건강이 좋지 않아 오늘 결근하신다고 죄송하다고 말씀드린다.

④ 손님이 다시 전화할 때까지 기다려본다.

6 상공물산에 근무하는 김 비서는 다음 달에 개최될 상공물산 창립 50주년 행사를 준비하고 있다. 이번 행사에서는 상공물산 창립 30주년 행사에서 묻었던 타임캡슐 개봉식이 있다. 따라서 그 당시 상공물산에 재직하였던 전(前) 사장님을 모시고자 하는데 좌석배치를 어떻게 하여야 할지 고민이다. 가장 적절한 것은?

① 전 사장님은 퇴직하시어 현재는 직책이 없기는 하나 일반적 의전예우 기준에 따라 과거의 직책에 따라 좌석 배치한다.

② 전 사장님은 퇴직하시어 현재는 직책이 없기는 하나 예우 상서열은 사내의 이사진들 다음으로 한다.

③ 전 사장님은 퇴직하시어 현재는 직책이 없으므로 일반 직원들 좌석 중 상석으로 배치한다.

④ 전 사장님은 퇴직하시어 현재는 직책이 없으므로 임원 연령순으로 하는 것이 가장 바람직하다.

ANSWER 5.② 6.①
- -

5 비서가 임의로 응대한 일에 대해 상사에게 솔직하게 말씀드리고 상사가 어떻게 처리할 것인가를 결정하도록 하는 것이 바람직하다. 상황에서 언급된 계약이 중요한 건일 경우, 상사의 건강상태에 따라 출근을 할 수도 있고 그렇지 않을 경우 다른 날로 약속을 정하자고 할 수도 있는 등 다양한 판단이 가능하기 때문이다.

6 일반적인 의전예우에 따르면 전(前) 임원을 행사에 초청하는 경우 과거의 직책에 따라 좌석을 배치하는 것이 바람직하다.

7 테이블 매너에 대한 설명으로 바르지 않은 것은?

① 빵은 나이프나 포크로 잘라 먹지 말고 손으로 한입의 분량을 떼어 먹는다.

② 냅킨은 주빈이 먼저 들면 함께 들어서 무릎 위에 둔다.

③ 음식을 먹는 도중 냅킨이나 포크가 바닥에 떨어진 경우 웨이터를 불러 새것을 가져다 달라고 요청한다.

④ 식사 중 잠시 자리를 뜰 때는 냅킨을 접어서 식탁 위에 둔다.

8 보고 방법에 대한 설명으로 적절하지 않은 것은?

① 먼저 보고해야 할 것과 추후에 보고해도 될 것을 구분한다.

② 객관적인 사실과 자신의 의견을 통합해서 보고한다.

③ 상사와 면대면 보고가 어려운 상황일 경우는 문자나 메모 등을 활용해 보고한다.

④ 시일이 걸리는 일은 중간보고를 통해 진행 상황을 상사가 알 수 있도록 한다.

9 오후 외부 회의 참석으로 외출하면서 상사는 비서에게 다음과 같이 지시하였다. 이 때 비서의 보고 태도로 가장 적절한 것은?

> "김 비서, 내일 오전 10시 영업전략회의에서 논의될 지난달 영업실적 관련해서 자료를 영업부에서 받아서 회의자료에 있는 수치와 일치하는지 확인 부탁해요."

① 오늘 지시받은 일이므로 "영업실적 자료가 오늘 늦게 나오는데 늦더라도 받아서 회의자료와 일치되는지 확인하도록 하겠습니다."라고 문자로 보고한다.

② 상사는 외부 회의 참석 중이므로 내일 아침에 보고하기로 한다.

③ 회의 때 보고해도 되므로 굳이 늦은 시간에 상사를 귀찮게 할 필요는 없다.

④ 영업부에서 늦어지는 것이므로 영업부 직원에게 직접 상사께 보고 드리라고 한다.

ANSWER 7.④ 8.② 9.①

7 ④ 식사 중 잠시 자리를 뜰 때 냅킨은 의자 위에 둔다. 냅킨을 접어서 식탁 위에 두는 것은 식사가 끝났다는 표시이다.

8 ② 객관적인 사실과 자신의 의견은 구별해서 보고한다.

9 오늘 지시 받은 업무이고 내일 오전에 있을 회의 때 필요한 자료이므로 늦더라도 지시 받은 업무를 처리하는 것이 바람직하며, 상사가 외부 회의에 참석 중이므로 전화보다는 문자로 보고하는 것이 좋다.

10 다음의 사례를 읽고 상사 개인 정보 관리를 수행하는 비서의 태도로 가장 부적절한 것은?

> 이 전무 : 참 이번 중국 출장건 관련해서 비자 갱신해 놓았어요
>
> 홍 비서 : 예, 내일 수령 가능합니다.
>
> 이 전무 : 잘 되었네. 앞으로 중국 비즈니스가 많아질 것 같아서 중국 비즈니스 최고경영자 과정을 좀
> 들어야할 것 같아. 해당 과정 등록 일정과 절차 확인하여 처리해 줘요.

① 중국 비즈니스 최고경영자 과정을 운영하고 있는 기관을 검색해 정리한다.

② 중국 비즈니스 최고경영자 과정의 교육과정, 등록 일정, 수강료 등을 전무님께 보고한다.

③ 상사의 중국 출장이 잦아 중국 비자는 단수비자로 신청하였다.

④ 전무님의 중국 비자를 수령하는대로 복사하여 사본을 비서가 별도로 보관해 둔다.

11 박 비서의 상사는 취미로 유화를 그리는 아마추어 화가이기도 하다. 박 비서는 신문을 읽다가 신생 비즈니스 업체로서 '그림 대여업체' 경영자의 인터뷰 기사를 읽게 되었다. 능동적 총무 업무수행자로서 박 비서의 태도로 가장 부적절한 것은?

① 회사 업무 환경 개선 시 활용할 수 있도록 신문기사를 스크랩해 두었다.

② 사무실 환경의 개선이 필요할 때 '그림 대여업체' 이용을 상사에게 제안해 본다.

③ 서비스의 내용, 이용료 등 유사 서비스 업체들을 비교 분석 해본다.

④ 상사가 해당 업체에 그림을 등록할 수 있도록 상사의 그림 사진을 '그림 대여업체'에 보낸다.

ANSWER 10.③ 11.④

10 ③ 단수비자는 비자 기간 동안에 1회만 입국 및 출국이 가능한 비자로 비자 기간이 남아있다고 하더라도 중국에서 출국을 하게 되면 비자가 자동으로 취소된다. 따라서 앞으로 중국 비즈니스가 많아질 것이라면 비자 기간 동안에 여러 번 입출국이 가능한 복수비자로 신청하여야 한다.

11 ④ 상사의 그림 사진을 상사의 허락 없이 임의로 '그림 대여업체'에 보내는 것은 부적절하다.

12 다음은 비서의 하루 중 업무를 기록한 것이다. 비서의 업무 유형 중에서 일상 업무에 속한 것을 고른 것은?

> ㉠ 신문과 우편물을 보기 편하게 정리하여 상사 책상 위에 올려 놓았다.
> ㉡ 매년 발송하는 연하장의 문구를 새로 작성하여 상사에게 보고하였다.
> ㉢ 상사 회의 참석 시 참석자들의 직위, 특성, 최근의 이슈 등을 확인하여 보고하였다.
> ㉣ 퇴근 시 주요 서류를 서류함에 넣은 뒤 열쇠를 보관함에 넣어두었다.

① ㉠, ㉡
② ㉡, ㉢
③ ㉡, ㉣
④ ㉠, ㉣

13 다음 주 다국적기업인 Green Bottle Korea에 아시아 지역 본부 장인 Robert Downey씨가 우리 회사를 방문할 예정이다. 황 비서의 상사는 Robert Downey씨가 매너에 매우 엄격한 분이므로 한국에 체류하는 동안 황 비서가 잘 보좌할 것을 각별히 지시하였다. 황 비서가 Robert Downey를 보좌할 때 지켜야 할 의전으로 가장 적절하지 않은 것은?

① 황 비서는 기사가 운전하는 차를 타고 공항으로 Downey씨를 모시러 가서 운전석 대각선 자리에 앉게 하였다.
② Downey씨가 부산을 방문하고 싶다고 하여 황 비서가 KTX로 동행할 때 Downey씨를 KTX의 순방향의 자리에 앉게 하였다.
③ 회의실 문이 당겨서 여는 문이므로 Downey씨가 먼저 들어 가도록 한 후 비서가 나중에 들어가 문을 닫았다.
④ 회의실에서 Downey씨를 전망이 좋은 출입구에서 가까운 좌석에 앉도록 하였다.

14 비서의 업무 수행 방법으로 가장 적절하지 않은 것은?

① 내방객과 함께 엘리베이터를 탈 때 목적층을 상대방에게 미리 말한다.

② 상사의 해외 출장 업무 수행 시 비행기는 일등석으로 예약하고 호텔도 스위트(suite)룸으로 예약한다.

③ 복도에서는 방문객의 대각선 방향에서 방문객보다 두서너 걸음 앞에서 안내한다.

④ 출장 사후 처리 업무로는 부재중 보고, 결재, 서류정리, 출장비 정산 등의 업무를 수행해야 한다.

15 다음 중 비서가 경조사 업무 수행 시 주의해야 할 내용으로 가장 적절하지 않은 것은?

① 규정의 준수 : 경조사 업무는 회사의 경조 규정에 따라 형식을 갖추도록 한다.

② 선례의 참조 : 임원의 경조사 업무는 회사의 규정에 따르기 보다는 선임비서의 업무수행 방식을 참조하여 선례에 따른다.

③ 시기의 적절성 : 경조사 업무에서는 무엇보다 시기가 중요하다.

④ 정보의 정확성 : 경조사 발생 시 정확한 내용 확인은 필수이다.

16 다음 중 慶事에 해당하는 한자가 아닌 것은?

① 就任   ② 榮轉

③ 華婚   ④ 弔意

Aɴsᴡᴇʀ 14.② 15.② 16.④

14 ② 비행기 좌석이나 호텔 등급은 일정과 예산에 맞춰 여러 가지 대안을 작성한 후 상사에게 의견을 구하는 것이 바람직하다.

15 ② 선례의 참조보다는 회사의 규정이 우선한다. 회사 규정 내에서는 선례의 참조가 가능하다.

16 慶事(경사)란 축하할 만한 기쁜 일을 말한다.
  ① 就任(취임) : 새로운 직무를 수행하기 위하여 맡은 자리에 처음으로 나아감
  ② 榮轉(영전) : 더 좋거나 높은 직위로 옮아감
  ③ 華婚(화혼) : 남의 혼인을 아름답게 이르는 말
  ④ 弔意(조의) : 남의 죽음을 슬퍼하는 마음

17 비서의 일정관리 업무 수행 자세로 가장 적절하지 않은 것은?

① 정리된 최종 일정은 상사를 비롯하여 관련 부서나 담당자들, 수행원이나 운전기사에게 만나는 사람이나 장소 및 안건 등 구체적 내용까지 전달하여 공유해야 한다.

② 다이어리로 일정을 관리할 때 일정이 변경될 경우 이전의 일정을 지우지 않고 붉은 색 펜으로 정정한다.

③ 컴퓨터와 스마트 폰을 사용하여 일정관리를 할 때는 두 기기가 연동되는지 확인해야 한다.

④ 다이어리는 보통 1년 기준으로 되어 있으며, 사용 후 버리지 말고 일정 기간 보관하여 참고 자료로 활용 가능하다.

18 상황별 전화응대 방법에 대한 설명 중 가장 적절하지 않은 것은?

① 상사가 통화중일 때, 상대방이 계속 기다린다 하더라도 상사의 전화가 금방 끝나지 않을 것으로 예상되면 비서가 다시 전화드릴 것을 제안한다.

② 전화가 잘못 걸려 왔을 때는 그냥 끊어 버리지 말고 우리 쪽의 번호나 회사명을 알려 준다.

③ 담당자에게 전화를 돌릴 때, 전화가 중간에 끊어질 경우를 대비해 전화를 돌리기 전에 담당자의 전화번호와 이름을 알려 준다.

④ 상사가 부재 중일 때 걸려온 전화에는 상사의 부재 사유를 자세하고 친절하게 답변한다.

ANSWER 17.① 18.④

17 ① 수행원이나 운전기사에게까지 구체적인 안건 등을 전달하여 공유하는 것은 적절하지 않다. 각자의 업무에 관련된 사항이나 허가된 범위 내에서 필요한 부분을 정리하여 전달, 공유하는 것이 적절하다.

18 ④ 상사의 부재 사유를 상대에게 자세하게 밝히는 것은 적절하지 않다.

19 김 비서는 (주)상공제지 사장님 비서이다. 부사장님의 비서가 전화를 하여 부사장님께서 사장님과 전화통화를 하고 싶다고 하신다. 이 때 직위가 다를 경우 전화 연결 방법으로 가장 적절한 것은?

① 부사장님 비서가 부사장님께 먼저 전화 연결한다.

② 사장님 비서가 사장님께 먼저 전화 연결한다.

③ 부사장님과 사장님 두 분 모두 기다리는 시간이 없도록 같이 연결한다.

④ 순서는 상관없다. 그 때 그 때 상황에 맞추도록 한다.

20 비서의 내방객 안내 방법으로 가장 적절하지 않은 것은?

① 내방객을 안내할 때는 내방객보다 두서너 걸음 앞에서 안내한다.

② 안내할 때는 정확히 가고자 하는 방향을 손가락으로 가리키며 안내한다.

③ 모퉁이를 돌 때는 손을 모아 가야 할 방향을 가리킨다.

④ 자동 회전문에서는 내방객이 먼저 들어간 후 비서가 나중에 들어간다.

ANSWER 19.① 20.②

19 ① 직위가 낮은 부사장님의 비서가 부사장님께 먼저 전화 연결을 한다. 부사장님과 전화가 연결되면 사장님 비서가 확인 후 사장님께 전화 연결을 한다.

20 ② 손가락으로 방향을 가리키는 것은 적절하지 않다. 손바닥을 위로 하여 가고자 하는 방향을 가리키며 안내하는 것이 적절하다.

21 다음 중 소유 경영자가 운영하는 기업경영에 대한 설명으로 가장 적절하지 않은 것은?

① 의사결정과정이 단순하며 신속하고 강력한 리더십이 가능하다.

② 장기적인 전망과 투자를 통한 경영이 가능하다.

③ 소유경영자는 자기자본을 출자하고 이에 따른 위험을 부담한다.

④ 정보 비대칭에서 발생하는 대리인 문제가 나타난다.

22 국내의 한 조선회사가 조직의 핵심역량을 파악하고자 SWOT 분석을 아래의 그림과 같이 하고자 한다. 다음 중 빗금 친 'W' 요인의 영역에 해당되는 것으로 가장 적합한 것은?

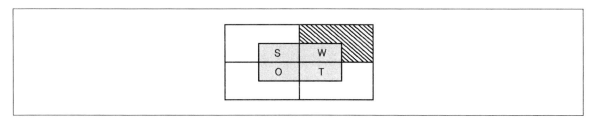

① 지속적인 기술개발   ② 정부의 경기부양정책

③ 해외수출대상국의 통상압력 강화   ④ 구조조정에 따른 노사분규

ANSWER 21.④ 22.④

21 ④ 정보 비대칭에서 발생하는 대리인 문제는 소유자와 경영자가 다를 경우에 발생한다. 대리인인 경영자가 소유자의 이익이 아닌 자신의 이익을 앞세 울 때 주로 대리인 문제가 발생할 수 있다.

22 SWOT분석은 기업의 내부환경과 외부환경을 분석하여 강점(Strength), 약점(Weakness), 기회(Opportunity), 위협(Threat) 요인을 규정하고 이를 토대로 경영전략을 수립하는 기법이다.
① 지속적인 기술개발→강점 요인
② 정부의 경기부양정책→기회 요인
③ 해외수출대상국의 통상압력 강화→위기 요인
④ 구조조정에 따른 노사분규→약점 요인

23 최근 사회적 비난을 초래하는 다양한 이슈들이 윤리경영의 소홀에서 비롯되면서 기업윤리와 관련된 문제가 많이 회자되고 있다. 다음 중 기업윤리에 대한 설명으로 가장 바람직한 것은?

① 기업윤리는 사회적 규범의 체계로서 경영활동과 독립된 별개의 영역이므로 경영전략에 영향을 주지 않는다.

② 기업윤리는 모든 상황에 보편적으로 적용되는 윤리로서 반드시 법적 강제성이 수반될 필요가 있다.

③ 기업윤리 준수가 사회적 정당성을 획득할 수 있는 기반이 될 수 있으나, 장기적인 면에서 조직 유효성 증대에 긍정적 영향을 미치지는 못한다.

④ 기업의 경영자와 구성원들이 지켜야할 행동의 기준이며, 혁신을 추구하는 기업가정신을 바탕으로 정당한 방법을 통하여 기업을 올바르게 운영하는 기준을 말한다.

24 다음의 내용은 경영환경 중 어떤 이해자 특성을 열거한 것인지, 가장 가까운 것을 고르시오.

> 기업에서 일하는 장점 중의 하나는 더 생산적으로 할 수 있는 도구를 제공하며, 생산성을 높이게 되는 것이다. 또한 B2C, B2B 등을 통하여 기업과 소비자, 기업과 기업이 거래하는 시장을 형성하기도 한다.

① 경제적환경   ② 법적환경

③ 경쟁적환경   ④ 기술적환경

ANSWER 23.④ 24.④

23 ① 기업윤리는 사회적 규범의 체계로서 경영활동과 경영전략에 영향을 미친다.
② 기업윤리는 각 기업의 상황에 따라 달리 적용되며, 법적 강제성을 수반하지 않는다.
③ 기업윤리 준수는 사회적 정당성을 획득할 수 있는 기반이 되며, 단기적으로 볼 때는 조직의 유효성 증대에 부정적일 수 있으나 장기적인 면에서는 긍정적 영향을 미친다.

24 경영환경이란 경영에 영향을 미치는 조직 내·외부의 환경을 말한다. B2C, B2B와 같은 전자상거래는 기술적환경과 연관된다.

25 다음 중 중소기업의 특성으로 가장 적절하지 않은 것은?

① 중소기업은 일반적으로 지역사회와 밀접한 관계를 갖으며 지역문화의 형성에 큰 역할을 한다.

② 중소기업은 원가절감을 위해 소품종 대량생산으로 시장수요에 대응하고 대기업과의 가격경쟁에서 유리하다.

③ 중소기업은 적은 인력으로 생산이 가능하므로 꾸준한 생산기술의 개발로 경쟁우위를 확보할 수 있다.

④ 중소기업은 환경적응에 대기업보다 탄력적이고 신축적이므로 독창적 제품이나 아이디어가 있다면 과감하게 투자를 할 수도 있다.

26 다양한 기업의 형태에 대한 아래의 설명 중에서 가장 적절하지 않은 것은?

① 기업의 형태를 규모에 따라 구분하면 자본금, 매출액, 종업원 수 등에 따라 대기업, 중견기업, 중소기업으로 구분할 수 있다.

② 합명회사는 회사의 채무에 관해 직접, 연대, 무한책임을 지는 2인 이상의 무한책임사원들로 구성되어 있다.

③ 주식회사에서 주주는 회사 채무에 대해서는 직접 책임을 지는 무한책임형태를 갖는다.

④ 주식회사는 소유와 경영이 분리되어 있다.

Ａ NSWER 25.② 26.③

25 ② 다품종 소량생산을 주로 하는 중소기업들은 납품단가는 내려가고 임금은 올라가는 현실에서 대기업과의 가격경쟁이 불리하여 어려움을 겪는다.

26 ③ 주식회사의 주주는 회사 채무에 대해서 직접 책임은 없으며, 회사 신용의 대상은 회사의 자본뿐이다. 이러한 이유로 주식회사를 물적 회사라고 한다. 합명회사와 합자회사의 무한책임사원은 회사 채권자에 대하여 직접·연대·무한의 엄격한 책임을 부담한다.

27 다음 중 기업들이 해외인수합병을 하는 목적을 설명한 것으로 가장 거리가 먼 것은 무엇인가?

① 신속한 시장진입
② 경영자원의 획득
③ 성숙산업에서의 시장진입
④ 도덕적 가치의 실행

28 다음 중 사업부제 조직의 장점에 대한 설명으로 가장 적절하지 않은 것은?

① 사업부제 조직은 환경변화에 유연하게 대처할 수 있다.
② 사업부제 조직은 책임소재가 명확하고 기능부서간의 조정이 쉽다.
③ 사업부제 조직은 자원의 효율적인 활용으로 규모의 경제를 기할 수 있다.
④ 사업부제 조직은 사업부문은 독자적인 운영을 하는 분권화의 관리방식을 택한다.

29 조직설계를 통해서 조직구조를 결정하는 4가지 기본 요소 중 포함되지 않는 것은 다음 중 무엇인가?

① 분업
② 부문화
③ 권한이양
④ 라인

ANSWER 27.④ 28.③ 29.④

27 '인수'란 한 기업이 다른 기업의 주식이나 자산을 취득하면서 경영권을 획득하는 것이며, '합병'이란 두 개 이상의 기업들이 법률적으로나 사실적으로 하나의 기업으로 합쳐지는 것을 말한다. 이러한 인수합병은 시장진입이나 경영자원 획득 등 경제적 가치의 실행을 근거로 주로 이루어진다.

28 사업부제 조직은 전통적 기능적 조직과 달리 단위적 분화의 원리에 따라 사업부 단위를 편성하고 각 단위에 대하여 독자적인 생산·마케팅·재무·인사 등의 관리권한을 부여하는 분권적 조직이다.
③ 규모의 경제란 생산요소 투입량의 증대(생산규모의 확대)에 따른 생산비 절약 또는 수익 향상의 이익을 말하는데, 사업부제 조직은 투자 역시 사업별로 분화되기 때문에 규모의 경제를 기하기에 적절하지 않다.

29 조직구조를 결정하는 4가지 기본 요소
㉠ **직무설계(분업)** : 조직구성원의 직무관련 활동을 설계하는 과정으로, 직무설계는 분업의 원칙에 따라서 직무가 배분·설계되며 분업의 정도에 따라 과업구조가 결정된다.
㉡ **부문화** : 설계된 직무가 어떤 기준으로 통합되거나 또는 분류되어 부서로 구분되는 과정을 말한다.
㉢ **권한이양** : 다른 사람에게 공식권한과 과업수행의 책임을 할당하는 것을 말한다.
㉣ **통제의 범위** : 관리자가 관리할 수 있는 부하의 수로, 통제의 범위와 조직계층의 수는 반비례 관계를 가진다.

30 다음은 무엇을 설명한 것인지 보기에서 고르시오.

( )은 조직에서 지적자산을 체계적으로 발굴하여 이것을 조직내부의 공통적인 지식으로 공유하고 또한 이를 적극적, 효과적으로 활용하여 기업의 경쟁력을 높이게 하려는 경영활동을 의미한다.

① 창조경영 ② 경쟁경영
③ 지식경영 ④ 창의경영

31 다음의 리더십에 관한 내용 중 괄호에 들어갈 말을 순서대로 쓴 것을 고르시오.

리더십 연구에서 가장 역사가 오래된 이론은 ( )으로 이 이론은 지도자의 ( )이 리더십 성공을 결정한다는 가정에서 리더십을 설명한다. 이 이론은 지도자는 ( )이라는 것을 강조한다.

① 행동이론 – 조직적인특성 – 후천적
② 행동이론 – 개인적인특성 – 선천적
③ 특성이론 – 조직적인특성 – 후천적
④ 특성이론 – 개인적인특성 – 선천적

ANSWER 30.③ 31.④

30 제시된 내용은 지식경에 대한 설명이다. 지식경영은 급변하는 경영환경 속에서 기업 생존과 경쟁력 강화를 위해 지적자산을 발굴 · 공유하려는 경영활동이다.

31 리더십 연구에서 가장 역사가 오래된 이론은 <u>특성이론</u>으로 이 이론은 지도자의 <u>개인적인 특성</u>이 리더십 성공을 결정한다는 가정에서 리더십을 설명한다. 이 이론은 지도자는 <u>선천적</u>이라는 것을 강조한다. 특성이론에 이어 등장한 행동이론은 리더십은 타고나는 것이 아니라 훈련을 통해 습득되는 것으로 지도자는 후천적으로 만들어진다고 보았다.

32 다음 중 허즈버그의 2요인이론에 대한 설명으로 가장 적절한 것은?

① 욕구의 순차성을 강조하여 하위수준의 욕구가 충족되어야 다음 단계의 욕구가 동기가 된다.

② 임금과 대인관계는 동기요인으로 종업원의 만족감에 영향을 미친다.

③ 종업원의 불만족을 해소하려면 성취감이나 책임감을 부여하는 것이 중요하다.

④ 동기요인을 충족시키기 위한 직무설계방법으로 직무충실화가 있다.

33 다음의 사례는 경영정보시스템 중 어떤 시스템을 의미하는 것인지 가장 적합한 것을 고르시오.

> 특정문제영역에 관한 전문지식을 지식 데이터베이스에 저장하고, 이를 기초로 해당문제 영역에 관한 다양한 문제를 진단하고 해결하기 위한 전략을 추진한다. 의료, 광물탐사 영역같은 부분에서 시작하여 기업경영전반에 응용된다.

① 전사적 자원관리시스템   ② 전문가시스템

③ 전략정보시스템   ④ 고객관리시스템

34 다음 중 인적자원관리의 목표로 가장 거리가 먼 것은?

① 우수한 인적자원의 확보   ② 노동력 개발

③ 우수 고객 확대   ④ 핵심 노동력 유지

ANSWER 32.④ 33.② 34.③

32 ① 허츠버그는 동기요인과 위생요인이 상호독립적이라고 본다. 욕구의 순차성을 강조한 것은 매슬로우의 욕구단계이론이다.
     ② 임금과 대인관계는 위생요인에 해당한다.
     ③ 성취감과 책임감은 동기요인에 해당한다.
     ※ 허츠버그의 2요인이론
         ㉠ 동기요인 : 만족요인으로 조직구성원에게 만족을 주고 동기를 유발하는 요인이 된다.
         ㉡ 위생요인 : 불만요인으로 욕구 충족이 되지 않을 경우 조직구성원에게 불만족을 초래하지만 그러한 욕구를 충족시켜 준다 하더라도 직무 수행 동기를 적극적으로 유발하지 않는 요인이다.

33 제시된 내용은 전문가시스템에 대한 설명이다.

34 ③ 우수 고객 확대는 고객관계관리의 목표에 해당한다.

35 다음 중 고객과 관련된 다양한 데이터를 수집 및 분석하여 마케팅 효율성을 극대화하는 것으로 가장 적합한 것은 무엇인가?

① 데이터베이스 마케팅 ② 오프라인기업의 마케팅

③ B2C 마케팅 ④ B2B 마케팅

36 다음의 마케팅믹스 핵심요소 중 하나인 촉진믹스의 인적판매에 관한 설명으로 가장 적절하지 않은 것은?

① 인적판매는 목표시장에 효율적으로 자원을 집중할 수 있는 활동이다.

② 인적판매는 즉시적 피드백을 가능하게 하므로 소비자의 욕구를 보다 직접적으로 알 수 있다.

③ 인적판매는 전형적인 풀(Pull)정책으로 유통업자들을 대상으로 촉진활동을 한다.

④ 인적판매방식은 높은 비용이 들 수 있다.

37 다음 중 회계상 거래에 해당하는 것들로만 묶인 것은?

---

a. 직원채용계약
b. 대손충당비의 계상
c. 원재료매입주문
d. 화재발생으로 인한 자산감소

---

① b, d ② a, b

③ a, c ④ c, d

35 데이터베이스 마케팅 … 고객과 관련된 다양한 데이터를 수집·분석한 것을 바탕으로 효율적인 마케팅을 펼치는 것을 말한다.
③ B2C 마케팅 : Business to Consumer의 약자로 기업과 소비자 간에 이루어지는 전자상거래를 말한다.
④ B2B 마케팅 : Business to Business의 약자로 기업과 기업 간에 이루어지는 전자상거래를 말한다.

36 ③ 인적판매는 전형적인 푸시(push) 정책으로 유통업자들을 대상으로 촉진활동을 한다. 풀(pull) 정책은 광고를 통하여 이미지가 형성된 소비자가 스스로 특정 제품을 구매하도록 하는 정책이다.

37 회계상에서의 거래는 회사 재산상의 증감 사항을 가져오는 사건을 말한다. 회계상 거래로 인식되기 위해서는 회사의 재산 상태에 영향을 미쳐야 하고 그 영향을 금액으로 측정할 수 있어야 한다.

38 아래와 같이 사치품 관련한 가격이 오르는데도 수요가 줄어들지 않고 오히려 증가하는 현상을 나타내는 용어로 가장 적절한 것은?

> 지난해 국내 백화점 업계에서 가파르게 판매가 증가한 상품은 프랑스의 명품 브랜드 '○○'다. '○○'는 천문학적 가격에도 불구하고 고가 제품일수록 구입이 더 힘든 것으로 알려졌다.
> 예약명단에 올려 오랜 시간을 기다려야 구입할 수 있음에도 불구하고 그 인기는 날로 더해가고 있다.

① 베블런효과　　　　　　　　　　　② 립스틱효과

③ 분수효과　　　　　　　　　　　　④ 붉은여왕효과

39 다음 중 기업이 어느정도의 경영성과를 거두었는지를 측정하는 수익성비율과 가장 거리가 먼 것은?

① 매출액이익률　　　　　　　　　　② 자기자본비율

③ 주당순이익　　　　　　　　　　　④ 총자산이익률

40 다음 중 기업의 자산, 부채, 자본과 관련한 설명으로 가장 적절하지 않은 것은?

① 자산 : 회사가 영업활동을 위해 보유하고 있는 재산을 말하는 것이다. 자산은 크게 현금화의 정도에 따라 유동자산과 비유동자산으로 구분한다.

② 무형 자산 : 형태가 없는 자산을 의미하며, 주로 영업권, 산업재산권, 라이센스와 프랜차이즈, 저작권, 컴퓨터 소프트웨어, 개발비, 임차권리금, 광업권, 어업권 등과 같은 무형의 권리가 여기에 해당된다.

③ 부채 : 현재 또는 미래에 타인에게 지급할 채무를 의미한다.

④ 자산 : 사업주가 투자하는 자금으로 기업의 총자산과 총부채를 합한 금액이다.

ANSWER 38.① 39.② 40.④

38 베블런효과 … 사치품 관련한 가격이 오르는데도 수요가 줄어들지 않고 오히려 증가하는 현상
　② 립스틱효과 : 경기가 불황일 때 립스틱 같이 낮은 가격으로 사치를 즐기기에 적당한 저가 제품의 매출이 증가하는 현상
　③ 분수효과 : 저소득층의 소득 증대가 총수요 진작 및 경기 활성화로 이어져 궁극적으로 고소득층의 소득도 높게 되는 효과
　④ 붉은여왕효과 : 어떤 대상이 변화를 하더라도 주변 환경이나 경쟁 대상이 더 빠르게 변화함에 따라 상대적으로 뒤처지게 되는 현상

39 수익성비율은 기업의 수익창출 능력을 나타내 주는 비율로서 영업성과에 미치는 종합적인 효과를 보여준다. 매출액과 관련된 수익성비율로 매출액총이익률, 매출액영업이익률, 매출액순이익률 등이 있다.
　② 자기자본비율은 총자본에 대비 자기자본의 비율로, 기업의 자본 건전성을 판단하는 데 중요한 요건이 된다.

40 ④ 자산이란 기업이 소유하고 있는 유형·무형의 유가치물로, 총자산＝순자산＋총부채이다.

41 Which of the following is NOT a term related to the type of company?

① Conglomerate ② Subsidiary
③ Executive ④ Holdings

42 Choose one which has a spelling error.

① Mr. Yonghyun Park created friendly atmosper.
② This product is temporarily out of stock.
③ The board of directors unanimously approved the plan.
④ Your duties in the company should be reported to your immediate supervisor.

43 Choose the sentence that doesn't have a grammatical error.

① Badges will be provided and must be weared at all times.
② I think Khoop is a exclusively company in the software market.
③ I'd like to reconfirm my flight reservation again.
④ Please note that the next meeting will be held on Tuesday.

ANSWER 41.③ 42.① 43.④

41 보기 중 회사의 유형과 관련된 용어가 아닌 것은 Executive(경영진)이다.
① Conglomerate : 복합 기업, 대기업
② Subsidiary : 자회사
③ Executive : 경영진
④ Holdings : 지주회사

42 ① '분위기, 기운'의 뜻을 가지는 단어는 atmosphere이다.

43 ① wear은 타동사로 weared가 아닌 worn으로 써야 한다.
② company를 수식하는 형용사가 와야 하므로 exclusively를 exclusive로 고친다.
③ reconfirm은 '재확인하다'는 의미의 동사로 뒤에 again과 의미가 중복된다. "비행기 예약을 재확인하고 싶습니다."라는 표현은 'I'd like to reconfirm my flight reservation.'으로 쓴다.

44 Put the sentences in the most appropriate order.

(a) Unfortunately, business commitments on the West Coast will make it impossible for me to attend.

(b) I will give you a call when I return from Los Angeles so we can set up a lunch date.

(c) Thank you for the invitation to be your guest at the information systems conference next month.

(d) I appreciate your thoughtfulness and hope that I will be able to attend next year.

---

① (b)-(d)-(a)-(c)　　　　　　② (d)-(a)-(b)-(c)

③ (c)-(a)-(d)-(b)　　　　　　④ (d)-(b)-(a)-(c)

45 Choose the LEAST appropriate English expression.

① 당사는 사상 최고의 매출을 달성했습니다. We have achieved record sales.

② 이 시장의 규모는 얼마나 됩니까? What is the size of the market?

③ 가격이 높지만 제품의 질이 좋습니다. The price is expensive, but the product is qualitative.

④ 시장의 성장률은 어느 정도입니까? What is the growth rate of the market?

ANSWER 44.③　45.③

44 (c) 다음 달에 있을 정보 시스템 회의에 초대해 주셔서 감사합니다.

(a) 불행하게도, West Coast에서의 사업상의 약속으로 참석이 불가능합니다.

(d) 귀하의 사려 깊은 태도에 감사드리며 내년에 참석할 수 있기를 희망합니다.

(b) 제가 Los Angeles에서 돌아오면 점심 미팅을 잡을 수 있도록 당신께 전화드리겠습니다.

45 ③ price의 보어로는 expensive/cheap 대신에 high/low를 쓴다. 따라서 'The price is high, but the quality of the product is good.'으로 고치는 것이 적절하다.

46 What type of writing is this?

Goleta Motors, Inc.

TO : All Sales Representatives

FROM : Peter Koulikourdis

DATE : January 27, 2018

SUBJECT : Rescheduling of Monthly Sales Meeting

The February Monthly Sales Meeting has been rescheduled. Instead of Tuesday, February 3, we will meet on

Wednesday, February 4, at 10:30 A.M.

in the Conference Room. Please mark your calendar accordingly.

---

① Interoffice Memorandum

② Minutes of the meeting

③ Company to company business letter

④ Draft about the sales report

46 「Goleta Motors, Inc.
수신 : 모든 영업 대리인(외판원)
발신 : Peter Koulikourdis
날짜 : 2018. 1. 27.
제목 : 월간 판매 회의 일정 재조정
2월 월간 판매 회의 일정이 재조정되었습니다. 우리는 2. 3.(화) 대신에 2. 4.(수) 오전 10:30에 회의실에서 만날 것입니다. 달력에 표시해 주십시오.」
① Interoffice Memorandum : 사내 연락 메모
② Minutes of the meeting : 회의록
③ Company to company business letter : 회사 간 업무 서신
④ Draft about the sales report : 판매 보고서 초안

47 Which of the following is the most appropriate order?

April 10, 2016

Ms. Shirley Furtney
725 Tree Lane, APT 226
Austin, Texas 78703

Dear Ms. Furtney :

Thank you for your applying for the position of sales manager. I'll let you know the next schedule no later than April 15.

ⓐ LS : jho
ⓑ Lynn Stanke
   HR Manager
ⓒ Lynn Stanke
ⓓ Enclosure
ⓔ Sincerely yours,

---

① ⓔ − ⓑ − ⓒ − ⓓ − ⓐ
② ⓐ − ⓒ − ⓑ − ⓔ − ⓓ
③ ⓔ − ⓒ − ⓑ − ⓐ − ⓓ
④ ⓒ − ⓑ − ⓔ − ⓐ − ⓓ

47 business letter의 구성은 다음과 같다.
  ㉠ Letterhead(or Return Address)
  ㉡ Date → April 10, 2016
  ㉢ Inside Address → Ms. Shirley Furtney
                           725 Tree Lane, APT 226
                           Austin, Texas 78703
  ㉣ Salutation → Dear Ms. Furtney
  ㉤ Body of the Letter
  ㉥ Complimentary Close → ⓔ Sincerely yours
  ㉦ Signature Block → ⓒ, ⓑ, ⓐ
  ㉧ Final Notations → ⓓ Enclosure.

48 What is the main purpose of this letter?

Dear Ms. Hwang,

On September 6, I ordered a Korean—English Translator CD, #LL—31, and it was supposed to be delivered within 10 days.

It's September 27 and I haven't received it yet. My credit card records show that you charged my account on September 3. If the product has not yet been sent, please deliver it ASAP. If there's any problem, please e-mail and explain the reason for the delay.

Regards,

Anne Andrews

---

① In order to cancel about shipping delivery

② In order to arrange on shipping delivery

③ In order to complain on shipping delivery

④ In order to order some product

48 ASAP = As Soon As Possible 가능한 한 빨리

「친애하는 Ms. Hwang,
9월 6일, 나는 한국어-영어 번역 CD, #LL-31를 주문했고, 그것은 10일 이내에 배달될 예정이었습니다.
지금은 9월 27일인데 저는 아직 그것을 못 받았습니다. 제 신용카드 기록은 9월 3일에 당신이 (대금을) 청구한 것을 보여 줍니다.
제품이 아직 발송되지 않았다면, 가능한 한 빨리 배송해 주세요. 만약 무슨 문제가 있다면, 이메일을 보내서 지연된 이유를 설명해 주세요.
안부를 전하며,
Anne Andrews」

① 배송을 취소하기 위해
② 배송을 예약하기 위해
③ 배송에 대해 항의하기 위해
④ 어떤 제품을 주문하기 위해

49 Which information does NOT have to be included in the minutes?

① the place, date, and time of the meeting

② an account of all reports, or resolutions made

③ a record of attendance such as the number of members in attendances

④ the phone number of the person in charge of the conference room reservation

50 Which of the following is the most appropriate expression for the blank?

A : Michael, you wanted to discuss something earlier?

B : Yes, I wanted to tell you that a new training program was developed for new employees.

A : _____.

B : It's new training program to help new employees learn our corporate culture faster.

① Would you tell me the business affairs?

② Could you tell me more slowly?

③ Let's move on to the next topic.

④ Could you say a little bit more about the new program?

51 Which is not true according to the following guidelines?

We'll have BPR Conference next Tuesday. Please keep in mind everything is ready before the conference.

- Opening ceremony starts at 9:30 a.m.
- After opening ceremony, the keynote speech will be done by Mr. J. Y. Lee for 10 minutes.
- Individual presentation starts at 10:00 a.m. All facility check-up should be done before 9:00 a.m.
- There will be 4 presentations and handouts are necessary for all the presentations.
- Coffee break will be after the 2nd presentation.
- Smoking is prohibited in the conference room.

① 모든 발표마다 유인물을 준비하여야 한다.
② Mr. J. Y. Lee가 10분 동안 기조연설을 할 예정이다.
③ 매 발표 후 휴식시간이 있을 예정이다.
④ 발표에 필요한 기자재 확인은 9시 전에 마쳐야 한다.

ANSWER 51.③

51 ③ 휴식시간은 2차 프레젠테이션 후에 있을 예정이다.
Opening ceremony 개회식 keynote speech 기조연설
「다음 주 화요일에 BPR 회의가 있습니다. 회의 전에 모든 것이 준비되어야 한다는 것을 명심하십시오.
• 오전 9시 30분에 개회식이 시작합니다.
• 개회식 후, 기조연설은 J. Y. Lee씨가 10분간 진행합니다.
• 개별 발표는 오전 10시에 시작합니다. 모든 시설 점검은 오전 9시 이전에 이루어져야 합니다.
• 4개의 프레젠테이션이 있을 것이며, 모든 프레젠테이션에는 유인물이 필요합니다.
• 휴식시간은 2차 프레젠테이션 후입니다.
• 회의실에서는 흡연이 금지됩니다.」

52 According to the following Mr. Choi's schedule, which one is NOT true?

23 January (Mr. Choi)

9 : 05-9 : 45	Meeting with the Overseas Sales Manager (Conference Room 215)
9 : 45-10 : 15	Company Presentation Video
10 : 15-11 : 00	Demonstration of the Online System
11 : 00-12 : 00	Meeting with Professional Engineers
12 : 00-2 : 00	Lunch with Overseas Sales Manager and Marketing Director (Restaurant La Seine)
2 : 30-3 : 30	Tour of C&C Factory
3 : 30-4 : 10	Final Discussion with the Overseas Sales Manager
5 : 00	Car to Terminal 7, Seattle Airport
6 : 30	Flight to Texas, DT107

① Mr. Choi visits C&C Factory.

② Mr. Choi leaves Texas in the evening.

③ The Overseas Sales Manager has lunch with Mr. Choi and Marketing Director.

④ There is a final discussion after the tour of factory.

ANSWER 52.②

52 ② Mr. Choi는 DT107편을 이용하여 저녁에 텍사스로 떠난다.
overseas 해외 demonstration 시연

「1월 23일 (Mr. Choi)
9 : 05 - 9 : 45   해외 영업 관리자와의 회의(컨퍼런스 룸 215)
9 : 45 - 10 : 15   회사 프레젠테이션 비디오
10 : 15 - 11 : 00   온라인 시스템 시연
11 : 00 - 12 : 00   전문 엔지니어와의 미팅
12 : 00 - 2 : 00   해외 영업 관리자 및 마케팅 책임자와의 점심(레스토랑 La Seine)
2 : 30 - 3 : 30   C&C 공장 견학
3 : 30 - 4 : 10   해외 영업 관리자와 최종 토론
5 : 00   차로 7번 터미널, 시애틀 공항
6 : 30   텍사스행, DT107편」
① Mr. Choi는 C&C 팩토리를 방문한다.
② Mr. Choi는 저녁에 텍사스를 떠난다.
③ 해외 영업 관리자는 Mr. Choi와 마케팅 책임자와 점심을 함께 한다.
④ 공장 견학 후 최종 논의가 있다.

53 According to the following conversation, which one is true?

A : Excuse me, I'm looking for the Air China office. I heard it is in this building.

B : I'm afraid I have never seen Air China in this building.

A : Thank you. ...Excuse me. Is there Air China near here?

C : Air China is located in the next building. Take the elevator to the 10th floor. There is a bridge connecting Building A and Building B.

   Air China is in Building B. On 10th floor change the elevator and go up to the 22nd Floor of Building B. Air China is next to the Bank of China.

A : Thank you very much.

C : You can't miss it.

---

① Air China is on the 22nd floor of Building A.

② The Bank of China is behind the Air China.

③ You can't find Air China office around here.

④ There is a connecting bridge between Building A & B on the 10th floor.

---

53 You can't miss it 금방 알 수 있어요.(= 찾기 쉬워요.)

「A : 실례합니다. Air China 사무실을 찾고 있는데요. 이 건물에 있다고 들었어요.
 B : 죄송하지만, 저는 이 건물에서 Air China를 본 적이 없어요.
 A : 고맙습니다. ...실례합니다. 이 근처에 Air China가 있나요?
 C : Air China는 옆 건물에 위치해 있어요. 엘리베이터를 타고 10층으로 가세요. 거기에 빌딩 A와 빌딩 B를 연결하는 다리가 있어요. Air China는 빌딩 B에 있어요. 10층에서 엘리베이터를 갈아타고 빌딩 B의 22층으로 올라가세요. Air China는 중국은행 옆에 있습니다.
 A : 정말 고맙습니다.
 C : 찾기 쉬워요.」
① Air China는 A빌딩 22층에 있다.
② 중국은행은 Air China 뒤에 있다.
③ 이 근처에서는 Air China 사무실을 찾을 수 없다.
④ 10층에 빌딩 A와 B 사이를 연결하는 다리가 있다.

54 According to the following conversation, which is the most appropriate for the blank?

A : Good morning, Sinyoung International. Mr. Head's Office.
B : May I speak to Mr. Head? This is Paul Higgins of IGM Trading Company.
A : I'm sorry, Mr. Higgins, but Mr. Head is out of town tøday. May I take a message?
B : I have to talk to him about the promotion period before 5 o'clock. This is quite urgent.
  Could you ask him to call me back because I'm leaving Seoul for Tokyo tonight.
A : I'm afraid Mr. Head won't be back to the office today.
B : Then, can I speak to Mr. Hong, Marketing Director?
A : Sure, _____ Just a moment, please.

① I'll put you through to Mr. Hong.
② I'll transfer you to Mr. Hong.
③ I'll put your call through to Mr. Hong.
④ I'll switch you to Mr. Hong's office.

54 urgent 긴급한, 다급한

「A : 안녕하세요, 신영 인터내셔널입니다. Mr. Head 사무실입니다.
B : Mr. Head 좀 바꿔 주시겠습니까? 저는 IGM 무역회사의 Paul Higgins입니다.
A : Mr. Higgins, 죄송하지만, Mr. Head는 오늘 출장입니다. 전하실 말씀 있으세요?
B : 저는 5시 전까지 그에게 프로모션 기간에 대해 이야기해야 합니다. 이건 꽤 긴급한 일입니다. 저는 오늘 밤 서울을 떠나 도쿄로
 가기 때문에 다시 전화해 달라고 전해 주시겠습니까?
A : 죄송하지만, Mr. Head는 오늘 사무실에 돌아오지 않을 것 같습니다.
B : 그럼, 마케팅 책임자인 Mr. Hong과 통화할 수 있을까요?
A : 물론입니다, Mr. Hong에게 연결해 드리겠습니다. 잠깐만 기다려 주십시오.」

55 Fill in the blanks of the phone call with the best word(s).

> Linda : Could you give Sam a message for me when he gets in? Ready?
> Chris : _____.
> Linda : His boss Ms. Tae is arriving tonight, but I'm tied up at work.
> Chris : Okay. Could you spell her last name for me?
> Linda : That's T-A-E. She's on the 7:50 flight from Denver.
> Chris : _____. Did you say 7:15?
> Linda : No, fifty. Five zero. From Denver.

① Go ahead. – Pardon me
② You're welcome. – Certainly
③ Never mind. – You might say that
④ You can say that again. – Don't mention it

55 「Linda : Sam이 들어오면 나를 위해 메시지 좀 전해 줄 수 있나요? 준비됐어요?
　　Chris : 말씀하세요.
　　Linda : 그의 상사인 Ms. Tae가 오늘밤에 도착하는데, 하지만 전 일에 매여 있어요.
　　Chris : 알겠습니다. 그녀의 성의 철자 좀 가르쳐 줄래요?
　　Linda : 그건 T-A-E입니다. 그녀는 덴버에서 7시 50분 비행기를 탑니다.
　　Chris : 실례합니다만, 7시 15분이라고 하셨죠?
　　Linda : 아니요, 50. 5 0. 덴버에서요.」

56 According to the following phone conversation, which is the most appropriate order?

> a. Speaking.
>
> b. Hello. This is Tom Smith of Han Consulting.
>   Can I speak to Mr. Steve Baker, please?
>
> c. Oh, yes, thanks for calling back.
>   I was calling about making a budget on our project.
>
> d. Good afternoon, United Technology.
>
> e. Hello, I'm returning your call about our new project.

① b − e − a − c − d　　　　② b − c − a − d − e

③ d − b − a − e − c　　　　④ d − e − c − b − a

57 Which of the following would be an appropriate phone greeting at a place of business?

① This is Megahimart. Who is this?

② Hi, Megahimart.

③ Good morning. Megahimart. May I help you?

④ Hello.

ANSWER 56.③　57.③

56 「d. 안녕하십니까, United Technology입니다.
　　b. 안녕세요. 저는 Han Consulting의 Tom Smith입니다. Mr. Steve Baker 좀 바꿔 주시겠습니까?
　　a. 말씀하세요.
　　e. 안녕하세요. 우리의 새 프로젝트에 대한 당신의 전화에 연락드립니다.
　　c. 아, 네, 다시 전화해 주셔서 감사합니다. 우리 프로젝트에 예산을 짜려고 전화했었습니다.」

57 사업장의 전화 인사는 격식을 갖추어야 하며, 회사명을 밝히고 어떤 용무로 전화를 했는지 묻는 내용이 들어가야 한다.
　　따라서 보기 중 사업장에서 가장 적절한 전화 인사는 ③이다.

58 Read the following conversation and choose the most appropriate common word for the blank ⓐ and ⓑ.

A : What's the ⓐ _____ for a single room per night?

B : US$130.00 a night. The government tax and service charge will be added to this ⓑ _____.

A : Okay.

① rate

② charge

③ fee

④ fare

58 「A : 싱글룸 <u>사용료</u>는 하룻밤에 얼마입니까?

B : 1박에 130달러입니다. 정부의 세금과 봉사료가 이 <u>사용료</u>에 추가됩니다.

A : 알았습니다.」

※ rate · charge · fee · fare의 차이

㉠ rate : 사용료 성격의 요금

㉡ charge : 상품서비스에 대한 요금

㉢ fee : 전문적인 서비스에 대한 수수료

㉣ fare : 교통 요금

59 According to the following conversation, which one is true?

> A : John, I want to go over the business plan of Marketing Department with you. It'll take more than 3 hours, I think. Let me know a convenient time for you next week.
>
> B : Mr. Taylor, I'm free next Tuesday all day.
>
> A : I'm sorry. I'm not available on that day. I'm at a seminar until Wednesday lunchtime.
>
> B : Are you coming back to the office Wednesday afternoon?
>
> A : No, the seminar is in Daegu and I'm driving back to our factory in Busan. How about Thursday then?
>
> B : Thursday is good but I prefer the afternoon.
>
> A : O.K., would 1 o'clock be fine with you.
>
> B : Can we meet at 1:30?
>
> A : No problem. See you then.

① Mr. Taylor asks John to go over the Marketing Department's business plan by himself.

② Mr. Taylor will lead a seminar in Daegu with Marketing staffs.

③ Mr. Taylor and John will go over the Marketing Dept's business plan next Thursday afternoon.

④ Mr. Taylor will be back to the office next Wednesday.

59 「A : John, 당신과 함께 마케팅 부서의 사업 계획을 검토해 보고 싶습니다. 제 생각엔 3시간 이상 걸릴 것 같은데요. 다음 주에 편한 시간을 알려 주세요.
　　B : Mr. Taylor, 저는 다음 주 화요일에 종일 시간이 됩니다.
　　A : 죄송하지만, 그날은 제가 불가능 합니다. 수요일 점심시간까지 세미나에 있어요.
　　B : 수요일 오후에 사무실에 다시 오시나요?
　　A : 아니요, 세미나는 대구에서 있고, 저는 부산에 있는 우리 공장으로 돌아갈 거예요. 그럼 목요일은 어떠신가요?
　　B : 목요일은 좋지만 저는 오후가 더 좋습니다.
　　A : 알겠습니다. 1시가 좋겠습니다.
　　B : 1시 30분에 만날 수 있을까요?
　　A : 괜찮습니다. 그때 뵙겠습니다.」
① Mr. Taylor는 John에게 마케팅 부서의 사업 계획을 그 혼자 검토하라고 요청한다.
② Mr. Taylor는 대구에서 마케팅 직원들과 함께 세미나를 진행할 것이다.
③ Mr. Taylor와 John은 다음 목요일 오후에 마케팅 부서 사업 계획을 검토할 것이다.
④ Mr. Taylor는 다음 주 수요일에 사무실로 돌아올 것이다.

60 According to the following car offer, which is true?

Bonus Club members may receive additional benefits by signing in at this time.

Locations

Pickup Locations : Johh F. Kennedy International Airport

Drop-off Locations : Same as pick-up

Dates & Times

Depart Dates : 14/08/2017   Times : 10 : 00 a.m

Return Date : 21/08/2017   Times : 10 : 00 a.m

Preferences(optional)   **Car options(optional)**

Car type : intermediate/mid-size   Special Equipment:

                      ■ Navigational System   □ Ski Rack

Rental Company(optional)   □ Satellite Radio   □ Left Hand Control

KeumHo   □ Child/Toddler Safety Seat ■ Right Hand Control

---

① Mr. Park should drop off the rental car at the Incheon Int'l Airport.

② The Rental car has a navigational system and ski rack.

③ Mr. Park will rent a mid-size car for 7 days.

④ Mr. Park wants to rent a car from Hertz.

ANSWER 60.③

60 intermediate 중간의, 중급의

「Bonus Club 회원들은 지금 로그인하여 추가적인 혜택을 받으실 수 있습니다.

위치

픽업 위치 : Joh F. Kennedy 국제공항

드롭-오프 위치 : 픽업과 동일

날짜 & 시간

출발 날짜 : 14/08/2017   시간 : 오전 10시

도착 날짜 : 21/08/2017   시간 : 오전 10시

선호(선택 사항)   **차량 옵션(옵션)**

차량 종류 : 중형/중간 크기   특수 장비 :

                     ■ 내비게이션 시스템   □ 스키 랙

렌탈 회사(선택 사항)   □ 위성 라디오   □ 좌측 제어

KeumHo   □ 어린이/유아 안전 시트 ■ 우측 컨트롤」

① Mr. Park은 인천공항에 렌터카를 반환해야 한다.

② 렌터카는 네비게이션 시스템과 스키 랙을 가지고 있다.

③ Mr. Park은 중형차를 7일 동안 빌릴 것이다.

④ Mr. Park은 Hertz로부터 차를 빌리고 싶어한다.

61 상공상사의 최문영 비서는 상사에게 온 우편물을 한꺼번에 개봉하던 중, 다른 부서로 가야 할 우편물이 포함된 것을 모르고 개봉해 버렸다. 이때 최비서가 취할 수 있는 가장 바람직한 업무처리 방법은?

① 상사와 관련 없는 우편물이므로 폐기한다.

② 내용을 읽어보고 다른 부서에도 필요하지 않다고 판단되면 폐기한다.

③ 다시 봉인하여 해당 부서로 보낸다.

④ 개봉 사유에 대한 간단한 메모를 적어 봉투에 같이 첨부하여 해당 부서로 보낸다.

62 기안문의 수신란에 대한 설명으로 가장 잘못된 것은?

① 내부결재 문서는 수신란을 비워둔다.

② 수신자명을 표시하고 괄호안에 업무를 처리할 보조기관을 표시한다.

③ 수신자의 처리기관이 명확하지 않은 경우에는 '~업무 담당자'로 쓴다.

④ 수신자가 여러 곳인 경우 두문의 수신란에 '수신자 참조'라고 표시하고 결문에 수신자를 나열한다.

ANSWER) **61.**④ **62.**①

61 ④ 타 부서의 우편물을 잘못 개봉하였을 경우, 내용은 읽어보지 않으며 개봉 사유에 대한 간단한 메모를 첨부하여 해당 부서로 보내는 것이 바람직하다.

62 ① 기관 내부의 기안문일 경우 수신란에 '내부결재'라고 기재한다.

63 마케팅실 실장인 상사의 다음 지시 내용에 따라 김진우 비서가 작성할 문서에 대해 가장 적절치 못한 것은?

> 김진우 비서, 다음 주 월요일에 각 부서 팀장들과 7월 영업결과에 대한 회의를 열고자 해요. 각 부서 팀장들이 회의에 참석하도록 하고 회의는 8월 7일 9시 30분에 시작합시다. 각 부서 팀장들과 전무이사님이 참석하시니 회의 장소는 김 비서가 섭외하도록 해요. 관련 공지는 8월 5일까진 부탁해요.

① 작성한 문서의 종류는 대내문서이다.
② 문서의 제목은 '7월 영업 결과를 위한 마케팅 팀 회의 소집'으로 정했다.
③ 지시를 받고 김비서는 문서 작성을 위해 회의 장소 섭외부터 계획했다.
④ 문서의 수신자는 마케팅실 실장, 각 부서 팀장, 전무이사이다.

64 문서는 조직에서의 의사전달과 의사 보존이라는 두 가지 기능을 한다. 다음 중 같은 기능끼리 묶이지 않은 것을 고르시오.

① 결정, 승인을 구함 – 사내외의 증거 물건으로 활용
② 작업을 명령하고 지시함 – 조사결과와 의견을 보고
③ 역사적 사실 기록 – 업무사항을 분류, 구분
④ 연락, 통지, 양해를 구함 – 어떤 사항의 요구와 의뢰를 함

ANSWER 63.④ 64.①

63 ④ 마케팅실 실장은 발신자이다.

64 ① 결정, 승인을 구함(의사전달) – 사내외의 증거 물건으로 활용(의사 보존)
　　②④ 의사전달
　　③ 의사 보존

65 최 비서는 주총을 준비하며 주주들에게 관련 서류를 발송하려고 한다. 이 때 수신자인 주주에게 붙이는 경칭으로 가장 적합한 것은?

① 주주 님 앞　　　　　　　　　　② 주주 귀하

③ 주주 귀중　　　　　　　　　　④ 주주 각위

66 다음 중 잘못된 표현을 올바르게 수정한 것에 해당하지 않는 것은?

① 생각컨대 → 생각건대

② 무우말랭이 → 무말랭이

③ 허섭스레기 → 허접쓰레기

④ 백분률 → 백분율

67 다음 중 의례 문서의 성격이 가장 다른 하나는?

① 김철수 비서는 상사의 부사장 취임시 축하를 해준 지인들에게 의례 문서를 작성했다.

② 안희성 비서는 상사가 출장 중 현지 담당자에게 신세를 많이 진것에 대한 의례 문서를 작성했다.

③ 이현옥 비서는 상사의 아버님 장례식장에 참석해 주신 지인들에게 의례 문서를 작성했다.

④ 고근하 비서는 거래처의 사옥 준공에 대한 의례 문서를 작성했다.

Ａnswer 65.④　66.③　67.④

65 ② 귀하(貴下) : 편지글에서, 상대편을 높여 이름 다음에 붙여 쓰는 말

③ 귀중(貴中) : 편지나 물품 따위를 받을 단체나 기관의 이름 아래에 쓰는 높임

④ 각위(各位) : 앞앞의 여러 사람을 높여 이르는 말

66 ③ 허섭스레기와 허접쓰레기는 복수표준어이다. 허접쓰레기는 과거에는 비표준어였으나, 2011년부터 표준어로 인정되었다.

67 ①②③ 감사장

④ 안내문

68 다음과 같이 문서를 관리하고 있다. 이 중 가장 올바르지 않은 문서관리 방법은?

① 보존 문서 중 보존기간이 만료된 문서는 곧바로 폐기처분한다.

② 활용빈도가 낮은 문서 중 매수가 많은 일지 등은 부서장의 판단하에 보관기간 만료전에도 이관할 수 있다.

③ 문서 보관방법 중 집중식 관리는 분실의 우려가 적은 반면 이용절차가 복잡하다.

④ 문서의 보존기간은 법률적으로 정해지는 경우와 법적 의무와 관계없이 활용도에 따라 보존기간이 정해지는 경우로 나뉜다.

69 다음은 무역회사에서 근무하는 최주혁 비서가 받은 명함의 영문이름이다. 알파벳순으로 정리할 경우에 순서가 가장 올바르게 나열된 것은?

(가) Ethan J. Hork

(나) Andy Serkis

(다) Woody Harrelson

(라) Amiah Miller

① (다) - (가) - (라) - (나)

② (나) - (라) - (가) - (다)

③ (다) - (가) - (나) - (라)

④ (라) - (나) - (가) - (다)

ANSWER 68.① 69.①
....

68 ① 보존기간이 만료된 문서는 생산부서 의견조회, 심사 및 평가심의서 작성, 평가심의회 개최 등 일련의 정해진 절차를 거쳐 평가한 후 폐기한다.

69 영문 이름을 알파벳순으로 정리할 경우 성, 이름, 미들네임의 알파벳순으로 정리한다. 따라서 성의 알파벳이 빠른 (가)와 (다) 중 미들네임이 없는 (다)가 가장 앞에 오고, (가), (라), (나) 순서가 된다.

70 다음 설명에 해당하는 저장매체로 가장 적절한 것은?

> • 다시쓰기가 안되고, 읽기만 가능한 기억장치
> • 전원이 공급되지 않아도 내용이 사라지지 않는 비휘발성 메모리

① ROM   ② 광디스크

③ RAM   ④ 플래시메모리

71 다음 중 전자문서 장기보존 국제표준은?

① PDF/Z   ② PDF/S

③ PDF/L   ④ PDF/A

72 다음 중 인터넷 검색 및 관련 용어에 대한 설명이 가장 잘못된 것은?

① 키워드 검색 방식은 찾고자 하는 데이터와 관련된 핵심적인 단어를 키워드로 입력해 데이터를 찾는 방식이다.

② 통합형 검색 방식은 인터넷에 있는 웹 문서들을 주제별 또는 계층별로 정리하여 데이터를 찾는 방식이다.

③ 컴퓨터의 쿠키 파일에는 사용자가 웹사이트에 접속했던 기록들이 담겨 있다.

④ 로그파일은 컴퓨터 시스템의 모든 사용 내역을 기록하고 있는 파일이다.

Aɴsᴡᴇʀ 70.① 71.④ 72.②

70 ROM(Read Only Memory)은 한 번 기록한 데이터를 빠른 속도로 읽을 수 있지만 다시 기록할 수는 없는 메모리로, 전원이 끊어져도 정보가 없어지지 않는 비휘발성(non-volatile) 메모리이다.

71 ISO(국제표준화기구)는 전자문서의 장기 보관 및 보존 표준으로 PDF/A(PDF/Archive)를 승인했다.

72 ② 주제별 검색 상식에 대한 설명이다.

73 다음 중 올바른 신문 스크랩 방법으로 가장 거리가 먼 것은?

① 김영철 비서는 선택한 기사의 맨 위쪽에 출처와 날짜, 신문사 등의 내용을 표시했다.

② 최훈 비서는 신문 스크랩을 할 때는 본인의 생각이나 의견을 함께 적어두지 않는다.

③ 최보민 비서는 선택한 기사의 내용을 요약하여 모르는 용어와 함께 정리한다.

④ 이종수 비서는 신문의 헤드라인과 정치, 경제, 금융 등의 부분을 읽으면서 스크랩할 기사를 선택한다.

74 다음 중 메타 검색엔진의 장점으로 가장 적절하지 않은 것은?

① 각 검색 엔진마다 다른 사용자의 입력형태를 하나로 통일함으로써 초보자가 쉽게 이용할 수 있다.

② 여러 검색 엔진을 동시에 구동시킴으로써 각 검색 엔진을 하나씩 구동시키는 것에 비해 효율적인 검색이 될 수 있다.

③ 구체적 검색어를 잡아내기 어려운 검색이나, 해당 분야에 대한 지식이 없을 경우 가장 사용하기 용이한 검색엔진이다.

④ 하나의 검색 엔진 이용 시에 놓칠 수 있는 정보를 여러 검색 엔진을 통하므로 좀 더 광범위한 검색이 가능하다.

ANSWER 73.② 74.③

73 ② 신문 스크랩을 할 때는 선택한 기사에 대한 생각이나 의견을 함께 적어두는 것이 좋다.

74 메타 검색엔진은 자체적으로 데이터베이스를 보유하는 것이 아니라 다른 검색엔진들을 통해 검색한 정보를 보여주는 검색엔진이다. ①②④의 장점이 있지만, 해당 분야에 대한 지식이 없거나 구체적인 검색어가 없을 경우 사용하기 부적절하다.

75 다음은 대한기업과 우리기업의 지출항목을 보여주는 표이다. 두 회사의 각 지출항목별 금액과 총지출금액을 동시에 비교하여 보여주고자 할 때 가장 효과적인 그래프의 종류는 무엇인가?

항목	대한기업	우리기업
임금	1,500	1,100
제수당	750	900
복리후생비	380	450
교통비	200	320
통신비	310	250
접대비	180	400
소모품비	60	80
감가상각비	620	220

① 막대그래프
② 원그래프
③ 누적막대그래프
④ 혼합그래프

ANSWER 75.③

75 각 지출항목별 금액과 총지출금액을 동시에 비교하여 보여주고자 할 때 가장 효과적인 그래프는 누적막대그래프이다. 아래는 누적막대그래프의 예이다.

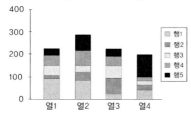

76 다음 중 효과적인 프레젠테이션에 대한 설명으로 가장 옳지 않은 것은?

① 시간이 지날수록 집중력이 떨어지므로 프레젠테이션 시간은 짧을수록 좋다.

② 파워포인트나 프레지 같은 프로그램을 사용하여 청중의 시선을 끌어들인다.

③ 발표 후 청중의 질문이나 의견 등 피드백을 유도한다.

④ 시간이 길어질 경우 매 15분 단위로 동영상을 삽입하거나 주제를 바꾸어 주의를 환기시킨다.

77 다음 중 저작권 침해와 가장 거리가 먼 사례는?

① 회사 관련 뉴스를 모아 사내 게시판에 게재했다.

② 관리하는 블로그에 뉴스가 직접 뜨도록 연결해 놓았다.

③ 비영리 회사 사보에 저작권자의 이용 허락없이 뉴스 저작물을 인쇄해 사용하였다.

④ 인터넷에서 검색한 뉴스 기사를 이용하여 시험문제를 작성하였다.

78 김비서는 사내 사무용품을 구매하고 용품을 수령한 후 비용처리를 위해 전자세금계산서를 확인하였다. 다음 중 반드시 확인해야 하는 내용은?

① 판매담당자 이름

② 공급처 결재권자의 승인여부

③ 세금계산서 작성시간

④ 공급가액과 부가가치세액

ANSWER 76.① 77.④ 78.④

76 ① 시간이 지날수록 청중의 집중력이 떨어지는 것을 고려하여 끝까지 집중할 수 있도록 효과적으로 구성한 프레젠테이션이 좋은 프레젠테이션이다. 시간이 지날수록 청중의 집중력이 떨어진다고 하여 프레젠테이션 시간을 짧게 줄이다보면 전달해야 하는 정보를 모두 전달하지 못하거나 그 효과가 떨어질 수 있다.

77 ④ 뉴스 기사를 이용하여 시험문제로 재구성하여 창작한 것으로 저작권 침해와 가장 거리가 먼 사례이다.

78 ④ 세금계산서에서 가장 중요한 항목은 공급가액과 부가가치세액이다. 구매한 용품의 가격과 부가가치세가 정확한지 반드시 확인해야 한다.

79 다음 중 명함 어플리케이션의 사용법이 가장 올바르지 않은 것은?

① 비서 본인이 사용하기 편리한 명함 어플리케이션을 핸드폰에 다운로드 받는다.

② 명함 어플리케이션에 저장한 후 종이 명함은 폐기한다.

③ 상사의 핸드폰에도 동일한 명함 어플리케이션을 다운로드 받아 연동시킨다.

④ 명함 어플리케이션의 비용 지불은 사내 비용 담당자와 상의한다.

80 아래 명함 데이터베이스에 대한 설명으로 가장 옳지 않은 것은?

번호	분류	이름	회사명	소속	직위	우편번호	주소	이메일	핸드폰번호
1	기업	김○○	(주)우★	재무팀	과장	135-985	서울시 강남구 …	***@ ***.***	010-****-****
2	법무법인	김△△	법무법인 △△	행정	이사	100-210	서울시 중구 …	***@ ***.***	010-****-****
3	기업	박★★	(주)우★	경영지원팀	사원	135-985	서울시 강남구 …	***@ ***.***	010-****-****
4	대학교	한♣♣	한국대학교	경영대학	부교수		서울시 관악구 …	***@ ***.***	010-****-****
5	컨설팅	권♡♡	○○에너지	인사팀	팀장	135-893	서울시 강남구 …	***@ ***.***	010-****-****

① 이름 필드는 각각의 레코드를 유일하게 구별할 수 있는 기본키가 된다.

② 번호, 분류, 이름, 회사명, 소속, 직위, 우편번호, 주소, 이메일, 핸드폰번호를 필드명이라고 한다.

③ 소속, 주소, 우편번호, 이메일, 핸드폰번호 필드는 필수입력이 아닌 선택입력으로 설정하였다.

④ 회사의 분류를 기업, 법무법인, 대학교, 컨설팅 등으로 구분 하였다.

06 2018년 11월 13일 시행

1과목 비서실무

1 비서가 수행하는 일정관리 업무 중 가장 적절하지 않은 것은?

① 거래처 방문이 많은 상사인 경우에는 방문 일정표를 별도로 만들어 상사가 지참할 수 있도록 한다.

② 스마트폰에 상사의 일정을 연동시켜 일정 확인 및 추가하며 관리한다.

③ 상사의 일정이 확정되면 바로 비서 일정표에 기재하고, 사내 인트라넷에 임원들이 공유할 수 있도록 올려 둔다.

④ Outlook, 구글, 네이버 등의 일정관리 프로그램, 휴대전화와의 연동, 그리고 종이로 된 다이어리 등 일정관리 도구를 활용하여 일정이 누락되는 실수를 방지한다.

2 비서가 업무에 임하는 자세로 가장 부적절한 것은?

① 직무경험을 통한 의도적인 학습은 자기개발을 위한 매우 효과적인 방법이다.

② 직무 수행 과정에서의 학습은 지식, 기술, 경험의 증대로 현재의 직무 수행 능력을 향상시키며, 미래에 더 많은 능력을 맡을 수 있는 능력을 키우는 것이다.

③ 문서 작성 시에 문서의 내용을 이해하면서 업무를 수행하는 것은 비효율적이므로 문서작성에만 집중함으로써 업무효율성을 높일 수 있다.

④ 일상적으로 주위에서 일어나는 일에 대한 이해 외에도 회사의 상품과 업종에 대한 지식을 조사하고 배움으로써 자기개발을 할 수 있다.

ANSWER 1.③ 2.③

1 ③ 상사의 일정은 대외비이며 임원이라도 지정된 구성원 외에는 공유하지 않는다.

2 ③ 문서를 이해하고 다양한 상황에서 활용하는 것이 업무효율을 높이는 방식이다.

3 공장장이 제품불량 건을 보고하기 위하여 사장님과 통화를 요청하였다. 김 비서는 외출 중인 상사에게 아래와 같이 휴대전화 문자보고 중이다. 다음 설명 중 가장 적절한 것은?

> ① 사장님, 오늘 눈이 많이 왔는데 교통상황은 어떤가요?
> ② 다름이 아니오라
> ③ 공장장님이 제품불량 때문에 전화하셨습니다.
> ④ 급히 통화 원하십니다.
> ⑤ 오늘도 즐거운 하루 되십시오.
> ⑥ 비서 김대영 드림

① 전반적으로 ①번에서 ⑥번까지 잘 작성되었다.
② ①번의 인사는 형식적인 것으로 항상 포함시키는 것이 예절바른 비서이다.
③ ③번 또는 ④번을 맨 처음에 기술하여 용건을 먼저 보고한다.
④ 휴대전화 문자보고보다는 운전기사에게 연락하여 상사와 통화를 요청한다.

4 상사가 통화 중일 때 낯선 사람이 상사와 급하게 전화 연결을 해달라고 요청한다. 비서의 응대 방법 중 가장 적절한 것은?

① 상사가 현재 통화 중이므로 기다려 달라고 한 후 상사 통화종료 후 연결한다.
② 상사가 외부에서 들어오시는 중이므로 상사 귀사 후 상황을 상사에게 보고하겠다고 말씀드린다.
③ 상대방에게 신분과 용건을 확인한 후 상사와 통화 가능한 시간을 알려준다.
④ 잠시 기다려달라 하고 상대방의 이름과 용건을 통화 중인 상사에게 메모로 전달한 후 연결여부를 결정한다.

ANSWER 3.③ 4.②

3 ③ 중요한 사항을 먼저 보고한다.

4 ② 낯선 사람이므로 상사의 상태를 알리지 않고 추후에 연락할 수 있도록 신분과 용건을 확인해 두는 것이 좋다.

5 상사가 주재하는 회의 참석을 위해 파트너 기업 임원진의 사내 첫 방문이 예정되어 있다. 다음 비서의 업무 중 가장 적절하지 않은 것은?

① 방문단 소속 회사 홈페이지 및 최근 뉴스 자료를 수집하였다.

② 회의에 참석할 사내 임원들이 회의 시작 10분 전 회의 장소에서 대기할 수 있도록 사전에 공지하였다.

③ 방문단 수행 차량을 미리 확인하여 주차장 확보를 위해 해당 부서에 협조를 요청했다.

④ 비서가 회의 장소에서 회의 준비를 하는 동안 방문단이 도착하게 되면 회의 장소로 안내해 달라고 안내 데스크에 미리 전달 해 놓았다.

6 다음의 내방객 응대 업무 수행 중 가장 부적절한 것은?

> 비 서 : ⓐ<u>실례지만 어느 분을 찾아오셨습니까?</u>
> 내방객 : 장성수 사장님을 잠깐 뵐까 합니다.
> 비 서 : ⓑ<u>어디서 오셨는지요?</u>
> 내방객 : (명함을 주며) 제 명함입니다.
> 비 서 : 대한물산 김우식 부장님이시군요.
> 내방객 : 네, 그렇습니다.
> 비 서 : ⓒ<u>무슨 용건인지 여쭈어 봐도 될까요?</u>
> 내방객 : 사장님과 사업상 의논을 드릴 일이 있어 이렇게 찾아왔습니다.
> 비 서 : ⓓ<u>김 부장님, 저희 사장님이 지금은 막 회의가 끝나서 가능하실 것 같긴 한데 사장님께 여쭈어</u>
> <u>보겠습니다.</u> 이쪽에 앉아서 잠시만 기다려 주세요.
> 내방객 : 네, 고맙습니다.
> (비서 상사 방을 다녀와서)
> 비 서 : 김 부장님, 사장님께서 만나시겠다고 하시네요. 제가 안내해 드리겠습니다. 이쪽으로 오십시오.
> 내방객 : 고맙습니다.

① ⓐ

② ⓑ

③ ⓒ

④ ⓓ

5 ④ 방문단의 안내는 비서가 직접 하는 것이 좋다. 회의 장소를 미리 준비하고 부득이하게 방문단이 먼저 올 경우 안내데 스크에서 비서가 연락을 받아 방문단을 직접 안내한다.

6 ④ 상사의 상황을 먼저 알리게 되면 거절할 시에 상사의 체면이 손상될 수 있으므로 상사의 의사를 먼저 물은 뒤 대처한다.

7 다음 중 비서가 조직구성원들과의 관계를 맺는 태도나 행동으로 가장 적절하지 않은 것은?

① 비서는 일반 사원과의 교류가 적은 편이라 사내 모임에 적극적으로 참여하고 많은 이야기를 듣는 것이 좋다.

② 사내 모임 참여하며 상사의 개인적 취향이나 일상사를 공유하여 사내 구성원들이 상사에 대한 친밀도를 높일 수 있도록 한다.

③ 모임 때 들었던 사내 직원들의 업무상 고충이나 애로사항 등을 상사에게 전달한다.

④ 다른 비서와 상사 보좌에 대한 노하우를 서로 공유하여 업무 향상을 도모한다.

8 상사의 해외 출장 업무를 지원하는 비서의 업무 태도로 가장 바람직하지 않은 것은?

① 항공사 사전 좌석 지정 서비스를 이용하여 상사의 선호좌석을 미리 지정해 놓는다.

② 상사가 해외 출장 중 부득이하게 환승이 필요할 경우 공항내 라운지, 샤워룸 등의 편의시설이 있는지를 확인하고 상사가 공항 부대서비스를 활용할 수 있도록 보고한다.

③ 상사가 다양한 항공 서비스를 경험할 수 있도록 예약 시 지난 출장과 다른 항공사를 예약한다.

④ 상사가 탑승수속을 원활히 할 수 있도록 사전 웹체크인을 한다.

9 비서의 예약업무처리 방식으로 가장 적절하지 않은 것은?

① 예약 담당자의 이름을 기억하고, 친절하게 인사를 건네며 사소한 도움에도 감사를 전하는 비서의 태도가 예약 업무를 수행하는 데 도움이 될 수 있다.

② 예약을 진행하는 과정 가운데 변경 사항이 있거나 예약 확약이 지체되는 경우 비서가 신속하게 대응 처리한 후, 최종결정사항만 상사에게 보고하는 것이 효율적이다.

③ 예약 이력 정보 목록을 수시로 업데이트하고, 예약이 완료되면 예약 내용을 구체적이고 상세하게 기록하여 문서 보고 시 활용한다.

④ 상사가 외부 이동 중일 경우, 예약 상황을 문자 보고하여 상사가 추후 참고할 수 있도록 한다.

ANSWER 7.② 8.③ 9.②

7 ② 상사의 개인적인 정보를 함부로 말하지 않아야 한다.

8 ③ 상사의 편의를 위해 상사가 선호하거나 주로 이용하는 여행사, 항공사를 이용하는 것이 좋다.

9 ② 변경 사항을 보고 한 후 상사가 선택할 수 있도록 준비한다.

10 다음 중 비서의 일정관리 업무처리가 올바르지 않은 것을 모두 고르시오.

> ㈎ 상사의 출장 전후로 그동안 처리하지 못한 업무와 면담 일정을 신속히 잡도록 한다.
>
> ㈏ 일정관리를 할 때는 분실을 대비해서 여러 곳에 나누어 하는 것이 좋다.
>
> ㈐ 다이어리로 일정을 관리할 때 일정이 변경 시, 혼동을 피하기 위하여 이전 내용을 모두 삭제하고 적는다.
>
> ㈑ 중요한 스케줄이나 기념일, 프로젝트 등은 알람기능 설정을 활용하면 잊지 않고 미리 확인할 수 있다.

① ㈎, ㈏, ㈐   ② ㈎, ㈏, ㈑

③ ㈏, ㈐, ㈑   ④ ㈎, ㈏, ㈐, ㈑

11 다음 중 비서의 회의 지원업무로 가장 적절한 것은?

① 강사료는 깨끗한 지폐의 현금으로 지급하고, 수령인으로부터 수령증을 받아 경리과에 제출한다.

② 외부에서 많은 손님이 참석하는 대규모의 회의는 경비 절감을 위해 이메일로만 회의 일정을 통지한다.

③ 참석 여부에 대한 회신율이 저조하여 비서가 연락하여 참석 여부를 확인한다.

④ 의제나 회의 순서를 작성할 때 집중도를 고려해서 복잡한 내용을 먼저 진행하도록 배열한다.

ANSWER   10.①   11.③

10 ㈎ 상사이 출장 전후로는 과도한 업무스케줄을 잡지 않는 것이 좋다.
     ㈏ 일정관리는 한눈에 확인할 수 있도록 한다.
     ㈐ 이전내용을 통해 변동사항을 확인 할 수 있으므로 명확히 변경사항을 표시하고 남겨둔다.

11 ① 거래 확인이 힘들기 때문에 현금으로 지급하지 않는다.
     ② 이메일로만 일정을 통지할 시 참여 인원을 확인하기 힘들다.
     ④ 복잡한 내용이 앞서 나올시 오히려 집중력을 흩뜨릴 수 있다.

12 비서가 국제회의 의전을 지원할 때 다음 중 올바른 것은?

① 축하만찬에서 주요 임원들이 앉을 헤드테이블 위에 착석자의 예약좌석카드(Reserved Table Card)를 연회장 담당지에게 요청하였다.

② 국제회의에 3개국의 초청 인사가 주제발표를 하게 되어 있어 공용어인 영어로 동시통역을 할 수 있도록 장비를 마련하도록 했다.

③ 터키와 이란 등 여러 국가에서 온 초청 인사들이 참석하는 만찬 시에는 특정 국가의 문화와 종교적인 부분은 가급적 배제하고 중립적으로 행사를 준비한다.

④ 여러 나라 국기를 한꺼번에 게양할 때는 국기의 크기나 깃대의 높이를 똑같이 한다.

13 다음 중 일반적인 비즈니스 매너 원칙에서 가장 어긋나는 것은?

① 택시 승차 시 남성이 뒷문을 열어 남성이 안쪽에 먼저 탄다.

② 우리나라에서 MOU 협정식을 할 경우 양측의 국기 교차 시 에는 청중이 앞에서 바라보았을 때, 왼쪽에 태극기가 오도록 하고 그 깃대는 외국기의 깃대 앞쪽에 위치하도록 한다.

③ 행사 시 참석 인사에 대한 예우 기준은 선례에 따른 관행이 공식적인 서열 기준보다 우선한다.

④ 만찬 시 식탁에서, 기침할 때에는 냅킨을 사용하지 않는다.

14 다음 중 비서의 보고 방법 중 가장 적절한 것은?

① 보고 시에는 결론을 먼저 말하기 전 배경상황을 충분히 설명하여 상사의 이해를 돕는다.

② 전화로 보고를 할 경우 미리 내용을 요약해서 간단명료하게 보고하되, 중요한 부분은 반복한다.

③ 문서 보고 시에는 이해가 잘되도록 가능한 자세하고 논리 정연하게 문장을 기술한다.

④ 보고의 기본은 구두보고이므로 항상 구두보고를 먼저 한 후 불충분할 경우 문서보고를 한다.

15 다음 중 지시업무 보고에 대한 가장 올바른 태도는?

① 지시한 사람이 직속 상사가 아닌 경우, 상사에게 꼭 보고할 필요는 없으나 지시한 상사에게는 반드시 보고해야 한다.

② 상사에게 구두 보고 시 상사에게 명확하게 전달되었는지를 위해 중간에 내용 확인을 한다.

③ 상사의 지시를 받고 나오면 지시 내용의 중요도와 시간적 긴급성을 비서가 스스로 판단하여 업무 시작 여부를 결정한다.

④ 상사에게 지시받은 업무가 끝나면 보고 기한이 남았다 하더라도 바로 보고한다.

16 다음 회사의 경조사제도 관련 공지문에서 한자가 잘못 표기된 번호는?

사원제위:

사원들의 복지 차원에서 경조사제도의 변경 내용을 알려드립니다.

1. 직계가족 사망시 : 曺意金 300,000원

2. 자녀 결혼시 : 祝儀金 300,000원

3. 정년 퇴직금 : 退職金 1,000,000원

4. 승진 축하금 : 榮轉 祝賀金 300,000원

〈중략〉

---

① 1

② 2

③ 3

④ 4

17 상사의 신용카드 관리에 대한 비서의 업무처리로 가장 적절하지 못한 것은?

① 신용카드 사용한 후 받은 매출 전표는 매월 카드 명세서가 올 때까지 보관해 두었다.

② 신용카드 분실을 대비해 상사 파일에 신용카드 종류 및 유효기간, 번호 등을 기재해 두었다.

③ 상사가 법인카드를 소지하지 않아 일단 현금으로 지급 후 상사 개인 이름으로 등록된 현금영수증을 발급받아 첨부하여 경리과에 제출하였다.

④ 회사 규정상의 접대비 월 사용액의 상한선을 초과하지 않았는지 매출 전표를 확인한다.

18 비서가 상사를 대신하여 조문을 가게 되었을 경우 비서의 태도로 가장 적절한 것은?

① 조객록에 상사의 소속과 이름을 적은 후, 옆에 비서의 직함과 이름을 기재하여 대신 왔음을 알린다.

② 상주의 종교의식에 맞추어 분향 또는 헌화, 절 또는 묵념을 한다.

③ 상주에게 위로의 말과 함께 간단한 질문을 하여 돌아가서 상사에게 전한다.

④ 상주가 입관식으로 자리를 비웠다면 기다렸다가 상주에게 직접 조의를 전달한다.

19 비서직에 대한 설명으로 적절하지 않은 것은?

① 비서는 사무기술을 보유하고 직접적인 감독 하에 책임을 맡는 능력을 발휘하며, 창의력과 판단력으로 조직의 의사결정을 내리는 보좌인이다.

② 비서직은 정치, 종교, 기업, 금융, 법률, 의료, 교육 등 다양한 사업 조직으로의 취업이 가능하다는 장점이 있다.

③ 비서는 긍정적 사고를 하며 조직 중심적 행동으로 조직에 기여할 수 있어야 한다.

④ 비서는 회사에 대한 지식을 넓히며 회사 내 많은 부서 사람들과 원만한 업무관계를 유지하며 경영자적 의식과 사고를 지녀야 한다.

17 ③ 사업자로 등록된 현금영수증을 발급받아 처리한다.

18 ① 조객록에 상사의 소속과 이름을 적은 후 호상에게 상사를 대신해 왔음을 알린다.
②③ 자신의 종교에 맞게 예를 갖춰 분향 또는 헌화하고 상주에게 조의를 표한다.

19 ① 비서는 숙달된 사무직기술을 보유하고 직접적인 감독 없이도 책임을 맡는 능력을 발휘하며, 창의력과 판단력으로 주어진 권한 내에서 의사결정을 내리는 간부적 보좌인이다.

20 이 비서가 마케팅팀 이팀장과 나눈 대화 중 비서의 표현이 가장 적절한 것은?

안녕하세요, 팀장님, 사장실 이 비서입니다.

다름이 아니라 ㉠사장님께서 다음 주 수요일 회의에 이 팀장님이 꼭 참석하시라고 합니다. 그날 참석이 가능하신지요? 장소는 중식당 "중원"입니다. ㉡지난 8월 20일자 홍보회의 보고서를 검토하고 오라고 하십니다. ㉢아~네. 검토내용을 파워포인트로 준비해야 하는지 사장님께 물어보고 다시 전화드리겠습니다. ㉣더 궁금한 점이 계시면 전화 주세요.

---

① ㉠

② ㉡

③ ㉢

④ ㉣

ANSWER 20.②

20 ㉠ 사장님께서 다음 주 수요일 회의에 이 팀장님이 꼭 참석하라고 하십니다.

　　㉢ 검토내용을 파워포인트로 준비해야 하는지 사장님께 여쭤보고 다시 전화 드리겠습니다.

　　㉣ 더 궁금한 점이 있으시면 전화 주세요.

21 다음 중 기업 및 경영자의 사회적 책임에 대한 설명으로 가장 적절하지 않은 것은?

① 경영자는 효율적인 기업경영활동을 통하여 기업이 유지·존속 될 수 있도록 해야 한다.

② 기업은 사회적 책임을 무시하고 이익을 추구하기만 해도 된다.

③ 경영자는 다양한 이해집단과 관계를 맺고 있으며 이해집단 간의 상충되는 이해를 원만히 조정해야하는 책임이 있다.

④ 기업이 사회적 책임을 이행하면 좋은 평판을 얻게 되어 매출에 긍정적 작용을 가져올 수 있다.

22 적대적 M&A의 위협을 받고 있는 기업의 경영권을 지켜주기 위해 나서는 우호적인 제3의 세력을 나타내는 용어로 다음 중 가장 옳은 것은?

① 흑기사
② 백기사
③ 황금낙하산
④ 황금주

23 다음의 설명을 읽고 괄호에 들어갈 말로 가장 적합한 것은?

( )은 2개 국가 이상에서 현지법인을 운영하는 기업으로, 주로 ( )에 의해 형성되는데, 이는 다른 나라에 ( ) 또는 ( )를 담당하는 자회사를 설립하는 것을 의미한다.

① 다국적기업, 해외간접투자, 투자, 소비

② 다국적기업, 해외직접투자, 생산, 판매

③ 글로벌산업, 해외직접투자, 투자, 소비

④ 글로벌산업, 해외간접투자, 생산, 판매

ANSWER 21.② 22.② 23.②

21 ② 기업은 경제 주체와 상호 의존하는 경제 사회의 한 구성원으로서 사회적 책임도 가져야 한다.

22 ② 백기사 : 기업들 간 적대적 인수·합병(M&A)가 진행되는 경우 현 경영진의 경영권 방어에 우호적인 주주를 말한다.

23 ② 다국적기업은 2개 국가 이상에서 현지법인을 운영하는 기업으로, 주로 해외직접투자에 의해 형성되는데, 이는 다른 나라에 생산 또는 판매를 담당하는 자회사를 설립하는 것을 의미한다.

24 프랜차이즈에 대한 설명으로 다음 중 가장 적합하지 못한 것은?

① 프랜차이즈계약은 본사가 가맹업체에게 일정지역에서 상호를 사용할 수 있는 권한과 제품을 판매하거나 서비스를 제공할 수 있는 권한을 판매하는 계약이다.

② 프랜차이즈는 개인기업, 파트너십, 회사의 형식이 가능하다.

③ 맥도날드, 세븐일레븐, 홀리데이인 등이 대표적인 프랜차이즈 업체이다.

④ 프랜차이즈의 장점은 비교적 낮은 창업비용이다.

25 다음의 대화내용에 나타난 기업형태와 가장 관련이 있는 것은?

> A : 주식을 사고 싶은데, 걱정이에요.
>
> B : 무슨 걱정이죠
>
> A : 회사가 망하면 어쩌지요.
>
> B : 음 그러면 투자한 돈은 손해를 보지요. 하지만 회사의 나머지 채무에 대해서는 상환할 의무가 없어요. 주주는 유한책임사원이니까.
>
> A : 주식은 언제든 사고 팔 수 있다면서요.
>
> B : 당연해요. 주식은 주당 금액이 똑같은 액면 균일가로 되어 있기에 투자액도 맘대로 정할 수 있어요.

① 합명회사   ② 합자회사

③ 유한회사   ④ 주식회사

Aɴsᴡᴇʀ 24.④ 25.④

24 ④ 프랜차이즈의 단점은 높은 창업비용이다.

25 ④ 주식회사 : 주식의 발행으로 설립된 회사를 말한다. 주주의 출자로 이루어져, 권리·의무의 단위인 주식으로 나눠진 일정한 자본금을 갖는다. 모든 주주는 그 주식의 인수가액을 한도로 하는 출자의무를 부담할 뿐 회사 채무에 아무런 책임도 지지 않는다. 따라서 주식회사의 근본적 특색은 자본금과 주식과 주주의 유한책임에 있다고 할 수 있다.

26 다음 중 중소기업에 대한 설명으로 가장 적절하지 않은 것은?

① 중소기업은 경기변동에 대한 탄력성이 있어서 대기업보다 경기의 영향을 적게 받으며 수요변화에 적절히 대처할 수 있다.

② 중소기업의 기술수준은 대기업보다 낮은 편이지만 기술개발의 잠재력은 높게 나타난다.

③ 중소기업은 동종 업종간의 경쟁이 대기업보다 적기 때문에 단기간에 높은 수익을 달성하기 쉽다.

④ 중소기업은 대기업보다 조직구조가 단순하기 때문에 환경 변화에 유연성 있게 대응할 수 있다.

27 다음 중 조직의 성과관리 시스템인 균형성과지표(BSC : Balanced Score Card)의 4가지 관점으로 가장 적합하지 않은 것은?

① 공급자관점

② 재무적관점

③ 고객관점

④ 내부프로세스관점

28 다음은 지식경영 및 지식에 관한 설명이다. 다음 중 가장 설명이 바르게 연결된 것은?

① 지식은 암묵지와 형식지로 이루어져있으며, 암묵지는 문서나 매뉴얼처럼 외부로 표출된 지식을 의미한다.

② 조직에서 지식의 순환 중 사회화과정은 암묵지에서 암묵지로의 전환과정을 의미하며, OJT(on-the job training)를 한 예로 들 수 있다.

③ 지식경영은 외부의 지식을 조직의 지식으로 창조하는 것을 의미하며 지식경영의 목표는 외부지식의 획득에 있다.

④ 조직의 지식은 1회적인 순환과정으로 고도화하고 새로운 가치를 창조한다.

Ａ NSWER 26.③ 27.① 28.②
....

26 ③ 중소기업은 동종 업종간의 경쟁이 심하다.

27 균형성과지표는 재무, 고객, 내부프로세스, 학습과 성장 이라는 서로 다른 4가지 관점으로 구성되어 있다.

28 ① 암묵지 : 학습과 경험을 통하여 개인에게 체화되어 있지만 겉으로 드러나지 않는 지식
　　③ 지식경영 : 기업의 개개인이 가진 지식의 공유를 통해 기업의 문제해결 능력을 향상시키려는 경영방식
　　④ 조직의 지식은 스스로 문제점을 발견하고 이에 대한 해결책을 내부에서 스스로 창출하며 고도의 유연성을 갖도록 하기 위해 여러 가능성에 대비하기도 한다.

29 다음은 여러 학자들의 동기부여이론을 설명한 것이다. 이 중 가장 적합하지 않은 것은?

① 매슬로우는 인간의 욕구를 생리적, 안전, 소속, 존경, 자아실현의 5가지로 나누었으며, 초창기 이론은 저차원의 욕구가 만족되어야 고차원의 욕구를 추구한다고 한다.

② 맥그리거는 X, Y이론을 설명하였는데, X이론에 의하면 관리자는 종업원을 스스로 목표달성을 할 수 있는 존재라고 보았다.

③ 허쯔버그는 위생−동기이론을 발표하였는데 위생요인은 방치하면 사기가 저하되기에 이를 예방요인이라고도 한다.

④ 맥클랜드는 현대인은 주로 3가지 욕구 즉 권력, 친교, 성취 욕구에 관심이 있다고 한다.

30 마케팅활동에서 시장을 세분화할 때 다양한 기준으로 소비자 집단을 구분할 수 있다. 다음 중 시장 세분화의 요건으로 가장 적절하지 않은 것은?

① 각 세분시장은 외부적 동질성과 내부적 동질성을 가지고 있어야 한다.

② 각 세분시장은 세분시장별로 그 규모와 구매력을 측정할 수 있어야 한다.

③ 각 세분시장은 경제성이 보장될 수 있도록 충분한 시장규모를 가져야 한다.

④ 세분시장에 있는 소비자들에게 기업의 마케팅활동이 접근 가능해야 한다.

ANSWER 29.② 30.①

29 ② 맥그리거의 X이론은 인간본성을 부정적, 수동적 인간형으로 보고 이를 관리하기 위해서는 독재적 관리유형이 필요하다는 이론이다.

30 시장 세분화의 요건
- **측정가능성** : 세분시작의 특성들이 측정 가능해야 한다.
- **접근가능성** : 세분시장내 소비자에게 적은 비용과 노력으로 유통경로나 매체를 통해 접근이 가능해야한다.
- **규모의 적정성** : 세분시장이 커서 충분한 이익을 얻을 수 있어야 한다.
- **차별화 가능성** : 세분시작은 개념적으로 구별될 수 있고 다른 마케팅 믹스 요소와 마케팅 프로그램에 다르게 반응해야 한다.
- **활동가능성** : 각 세분시장을 공략하기 위한 효과적인 마케팅 프로그램을 개발할 수 있어야 한다.

31 다음 중 보상관리에 대한 설명으로 가장 적절하지 않은 것은?

① 임금수준을 결정할 때 기업의 지불능력은 임금 상한선의 기대치가 된다.

② 임금관리의 공정성 확보를 위해 동일업종의 경쟁사의 임금수준을 고려한다.

③ 직능급은 종업원의 직무수행능력을 기준으로 임금수준을 결정한다.

④ 직무급은 연공급을 기초로 임금수준을 결정하며 직무의 난이도에 따라 별도의 수당을 지급한다.

32 요즘 주택대출규제 등에 자주 등장하는 용어로 "총부채상환비율을 뜻하는 용어이며, 주택담보대출의 연간 원리금 상환액과 기타부채의 연간이자 상환액의 합을 연소득으로 나눈 비율"을 의미하는 용어는 다음 중 무엇인가?

① DIY

② DTY

③ DTA

④ DTI

33 아래의 표는 ㈜한국물산의 2017년 재무상태표(계정식)를 나타낸 자료이다. 다음 중 가장 올바르게 작성된 부분은?

재무상태표
① 2017년 1월 1일부터 2017년 12월 31일까지

(주)한국물산 (단위 : 백만 원)

과목	금액	과목	금액
② 매출채권	300,000	③ 장기대여금	300,000
④ 이익잉여금	200,000	장기차입금	200,000

① 2017년 1월 1일부터 2017년 12월 31일까지

② 매출채권

③ 장기대여금

④ 이익잉여금

ANSWER 31.④ 32.④ 33.②

31 ④ 직무급: 동일노동, 동일임금의 원칙에 입각하여 직무의 중요성·난이도 등에 따라서 각 직무의 상대적 가치를 평가하고 그 결과에 의거하여 그 가치에 알맞게 지급하는 임금

32 DTI에 대한 설명이다.

33 ① 2017년 12월 31일 현재
③④ 장기대여금, 이익잉여금은 우측, 부채 및 자본에 입력한다.

34 다음의 설명에 해당되는 용어는 보기 중 무엇인가?

전체 원인의 20%가 전체 결과의 80%를 지배하는 현상을 의미하는 용어로 20:80법칙이라고도 하는 용어로 특히, 상위 20%사람들이 전체 부의 80%를 차지하기도 하고, 20%의 핵심인재가 80%의 성과를 올린다.

① 페레스트로이카 법칙 ② 파레토 법칙

③ 페이퍼컴퍼니 법칙 ④ 윔블던 법칙

35 다음의 내용을 의미하는 광고를 표현하는 용어로 가장 옳은 것은?

놀려대는 사람, 짓궂게 괴롭히는 사람이라는 뜻으로 광고 캠페인 때에 처음에는 회사명과 상품명을 밝히지 않고 구매 의욕을 유발시키면서 서서히 밝히거나 일정시점에 가서 베일을 벗기는 방법이 취해진다.

① 푸티지 광고 ② 티저광고

③ 인앱광고 ④ 리워드광고

ANSWER 34.② 35.②

34 ① 페레스트로이카 : 소련의 고르바초프 공산당 서기장이 실시한 개혁정책
③ 페이퍼컴퍼니 : 물리적 형태로는 존재하지 않고 서류 형태로만 존재하면서 회사기능을 수행하는 회사
④ 윔블던 : 국내에 유입된 외국자본과의 경쟁으로 인해 자국 기업의 경쟁력이 높아진다는 긍정적 효과가 있는 반면 역으로 자국 기업의 시장퇴출 및 내수불안을 야기한다는 부정적 효과를 동시에 함축하는 말

35 ① 푸티지 광고 : 드라마나 예능 프로그램의 실제 장면을 광고에 삽입하는 광고 기법으로, 드라마·예능의 영상을 재편집해 다른 음성을 삽입하는 등의 방식으로 제작
③ 인앱 광고 : 앱을 실행할 때 나타나는 광고로 앱의 상단 혹은 하단, 팝업형태 등의 광고
④ 리워드 광고 : 휴대폰 잠금 화면에 광고를 띄우고 잠금 해제할 때마다 적립금이 쌓이는 광고. 광고를 보거나 앱 광고를 보고 다운로드할 경우 현금이나 게임 아이템 등으로 보상하는 서비스이다.

36 다음 중 인터넷 쇼핑몰에서 옷을 구매하는 것과 같이 인터넷을 이용하여 기업이 일반 소비자를 대상으로 재화나 서비스를 판매하는 전자상거래 모델을 나타내는 것은 다음 중 무엇인가?

① B2C
② B2B
③ C2C
④ G2B

37 다음 중 테일러(Taylor)의 과업관리(과학적 관리법)에 대한 설명으로 가장 적합하지 않은 것은?

① 동작과 피로의 연구를 통해 작업단순화를 강조하였다.
② 최소의 노동과 비용으로 최대의 생산효과를 확보하는 최선의 방법과 최선의 용구를 발견하기 위해 생산 공정을 최소단위로 분배하여 이를 능률적 계획적으로 배치하는 방법을 연구하였다.
③ 인간노동을 기계화하여 노동생산성을 높이는 데만 치중하여 기업의 인간적 측면을 무시하였다는 비판을 받았다.
④ 작업과정에 능률을 높이기 위해 임금을 작업량에 따라 지급하는 등 여러 가지 합리적인 방법을 연구하였다.

38 다음 중 타인을 위한 봉사에 초점을 두며 종업원, 고객 등을 우선으로 헌신하는 리더십은 무엇인가?

① 변혁적 리더십
② 카리스마적 리더십
③ 서번트 리더십
④ 슈퍼 리더십

ANSWER 36.① 37.① 38.③

36 ① B2C : 기업이 제공하는 물품 및 서비스가 소비자에게 직접적으로 제공되는 거래 형태

37 ① 동작과 시간의 연구 : 동작 연구는 작업자가 실시하는 직무를 과업으로, 과업을 요소동작으로 구분하여 불필요하고 낭비적인 동작을 제거한 후에 과업을 수행하는 최선의 표준화된 작업 방법을 도출하는 것을 말하고 시간연구는 과업을 수행하는데 소요되는 표준 시간은 측정, 분석해 생산성을 평가하였다.

38 ③ 서번트 리더십 : 부하에게 목표를 공유하고 부하들의 성장을 도모하면서, 리더와 부하간의 신뢰를 형성시켜 궁극적으로 조직성과를 달성하게 하는 리더십
① 변혁적 리더십 : 조직구성원들로 하여금 리더에 대한 신뢰를 갖게 하는 카리스마는 물론, 조직변화의 필요성을 감지하고 그러한 변화를 이끌어 낼 수 있는 새로운 비전을 제시할 수 있는 능력이 요구되는 리더십
② 카리스마적 리더십 : 자기 자신과 자신이 이끄는 조직구성원에 대한 극단적인 신뢰, 이들을 완전히 장악하는 거대한 존재감, 그리고 명확한 비전을 갖고 일단 결정된 사항에 관해서는 절대로 흔들리지 않는 확신을 가지는 리더십
④ 슈퍼 리더십 : 다른 사람이 스스로 자기 자신을 이끌어갈 수 있게 도와주는 리더십

39 다음 중 연봉제과 연공제의 특성에 대한 설명으로 가장 옳은 것은?

① 연공제는 직무성과와 능력을 기준으로 본다.

② 연공제는 일을 기준으로 임금배분을 하는 임금제도이다.

③ 연봉제는 근로의 질과 양에 대한 보상이다.

④ 연봉제는 나이, 근속연수를 기준으로 하는 임금제도이다.

40 제품을 생산할 수 있는 권리를 일정한 대가를 받고 외국기업에게 일정기간동안 부여하는 방식의 해외시장진출방법은 무엇인가?

① 라이센싱(licensing)

② 아웃소싱(outsourcing)

③ 합작투자(joint venture)

④ 턴키프로젝트(turn-key project)

ANSWER 39.③ 40.①

39 ①② 연봉제에 대한 설명이다.
　　④ 연공제에 대한 설명이다.

40 ① 라이센싱 : 라이센싱은 상표 등록된 재산권을 가지고 있는 개인 또는 단체가 제3자에게 대가를 받고 그 재산권을 사용할 수 있도록 상업적 권리를 부여하는 계약
　　② 아웃소싱 : 기업 업무의 일부 프로세스를 경영 효과 및 효율의 극대화를 위해 제3자에게 위탁해 처리하는 것
　　③ 합작투자 : 2개국 이상의 기업·개인·정부기관이 특정기업체 운영에 공동으로 참여하는 해외투자방식
　　④ 턴키프로젝트 : 시공업자가 건설공사에 대한 재원조달, 토지구매, 설계와 시공, 운전 등의 모든 서비스를 발주자를 위하여 제공하는 방식

41 Choose the thing that Michael should do after he receives the second email.

Dear Michael,

I am interested in the following model:

Model : MC-100
Quantity : 3,200 pieces
Terms : CIF New York

Can you please quote a price? If a volume discount is available, please indicate that. I would appreciate if you also let us know the delivery time and payment terms.

I look forward to hearing from you soon.

Young Kim

Dear Michael,
Thanks for your email, but I can't find the attached file. Could you paste the document onto e-mail and re-send it, please?

Young Kim

---

① Michael should send the attachment again via email.
② Michael should send the products which Kim orders.
③ Michael should resend the attachment via express mail.
④ Michael did his best so he doesn't have to do anything more.

ANSWER 41.①

41 「Michael에게
저는 다음 모델에 관심이 있습니다.
모델 : MC - 100
양 : 3,200조각
조건 : 뉴욕 운임료 포함
가격을 제시해주시겠어요? 대량 할인이 가능하다면 표시해 주세요. 또 배송 시간과 지불조건을 알려주시면 감사하겠습니다.
답장 기다리겠습니다.
Young Kim
————————————————————————
Michael에게
메일 감사합니다. 하지만 제가 첨부파일을 찾을 수가 없습니다. 문서를 첨부해서 다시 보내주시겠습니까?
Young Kim」
① Michael은 메일을 통해 첨부파일을 다시 보낸다.

42 Choose one which is the most appropriate department name for the blank.

Our _____ is an exciting place to work. Our employees search for products in many different countries.

① Sales Department

② Advertising Department

③ Purchasing Department

④ Public Relations Department

43 Which English sentence is grammatically LEAST correct?

① 이 문제에 대해서 후속 조치를 해 주시겠습니까? Would you follow up on this matter?

② 될 수 있는 한 빨리 답장해 주시면 감사하겠습니다. We would appreciate a reply at your earliest convenience.

③ 답장은 아래의 주소로 보내 주세요. Please reply to the following address.

④ 협조해 주시면 감사하겠습니다. Your cooperation would appreciate.

44 Which of the followings are most appropriate for the blanks?

We received the ⓐ_____ shipment, which we failed to meet the requirements of your
company. Please accept our deep ⓑ_____ for your dissatisfaction with our product.
We have today ⓒ_____ money to your ⓓ_____ for US$20,000 the amount you
have paid us for the shipment

---

① ⓐ returned ⓑ apologize ⓒ remitted ⓓ bank

② ⓐ returned ⓑ apology ⓒ remitted ⓓ account

③ ⓐ refunded ⓑ apology ⓒ returned ⓓ bank

④ ⓐ refunded ⓑ apologize ⓒ returned ⓓ account

44 ⓐ는 명사 shipment를 수식하는 형용사 자리인데 returned, refunded 모두 위치할 수 있지만 의미상 refunded(환불된)
가 적절하다.
ⓑ는 형용사 deep의 수식을 받는 명사 자리이므로 apology가 적절하다.
ⓒ는 명사 money 를 수식하는 형용사 자리인데 returned, remitted 모두 위치 할 수 있지만 의미상 remitted(송금하다)
가 적절하다.
ⓓ는 명사의 자리이며 account(계좌)가 적절하다.

45 What kind of letter is this?

Dear Mr. Kevin Lui :

I'm writing to apply for the position of secretary as advertised in the May edition of Business Monthly.

I am a fully-trained secretary with a diploma in Secretarial Administration and I have 6 month Internship experience. I currently study at Hankook University in Seoul, Korea.

I feel I am qualified for the job. I have an experience working at a law firm as a secretary. I have excellent computer skills and good communication.

I look forward to hearing from you soon.

Sincerely yours,

Jisoo Park

---

① Announcement Letter
② Cover Letter
③ Public Relations Letter
④ Requirement Letter

45 「Mr Kevin Lui에게 :
월간 비즈니스 5월호 광고에 나오는 비서직에 지원하기 위해 편지를 씁니다.
저는 비서학 석사 학위를 가지고 있으며 6개월간의 인턴십 경험이 있는 완전히 훈련된 비서입니다. 저는 최근에 서울에 있는 한국대에서 공부했습니다.
저는 제가 그 일에 적격이라고 생각합니다. 저는 법률회사에서 비서로 일한 경험이 있습니다. 저는 뛰어난 의사소통능력과 컴퓨터 기술을 가지고 있습니다.
연락 기다리겠습니다.
당신의 진실한 벗
Jisoo Park」

46 What is the main purpose of this letter?

HANLEY

INTEROFFICE MEMORANDUM

To : Lottie G. Wolfe, Vice President

From : Hugh C. Garfunkle

Date : April 16, 2017

This note will confirm that the Public Affairs Meeting will be held on Monday, April 30, at 9 a.m. in the Purchasing Conference Room. Agenda is as follows :

      (1) New—Product Publicity

      (2) Chamber of Commerce Awards Ceremony

      (3) Corporate Challenge Marathon

Please notify Ms. Maggie Young if you cannot attend.

---

① In order to understand the number of attendees

② In order to let all the members know the meeting agenda

③ In order to invite guests to the meeting

④ In order to inform the vice president of the public affairs meeting

46 「헨리 사내 메모
Lottie G. Wolfe부사장에게
Hugh C. Garfunkle로부터
2017. 4. 16.
이 메모는 4월 30일 월요일 오전 9시에 구매회의실에서 공적인 업무 회의가 있을 것을 확인하는 것입니다. 안건은 다음과 같습니다.
(1) 신상품 홍보
(2) 상공회의소 시상식
(3) 기업 도전 마라톤
참석하지 못하는 분은 Ms. Maggie에게 알려주세요.」
④ 부사장에게 공적인 업무 회의를 알리기 위해

47 Fill in the blank with the BEST word.

> On behalf of the management and staff of St. Joseph's Relief Services, we want to express our deepest _____ for your hard work during our recent fund-raising activities. Your untiring energy and labor made this fund-raising drive the most successful one since our foundation began six years ago. Thank you very much!

① apology   ② appreciation

③ invitation   ④ congratulations

48 What is the main purpose of the email?

> We are happy to enclose our trial order No. Sid-8825, for 325 Burda Ladies' Car Coats, size medium, navy blue color; at USD98.76 per coat, subject to six percent quantity discount. Please sign the duplicate of the enclosed order form and return it to us as your acknowledgement.

① to place an order

② to take an order

③ to calculate the sum of payment

④ to sell the products

49 Below is the address of the receiver in the envelope. Put them in a CORRECT order.

① Mr. Jay Brown

President

ICU Corporation

53 Independence Street

Denver, SU 33487

② Denver, SU 33487

53 Independence Street

ICU Corporation

President

Mr. Jay Brown

③ ICU Corporation

President

Mr. Jay Brown

Denver, SU 33487

53 Independence Street

④ President

Mr. Jay Brown

Denver, SU 33487

53 Independence Street

ICU Corporation

50 Which is LEAST correct?

Dear John Smith,

Thank you for your letter of April 7 requesting information about Ms. Anne Klein's employment with our organization. We prefer not to comment on the employment of Ms. Klein with our company during the period (September 2017 until January 2018) she worked here as a typist in the secretarial pool.

Sincerely,

Jake Baxter

---

① John asked the information on Ms. Anne Klein.
② Ms. Klein worked as a typist in Jake's company.
③ Jake refuses to give any comment about Ms. Klein.
④ Jake is a credit manager.

51 Which of the followings is correct in order?

---

① Unfortunately, we have not yet received the filing cabinets which were a part of this order. We would be grateful if you could deliver these as soon as possible or refund our money.
② Thank you for your letter of April 24.
③ I am writing in connection with your letter concerning the above order for some office furniture.
④ We look forward to hearing from you.

---

① ① - ② - ③ - ④

② ② - ③ - ① - ④

③ ③ - ① - ④ - ②

④ ① - ③ - ④ - ②

Aɴsᴡᴇʀ 50.④ 51.②

50 「John Smith에게
우리 조직에서 Ms. Anne Klein의 고용 정보를 요청하는 4월 7일의 편지에 대해 감사드립니다. 우리는 그녀가 여기 비서실에서 타이피스트로 일했던 그 기간 동안(2017년 9월에서 2018년 1월까지) 우리 회사와 Ms. Klein의 고용에 대해 언급하는 것을 선호하지 않습니다.
Jake Baxter」

51 「②4월 24일에 보낸 당신에 편지에 감사드립니다. ③앞서 말한 사무용 가구 주문에 관한 당신의 편지와 관련하여 편지를 씁니다. ①불행히도, 우리는 그 주문의 일부인 서류정리용 캐비닛을 받지 못했습니다. 가능한 빨리 배송해 주시거나 환불해주세요.
④ 저희는 당신의 편지를 기다리겠습니다.」

52 Which of the following is the least appropriate expression for the blank?

A : Let's start the weekly report meeting. We were expecting 8 participants today, but I see only 7.

B : Mr. Park couldn't be with us today because he had a personal emergency to take care of.

A : I see. Let's start the meeting then.

B : _____.

A : Yes, go ahead.

① Can I suggest something, please?

② May I add something?

③ Can I say something?

④ Do you have anything to add?

53 Choose the MOST appropriate expression.

> A : (a) 회의 때 인터넷이 사용 가능한가요?
>
> B : (b) 예, 준비해 드리겠습니다.

① (a) Is Internet available at the meeting?

   (b) Yes, I'll have it ready.

② (a) Is Internet useful at the meeting?

   (b) Yes, I'll make it to ready.

③ (a) Will Internet use at the meeting?

   (b) Yes, I'll get it being ready.

④ (a) Is Internet used for the meeting?

   (b) Yes, I'll have it to ready.

54 What is the main topic of the following conversation?

> A : Excuse me. Where do I have to transfer to get to the Chicago Museum of Arts?
>
> B : You have to get off at Central Station and transfer to Line Number 3.
>
> A : Thank you for your help.
>
> B : You're welcome.

① Renting a car   ② Invitation to a museum

③ Taking public transport   ④ Check in

55 Which of the following is the most appropriate expression for the blank?

> A : Excuse me. I'm here to see Mr. Scott, the marketing director of this company.
> B : Please, wait a minute. Are you Mr. Kyle from Korenal Company?
> A : Yes, I am.
> B : Nice to meet you, Mr. Kyle. We've been expecting you. _____.
>   Would you come this way, please?
> A : Thank you.

① Could you help me?

② I'll show you the way.

③ Would you like something to drink?

④ I'll get it for you.

56 Choose one pair of dialogue which does not match correctly each other.

① A : Thank you for coming all the way from New York.

  B : You're welcome. We're looking forward to working with you.

② A : I'm sorry to keep you waiting. The traffic was terrible.

  B : That's okay. I just got here.

③ A : It is right on the main street, so it was easy to find.

  B : I'm glad to hear that.

④ A : Why don't we have a drink after the meeting?

  B : I really enjoyed talking with you.

Aɴsᴡᴇʀ 55. ② 56. ④

55 「A : 실례합니다. 이 회사의 마케팅 담당자, Scott씨를 만나러 왔습니다.
  B : 네, 잠시만요. Korenal 사에서 오신 Kyle씨이신가요?
  A : 네, 접니다.
  B : 만나서 반갑습니다. Kyle씨, 기다리고 있었습니다. 길을 안내해 드리겠습니다. 이쪽으로 오시겠어요?
  A : 감사합니다.」

56 ④「A : 회의가 끝나고 술 한잔 하는 거 어때요?
    B : 저는 당신과 대화하는 것이 정말로 즐거웠어요.」

57 What are the BEST expressions for (a) and (b)?

> Secretary : Mr. Kim, Mr. Robinson is here.
> Mr. Kim : (a) <u>안으로 모시세요</u>.
> Secretary : Certainly, Mr. Kim (to Mr. Robinson)
> Secretary : (b) <u>들어가세요</u>, Mr. Robinson.

① (a) Take him out.   (b) Please go ahead.
② (a) Bring him out.   (b) Please go on.
③ (a) Send him in.   (b) Please go right in.
④ (a) Force him in.   (b) Please go by.

58 According to the following conversation, which is most appropriate for the blank?

> A : Good morning. General Manager's office. May I help you?
> B : May I speak to Mr. Taylor?
> A : May I ask who is calling, please?
> B : This is Jimmy Kim of Samsung Electronics.
> A : Mr. Kim, would you please hold on while I see if he's available? Mr. Taylor, Mr. Kim of Samsung Electronics is _____. Will you take his call?
> C : Yes, I will.

① on the phone   ② on another line
③ out there   ④ taking a call

57 send : (사람을) 보내다
go right in : 안으로 가세요, 들어가세요.

58 「A : 좋은 아침이에요. 총지배인님의 사무실입니다. 무엇을 도와드릴까요?
B : Taylor씨와 이야기 할 수 있을까요?
A : 누가 전화 왔다고 전해드릴까요?
B : 삼성 전자의 Jimmy Kim입니다.
A : Kim씨 제가 통화가 가능하신지 확인할 동안 잠시만 기다려주시겠어요? Taylor씨 삼성 전자의 Kim씨가 통화중입니다. 그의 전화를 받으시겠습니까?
C : 네, 그럴게요.」

59 Fill in the blanks with the best word(s).

> Secretary : I'd like to reserve a plane ticket to Milan on Feb. 3.
> A : On Feb. 3, there's a flight _____ at 4 p.m.
> Secretary : Isn't there any earlier flight?
> A : _____, sir.
> Secretary : Then I'll take it.

① starting – I'm not afraid

② leaving – I'm afraid not

③ arriving – I'm afraid not

④ going – I'm not afraid

60 According to the following flight details of Mr. M. Y. Lee, which is true?

Flight	Departure	Arrival	Seat	Status
KE082	Seoul (ICN) 12 Jan 10 : 00	New York (EWR) 9 : 30	Prestige	OK
DL1529	New York (EWR) 18 Jan 10 : 00	Las Vegas (LAS) 18 Jan 16 : 00	Prestige	OK
KE062	Las Vegas (LAS) 20 Jan 19 : 40	Seoul (ICN) 20 : 20 + 1	Prestige	OK

① Mr. Lee leaves Seoul for New York on KE 062 on January 12.

② Mr. Lee Arrives in Seoul on January 20.

③ Mr. Lee flies to New York on business class.

④ Mr. Lee arrives at the John F. Kennedy Airport on January 13.

ANSWER 59.② 60.③

59 「비서 : 2월 3일, Milan으로 가는 비행기를 예약하고 싶습니다.
A : 2월 3일, 오후 4시에 출발하는 비행기가 있네요.
비서 : 더 일찍 출발하는 비행기는 없나요?
A : 없습니다. 손님
비서 : 그럼 그걸로 하겠습니다.」

60 ③ 위 표를 보면 Lee씨는 전 좌석 prestige등급을 이용하는 것을 알 수 있다.

61 결재의 역기능에 대한 설명으로 가장 옳지 않은 것은?

① 여러 단계의 검토 과정을 거쳐 결재에 이르기 때문에 의사결정이 지연되기 쉽다.

② 상위자의 결정에 의존하기 때문에 하위자가 자기책임하에 창의성을 발휘하기 어렵다.

③ 결재과정을 통해 직원의 직무수행에 대한 통제가 가능하다.

④ 상위자에게 결재안건이 몰리는 경우, 상세한 내용 검토 없이 문구 수정 정도에 그칠 수 있다.

62 다음과 같이 문서의 수발신 및 전달 업무를 진행하고 있다. 가장 적절하지 않은 업무처리를 한 비서는?

① 권 비서는 임원 모두가 공통적으로 알아야 할 문서라서, 모든 임원에게 원본으로 문서를 전달하였다.

② 배 비서는 수신문서를 상사에게 전달할 때, 회신을 쓰는데 도움이 될 자료도 함께 전달하였다.

③ 안 비서는 상사에게 초청장을 전달할 때 주요 부분에 형광펜으로 밑줄을 그어서 상사가 내용 파악이 쉽게 했다.

④ 장 비서는 상사의 이메일 확인을 위임받아서 시간을 정해 두고 확인해서 오늘 중 처리할 것이 누락되지 않도록 하였다.

ANSWER 61.③ 62.①

61 ③ 결재과정을 통해 직원의 직무수행에 통제가 가능한 것은 결재의 순기능이다.

62 ① 임원 모두가 공통적으로 알아야 할 문서라도 모두에게 원본을 전달할 필요는 없다.

63 아래 문서의 하단부분에서 알 수 있는 내용으로 가장 적절하지 않은 것은?

★대리 김미소	팀장 이성연	전무이사 박유식	부사장 전결 박서준

협조자 인사팀장 박민영

시행 경영지원 – 826 (2018. 9.4.)   접수

① 이 문서는 경영지원팀에서 기안해서 결재받은 시행문이다.

② 이 문서는 부사장 전결을 받은 후 인사팀에 협조를 받은 문서이다.

③ 이 문서의 기안자는 경영지원팀의 김미소 대리이다.

④ 이 문서는 직무전결 규정에 의해서 부사장 전결로 처리되었다.

64 다음 민원우편에 관한 설명으로 가장 옳지 않은 것은?

① 정부 각 기관에서 발급하는 민원서류를 우체국을 통해 신청한다.

② 사립학교 졸업증명서를 민원우편으로 발급받을 수 있다.

③ 민원서류는 내용증명으로 취급되어 송달된다.

④ 이용대상 민원서류는 2018년 8월 현재 기준으로 267종류이다.

65 다음 중 띄어쓰기가 바르지 않은 것은?

① 10여 년, 100여 미터, 100여 점

② 10주가량, 30세가량, 300년가량

③ 한 그루, 두 마리, 세 대

④ 3개월이내, 20세이상, 50명정도

ANSWER 63.② 64.③ 65.④
....

63 ② 전결과 협조는 상관관계가 없다.

64 ③ 민원서류는 등기 취급되어 송달된다.

65 ④ 3개월 이내, 20세 이상, 50명 정도

66 다음과 같은 경우 작성해야 할 문서의 종류에 해당하지 않은 것은?

> 한국상사에 근무하는 박미래 비서는 상사의 지시에 따라 사옥 이전을 알리는 문서를 작성하여 상사와 자주 연락을 취하는 업무상, 개인적 지인들에게 보내려고 한다. 사옥 이전 일은 2019년 1월 21일 월요일이며, 사옥 이전으로 인해 주소는 변경되었으나 전화번호나 팩스 번호는 변경되지 않았다.

① 대외문서
② 의례문서
③ 안내장
④ 거래문서

67 한국주식회사는 2018년 3월 1일자로 새로 대표이사가 취임하면서, 취임축하 인사 및 축하 화분을 많이 받았다. 대표이사 비서는 축하에 대한 감사장을 작성하고 있다. 다음 보기 중 이 감사장에 사용할 수 있는 가장 적절한 표현은?

① 결실의 계절을 맞이하여 귀사의 무궁한 발전을 기원합니다.
② 보내주신 10만원 상당의 동양란을 소중하게 잘 받았습니다.
③ 이는 모두 저의 부덕의 소치로 인한 것입니다.
④ 직접 찾아뵙고 인사드려야 하오나 서면으로 대신함을 양해해 주시기 바랍니다.

ANSWER 66.④ 67.④

66 ④ 제시된 상황에는 거래에 관련된 사항이 없다.
67 ① '결실의 계절'이라는 표현은 가을에 관한 표현으로 상황상 계절이 봄이기 때문에 적절하지 않다.
　② 감사장을 보낼 때 직접적인 금액과 물품을 언급하지 않는다.
　③ '부덕의 소치'는 '자신이 덕이 없거나 부족하여 생긴 일'이라는 뜻으로 부정적인 사건을 평할 때 주로 쓰여 감사장과 어울리지 않는 표현이다.

68 다음 명함을 회사명 순으로 정리하고 있다. 이때 올바른 순서대로 정리한 것은?

가	김찬호	㈜한국자동차
나	강지애	㈜한국진산
다	권새롬	한국자동차서비스
라	김주미	㈜한국자동차
마	김치수	한국자동차서비스
바	권신옥	㈜한국전산

① 나-다-바-라-가-마
② 라-가-나-바-다-마
③ 라-가-다-마-나-바
④ 라-가-마-다-바-나

69 다음 중 문서 정리 순서가 올바른 것은?

① 주제결정 - 검사 - 주제표시 - 분류 및 정리
② 검사 - 주제결정 - 주제표시 - 분류 및 정리
③ 주제결정 - 주제표시 - 검사 - 분류 및 정리
④ 검사 - 주제표시 - 주제결정 - 분류 및 정리

ANSWER 68.③ 69.②

68 ③ 회사명 순→이름순에 따라 가나다순으로 정리한다.

69 ② 문서정리는 검사→주제결정→검사→분류 및 정리 순서로 한다.

70 각 비서들이 다음과 같이 전자 문서의 특징에 대해 설명하고 있다. 이 중 가장 적절하지 않게 설명한 것은?

① 박 비서 : 전자 문서의 수신 시기는 수신자가 관리하는 정보 처리 시스템에 입력될 때입니다.

② 김 비서 : 일반 스캐너로 생성된 이미지 문서(스캐닝 문서)도 종이 문서와 동일한 법적효력을 보장받을 수 있습니다.

③ 최 비서 : 전자 문서 국제 표준은 'PDF' 문서입니다.

④ 이 비서 : 전자 문서라고 문서로서의 효력이 부인되지 않습니다.

71 다음 중 전자 문서에 속하는 파일의 확장자를 모두 고른 것은?

가. pdf	나. doc
다. avi	라. xls

① 가, 나, 라

② 가, 나

③ 가, 나, 다, 라

④ 가

ANSWER 70.② 71.③
....

70 ② 이미지 문서가 종이 문서와 같은 법적 효력을 보장받기 위해서는 전자화 문서 인증 제도를 통해 인증된 스캐너를 이용해야 한다.

71

일반전자문서	한글, MS 워드, 파워포인트, 엑셀 등 문서작성 소프트웨어를 사용하여 작성된 HWP, DOC, PPT, XLS, TXT, PDF 형식의 파일
	종이문서를 스캔하거나 디지털카메라 등을 이용하여 만든 이미지 파일
	CAD/CAM을 이용하여 작성된 도면 파일, 인터넷에서 사용되는 HTML 형식의 파일
	JPG, MP3, AVI 등 음악, 사진, 동영상 등 멀티미디어 관련 파일
전자거래문서	전자문서교환방식(EDI)을 사용한 문서
	확장형 표기 언어(XML)를 사용해 작성한 문서

72 다음 글을 읽고 빈 칸에 적당한 단어로 짝지어진 것을 고르시오.

> 문서 관리 시스템 기반에서 전자 문서 관리는 기본적으로 전자 문서를 시스템에 등록하는 과정에서 DRM(Digital Rights Management)와 연계하여 (㉠)하여 저장되거나 문서의 활용 단계에서 (㉡)에 따라 (㉠)를 처리한다.
>
> 기업에서 (㉢)는 기업의 중요한 업무 사항이 정보 자산이 기록된 문서를 관리차원에서 분류하는 것으로 주로 영업상의 중요 문서, 기술 및 특허 자료, 도면 등이 해당한다. 이러한 (㉢)는 내외부의 유통이나 열람 등이 매우 엄격히 제한되며, 직급이나 직무에 따라 열람, 편집, 출력, 전송에 대한 (㉡)이 차별적으로 부여된다.

① ㉠ – 암호화, ㉡ – 등급   ② ㉠ – 암호화, ㉢ – 특별 문서

③ ㉡ – 권한, ㉢ – 보안 문서   ④ ㉡ – 등급, ㉢ – 특별 문서

73 랜섬웨어 감염 예방이나 대비책으로서 가장 적절하지 않은 것은?

① 모든 소프트웨어는 최신버전으로 정기적으로 업데이트한다.

② 백신을 설치하고 최신버전으로 업데이트를 정기적으로 한다.

③ 중요한 파일은 클라우드나 외장하드에 정기적으로 백업해둔다.

④ 랜섬웨어는 모바일을 통해서는 유포되지 않으므로 주로 스마트폰을 이용한다.

74 다음 중 상사가 사용하는 스마트 디바이스 관리가 가장 적절하지 못한 비서는?

① 김 비서는 상사가 사용하는 스마트 디바이스의 제품별 특징과 운영 체제를 파악하고 있다.

② 최 비서는 상사의 스마트 디바이스에서 사용 중인 중요한 자료를 드롭박스에 별도로 보관하고 있다.

③ 이 비서는 상사의 스마트 디바이스 안의 애플리케이션은 자료 유출의 위험으로 업데이트하지 않는다.

④ 박 비서는 스마트 디바이스의 휴대용 배터리 충전기를 준비하여 상사 외출 시 제공한다.

ANSWER 72.③ 73.④ 74.③

72 ㉠ – 암호화, ㉡ – 권한, ㉢ – 보안문서

73 ④ 랜섬웨어는 스마트폰에도 감염될 수 있어 주의가 필요하다.

74 ③ 업데이트를 통해 보안 강도를 높이는 것이 좋다.

75 다음은 주 52시간 근무제와 관련된 기사이다. 이 기사를 통해서 유추할 수 있는 내용으로 가장 적절한 것은?

〈전략〉

근로기준법 63조와 시행령 34조에 따르면 관리·감독 업무 또는 기밀을 취급하는 업무 종사자는 근로기준법상 근로시간 규정을 적용받지 않는다. 이에 따라 주 52시간 근무제도 적용받지 않게 된다. 하지만 법이나 시행령에 '관리·감독 업무에 종사하는 자'에 대한 구체적인 정의가 없어 관리·감독업무 종사자의 범위를 어디까지 인정하느냐를 놓고 마찰이 일어날 수 있다. 행정해석과 판례에 따르면 단순히 부하 직원을 관리·감독한다고 해서 근로시간 규정 적용 대상에서 제외되는 것은 아니다. 근로기준법상 관리·감독 업무 종사자는 '근로조건의 결정 등 노무관리에 있어서 경영자와 일체적 지위에 있는 자'를 말하는 것으로 ▲사업장의 노무관리 방침 결정에 참여하거나 노무 관리상 지휘·감독 권한을 지니고 있는지 ▲출·퇴근 등에 있어서 엄격한 제한을 받는지 ▲그 지위에 따른 특별수당을 받고 있는지 등을 종합적으로 검토해 판단해야 한다는 것이 행정해석이다. 〈중략〉

고용노동부 관계자는 "관리·감독 업무 종사자인지 아닌지를 직급 명칭에 따라 일률적으로 구분할 수는 없다"며 "관리·감독 업무 종사자 판단 기준에 따라 사례별로 구체적인 업무 내용이나 근무실태를 종합적으로 고려해 판단해야 할 것"이라고 설명했다.

경영진의 비서도 근무실태에 따라 주 52시간 근무제 적용 대상에서 제외될 수 있다. 근로기준법 시행령상 근로시간 규정 제외 대상인 '기밀의 사무를 취급하는 자'는 '비서 기타 직무가 경영자 또는 관리직 지위에 있는 자의 활동과 일체 불가분으로 출·퇴근 등에 있어서 엄격한 제한을 받지 않는 자를 의미한다'는 것이 행정해석이기 때문이다. 근로기준법에는 이외에도 ▲토지의 경작·개간, 식물의 재식·재배·채취 사업, 그 밖의 농림 사업 종사자 ▲동물의 사육, 수산 동식물의 채포·양식 사업, 그 밖의 축산, 양잠, 수산 사업 종사자 ▲감시 또는 단속적(斷續的)으로 근로에 종사하는 자로서 사용자가 고용노동부 장관의 승인을 받은 자 등이 근로시간 규정을 적용받지 않는 이들로 명시돼 있다. 감시 또는 단속적으로 근로에 종사하는 자에는 경비원, 운전기사 등이 해당될 수 있다.

이사 등 임원의 경우 사용자의 지휘·감독 아래 일정한 근로를 제공하고 소정의 임금을 받는 근로기준법상 근로자로 볼 수 없다는 판례가 있어 주 52시간 근무제를 적용받지 않는 것으로 해석된다. 법인등기부에 등재되지 않은 비등기 이사도 사업주로부터 사업경영의 전부 또는 일부에 대해 포괄적인 위임을 받아 위임받은 업무의 집행권을 행사했다면 근로기준법상 근로자가 아니며 근로시간 기준을 적용받지 않는다는 것이 행정해석이다. 〈후략〉

〈세계일보, 2018. 6. 22일자〉

① 부하직원을 관리 감독하는 사람은 직급이나 직위와 무관하게 주 52시간 근무 적용대상에서 제외된다.
② 경영진의 비서는 모두 기밀의 사무를 취급하므로 주 52시간 근무 적용대상에서 제외된다.
③ 주 52시간 근무 적용대상 제외는 출퇴근 시간을 엄격하게 제한받지 않은 경우라면 거의 적용된다.
④ 법인 등기부에 등재된 임원의 경우 근로기준법상 근로자로 볼 수 없으므로 근로시간 기준을 적용받지 않는다.

ANSWER 75.④

75 ④ 마지막 문단에서 법인등기부에 등재되지 않은 비등기 이사도 위임받은 업무의 집행권을 행사했다면 근로자가 아니라고 말하는데 이를 통해 법인등기부에 등재된 임원은 근로기준법상 근로자에 해당되지 않음을 유추할 수 있다.

76 다음 그래프를 통해서 알 수 있는 내용으로 가장 적절하지 않은 것은?

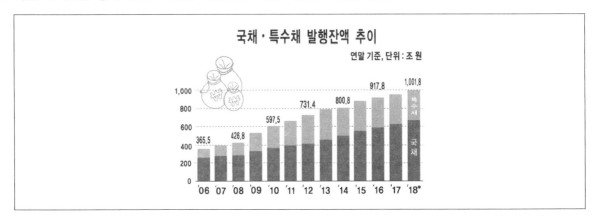

① 국채 발행잔액은 매년 꾸준히 증가해 왔다.

② 국채 발행잔액은 항상 특수채 발행잔액보다 많았다.

③ 2017년 말 기준으로 10년 전보다 국채·특수채 발행잔액이 2배 이상 증가했다.

④ 이 그래프는 100% 누적 막대그래프로서 합계의 시간적 추이와 각 항목의 변화를 동시에 볼 수 있게 해준다.

77 다음 중 신문 스크랩 방법이 적절하지 않은 것을 모두 고르시오.

> 가) 신문의 헤드라인과 정치, 경제, 금융 등의 부분을 읽으면서 스크랩할 기사를 선택한다.
> 나) 선택한 기사 맨 위쪽에 출처와 날짜를 표시한다.
> 다) 신문은 상사가 읽기 전에 미리 스크랩을 해서 선별된 기사만을 상사에게 제공한다.
> 라) 선택한 기사의 내용을 요약하면서 모르는 용어를 함께 정리한다.
> 마) 기사에 편견을 가질 수 있는 스크랩한 사람의 의견이나 생각은 적어 두지 않는다.

① 가, 나, 다, 라, 마

② 나, 다, 라,

③ 가, 라, 마

④ 다, 마

76 ④ 위 그래프는 누적 막대그래프로서 합계의 시간적 추이와 각 항목의 변화를 동시에 볼 수 있게 해준다.

77 다. 기사를 선별하기 전에 상사가 먼저 신문을 볼 수 있도록 한다.
　　마. 기사를 스크랩한 후 간단한 의견과 생각을 적어두는 것이 좋다.

78 다음 설명에 해당하는 적절한 용어는?

> • 데이터를 체인 형태로 연결, 수많은 컴퓨터에 동시에 이를 복제해 저장하는 분산형 데이터 저장 기술이다. 공공 거래 장부라고도 부른다. 중앙 집중형 서버에 거래 기록을 보관하지 않고 거래에 참여하는 모든 사용자에게 거래 내역을 보내 주며, 거래 때마다 모든 거래 참여자들이 정보를 공유하고 이를 대조해 데이터 위조나 변조를 할 수 없도록 돼 있다.
> • 가상 통화 사용 시 거래내용의 위조를 막는데 사용된다.

① 클라우드　　　　　　　　　② 블록체인
③ 엠피코인　　　　　　　　　④ 비트코인

79 일반적으로 무선랜 이용을 위해서 설치되는 무선공유기에서 제공하는 보안기술이 아닌 것은?

① WEP　　　　　　　　　② WAP
③ WPA　　　　　　　　　④ WPA2

80 다음 인터넷 주소를 통해 유추할 수 있는 기관의 특징으로 올바르지 않은 것은?

① www.XXX.edu : 교육기관
② www.XXX.net : 네트워크 관련 기관
③ www.XXX.org : 비영리기관
④ www.XXX.gov : 군사기관

1과목 비서실무

1 다음은 비서들 간의 대화이다. 다음 중 가장 부적절한 의견을 말한 비서는 누구인가?

> 김 비서 : 저는 전화응대를 위해 목소리 톤도 중요하다고 생각해요. 저는 목소리 톤이 낮은 편이라 높이려고 연습을 많이 합니다.
>
> 박 비서 : 저는 항상 천천히 말해요. 또박또박 말하는 것이 전화에서 가장 중요하다고 생각합니다.
>
> 이 비서 : 전화의 중요한 기능이 정보전달만 있는 것은 아니고, 의사소통을 원활히 하는 기능도 있으므로 때로는 적절한 추임새가 필요하다고 생각합니다.
>
> 송 비서 : 저는 정확한 발음을 위해서 매일 연습합니다. 전화에서 정보전달 기능이 중요한데 정보를 정확하게 전달해야 하니까요.

① 김 비서   ② 박 비서

③ 이 비서   ④ 송 비서

2 비서의 경력관리를 위한 자기개발 노력으로 적절하지 않은 것은?

① 급변하는 사무환경에서 업무 수행에 필요한 IT 활용 능력 및 국제화 시대에 걸맞는 다양한 문화감각을 기르도록 노력한다.

② 최적의 정보와 업계의 최신 정보를 수집하기 위하여 동종업계의 선후배와의 네트워킹을 지속적으로 유지한다.

③ 비서는 모든 업무 영역에 전문성을 갖추기 위해 각 부서의 업무일지나 문서양식 사본을 따로 보관하여 숙지하도록 한다.

④ 자신의 업무 역량을 강화하기 위한 일환으로 본인이 담당하는 업무의 업무 개선 사항들을 기록해 둔다.

ANSWER 1.② 2.③

1 ② 외부에서 걸려오는 전화를 받을 때 가장 중요한 것은 따뜻하고 친절한 말투로 밝게 이야기 하는 것이다.

2 ③ 비서가 모든 업무 영역에 전문성을 갖출 필요는 없다.

3 다음 중 비서의 전화 메모 작성 및 처리와 관련하여 가장 적절한 것은?

① 전화메모를 적을 때 상사가 잘 알고 있는 사람인 경우 굳이 이름 전체를 적을 필요는 없다. 성과 직함만 적으면 된다.

② 전화 메모 시 일시, 발신자, 수신자, 통화내용을 메모한다. 통화내용을 적을 때는 가능한 모든 내용을 메모한다.

③ 전화 메모는 일정량이 모인 다음 상사에게 전달함으로써 상사의 업무 방해를 최소화한다.

④ 상사 부재 중에 중요한 전화를 받게 되면 상사에게 가능한 빨리 문자나 전화로 알린다.

4 상사가 제한된 시간을 효율적으로 사용할 수 있도록 비서는 상사의 일정을 관리해야 한다. 비서의 일정 관리 방법으로 적절하지 않은 것은?

① 유사한 업무는 함께 처리할 수 있도록 일정을 수립한다.

② 보고, 결재 등은 가급적 시간을 정해놓고 하여 불필요한 상사 집무실 출입을 자제한다.

③ 일정을 산만하게 분산하지 않도록 하고 상사가 업무에 집중 할 수 있는 오전 시간은 가능한 비워둔다.

④ 평소 관련 분야에서 넓은 인맥을 형성하여 다양한 정보를 획득하여 상사의 일정 계획 수립 시 활용한다.

ANSWER 3.④ 4.③
....

3 ①② 메모를 받을 경우에는 상대방의 소속과 이름, 용건, 전화 받은 날짜와 시간, 회신 필요성 여부, 상대방의 전화번호 등을 메모한다. 상대방의 전화번호를 알고 있더라도 다시 한 번 확인하도록 한다.

　③ 상사 부재중에 걸려온 전화 내용을 메모지에 적어 상사의 책상 위에 상사와 약속한 위치에 놓아두어 볼 수 있도록 한다. 또 상사가 돌아왔을 때 구두로 다시 한 번 전하는 것이 좋다.

4 ③ 상사 일정의 우선순위는 소속 조직의 문화, 상사의 지위, 상사의 선호도 및 의향, 내용의 중요도 등을 고려하여 결정해야 하지만 일반적으로는 조직의 오너 및 CEO가 참석하는 일정, 조직 운영상 필요한 단체 행사, 외부 손님과의 선약 등이 중요시된다. 그러나 모든 일정은 비서가 확정하기 전에 상사의 가치관과 업무 처리 방식을 고려하여 상사의 기준에 맞추어 우선순위를 결정한다.

5 다수의 내방객이 방문한 상황에서 비서의 업무 자세로 적절하지 않는 것은?

① 먼저 온 손님이나 예약된 손님을 우선 안내한다.

② 기다리게 되는 다른 손님에게는 양해를 구하고 대기실로 안내한다.

③ 대기실에 여러 방문객이 동석하는 경우 서로 만나지 말아야 할 상황일 때는 다른 곳에서 기다리도록 조정한다.

④ 기다리는 손님으로부터 회사나 상사에 관해 질문을 받았을 경우 가능한 손님의 입장에서 필요한 내용을 설명한다.

6 다음 중 상황별 비서의 전화업무 처리로 가장 바람직한 경우는?

> 최 비서 : 다음주 화요일 오후에 예정된 '하반기 영업전략 회의'에 사장님께서 그날 동창과의 점심약속이 있어 참석하기 어렵다고 영업부에 연락하라고 하신다. 그래서 나는 영업부장에게 전화하여 "사장님은 그날 동창모임이 있어 하반기 영업전략 회의에 참석할 수 없습니다"라고 전달하였다.
>
> 이 비서 : 상사가 외부 회의에 참석 중이다. 자신을 밝히지 않는 사람이 전화를 해서 급한 일이니 상사의 휴대전화 번호를 알려달라고 하신다. 휴대전화 번호를 알려드리면서 상사가 4시에 회의가 끝나므로 그 이후에 전화를 하시라고 부탁하였다.
>
> 김 비서 : 사장님은 용건을 밝히지 않는 전화를 받는 것을 싫어 하셔서 나는 사장님을 찾는 전화마다 반드시 용건을 확인하고 전화를 연결한다. 오늘 아침 회장님께서 직접 전화하셔서 사장님을 찾으시길래 "회장님, 제가 용건을 여쭤봐도 될까요?"하고 공손히 여쭤보았다.
>
> 박 비서 : 사장님이 통화 중인데 친분이 두터운 홍길동 이사님이 전화를 하셨다. 나는 "이사님 안녕하셨어요?"라고 인사한 후 "사장님께서 지금 통화 중이신데 잠시 기다리시겠습니까? 아니면 사장님 통화 마치는대로 전화드릴까요?"라고 여쭈었다.

① 최 비서   ② 이 비서

③ 김 비서   ④ 박 비서

ANSWER 5.④ 6.④

5 ④ 비서는 상사의 대리인으로 내방객을 응대해야 할 경우 언행을 각별히 조심한다. 상사가 전달하도록 지시한 내용만을 상대방에게 전달해야 한다. 상사로부터 지시 받지 못한 부분에 대해 질문을 받았을 때는 추측으로 답하지 말아야 한다.

6 ① 상사의 사적인 스케줄을 알릴 필요는 없다.
② 상사의 휴대전화 번호를 알려줘서는 안 된다.
③ 회장님은 사장님의 상사이므로 용건을 여쭤보는 것은 결례다.

7 다음은 오늘(금요일) 처리하여야 할 비서의 업무이다. 업무 순서로 가장 적절한 것은?

> 1. 오늘 오후에 상사가 사용할 문서 인쇄(한글 5페이지 자료)
> 2. 다음 주 월요일에 미국 본사에 제출해야 하는 '생산량 주간 보고서' 작성(엑셀 1페이지 문서)
> 3. 오늘 오전 9시 30분에 도착 예정인 내방객 응대 및 접대
> 4. 오늘 오전 10시 30분에 예정된 임원 회의(회장님 배석) 준비
> 5. 어제 퇴근 이후에 배달된 승진 축하 동양란 배치
> 6. 출근 직후 걸려 온 공장장의 통화 요청 건

① 3 - 5 - 6 - 4 - 1 - 2
② 3 - 5 - 6 - 4 - 2 - 1
③ 5 - 6 - 3 - 4 - 1 - 2
④ 6 - 3 - 4 - 1 - 2 - 5

8 비서의 인간관계 자세로 가장 적절한 것은?

① 직장에서의 인간관계는 기본적으로 기브앤테이크(give & take)가 바탕이 되므로 상대방에게 베푼 만큼 받도록 한다.

② 조직 내에서 직원들이 상사에 대해 좋은 이미지를 가질 수 있도록 조직원들의 단체 대화방에 상사의 좋은 점을 자주 올린다.

③ 조직에서 어려움을 겪는 조직 구성원의 상황을 알게 된 경우 상사에게 관련 내용을 보고한다.

④ 상사에게 직접 보고하는 부서장들과 좋은 관계를 유지하기 위하여 부서장들이 필요로 하는 정보를 적극적으로 제공한다.

ANSWER 7.③ 8.③

7 매일 아침 출근 시 해야 할 업무를 중요한 순서대로 적은 후 중요한 업무부터 처리한다.

8 ①②④ 비서는 업무 특성상 다양한 계층의 사람을 상대하게 되기 때문에 인간관계에서 고도의 기술이 요구된다. 비서의 직무 특성상 고위의 상사를 보좌하다 보면 동료들로부터 소외당하기 쉬우며, 상사의 지위와 권력을 자신의 것으로 동일 시하여 자신의 위치를 정확히 파악하지 못하고 행동하는 오류에 빠지기 쉽기 때문이다. 또한 비서는 조직 내에서 의사 전달의 통로가 되기 때문에 조직 내 상황을 상부에 정확히 알림과 동시에 상부의 입장과 의사를 하부에 전달하는 역할을 한다. 그러므로 상사와의 인간관계나 동료와의 인간관계를 원만하게 유지해야 한다.

9 상사 출장 시 항공편 예약 업무를 수행하는 비서의 업무처리 방식으로 가장 적절한 것은?

① 신속한 항공권 발권을 위해 항공권 발권 부서에 부탁하여 항공권을 받는다.

② 항공사 홈페이지에 접속하여 항공사별 가격을 비교하여 저렴한 항공권으로 예약한 후 상사에게 보고한다.

③ 상사가 선호하는 항공사의 좌석이 없을 경우 다른 항공사 항공권을 구입한 후 상사에게 보고한다.

④ 상사의 마일리지 누적 등을 고려하여 항공권 예약 시 상사의 마일리지 카드 회원번호를 등록한다.

10 상사는 다음 주에 미국으로 2주간 출장을 갈 예정이다. 다음 중 적절하지 않은 것은?

① 출장 기간 동안 방문국의 국경일이나 공휴일이 있는지 확인하였다.

② 출장지의 기후를 인터넷을 통해 확인하였다.

③ 미국 사전 입국 승인을 3년 전에 이미 받았으므로 사전 입국 승인을 신청하지 않았다.

④ 예약한 호텔의 입실(check-in) 시간과 퇴실(check-out) 시간을 확인한다.

11 다음 중 비서의 보고 자세로 가장 적절한 것은?

① 상사 집무실로 들어가 대면보고를 하려고 하는데 갑자기 말문이 막혔다. 잠시 생각할 시간을 가진 후 보고를 마쳤다.

② 상사가 외부 일정으로 외출해야 하는 상황이지만 업무 보고를 구체적이고 자세히 하였다.

③ 회사 공장에 사고가 발생했다는 연락을 받아 즉시 보고하였다.

④ 회사 기밀이 유출되었다는 소문을 들었다. 내일 대면보고 내용에 기밀 유출 건을 넣었다.

ANSWER   9.④   10.③   11.③

9 ① 신속한 발권을 위해서는 비서실에서 직접 예약한다. 항공권은 발권 부서가 있는 경우가 많으므로 따로 확인한다.
②③ 항공편 예약 시 항공기종을 확인하여 상사에게 보고해야 한다.

10 ③ 미국은 지정한 국가의 국민에게 최대 90일간 비자 없이 관광 및 상용 목적에 한하여 미국을 방문할 수 있도록 허용하고 있다. ESTA 웹사이트에 16가지 필수 신상정보와 항공편, 출발도시, 전화번호 등 5가지 선택정보를 입력하면 개인별 신청번호가 나오며, 이 번호를 입력하면 바로 '허가' 여부를 확인할 수 있다. 전자여권을 소지해야 하며, 유효기간은 2년이다. 기존 여권에 미국 비자가 있다면 VWP와 관계없이 비자 만료기간까지 비자가 유효하며, 전자여권으로 교체할 필요가 없다.

11 ① 어떠한 보고의 종류나 방법을 선택하더라도 반드시 상사의 예상 질문에 대한 준비를 철저히 해야 한다. 상사의 입장에서 보고 내용을 완벽하게 정리했음에도 불구하고 상사의 간단한 질문에 명확하게 응대하지 못한다면 결과적으로는 부족한 보고서가 되기 때문이다.
② 간단명료하게 육하원칙에 따라 요약해서 보고해야 한다.
④ 문제가 발생한 경우 발생한 문제의 내역, 원인, 현재 진행 중인 대응 방안을 포함해 빠르게 보고해야 한다.

12 다음 중 비서가 상사의 지시없이 할 수 있는 홍보업무와 가장 거리가 먼 것은?

① 상사와 관련된 기사를 정기적으로 검색하여 스크랩하고 보고한다.

② 사내에서 상사와 친밀도가 높은 임직원의 기념일을 정리하여 알려드린다.

③ 상사의 외부 강연 활동에 대한 내용을 정리하여 이력서와 함께 관리한다.

④ 상사의 개인 블로그를 매일 방문하여 새로운 댓글을 확인하여 알려드린다.

13 외국에서 주요 인사가 우리 회사를 방문하기로 예정되어 있다. 주요 인사를 맞이할 준비를 수행하는 비서의 업무로 적절하지 않은 것은?

① 주요 인사의 인적사항과 개인적 음식 기호를 확인한다.

② 비행기 일정을 확인하여 공항 영접을 준비한다.

③ 우리 회사 방문 시 사용할 VIP 전용 엘리베이터 상태를 확인한다.

④ 우리 회사 도착 시 영접 인사와 함께 회사 기념품을 전달하면서 회의장으로 안내한다.

14 다음 중 비서의 화법으로 바른 것은?

① 사장님, 김영수 부장님께서 잠시 뵙기를 원하십니다.

② 사장님, 회장님실에서 잠시 오시라고 연락이 왔습니다.

③ 사장님, 이번 저희 회사 신제품의 시장 반응이 아주 좋으십니다.

④ 사장님, 주문하신 블랙커피 나왔습니다.

ANSWER 12.④ 13.④ 14.④

12 비서의 홍보업무
  ㉠ 신문스크랩
  ㉡ 간행물(잡지) 스크랩
  ㉢ 사내의 시행문이나 공지사항(상사에게 필요한 것만 수집)
  ㉣ 상사가 가입해 있는 단체에서 발행하는 정기간행물의 파일링
  ㉤ 상사에게 보고 될 만한 가치가 있는 것은 핵심만 요약하여 알맞은 매체로 보고

13 ④ 주요 인사는 접견실이나 기타 대기실을 활용하며, 기념품은 나중에 전달한다.

14 ① 사장님, 김영수 부장님이 잠시 뵙기를 원하십니다.
  ② 사장님, 회장님께서 잠시 오시라고 하십니다.
  ③ 사장님, 이번 저희 회사 신제품의 시장 반응이 아주 좋습니다.

15 보고 업무를 수행하는 비서의 자세로 가장 적절하지 않은 것은?

① 보고의 내용에 따라 객관적인 사실 외에 전문가의 의견도 정리하여 보고하면 상사가 정책 의사결정을 하는데 도움이 된다.

② 보고는 지시한 사람에게 한다. 단 지시한 사람이 직속 상사가 아닌 경우 직속 상사에게도 관련 내용을 보고한다.

③ 보고서 작성 시 상사에게 꼭 필요한 정보가 상사가 이해하기 쉽게 설명되어 있는지를 확인한다.

④ 보고 시 상황이나 배경 설명을 먼저 충분히 하여 핵심적이고 중요한 내용을 상사가 이해할 수 있도록 한다.

16 다음 중 한자의 쓰임이 다른 하나는?

① 祝就任 ② 祝榮轉
③ 祝繁榮 ④ 祝進級

17 회의기획서에 포함될 내용으로 보기 어려운 것은?

① 회의 일시 및 장소 ② 회의 주제 또는 회의 목적
③ 회의 예산 ④ 회의 참석자 명단

ANSWER 15.④ 16.③ 17.④

15 ④ 보고는 결론을 먼저 말하고 필요한 경우 이유, 경과 등의 순서, 즉 두괄식으로 해야 한다. 상사는 대부분 바쁘고 시간이 없기에 적당히 끊어서 요점을 강조하되 추측이나 억측은 피하고 사실을 분명하게 설명해야 한다.

16 ③은 '빌다'의 뜻으로, ①②④는 '축하하다'의 뜻으로 쓰였다.
　① 축취임 : 취임을 축하하다
　② 축영전 : 영전을 축하하다
　③ 축번영 : 번영을 빌다
　④ 축진급 : 진급을 축하하다

17 회의기획서에는 기획과 일정, 장소, 형식, 내용, 대상, 예산, 조직 등이 포함된다.

18 비서가 수행하는 의전 행사 지원업무에 대한 설명으로 적절하지 않은 것은?

① 행사 의전에 필요한 정보는 참석자 프로필, 공연 정보, 행사진행 순서, 행사 내용, 드레스 코드 등이 있다.

② 참석자 프로필을 작성할 때는 참석자의 인적 사항, 우리 조직 또는 상사와의 관계, 의전에 필요한 내용 등을 포함한다.

③ 일반 행사에서의 드레스 코드는 평상복이 원칙이지만 연회 등에 있어서는 white tie, black tie, business suit, informal 등으로 복장을 명시하는 경우도 있다.

④ 의전 원칙은 5개로 상대에 대한 존중과 배려, 문화의 반영, 상호주의, 서열, 왼쪽이 상석이다.

19 비서의 내방객 응대업무에 대한 설명으로 가장 적절하지 않은 것은?

① 내방객이 오면 곧바로 의자에서 일어서 인사를 하며, 중요한 내방객인 경우에는 방문시각에 맞추어서 문 앞에서 대기한다.

② 어떠한 용건으로 내방했는가를 확실히 파악해야 하며, 선약 되어 있는 내방객이 방문하셨을 때 용건을 자세히 문의해서 업무 효율성을 높인다.

③ 상사가 통화 중이거나 먼저 방문한 내방객과 면담이 끝나지 않은 상황에서 약속된 내방객이 오면 상사에게 메모로 보고 한다.

④ 상사가 외출 중인데 먼 곳에서 급한 일로 찾아온 경우나 평소 상사와 친분이 두터운 내방객의 경우 즉시 상사에게 전화로 먼저 보고한다.

ANSWER 18.④ 19.②

18 의전의 기본원칙 5R
　　㉠ Respect(상대를 존중하고 배려하라.)
　　㉡ Reflecting Culture(의전은 문화의 반영이다.)
　　㉢ Reciprocity(상호주의를 지켜라.)
　　㉣ Rank(의전 기준 및 절차의 핵심은 서열이다.)
　　㉤ Right(오른쪽이 상석이다.)

19 ② 선약된 내방객의 경우 따로 용건을 물어보지 않고, "안녕하세요? 2시에 약속하신 A사 ○○○님이시죠? 장관님께서 기다리고 계십니다."라고 인사한다. 한 번 방문한 손님은 반드시 얼굴과 성명, 직함을 기억해 두었다가 다음 방문 시 먼저 인사할 수 있도록 한다.

20 다음 중 비서의 업무 수행 방식으로 적절하지 않은 것은?

① 상사가 축사를 해야 하는 경우는 이전의 축사내용을 참고로 하여 작성한 후 행사 담당자에게 송부한다.

② 주요 행사에 상사를 수행할 경우 비서는 상사의 기본적인 동선을 안내할 수 있어야 한나.

③ 주요 의전 행사에 참석해야 할 경우 미리 복장 지침(dress code)을 확인한 후 준비한다.

④ 행사의 성격과 참고자료, 주요 참석자 명단을 사전에 받아 상사가 확인할 수 있도록 한다.

20 ① 상사가 축사를 해야 하는 경우는 이전의 축사내용을 참고해 초안을 작성하고 최종적인 내용은 상사가 확정하도록 한다.

21 기업은 경영성과에 직접적 영향을 미치는 이해관계자들과 관계를 맺고 있다. 다음 중 외부 이해관계자의 예가 아닌 것은?

① 금융기관
② 소비자
③ 주주
④ 언론매체

22 다음 중 기업경영환경 중 경제적 환경의 구체적인 요인으로 표시된 것은?

㉠ 국민경제규모	㉡ 정부의 재정 및 금융정책
㉢ 독과점규제법	㉣ 여성취업자수의 증가
㉤ 정부의 경제운용계획	㉥ 국가의 경제체제

① ㉠, ㉣, ㉥
② ㉠, ㉢, ㉣
③ ㉠, ㉡, ㉤, ㉥
④ ㉠, ㉡, ㉢, ㉣, ㉤, ㉥

ANSWER 21.③ 22.③
....
21 ③ 주주는 내부 이해관계자에 해당한다.

22 ㉢㉣ 정치, 법률적 환경
※ 경제적 환경 요인
㉠ 경제체제
㉡ 경기변동
㉢ 경제규모
㉣ 경제정책

23 다음 중 기업형태의 특징에 대한 설명으로 가장 적절하지 않은 것은?

① 합자회사는 2명 이상의 출자자가 공동으로 출자하며 회사의 채무에 대한 연대무한의 책임을 진다.

② 주식회사는 자본석 공동기업의 대표적 형태이며 출자자는 회사의 부채에 개인적인 책임을 지지 않는다.

③ 공기업은 공공의 이익증진을 본질적인 목적으로 한다.

④ 공사공동기업은 공기업의 장점인 자본조달의 용이성과 사기업의 장점인 경영능률향상을 결합한 것이다.

24 다음 중 기업의 사회적 책임에 대한 구체적인 내용이 아닌 것은?

① 기업유지 및 발전의 책임

② 이해관계자의 이해 조정의 책임

③ 외국기업과의 교류의 책임

④ 지역발전과 복지향상에 대한 책임

25 다음 중 주식회사의 필요상설기관인 '이사회'의 권한에 따른 의결사항으로 보기에 가장 적합하지 않은 것은?

① 주주총회 소집권한   ② 신주의 발행 및 사채 모집

③ 감사의 선임   ④ 대표이사의 선임

ANSWER 23.① 24.③ 25.③

23 ① 합자회사란 1인 이상의 무한책임 사원과 1인 이상의 유한책임 사원으로 구성된 회사를 말한다. 무한책임 사원은 회사에 대하여 출자의무를 부담할 뿐만 아니라 회사채권자에게 직접 연대하여 무한의 책임을 부담하며, 유한책임 사원은 회사채권자에게 재산출자의 가액을 한도로 직접 연대하여 책임을 부담한다.

24 사회적 책임에 대한 구체적인 내용
㉠ 기업유지 및 발전의 책임
㉡ 이해관계자의 이해 조정 책임
㉢ 사회적 기능에 대한 책임
㉣ 생활환경에 대한 책임
㉤ 지역사회 발전과 복지향상에 대한 책임

25 이사회의 권한에 따른 의결사항
㉠ 주주총회소집권
㉡ 대표이사선임권
㉢ 이사의 경업과 겸직의 승인
㉣ 경업시 개입권, 신주발행사항 결정
㉤ 사채모집

26 다음 중 대기업의 특성으로 옳은 것은?

① 수평조직   ② 규모의 경제

③ 틈새시장   ④ 단순성

27 다음 설명 중 중소기업의 특성으로 거리가 먼 것은?

① 기업의 규모가 작아서 창업이나, 폐업이 어려우며 환경변화에 쉽게 대응할 수 없다.

② 주로 소매업, 서비스업종의 1인 기업이 많다.

③ 소유자에 의해 의사결정이 자율적으로 이루어진다.

④ 대기업의 협력업체로 종속관계를 유지하는 경우가 있다.

28 조직문화 형성에 영향을 주는 주요 요인으로 맞지 않는 것은?

① 조직의 역사와 규모   ② 창업자의 경영이념과 철학

③ 조직의 환경   ④ 경쟁기업의 사회화

29 민츠버그(H. Mintzberg)가 말한 경영자의 역할에 해당하지 않는 것은 무엇인가?

① 대인관계 역할   ② 정보관련 역할

③ 환경관리 역할   ④ 의사결정 역할

ANSWER 26.② 27.① 28.④ 29.③

26 ① 대기업은 수직적 조직에 가까우며, 많은 규칙과 규제 그리고 엄격한 위계질서가 존재하는 기계적 조직이다.
③ 틈새시장은 규모가 작고 수익성이 떨어지며 불확실성이 높아서 대기업의 기존시장과 비교할 때 투자 매력도가 떨어진다.
④ 대기업은 복잡성을 가지고 있다.

27 ① 기업의 규모가 작아서 대기업보다 높은 수준의 유연성을 가진다. 따라서 내적 · 외적 환경의 변화에 대응하여 빠르게 대처할 수 있다.

28 조직문화 형성에 영향을 주는 요인은 창업자의 경영이념과 철학, 조직의 역사와 규모, 대체 문화의 존재여부, 산업 환경과 산업의 문화, 제품의 수명 주기 등이다.

29 경영자의 역할 : 인간관계역할(대인적 역할), 정보관련역할(정보처리역할), 의사결정역할

30 경영의 기본 기능 중 가장 중요한 것으로 기업이 앞으로 나아갈 방향과 각 활동이 수행되어야 할 방법을 제시하고 다른 모든 기능의 수행에 영향을 미치는 경영관리 기능은 무엇인가?

① 통제
② 지휘
③ 계획화
④ 조직화

31 개인의 특성이 리더로서의 성공의 결정 요인으로 중요하게 보는 리더십 이론은 무엇인가?

① 행동이론
② 특성이론
③ 상황이론
④ 규범적 리더십이론

32 허쯔버그(Herzberg)의 동기-위생이론에 대한 설명으로 옳은 것은?

① 동기요인은 높은 수준의 욕구와 관련이 있으며, 개인으로 하여금 열심히 일하게 하고 성취도를 높혀주는 요인이다.
② 동기요인은 직무 자체보다는 직무환경과 연관성이 있다.
③ 위생요인은 구성원들에게 주는 만족요인이다.
④ 위생요인은 심리적 성장을 추구하는 요인이다.

ANSWER　30.③　31.②　32.①

30 ① 실제의 경영 활동이 계획된 대로 진행될 수 있도록 감시하고, 또한 그 계획으로부터 벗어나는 것을 미리 예방하거나 수정하는 활동
② 조직의 목표를 달성하기 위하여 요구되는 업무를 잘 수행하도록 조직 구성원들을 독려하는 행위
④ 조직 구성원 각자가 해야 할 일을 정하고 필요한 지원을 해주며 누가 누구에게 보고를 하고 감독을 받아야 하는가를 결정하는 과정

31 ② 리더가 될 수 있는 고유한 개인적 자질 또는 특성이 존재한다는 가정 하에 리더의 외양이나 개인적인 개성에서 공통적인 특성을 찾아내고자 하는 리더십 연구이다.

32 ② 동기요인은 직무 그 자체를 뜻하는 만족요인이다.
③ 위생요인은 작업조건 또는 그 환경으로서 불만족요인이다.
④ 동기요인은 심리적 성장을 추구하는 요인이다.

33 마케팅믹스란 기업이 원하는 반응을 얻기 위해 사용되는 마케팅 변수의 집합이다. 마케팅 믹스의 요소인 4P에 대한 설명으로 적절치 않은 것은?

① Product - 제품
② Price - 가격
③ Place - 시장
④ Promotion - 촉진

34 다음 중 마케팅 전략에 대한 설명으로 가장 적절하지 않은 것은?

① 집중적 마케팅은 기업의 자원이나 역량에 한계가 있는 중소기업들이 사용하는 경우가 많다.
② 제품수명주기가 도입기에 있는 경우에는 집중적 마케팅을 하는 것이 좋다.
③ 경쟁사가 차별적 마케팅이나 집중적 마케팅을 하는 경우, 비차별적 마케팅을 함으로써 경쟁우위를 확보할 수 있다.
④ 모든 구매자가 동일한 기호를 가지고 있는 경우에는 비차별적 마케팅이 적합하다.

35 다음 중 보상관리에 대한 설명으로 가장 적절하지 않은 것은?

① 직무급은 각 직무의 상대적 가치를 평가해 등급화된 직무등급에 의거하여 임금 수준을 결정하는 임금체계이다.
② 성과급은 성과와 능률을 기준으로 임금이 결정된다.
③ 직능급은 종업원의 직무수행능력을 기준으로 임금수준을 결정한다.
④ 연공급은 동일노동 동일임금의 원칙을 실현하기 위해 가장 적절한 임금체계라고 할 수 있다.

ANSWER 33.③ 34.③ 35.④

33 4P : 제품(Product), 장소(Place), 가격(Price), 촉진(Promotion)

34 ③ 비차별적 마케팅은 세분시장 간의 차이를 무시하고 하나의 제품으로 전체시장을 공략하는 전략으로 쟁사가 차별적 마케팅이나 집중적 마케팅을 하는 경우에 적절하지 않다.

35 ④ 근속연수인 연공(seniority)에 비례하여 임금을 산정하여 지급하는 방식으로서 개인의 근속연수에 따라 개인의 업적이나 성과를 동일하게 보고 임금을 지급한다.

36 다음 중 유동자산으로 볼 수 없는 것은?

① 현금 　　　　　　　　　　　② 재고자산

③ 외상매출금 　　　　　　　　④ 외상매입금

37 구매한 상품의 하자를 문제 삼아 기업을 상대로 과도한 피해보상금을 요구하거나 거짓으로 피해를 본 것처럼 꾸며 보상을 요구하는 사람들을 일컫는 용어는 무엇인가?

① 프로슈머 　　　　　　　　　② 컨슈머 마케팅

③ 블랙 컨슈머 　　　　　　　④ 그린 컨슈머

38 다음 중 '작은 돈을 장기간 절약하여 꾸준히 저축하면 목돈을 만들 수 있다'는 의미로 장기간 저축하는 습관의 중요성을 강조하는 용어로 가장 적절한 것은?

① 스파게티볼 효과 　　　　　② 카푸치노 효과

③ 카페라테 효과 　　　　　　④ 블랙스완 효과

ANSWER 36.④ 37.③ 38.③

36 ④ 외상거래에서의 매입물품에 대한 미지급 대금으로 제품이나 원자재를 살 때 현물을 받고서도 아직 그 대금을 치르지 않은 단기의 미지급금이다.
※ 유동자산 : 현금 및 현금성자산, 매출채권, 미수금, 단기대여금과 재고자산 등

37 ① 제품 개발을 할 때에 소비자가 직접적 또는 간접적으로 참여하는 방식
④ 소비에 있어 환경이나 건강을 우선 판단 기준으로 하는 소비자

38 ① 여러 국가와 FTA를 동시다발적으로 체결할 때 각 국가의 복잡한 절차와 규정으로 인하여 FTA 활용률이 저하되는 상황을 일컫는 말
② 카푸치노의 풍성한 거품처럼 재화가 실제의 가치보다 터무니없이 높게 책정된 시장
④ 불가능하다고 인식된 상황이 실제 발생하는 것

39 다음 중 직무관리에 대한 설명으로 가장 적절하지 않은 것은?

① 직무명세서는 직무를 수행하는 데 필요한 인적요건을 중심으로 작성된다.

② 직무분석은 직무의 상대적 가치를 결정하는 것으로 보상을 결정하는 데 목적이 있다.

③ 직무분석을 통해 직무기술서와 직무명세서가 작성된다.

④ 직무충실화는 수직적 직무확대를 의미하며 직무확대에 비해 동기요인이 강하게 부여된다.

40 아래의 사례를 설명할 수 있는 게임이론으로 가장 적절한 것은?

> 경쟁기업인 A기업과 B기업이 서로를 꺾기 위해 손실을 감수하며 파격적인 할인을 반복하는 '죽기살기식 가격경쟁'을 하고 있다.

① 제로섬게임

② 죄수의 딜레마

③ 세 명의 총잡이

④ 치킨게임

39 ② 직무평가에 관한 설명이다. 직무분석의 목적은 직무에 관한 공식적인 개요를 작성하는데 필요한 모든 정보자료를 수집하고 이를 분석하는 것이다.

40 ① 한쪽의 이득과 다른 쪽의 손실을 더하면 제로(0)가 되는 게임을 일컫는 말이다.
② 자신의 이익만을 고려한 선택이 결국에는 자신뿐만 아니라 상대방에게도 불리한 결과를 유발하는 상황
③ 자신은 결투에서 한 발 물러서고 상대의 목표를 서로에게 돌리게 하면서 자신에 대한 관심도를 낮추는 것

41 Which of the followings is the MOST appropriate word for the blank?

I'd like to hold Marketing Directors Meeting on November 5 at Hyatt Hotel, Seoul, in Korea. Please advise availability of your attendance at your earliest (   ) to my secretary, Ms. Julia Smith at jsmith@kkk.com.

① convenience   ② fast
③ convenient   ④ comfortable

42 Ms. Kim wants to apply for a secretary in a company. To whom does she have to submit her application letter?

① HR manager
② sales manager
③ marketing manager
④ public relations manager

ANSWER 41.① 42.①

41 '되도록 빨리'의 뜻으로 'earliest convenience'를 쓴다.
「11월 5일 한국 서울 하얏트 호텔에서 마케팅 디렉터 회의를 개최하고 싶습니다. 가능한 한 빨리 참석 가능 여부를 제 비서인 Julia Smith의 메일 jsmith@kkk.com으로 연락 주십시오.」

42 비서를 지원하는 것이므로 HR 관리자에게 신청서를 제출해야 한다.
② 영업 관리자
③ 마케팅 관리자
④ 홍보 관리자

43 Which of the following is the MOST appropriate expression for the blank?

A : Can I see you this afternoon to talk about an issue?
B : (   )
A : I would prefer meeting since it'll take some time to work through it.
B : OK, let me check my schedule and get back to you.

① Do you think we have to meet in person?
② Which is better, your office or ours?
③ What's the most convenient time for you?
④ Is it enough with teleconferencing?

44 Which English-Korean pair is LEAST proper?

① promotion – 승진
② recruit – 자기 개발
③ resign – 사임
④ lay – off – 해고

43 「A : 오늘 오후에 문제에 대해 이야기 할 수 있습니까?
    B : 우리가 직접 만나야 할까요?
    A : 그것을 해결하는 데 시간이 좀 걸릴테니 만났으면 합니다.
    B : 좋습니다. 일정을 확인하고 다시 연락드리겠습니다.」
    ② 당신의 사무실이나 우리 중 어느 것이 더 낫습니까?
    ③ 가장 좋은 시간은 언제입니까?
    ④ 화상 회의로 충분합니까?

44 ② recruit – (신입 사원을)모집하다

45 Read the following conversation and choose one which has a grammatical error.

A : Oh my goodness, I'm late again today.
B : Everybody ⓐ has been waiting for you.
A : I'm sorry ⓑ for being late for the meeting.
B : Why are you so late?
A : I'm late because the subway ⓒ is break down.
B : ⓓ Why didn't you call me then?
A : My cell phone died.
B : No more execuses, please.

① ⓐ has been waiting

② ⓑ for being late

③ ⓒ is break down

④ ⓓ Why didn't you

46 아래 팩스에 대한 설명으로 가장 적절하지 못한 것은?

Facsimile Transmission

PARKER MILLS
2605 Commerce Boulevard
Omaha, NE 68124
Telephone: 402-241-7425
Fax: 402-241-7426

To :	Reservations Manager	Date :	May 13, 2019
Company :	Willoughby Hotel	Fax Number :	413-731-5979
From :	Mary Anderson, Manager	Page sent :	2 (including this page)

Please let us know if all pages are NOT received.

Message

---

① 이 팩스의 수신인은 총 2장의 팩스 문서를 받는다.

② Mary Anderson은 Parker Mills 소속이다.

③ 이 팩스의 수신인은 Willoughby Hotel의 예약관리자이다.

④ 이 팩스를 받는 사람의 이름은 Mary Anderson이다.

---

46 ④ 이 팩스를 보낸 사람의 이름이 Mary Anderson이다.

47 Choose one that is the LEAST appropriate expression for the blank.

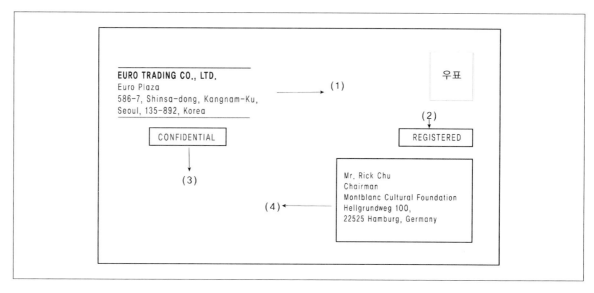

① (1) Return Address

② (2) Postal Directions

③ (3) On – Departure Notation

④ (4) Mail Address

48 What is the main purpose of this letter?

Dear Mrs. Leap,

I was saddened to learn that Christopher D. Leap has passed away. He was a good friend to me at work, and he will be missed by his colleagues here.

I had the good fortune to work with Chris at ECD Corp. for the last seven years. He was a good mentor to me, willing to take the time to answer my questions and teach me more about our industry. He was always cheerful and pleasant, and his leadership was a great asset to our company.

Please accept my sincere condolences.

With best regards,

Jingoo Park
President
ECD Corporation

---

① To miss one of his colleagues who is in a business trip

② To accept his condolence

③ To celebrate the achievements of his colleague

④ To express his sympathy for the death of his staff

ANSWER 48.④
....

48 ① 출장 중인 동료 중 한 명을 그리워하기 위해
② 그의 애도를 받아들이기 위해
③ 그의 동료의 업적을 축하하기 위해
④ 직원의 사망에 대한 연민을 표현하기 위해

「Mrs. Leap에게
Christopher D. Leap이 세상을 떠났음을 알게 되어 슬펐습니다. 그는 직장에서 저에게 좋은 친구였으며 여기 그의 동료들이 그리워할 것입니다.
지난 7년 동안 ECD Corp.에서 Chris와 함께 일할 수 있어 행운이었습니다. 그는 제게 좋은 멘토였으며 시간을 내어 질문에 대답하고 우리 산업에 대해 더 많은 것을 가르쳐주었습니다. 그는 항상 즐겁고 즐거웠으며 그의 리더십은 우리 회사의 큰 자산이었습니다.
저의 진심어린 애도를 받아주세요.
마음을 담아,
ECD Corp의 대표 Jingoo Park.」

49 Which is MOST proper expression for the below meaning?

> 4월 3일 수요일에 열리는 신제품 출시 발표회에 정성을 다해 귀하를 모십니다.

① You are cordially inviting to a demonstration of our new line of products in Wednesday, April 3.

② You are cordially invited to a demonstration of our new line of products on Wednesday, April 3.

③ You are cordially inviting to a demonstration of our new line of products by Wednesday, April 3.

④ You are cordially invited to our new line of products of a demonstration in Wednesday, 3 April.

50 Fill in the blanks with the BEST word(s).

> A : Good afternoon. JP&B Associates. How can I help you?
>
> Linda : I'd like to speak with Larry Smith, please.
>
> A : Please ⓐ (　　　) while I put your call through... I'm sorry. I'm afraid Mr. Smith is out of the office at the moment. Would you like to ⓑ (　　　) a message?
>
> Linda : I wanted to check to make sure he remembered our meeting.

① ⓐ wait − ⓑ take

② ⓐ hold − ⓑ leave

③ ⓐ hold − ⓑ take

④ ⓐ wait − ⓑ get

ANSWER 49.② 50.②

49 ② S+be+invited to (전치사)로 쓰이며, 요일이나 날짜 앞에는 전치사 'on'을 쓴다.

50 「A : 안녕하세요. JP & B Associates입니다. 무엇을 도와 드릴까요?
린다 : Larry Smith씨와 통화하고 싶습니다.
A : 전화를 넘기는 동안 기다려 주시겠습니까? 죄송합니다. Smith 씨가 바로 지금 퇴근하신 것 같네요. 메시지를 남기시겠습니까?
린다 : 저는 그가 우리의 회의를 기억했는지 확인하고 싶었습니다.」

51 Which is NOT true according to the following guidelines?

We'll have BPR Conference next Tuesday. Please keep in mind everything is ready before the conference.

- Opening ceremony starts at 9:30 am.
- After opening ceremony, the keynote speech will be done by Mr. J. Y. Lee for 10 minutes.
- Individual presentation starts at 10:00 am. All facility check-up should be done before 9:00 am.
- There will be 4 presentations, and handouts are necessary for all the presentations.
- Coffee break will be after the 2nd presentation.
- Smoking is prohibited in the conference room.

① 회의 개회식은 오전 9시 30분에 시작된다.

② 기조 연설자는 Mr. J. Y. Lee이며 기조 연설 시간은 10분이다.

③ 회의실에서의 흡연은 금지된다.

④ 모든 시설에 대한 확인은 개회식 직전까지 마무리되어야 한다.

51 ④ 모든 시설에 대한 확인은 오전 9시 전에 이루어져야 합니다.

「다음 주 화요일에 BPR 컨퍼런스가 있습니다. 회의 전에 모든 것이 준비되어 있음을 명심하십시오.
- 개회식은 오전 9시 30분에 시작됩니다.
- 개회식이 끝난 후 기조 연설은 J. Y. Lee가 10분 동안 진행합니다.
- 개별 프레젠테이션은 오전 10시에 시작됩니다. 모든 시설 점검은 오전 9시 전에 이루어져야 합니다.
- 4개의 프레젠테이션이 있으며 모든 프레젠테이션에 유인물이 필요합니다.
- 커피 브레이크는 두 번째 프레젠테이션 후에 이루어집니다.
- 회의실에서는 흡연이 금지되어 있습니다.」

52 Read the following conversation and choose one which is NOT true.

Mr. Jin : I would like to meet with you and talk about the unit price.

Mr. Oh : As a matter of fact, I've also wanted to discuss it. Do you mind if I visit your office next Wednesday?

Mr. Jin : Hold on, please. Let me check my schedule. I am free after 3 o'clock.

Mr. Oh : Then, let's meet at 4 o'clock.

Mr. Jin : That's good with me. It's settled then. Let me know if something comes up.

---

① Mr. Oh is supposed to visit Mr. Jin's office next Wednesday.

② The schedule will not change under any circumstances.

③ Mr. Oh is interested in unit price.

④ Mr. Jin wants to have a face to face meeting.

ANSWER) 52.②

52 Mr. Jin이 문제가 발생하면 알려달라고 했으므로, 상황에 따라 일정이 변경될 수 있다.
① Mr. Oh는 다음 주 수요일 Mr. Jin의 사무실을 방문 할 예정이다.
② 상황에 따라 일정이 변경되지 않는다.
③ Mr. Oh는 단가에 관심이 있다.
④ Mr. Jin은 대면 회의를 원한다.

「Mr. Jin : 만나서 단가에 대해 이야기하고 싶습니다.
Mr. Oh : 사실 저도 그것을 의논하고 싶었습니다. 다음 주 수요일에 사무실을 방문해도 될까요?
Mr. Jin : 기다려주십시오. 일정을 확인하겠습니다. 저는 3시 이후에 자유롭습니다.
Mr. Oh : 그럼 4시에 만납시다.
Mr. Jin : 좋네요. 그럼 그렇게 해결이 되었네요. 문제가 발생하면 알려주십시오.」

53 After this conversation, what does the secretary have to do first?

> Secretary : Mr. Johnson would like to see you now on some urgent business, if it is possible.
>
> Mr. Han : Well, Mr. Parker of Overseas Section is scheduled to see me after 20 minutes, so would you report your boss and set up another time for him to see me, please?

① call Mr. Parker of Overseas Section

② report Mr. Johnson to rearrange an appointment

③ meet Mr. Johnson to keep an appointment

④ deal with the urgent business with Mr. Han

54 What is MOST appropriate expression for the underlined part?

> Secretary : Do you have an appointment?
>
> Visitor : No, <u>이 회사의 로스엔젤레스 지점장인 박선생님으로부터 소개를 받았습니다.</u> Here's my business card.

① I referred to you by Mr. Park of your Los Angeles Branch Manager.

② I referred you from Mr. Park of your Los Angeles Area Manager.

③ I was referred to you by Mr. Park of your Los Angeles Branch Manager.

④ I was referred by you to Mr. Park of your Los Angeles Area Manager.

Aɴѕᴡᴇʀ 53.② 54.③

53 ① 해외 부서 파커 씨에게 전화한다.
② 존슨 씨에게 약속을 재정비하도록 보고하다.
③ 약속을 지키기 위해 존슨 씨를 만난다.
④ 한 씨와의 시급한 거래를 처리하다.

「비서 : 존슨 씨는 가능하다면 긴급한 사업을 하고자 합니다.
　Mr. Han : 해외 부서 파커 씨가 20분 후에 저를 만나도록 예정되어 있으니 상사분께 저를 만나려면 다른 시간을 정해달라고 해주시겠어요?」

54 'refer A to B'는 'A를 B에게 보내다'의 뜻으로, 수동태로 'I was referred to you by A'로 쓴다.

「비서 : 약속하셨습니까?
　방문객 : 아니오. 이 회사의 로스엔젤레스 지점장인 박선생님으로부터 소개를 받았습니다. 여기 제 명함입니다.」

55 Which of the followings is the least appropriate expression for the blank?

> A : Do you have a reservation?
> B : No, I don't, but do you have a room for tonight?
> A : Yes. A single room or a double room?
> B : A single room, please. Well, do you have any rooms with a wonderful night view of this city?
> A : Room 723 has a beautiful view of the city.
> B : (   )

① Could you let me know what the daily rate is?

② How many nights will you stay?

③ How much will that cost?

④ What's the rate per night?

56 Which of the following is NOT essential to be included in the Itinerary?

① Arrival time and the airport name

② hotel name

③ the name of the people to meet

④ the writer of Itinerary and the name of a secretary

55 ① 일일 요금이 얼마인지 알려주시겠습니까?
② 당신은 몇 박을 머무를 것입니까?
③ 비용은 얼마입니까?
④ 그 비용은 얼마입니까?
「A : 예약 하셨나요?
B : 아뇨, 하지만 오늘 밤에 방이 있습니까?
A : 예. 싱글룸 또는 더블룸 어떤 것을 원하시나요?
B : 싱글룸으로 주세요. 이 도시의 멋진 야경을 볼 수 있는 방이 있습니까?
A : 723호실은 도시의 아름다운 전망을 제공합니다.」

56 다음 중 여정에 포함되지 않아도 되는 것은 무엇입니까?
① 도착 시간과 공항 이름
② 호텔 이름
③ 만나는 사람들의 이름
④ 여정의 작가와 비서의 이름

57 According to the itinerary, which is NOT true?

• Booking Reference : (1B – QQJXTM)

Hotel Information	• The same rate might not be applicable for the entire period of stay

CONRAD HOTELS AND RESORTS   SINGAPORE(Confirmation Number : 3259314349)

Check – in	Check – out	Room Type	Rate(1 night / 1 room)	Cancellation Notice
18JUL(MON)	20JUL	CLASSIC TWIN	305.00SGD	CANCEL BY 06P DAY OF ARRIVAL

Address : CONRAD SINGAPORE, TWO TEMASEK BOULEVARD, SINGAPORE SG 038982

Tel : 65--63348888   Fax : 65--63339166

Hotel Extra Information

CORPORATE ID : 0992835

46.97   TOTAL TAX

61.00   TOTAL SURCHARGE

717.97   SGD APPROXIMATE TOTAL PRICE

INCLUDES TAXES AND SURCHARGES

EXCLUDES INCIDENTALS

---

① 이 호텔에 2박 3일 숙박한다.

② 호텔 룸은 twin bedroom이다.

③ 호텔 예약 취소는 호텔 도착 6일전에 호텔에 통보해야 한다.

④ 305.00 SGD에 전체 숙박과 부대비용이 포함된 금액이다.

ANSWER 57.④

57 ④ 305.00SGD는 하루 숙박 요금이다.

58 Which of the following BEST completes the conversation below in order?

Martin : Hello. This is Thomas Martin of BBC Co. I know Mr. Anderson is out of town this
week. I'd like to _____ a message for him.
Jude : Certainly.
Martin : I'd like him to get in touch with me as soon as he returns from his business trip.
Jude : All right, sir. I'm sorry, but I couldn't _____ your name.
Martin : That's Thomas Martin of BBC Co.
Jude : Thank you. I'll be sure he gets your message. Thank you for calling.

① leave − catch
② take − call
③ leave − say
④ take − get

59 Fill in the blanks with the BEST word(s).

A : Hi? I've been calling all morning, but the line has been (   ).
B : Hello? Can you speak up? I can hardly hear you. Who is calling, please?
A : It's Diane. Can you hear me now?
B : Oh, it's a bit hard to hear you.
A : Let me (   ) and call you right back.

① complexing − go
② hard − down
③ terrible − to cut
④ busy − hang up

ANSWER 58.① 59.④

58 「Martin : 여보세요. 저는 BBC Co.의 Thomas Martin입니다. 저는 Anderson 씨가 이번 주 외곽에 있다는 것을 알고 있습니다. 저는 그에게
메시지를 남기고 싶습니다.
Jude : 물론이죠.
Martin : 출장에서 돌아오자마자 연락을 부탁합니다.
Jude : 알겠습니다. 죄송합니다만 이름을 못 알아들었습니다.
Martin : BBC Co.의 Thomas Martin입니다.
Jude : 감사합니다. 그가 당신의 메시지를 받게 될 것입니다. 전화해주셔서 감사합니다.」

59 '통화중'이라는 뜻으로 'line is busy'를 쓰며, '전화를 끊다'는 'hang up'이다.
「A : 안녕하세요? 아침 내내 전화했지만 전화가 통화중이었습니다.
B : 여보세요? 좀 더 크게 말씀해주시겠습니까? 저는 거의 들을 수 없습니다. 누구시죠?
A : Diane.입니다. 지금 제 말 들립니까?
B : 오, 조금 듣기가 어렵습니다.
A : 전화를 끊고 바로 연락드리겠습니다.」

60 Which of the followings is the MOST appropriate expression for the blanks ⓐ, ⓑ, and ⓒ?

> A : Hi, Fiona. How's it going?
>
> B : Very well. Thank you. Spencer, this is my colleague Kaden. We started ⓐ (   )
> here at the same time, but he's ⓑ (   ) to me in the company.
> He ⓒ (   ) at the Jeju branch before he came to Seoul.
>
> A : Hello, Kaden, you can call me Spencer.
>
> C : Hello, Spencer. It's nice to meet you.

	ⓐ	ⓑ	ⓒ
①	to working	junior	is used to working
②	working	senior	used to work
③	join	peer	worked
④	worked	supevisor	used to working

60 start work 근무를 시작하다 peer 또래 senior 고위의

「A : 안녕, Fiona. 어떻게 지내고 있습니까?
B : 아주 잘 지냅니다. 감사합니다. Spencer, 이쪽은 제 동료 Kaden입니다. 우리는 동시에 여기에서 근무를 시작했지만 그는 회사에서 수석입니다. 그는 서울에 오기 전에 제주 지점에서 일했습니다.
A : 안녕하세요, Kaden. Spencer라고 불러주세요.
C : 안녕하세요. Spencer. 만나서 반갑습니다.」

61 우편물의 봉투를 내용물과 함께 보관해야 할 사례로 가장 적절하지 않은 것은?

① 겉봉에 찍힌 소인 날짜와 편지 안의 찍힌 날짜가 동일함을 증명하기 위할 때

② 첨부되어 있어야 할 동봉물이 보이지 않을 때

③ 소인이 찍힌 입찰이나 계약서 등의 서류 봉투를 법적 증거로 이용할 필요가 있을 때

④ 잘못 배달된 편지가 반송되어 회신이 늦어지는 이유가 될 때

62 다음 중 공문서 작성 시 표기가 가장 올바르게 된 것은?

① 2019.1.1(월)

② 10만 톤

③ 2,134만 5천원

④ 원장 : 홍길동

---

61 우편물의 봉투를 내용물과 함께 보관해야 할 사례
  ㉠ 입찰서류나 계약서 등의 봉투 소인이 법적 증거로 이용 시
  ㉡ 편지 속의 발신인 주소와 봉투의 주소가 다를 때
  ㉢ 편지 속에 발신인의 성명과 주소가 없을 때
  ㉣ 첨부되어야 할 동봉물이 없을 때
  ㉤ 편지봉투에 찍힌 소인 날짜와 편지 안에 찍힌 발신 날짜가 다를 때
  ㉥ 주소 변경, 수취인 부재 등의 이유로 편지가 회송돼 우리 쪽의 회신이 늦어진 이유가 될 때
  ㉦ 봉투에 수신인 주소가 잘못 적혀 있을 때
  ㉧ 발신인 주소 변경 시

62 ① 2019. 1. 1. (월)
  ③ 숫자는 아라비아 숫자를 사용한다.
  ④ 원장 : 홍길동

63 다음 중 공문서가 아닌 것은?

① 증권회사에서 금융감독원에 제출한 보고서

② 교육부에서 시도교육청에 발송한 지침

③ 공무원이 학원에 제출한 수강신청서

④ 개인이 구청에 제출한 여권발급신청서

64 다음 중 문서작성의 원칙이 맞는 것끼리 연결된 것을 고르시오.

가. 문서의 목적에 부합하는 내용과 형식으로 문서를 작성한다.
나. 문서는 작성하는 사람이 보고 편하게 가독성을 높여 작성한다.
다. 사무 문서는 주로 두괄식으로 구성한다.
라. 비서가 상사를 대신해서 작성한 문서라 할지라도 작성자의 이름으로 발송한다.
마. 메시지는 단순하고 짧게 작성한다.

① 가, 나, 다, 라, 마

② 가, 나, 라, 마

③ 가, 다, 마

④ 가, 라, 마

ANSWER 63.③ 64.③

63 ③ 공문서란 행정기관 내부 또는 상호간이나 대외적으로 공무상 작성 또는 시행되는 문서 및 행정기관이 접수한 문서를 말한다.

64 나. 문서를 보는 사람이 보기 편하게 작성해야 한다.
라. 비서가 상사를 대신해서 작성한 문서의 경우 비서의 이름으로 발송한다.
※ 문서작성의 원칙
　㉠ 문장을 짧고, 간결하게 작성하도록 한다.
　㉡ 상대방이 이해하기 쉽게 쓴다.
　㉢ 한자의 사용을 자제해야 한다.
　㉣ 간결체로 작성한다.
　㉤ 긍정문으로 작성한다.
　㉥ 간단한 표제를 붙인다.
　㉦ 문서의 중요한 내용을 먼저 쓰도록 한다.

65 다음 중 감사장에 대한 설명이 옳은 것끼리 연결한 것은?

> 가. 축하나 위문 등을 받았을 때, 업무상의 협조나 편의를 제공받았을 때 작성한다.
> 나. 통지문의 성격이 강하므로 용건이나 목적을 명확하게 작성한다.
> 다. 겸손하고 정중하게 작성한다.
> 라. 선물을 받았다면 선물 받은 물품에 대해 자세하게 언급하여 작성한다.

① 가, 나, 다, 라
② 가, 다, 라
③ 가, 나, 다
④ 가, 다

66 다음 문서가 속한 문서의 유형은?

> 안내문, 게시문, 업무 협조문, 조회문, 회람문, 통지문

① 지시 문서
② 보고 문서
③ 연락 문서
④ 기록 문서

ANSWER 65.④ 66.③

65 ④ 감사장은 축하나 위문 등을 받았을 때나 업무상의 협조나 편의를 제공받았을 때에 상대방의 호의와 도움에 감사하는 마음을 전하기 위해서 작성하는 문서로 겸손하고 정중하게 서식에 맞추어 작성하여야 하며, 상대방의 성의와 관심, 열정에 감사드리는 내용을 작성하여야 한다. 물품 등에 대한 언급은 자세하게 하지 않은 것이 좋다. 감사장은 대부분 기업에 보내는 것이 아니라 개인에게 직접 감사하는 형식으로 너무 형식에 치우치지 않고, 읽은 사람이 정성과 믿음을 느낄 수 있도록 작성하는 것이 좋다.

66 문서의 유형

유형	종류
지시문서	명령서, 지시서, 통지서, 기획서 등
보고문서	업무보고서, 출장보고서, 조사보고서, 영업보고서
연락문서	안내문, 게시문, 업무 연락서, 업무 협조문, 조회문, 회람문
기록문서	회의록, 인사 기록 카드, 장표 등
기타문서	상사의 연설문, 발표 문서 등

67 다음 보기의 문서 관리 과정을 순서대로 올바르게 나열한 것은?

가. 폐기	나. 분류
다. 구분	라. 편철
마. 보존	바. 보관

① 가 – 나 – 다 – 라 – 마 – 바
② 다 – 라 – 나 – 바 – 마 – 가
③ 다 – 나 – 라 – 마 – 바 – 가
④ 다 – 나 – 라 – 바 – 마 – 가

68 다음 중 번호식 문서정리 방법의 장단점에 해당하는 것으로 가장 부적절한 것은?

① 번호 분류 후 제목이나 이름 가나다순으로 재배열하기 때문에 착오가 생길 우려가 있다.
② 내용 대신 번호로 부르기 때문에 기밀을 유지하기 쉽다.
③ 새로운 파일을 추가해서 계속 만들 수 있어서 확장성이 좋다.
④ 번호를 확인하는 과정을 거쳐야 하기 때문에 번거롭다.

69 박비서는 상사의 지시에 따라 문서관리 업무를 맡게 되었다. 박비서의 문서관리 업무 방법중 가장 적절하지 못한 것은?

① 보존 기간이 지난 문서는 필요여부를 재검토한 후 적시에 폐기했다.
② 문서가 보관된 서류함이나 서랍의 위치를 표시해서 찾기 쉽게 해두었다.
③ 문서관리 방법을 회사 규정에 따라 표준화시켰다.
④ 원본 문서가 잘 보관되었더라도 신속하게 찾기 힘들기 때문에 부서별로 각각 복사하여 따로 보관하도록 하였다.

70 전자문서를 아래와 같이 관리하고 있다. 이 중 가장 적합하지 않은 것은?

① 전자문서의 보존기한은 종이문서의 보존기한과 동일하게 적용된다.

② 전자문서의 보존기간이 장기인 경우 장기보존포맷으로 변환하여 보존매체에 수록하여 보존한다.

③ PC에 저장된 전자문서는 필요여부를 재검토한 후 폐기가 확정되면, 키보드의 [Delete]키를 눌러서 삭제한다.

④ 전자문서 시스템에서 전자문서를 수정하는 경우 문서의 보안등급에 따라 접근권한을 부여받아 수정하여야 한다.

71 문서 정보 관리 원칙에 대한 설명이다. 가장 적절하지 않은 것은?

① 일반 스캐너로 생성된 이미지 문서도 종이 문서와 동일한 법적 효력을 보장 받을 수 있다.

② 문서 정보는 진본성, 무결성, 신뢰성 및 이용 가능성이 보장되어야 한다.

③ 중요하거나 복잡한 사항의 지시, 보고, 전달, 회람 등의 업무는 반드시 문서 정보로 처리한다.

④ 모든 문서 정보의 처리는 추후 증거력이나 업무 설명 책임성을 가질 수 있어야 한다.

72 명함을 관리하기 위하여 데이터베이스 관리 프로그램으로 MS-Access를 사용하고 있다. 명함에 있는 내용이 모두 입력된 테이블 중 자료의 일부만을 별도로 추출하여 새로운 데이터시트로 정리하려고 한다. 이때 사용할 수 있는 개체는?

① 레이블   ② 쿼리

③ 폼   ④ 보고서

Answer   70.③   71.①   72.②

70 ③ 전자문서가 어떠한 방식으로도 재구성되거나 재생성 될 수 없도록 완전히 삭제해야 한다.

71 ① 일반 스캐너를 통해 생성된 이미지 문서(스캐닝 문서)는 종이문서와 동일함이 인정되지 않기 때문에 법적 효력을 보장받을 수 없다.

72 ② 쿼리는 데이터베이스에 정보를 요청하는 것으로 원하는 데이터를 명령하여 추출할 수 있다.

73 다음 신문기사의 내용과 가장 상관 없는 것은?

> 터키가 금융위기로 리라화 폭락 등 환율 조정을 겪으면서 현지로 여행을 가려는 여행객이 늘고 있다. 패키지 직판 여행사 ◇◇투어는 터키 환율 이슈가 불거진 13일 이후부터 터키상품 예약문의량이 전달 같은 기간보다 20% 증가했다고 27일 밝혔다. ◇◇투어 관계자는 "최근 환율문제로 고객 예약문의가 많아졌다"며 "터키는 동서양 문화가 융합돼 감각적이고 아름다운 유적지를 곳곳에서 만나볼 수 있고 이슬람 영향을 받은 독특한 문화를 경험할 수 있는 여행지"라고 설명했다.
>
> 터키는 여름에는 고온 건조하고 겨울에는 한랭 습윤한 온화한 기후로 알려졌다. 최근 이슬람권에서 지난 주말 시작된 '이드 알아드하'(쿠르반 바이람·희생절) 연휴를 맞아 터키로 몰려든 관광객에 에게 해와 지중해 해안을 낀 호텔은 대부분 만실을 기록했다.
>
> 최근 터키에서 인기 휴양지로 부상한 서부 이즈미르주(州) 체시메 해안에는 희생절 연휴에 500여개 호텔이 100% 예약돼 체류 인원이 25배로 늘었다고 일간 휘리예트가 이날 보도했다. 남서부 지중해 해안의 마르마리스에도 관광객이 몰려 인원이 3배로 불었다고 터키 언론이 전했다. 니콜라 사르코지 전 프랑스 대통령 부부도 남서부 인기 휴양지 보드룸에서 목격되기도 했다.
>
> ◇◇투어는 터키 여행을 할 때 동양의 나폴리라 불리는 도시 이스탄불에서 크루즈를 타고 지중해의 푸른 바다를 감상할 기회도 놓치지 말아야 한다고 조언했다. 또 꿀벌이 빚은 벌집 같은 기이한 형태의 지형으로 유명한 카파도키아에서 지프 사파리 투어, 열기구투어, 밸리댄스 등도 경험할 수 있다고 덧붙였다.

① 리라화 폭락으로 인해 동일한 금액의 리라화를 사기 위해서 더 많은 원화가 필요한 상황이다.

② 터키 여행 상품의 예약 문의 증가는 터키 환율과 연관되어 있다.

③ 터키는 여름에 덥지만 습도가 높지는 않다.

④ 체시메 해안은 희생절 연휴에 체류 인원이 25배 늘었고 마르마리스에는 관광객이 3배나 증가했다.

ANSWER 73.①

73 ① 리라화 폭락으로 인해 동일한 금액의 리라화를 사기 위해서 더 적은 원화가 필요한 상황이다.

74 다음 중 스마트 디바이스의 활용에 대한 설명이 가장 적절하지 않은 것은?

① PDA는 한손으로 휴대할 수 있는 크기에 정보처리기능과 무선통신기능으로 통합한 휴대용 단말기로 팜 톱으로 불리며 스마드폰의 전신이다.

② 태블릿 PC는 노트북의 장점에 터치스크린 기능이 결합된 방식의 디바이스이다.

③ 스마트폰은 안드로이드 운영 체제 방식과 iOS 운영 체제 방식의 2가지로만 양분되어 있다.

④ 스마트폰에 회의 관련 애플리케이션인 에버노트나 리모트미팅 등을 활용하면 업무 수행에 도움이 된다.

75 다음 중 랜섬웨어에 대한 설명으로 가장 부적절한 것은?

① 컴퓨터가 랜섬웨어에 감염되면 저장된 문서파일을 열 수 없다.

② 랜섬웨어란 시스템을 잠그거나 데이터를 암호화해 사용할 수 없도록 만든 뒤, 이를 인질로 금전을 요구하는 악성 프로그램이다.

③ 랜섬웨어에 대비하기 위해서 중요한 파일은 데이터 백업이 필요하다.

④ 랜섬웨어는 스마트폰에는 영향을 미치지 않으므로 중요한 파일은 스마트폰에 저장한다.

76 다음 중 정보보안을 위한 비서의 행동으로 가장 올바르지 않은 것은?

① 비서는 상사가 선호하는 정보 보안 방식으로 보안 업무를 한다.

② 비서는 조직의 중요 기밀 정보의 접근 권한과 범위에 대하여 사내 규정을 숙지한다.

③ 비서는 조직과 상사의 비밀 정보에 대한 외부 요청이 있을 경우 즉시 상사에게 보고한다.

④ 비서는 상사의 집무실에서 나온 문서를 이면지로 사용한다.

ANSWER 74.③ 75.④ 76.④

74 ③ 스마트폰에서 볼 수 있는 운영 체제로는 노키아의 심비안, 구글의 안드로이드, 애플의 iOS, RIM의 블랙베리 OS, 마이크로소프트의 윈도우 폰, 리눅스, HP의 웹OS, 삼성의 바다, 노키아의 마에모, 미고 등이 있다.

75 ④ 아직까지는 스마트폰을 공격하는 랜섬웨어 사례가 매우 드물지만, 스마트폰도 언제든지 랜섬웨어의 공격 대상이 될 수 있다.

76 ④ 보안 유지를 위해 상사의 집무실에서 나온 문서는 파쇄해야 한다.

77 다음 중 스마트폰 애플리케이션을 활용한 업무처리와 관련한 내용으로 가장 부적절한 것은?

① 일정관리를 위해 기사님의 핸드폰에도 블루리본서베이를 다운받도록 하고 사용법을 설명한다.

② 명함 애플리케이션을 사용하더라도 종이 명함을 버리지 않고 보관한다.

③ 항공 예약 관련 애플리케이션은 상사가 선호하는 항공사의 것을 다운받는다.

④ 회의 녹취를 위해 핸드폰의 레코더 어플을 활용하여 녹음한다.

78 비서가 상사의 발표를 준비하고 있다. 이때 효과적인 발표를 위해 가장 적절하지 않은 업무처리는?

① 비서는 발표 주제를 대변할 수 있는 템플릿을 이용하여 슬라이드마다 형식을 통일하였다.

② 발표를 위한 프레젠테이션 자료 외에 발표시 참고할 슬라이드 노트를 따로 준비하였다.

③ 청중이 발표내용을 충분히 이해할 수 있도록 발표내용이 모두 포함된 유인물을 사전에 배부하였다.

④ 청중의 직업과 연령대에서 주로 이용하는 것으로 알려진 SNS를 사례로 들어 발표 자료를 준비하였다.

79 다음 중 개발회사와 웹브라우저 조합이 올바르게 묶이지 않은 것은?

① 애플 – 사파리

② 구글 – 크롬

③ 마이크로소프트 – 익스플로러

④ 아마존 – 알렉사

ANSWER 77.① 78.③ 79.④

77 ① 블루리본서베이는 추천 맛집 소개, 레스토랑 평가 및 검색, 와인정보, 개업 음식점 등 식당 정보 제공한다.

78 ③ 유인물을 미리 받은 청중들은 발표자가 전달할 내용들을 먼저 읽게 되므로 발표에 대한 집중도를 떨어뜨리고 발표자가 효과적으로 프레젠테이션 하는 것을 방해한다.

79 ④ 알렉사(Alexa)는 아마존에서 개발한 인공지능 플랫폼이다.

80 다음은 그래프는 가계소득, 세금 및 사회보험 비용 증가율에 대한 그래프이다. 이 그래프를 통하여 알 수 있는 것은?

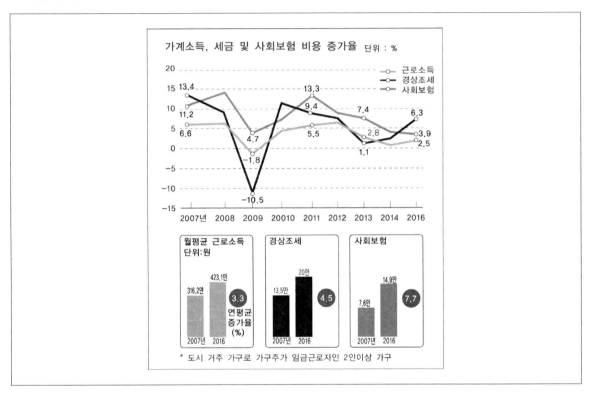

① 2007년부터 2016년까지의 사회보험 가입자 수
② 2007년부터 2016년까지의 도시 거주 가구 수
③ 2007년부터 2016년까지의 월평균 근로소득 연평균 증가율
④ 2007년부터 2016년까지의 임금근로자 수

1과목 비서실무

1 아래는 대학에서 비서를 전공하고 이번에 졸업과 동시에 금영자동차 사장의 비서가 된 최빛나와 친구의 대화내용 중 일부이다. 다음 중 비서의 자질과 태도가 반영된 대화로 가장 적절하지 않은 것은?

최빛나 : ㉠ 취업을 해도 끝이 아닌 것 같아. 외국어도 계속 공부해야 하고 내가 자동차 분야를 잘 몰라서 공부하고 있어.

친 구 : 상사가 외국어와 자동차 분야에 관한 업무를 지시하는 거야?

최빛나 : ㉡ 지시하는 일만 할 수는 없으니까 '상사가 필요로 하는 것이 무엇일까' 고민도 하고 '어떻게 하면 업무에 도움이 될까' 생각도 하고 노력하지.

친 구 : 그렇구나. 그럼 너는 사장실에서 혼자 근무하는 거야?

최빛나 : ㉢ 응, 사장실에서 혼자 근무하다보니 상사에게 잘하는 것이 중요하고 다른 직원과의 관계는 비서에게 중요하지 않아.

친 구 : 그렇구나. 그럼 나도 비서가 되려면 무엇을 더 준비 해야 할까?

최빛나 : ㉣ 상사를 잘 보좌하려면 사회과학 지식도 필요해. 그러니까 경제학, 경영학, 법학 등 다양한 사회과학 지식을 공부하도록 해봐.

---

① ㉠

② ㉡

③ ㉢

④ ㉣

ANSWER 1.③
....

1 ㉢ 비서는 업무 특성상 다양한 계층의 사람을 상대하게 되기 때문에 인간관계에서 고도의 기술이 요구된다. 비서의 직무 특성상 고위의 상사를 보좌하다 보면 동료들로부터 소외당하기 쉬우며, 상사의 지위와 권력을 자신의 것으로 동일시하여 자신의 위치를 정확히 파악하지 못하고 행동하는 오류에 빠지기 쉽기 때문이다. 또한 비서는 조직 내에서 의사 전달의 통로가 되기 때문에 조직 내 상황을 상부에 정확히 알림과 동시에 상부의 입장과 의사를 하부에 전달하는 역할을 한다. 그러므로 상사와의 인간관계나 동료와의 인간관계를 원만하게 유지해야 한다.

2 김 비서는 신입비서를 교육하는 업무를 담당하게 되었다. 업무중심 교육도 실시할 예정이나 신입비서의 경력개발을 독려하는 차원에서 자기계발에 관한 내용도 포함하려 한다. 김 비서가 강의 안에 포함시키기에 가장 부적절한 것은?

① 우선 전임자가 작성해놓은 서류들을 읽어보고, 맡겨진 업무와 관련된 서적도 읽으시기 바랍니다.

② 우리 회사의 여러 동아리 활동에 적극 참여하여 비서 업무에 관해 의견도 나누고 회원 간 교류도 하시기 바랍니다.

③ 매일 회사 관련 뉴스를 읽으시기 바랍니다.

④ 업무 매뉴얼을 숙지하는 것이 무엇보다 우선입니다.

3 다음은 이도건설 대표이사의 부재중 이 비서의 통화내용이다. 아래의 내용 중 이 비서의 전화응대로 가장 적절한 것은?

비서 : ㉠ 안녕하십니까? 비서실입니다.

손님 : 안녕하세요. 정유물산 김영수 상무입니다. 사장님하고 통화를 좀 하고 싶은데요.

비서 : ㉡ 사장님은 지금 중국 출장 중으로 자리에 안계십니다. 내일 오전 11시 비행기로 한국에 도착하십니다. 메모를 남겨드릴까요?

손님 : 아, 그럼 출장에서 돌아오시는 대로 전화 좀 부탁합니다.

비서 : ㉢ 네, 상무님. 전화번호를 확인해도 될까요?

손님 : 02-123-4567입니다.

비서 : ㉣ 네, 알겠습니다. 메모 전달 드리겠습니다.

---

① ㉠

② ㉡

③ ㉢

④ ㉣

---

2 ② 업무중심 내용이나 자기계발에 관한 내용에 해당하지 않는다.

3 ① 전화를 받으면 "안녕하세요. ○○부처 ○○실 ○○○입니다."라고 자신을 밝혀야 한다.
② 상사의 부재 이유를 지나치게 자세히 설명하여 정보를 흘리지 않도록 주의한다.
④ 통화가 끝났을 때는 "감사합니다. 안녕히 계십시오."라는 인사말을 잊지 말고, 수화기는 조용히 내려놓는다.

4 다음 상황에서 비서의 전화 연결응대 자세로 가장 바람직한 것은?

① 상사가 통화 중일 경우, 상대방에게 통화 중임을 정중하게 전달한 후 기다려달라고 한다.

② 비서가 자리를 몇 시간 정도 비우게 될 때 업무 대리자에게 전화 수신을 부탁해 둔다.

③ 상사보다 직위가 높은 사람에게 전화할 때는 상대방 비서가 없다면 반드시 상사가 직접 전화를 걸도록 한다.

④ 통화 도중에 급한 다른 전화가 오면, 먼저 걸려온 전화는 통화 중 대기를 해놓고 급한 전화부터 처리한다.

5 우리 회사를 처음 방문하게 된 ABC회사의 전영식 상무(남성)와 김미리 과장(여성)을 우리회사 강영훈 본부장(남성)에게 소개 할 때 올바른 소개 순서는?

① "강 본부장님, 이분은 ABC 회사에서 오신 김미리 과장이시고 그 옆은 전영식 상무님이십니다."

② "김 과장님, 이 분은 우리 회사의 강영훈 본부장님이십니다."

③ "강 본부장님, 이 분은 김미리 과장님이시고 이 분은 전영식 상무님이십니다."

④ "상무님, 이 분은 저희 회사의 강영훈 본부장님이십니다."

ANSWER 4.② 5.④

4 ① 상사가 통화중일 때, 상대에게 상사가 통화중임을 알리고 기다릴 것인지, 메시지를 남길 것인지, 아니면 상사가 통화를 마치면 우리 쪽에서 전화해 주기를 원하는 지 등을 확인해 응대한다.

③ 직위가 높은 사람에게 전화를 걸어야 하는 경우 상대방의 비서에게 전화하여 용건을 전달한다. 비서가 없는 경우, 또는 상대방과 직접 통화가 되었을 때는 당황하지 말고 직접 전화를 드리게 된 것에 대해 양해를 구하고 용건을 전달하는 것이 예의이다.

④ 통화 중인 상대방에게 양해를 구한 후, 걸려온 전화를 받아 간단한 인사 및 통화중임을 알리고 통화를 마친 후 전화 드리겠다고 전달한다. 만일, 후에 걸려온 전화가 윗사람의 전화이거나 시급한 경우엔 먼저 걸려온 전화를 마무리 하고 급한 전화부터 처리한다.

5

~을(를)	~에게
• 연소자	• 연장자
• 하급자	• 상급자
• 후배	• 선배
• 지명조 낮은 사람	• 지명도 높은 사람

6 다음 중 비서가 상사와의 원만한 관계를 위해 취한 행동으로 가장 적절한 것은?

① 비서는 상사에게 비서의 업무처리방법, 성격, 업무역량, 취미 등을 미리 알려 주어 상사가 업무 지시 때 참고할 수 있도록 한다.

② 비서는 상사에게 단점이 있다면 비공식 자리에서 상사에게 조심스럽게 알려 드린다.

③ 비서는 상사에게 바른 정보를 제공할 수 있도록 다양한 채널을 유지한다.

④ 비서는 회사 구성원들에게 상사의 단점이나 상사가 싫어하는 부분을 알려주어 결재 시 참고할 수 있도록 조정역할을 한다.

7 사장비서인 이빛나에게 김 이사는 이번 주 금요일 저녁 5시 사장의 일정을 문의하였다. 다음 주 화요일에 있을 A회사 광고 입찰을 위한 발표의 사전 시연 및 사장의 승인 건이라고 하였다. 그러나 사장은 금요일 5시 30분에 가족만찬이 있어 회사에서 5시에 떠날 예정이다. 이때 이 비서의 행동으로 가장 적절한 것은?

① 김 이사에게 상사는 금요일 그 시간에 가족만찬이 예정되어 있어 일정이 불가하다고 답하였다.

② 김 이사에게 상사는 선약이 있어 아마 그 시간은 어려울 것 같지만, 상사에게 확인 후 연락하겠다고 하였다.

③ 가족만찬보다는 발표가 더 중요하므로 김 이사에게는 일정이 가능하다고 답한 후 추후 상사에게 보고하였다.

④ 금요일에는 상사가 선약이 있으므로 김 이사에게 다음 주 월요일 오후에 상사에게 보고할 것을 제안하였다.

  6 ①②④ 상사와 비서의 관계가 존경과 신뢰의 관계로 이루어지는 것이 이상적이다. 이를 위해서 비서는 상사의 업무 영역에 필요 이상으로 개입해서는 안 되며, 사전에 합의되고 이양된 업무에 한하여 융통성을 발휘한다. 비서는 성숙한 태도로 상사의 단점이나 실수를 이해하며 조용히 보완, 해결하는 태도로 임해야 한다. 상사의 업무나 성격을 잘 이해하고 항상 상사의 입장이 되어서 생각하고 행동하는 것이 필요하다.

  7 ② 일정 조정 시엔 상대방과 상사의 일정을 감안하여 새로운 일정을 잡고 상대방으로부터 일정 관련해 연락받은 경우에는 상사에게 즉시 보고하고 일정표를 정정하면 된다.

8 다음 중 한자가 바르게 연결된 것은?

① 영업(營業) – 무역(貿易) – 노사(勞使)

② 영업(繁榮) – 무역(物價) – 노사(勞動)

③ 영업(運營) – 무역(貿易) – 노사(勞動)

④ 영업(産業) – 무역(物價) – 노사(勞使)

9 경영진 일정관리에 대한 설명으로 적절하지 않은 것은?

① 요즘 PC와 스마트폰에 연동되는 전자일정표를 활용하는 상사와 비서의 증가로 언제 어디서나 일정을 확인하고 수정하기가 수월해졌다.

② 정기적인 행사와 비정기적인 행사를 구분하여 계획을 세우고 체계화한다.

③ 어떤 경우라도 일정은 변동될 수 없다는 사실을 기억하고 일정을 빈틈없이 관리하여야 하며, 상사에게는 항상 최종 일정을 알려 드려야 한다.

④ 일정관리를 위해 다이어리를 이용하는 비서가 많은데 다이어리는 보통 1년 기준으로 되어 있으며 사용 후 버리지 말고 일정 기간 보관하여 참고 자료로 활용 가능하다.

ANSWER 8.① 9.③

8 ㉠ 영업(營業) : 영리를 목적으로 하는 사업. 또는 그런 행위
㉡ 무역(貿易) : 지방과 지방 사이에 서로 물건을 사고팔거나 교환하는 일
㉢ 노사(勞使) : 노동자와 사용자를 아울러 이르는 말

9 ③ 불가피하게 일정을 변경해야 하는 경우 변동 상황을 신속히 관련자들에게 알린다. 일정 변경을 알릴 때는 무엇보다 정중하게 설명하고 양해를 구해야 한다.

10 예약업무의 효율성을 높이기 위한 비서의 행동으로 가장 적절하지 않은 것은?

① 상사가 자주 이용하는 식당은 미리 목록별로 정리해 놓고 수시 업데이트하여 업무에 활용한다.

② 상사가 자주 이용하는 골프상은 위약 규정을 사진에 확인하여 불필요한 비용이 발생하거나 상사가 피해를 입지 않도록 한다.

③ 상사의 일정은 일정표에 기입해 이중 예약을 방지하며, 상사의 일정이므로 관련자나 운전기사가 그 내용을 알지 못하도록 유의한다.

④ 예약을 완료한 후에는 그 이력을 정리하여 데이터베이스로 구축해 놓고 상사가 선호하는 방식이 무엇인지 참고하여 활용한다.

11 해외출장 준비에 대한 설명으로 적절하지 않은 것은?

① 여권의 유효 기간이 남아 있더라도 유효 기간이 6개월 이상 남아있는지 평소에 상사의 여권을 관리한다.

② 우리나라와 비자 면제 협정인 나라를 방문할 때에는 단기입국의 경우 비자가 필요 없으나 상사의 출장이 결정되면 비자의 필요 여부를 사전에 확인해 보아야 한다.

③ 중국으로 출장 계획 중인 상사의 중국 비자는 상사가 직접 중국대사관에 방문해서 받아야 한다.

④ 분실을 대비하여 여권 정보, 신용카드 번호, 항공권 번호, 여행자수표 일련번호 등을 정리하여 비서가 보관한다.

12 다음 중 회의통지와 관련된 비서의 업무로 가장 부적절한 것은?

① 회의 일시를 정하기에 앞서 주요 회의 참석자들의 일정을 확인하였다.

② 회의 참석자들의 참석 여부를 사전에 파악하기 위하여 RSVP 항목을 회의통지서에 포함시켰다.

③ 회의통지서는 지난 회의의 파일을 수정하여 작성하고 이틀 전에 회의 참석자들에게 발송하였다.

④ 회의통지서는 회의 명칭, 안건, 회의 일시, 장소, 진행 순서 및 프로그램, 주최자 연락처 등을 개조식으로 정리하였다.

ANSWER 10.③ 11.③ 12.③

10 ③ 운전기사와 일정을 공유해야 한다.

11 ③ 비서가 직접 준비해야 한다.

12 ③ 회의통지서는 받는 쪽의 일정을 고려하여 적어도 10일 전에 상대방에게 도착하도록 해야 한다.

13 상석의 일반적인 원칙에 대한 설명으로 가장 부적절한 것은?

① 접견실에서의 상석은 출입문에서 먼 안쪽 좌석이다.

② 상사의 좌석이 정해져 있는 경우 상사의 오른편이 왼편보다 상석이다.

③ 기사가 운전하는 자동차를 타고 상사와 함께 이동할 경우 상사는 뒤편 오른쪽에, 비서는 상사의 옆 좌석에 앉는다.

④ 기차에서의 상석은 기차 진행 방향의 창가 좌석이다.

14 비서의 보고 요령에 대한 설명으로 가장 부적절한 것은?

① 보고하기 전 육하원칙에 따라 정리하고 미리 자신에게 질문을 해봄으로써 상사의 질문을 예상해본다.

② 객관적인 사실에 기반한 보고를 하기 위하여 보고서에 숫자가 포함된 표를 모두 수집하여 나열한다.

③ 상사가 결정하는데 도움이 되도록 전문가의 의견도 조사하여 보고한다.

④ 상사가 주로 사용하는 용어를 사용하여 보고한다.

15 다음 중 비서의 화법으로 가상 석설한 것은?

① 상사의 지시 내용을 전달하며 "과장님, 사장님께서 말씀 전하라고 하셨습니다."라고 하였다.

② 상사의 지시대로 회의를 준비한 후, "사장님, 회의 준비되셨습니다."라고 보고하였다.

③ 상사가 직접 작성하여야 하는 서류를 드리며 "작성 중에 궁금한 점이 계시면 저를 불러주세요."라고 하였다.

④ 상사가 외출할 시간이 다가오자 "사장님, 김 기사님이 현관에 대기 중이십니다."라고 하였다.

ANSWER 13.③ 14.② 15.①

13 ③ 기사가 운전하는 자동차를 타고 상사와 함께 이동할 경우 상사는 뒤편 오른쪽에, 비서는 조수석에 앉는다.

14 ② 보고는 결론을 먼저 말하고 필요한 경우 이유, 경과 등의 순서, 즉 두괄식으로 해야 한다. 상사는 대부분 바쁘고 시간이 없기에 적당히 끊어서 요점을 강조하되 추측이나 억측은 피하고 사실을 분명하게 설명해야 한다.

15 ② 상사의 지시대로 회의를 준비한 후, "사장님, 회의 준비됐습니다."라고 보고하였다.
③ 상사가 직접 작성하여야 하는 서류를 드리며 "작성 중에 궁금한 점이 있으시면 저를 불러주세요."라고 하였다.
④ 상사가 외출할 시간이 다가오자 "사장님, 김 기사가 현관에 대기 중입니다."라고 하였다.

16 상사의 인적사항을 정리한 파일을 관리하는 방법으로 가장 부적절한 것은?

① 파일은 암호화하고 별도의 폴더를 만들어 보관하여 보안관리에 힘썼다.

② 상사의 이력서를 제출해야 할 경우 원파일을 제공하여 상대방이 충분한 정보를 확인할 수 있도록 하였다.

③ 상사가 꽃가루 알레르기가 있다는 것을 알게 되어 사무실 환경 조성에 유의하였다.

④ 상사의 인적 네트워크를 관리하기 위해 명함, 동창 주소록 등과 인물정보 사이트의 자료를 수집해 데이터베이스를 구축하였다.

17 다음 중 조문예절에 대한 설명으로 가장 부적절한 것은?

① 조문 시 복장은 가급적 정장을 하며 화려한 색깔이나 요란한 무늬의 옷은 피한다.

② 조문 절차는 조객록에 서명 후 호상에게 자기 신분을 설명하고 조문하는 순서로 한다.

③ 분향 후 불을 끌 때는 입으로 불어서 조용히 끄도록 한다.

④ 영정에 대한 분향 재배를 마치면 한 걸음 물러나와 상제와 맞절을 하고, 조문 인사를 한다.

18 다음 중 일반적인 테이블 매너로 가장 적절한 것은?

① 만찬의 메인메뉴가 스테이크로 결정되어 와인은 화이트와인으로 준비하였다.

② 식사 도중 포크가 바닥에 떨어졌을 때 직접 줍지 않고 웨이터를 불러 새 것을 달라고 하였다.

③ 식사 도중 잠시 자리를 뜰 때는 냅킨을 접어 테이블에 올려놓았다.

④ 나이프와 포크는 안쪽에 있는 것부터 순서대로 사용하였다.

19 김영철 사장은 현재 외부에서 회의 참석 중이며 일정상으로는 2시간 후에 끝난다. 다음은 상공물산 대표가 비서실로 전화를 걸어 이야기 한 내용이다.

> "안녕하세요? 사장님 계신가요? (중간생략) 그럼 그 회의가 언제쯤 끝나나요? 그 전에 빨리 연락 좀 되면 좋겠는데 큰일인데... 실은 지난주에 부품 납품을 하기로 사장님과 얘기가 돼서 세부사항은 이번 주에 관계자들과 논의하여 계약을 체결하기로 했거든요. 근데, 우리가 내부 사정이 생겨 계약을 못 하게 될 것 같아서 급하게 전화 드렸습니다. 어쨌든 빨리 사장님과 통화를 해야 하는데 꼭 부탁드리겠습니다."

이 상황에서 비서의 가장 적절한 보고 방법은?

① 상사가 지금 외부 회의 중이므로 담당 부서장에게 일단 이 사실을 보고 드린 후, 부서장 지시에 따라 움직인다.

② 2시간 후면 회의가 끝날 예정이라 상사 휴대전화에 상황을 문자로 보내 놓고, 2시간 후에 전화로 이 내용을 보고 드린다.

③ 현재 회의 중이라 할지라도 긴급상황이라 판단되어 휴대전화로 바로 전화를 드리고 안 받는 경우를 대비해서 문자를 남겨 둔다.

④ 휴대전화로 바로 전화를 드리면서 동시에 회의 주최 측 담당자와 통하하여 급한 상황이니 지금 통화하고 싶다는 메모를 사장에게 즉시 전달해 달라고 부탁한다.

20 내방객 배웅 시 유의해야 할 점으로 가장 적절하지 않은 것은?

① 손님이 돌아갈 때는 비서는 하던 업무를 멈추고 배웅한다.

② 손님을 배웅할 때는 손님이 보이지 않을 때까지 다른 행동으로 옮기지 않는다.

③ 운전기사가 있는 경우 주차장이나 운전기사에게 연락해 승용차를 현관에 대기하도록 한다.

④ 손님을 배웅할 때는 엘리베이터 앞에서 배웅한다.

ANSWER 19.④ 20.④
....

19 ④ 상대방이 급한 용무로 지금 당장 통화를 원할 때 전화를 걸어 상사에게 전달한다. 회의 주최 측 담당자와 통화하여 급한 상황이라 지금 통화하고 싶다는 메모를 사장에게 즉시 전달해 달라고 부탁한다.

20 ④ 손님이 돌아갈 때는 비서는 하던 일을 멈추고 배웅해야 하며, 손님의 물품을 보관하고 있으면 잊지 말고 미리 준비했다가 손님에게 전한다. 배웅 장소는 현관, 엘리베이터, 비서실 등 손님에 따라 다르다. 배웅 시 손님이 보이지 않을 때까지 다른 행동으로 옮기지 않는다. 필요한 경우 주차장이나 운전기사에 연락해 손님의 승용차를 현관에 대기시키도록 하며, 방문객의 승용차번호, 운전사 연락처 등을 상대편 비서에게 물어 미리 알아둔다.

21 다음 중 기업이 윤리경영을 위해 설치하는 조직의 제도적 행위로써 알맞지 않은 것은?

① 내부거래 활성화

② 윤리위원회 조직

③ 기업윤리규범 및 직업윤리강령 제정

④ 윤리핫라인 및 민원자문관 운영

22 다음은 A회사에 새로 입사한 김 비서가 회사의 경영현황을 파악하기 위해 노력한 활동이다. 이 중 가장 거리가 먼 활동은 무엇인가?

① 조직의 연혁을 파악한다.

② 주요 임원의 얼굴, 이름, 지위를 파악한다.

③ 지사, 공장 소재지 현황, 책임자 등을 파악한다.

④ 인사에 관련된 회사 내규를 살펴보고 불공정하다고 고려되는 부분을 파악하여 상사에게 바로 보고한다.

ANSWER 21.① 22.④

21 ① 내부거래 활성화는 윤리경영에 위배되는 행위이다.

22 기업에 관한 가장 기본적인 사항은 회사의 연감이나 영업 보고서, 감사 보고서 등을 통해서 알 수 있고, 대회 홍보용으로 발간한 책자나 사보 등도 도움이 된다. 비서로서 기본적으로 알아두어야 할 사항은 다음과 같다.
　㉠ 기업의 형태, 사명과 설립 목적
　㉡ 회사의 정관 및 역사
　㉢ 이사회의 구성과 배경
　㉣ 주주의 분포 상태
　㉤ 관계 회사의 내역
　㉥ 취급 제품 및 진출 시장, 지역
　㉦ 공장에 관한 사항
　㉧ 최근 수년간의 매출액 성장 추이 및 시장 점유율 추세
　㉨ 조직도에 관한 사항(권한과 책임의 분담)
　㉩ 상장 주식 수 및 주가
　㉪ 대정부 관계

23 과업환경은 기업활동에 직접적인 영향을 미친다. 다음은 이러한 과업환경의 변화파악을 위한 관련 이해관계자를 나열한 것으로, 4가지 보기 중 이해관계자의 성격이 다른 하나는?

① 협력기업 – 경쟁기업
② 주주 – 노동조합
③ 정부 – 금융기관
④ 지역사회 – 소비자

24 다음 중 중소기업의 특징에 관한 설명으로 가장 적절하지 않은 것은?

① 중소기업의 범위는 중소기업기본법에서 정하고 있다.
② 중소기업은 시장범위의 한계성을 갖고 있으며 시장점유율이 상대적으로 낮다.
③ 중소기업은 생산 측면에서 규모의 경제를 이루게 되어 대기업에 비해 가격경쟁에서 유리할 수 있다.
④ 중소기업은 경영규모가 작기 때문에 간접비용이 적게 들고 경기변동에 신축적으로 대응할 수 있다.

25 다음은 주식회사에 대한 설명이다. 그 설명으로 가장 맞지 않는 것은?

① 주식회사제도를 채택하는 이유는 다수의 출자자로부터 대규모의 자본을 쉽게 조달할 수 있기 때문이다.
② 회사의 경영은 대표이사가 담당하며, 대표이사의 업무집행을 감사하는 것은 이사회가 담당한다.
③ 주식회사를 설립하기 위해서는 발기인에 의한 정관 작성, 주주 모집, 창립총회 개최, 설립등기 등의 절차가 필요하다.
④ 주식회사는 상법에 의해 설립되는 법인으로 회사이름으로 부동산을 소유, 판매할 수 있으며, 소유권이 넘어가더라도 계속 기업으로 존속할 수 있다.

ANSWER 23.② 24.③ 25.②

23 ①③④ 외부 이해관계자
　　② 내부 이해관계자

24 ③ 규모의 경제는 보통 대기업이 이루고 있다.

25 ② 회사의 경영은 대표이사가 담당하며, 대표이사의 업무집행을 감사하는 것은 감사가 담당한다.

26 자기 회사의 산하에 있는 자회사의 주식을 전부 또는 지배 가능한 한도까지 매수하여 기업 합병에 의하지 않고 다른 회사를 지배하는 회사를 무엇이라 하는가?

① 콩글로머리트(conglomerate)　　　② 카르텔(cartel)

③ 신탁회사(trust company)　　　④ 지주회사(holding company)

27 다음 중 기업의 형태에 대한 설명으로 가장 적절하지 않은 것은?

① 합자회사는 무한책임사원과 유한책임사원으로 구성되어, 무한책임사원이 경영에 참여하는 기업 형태이다.

② 주식회사는 출자자의 지분을 증권화하여 주주의 유한책임제의 특징을 갖고 있다.

③ 유한회사의 최고 의사결정기관은 사원총회이다.

④ 주식회사의 최고 의사결정기구는 이사회로 사내이사와 사외이사로 구성할 수 있다.

28 다음 중 경영관리활동의 순환과정을 가장 적절히 나열한 것은?

① 계획수립활동 → 통제활동 → 조직화활동 → 지휘활동

② 조직화활동 → 계획수립활동 → 지휘활동 → 통제활동

③ 조직화활동 → 조정활동 → 통제활동 → 지휘활동

④ 계획수립활동 → 조직화활동 → 지휘활동 → 통제활동

Ａnswer 26.④　27.④　28.④

26 ① 수평적 또는 수직적 기업 통합에 속하지 않은 합병 형태
② 기업 상호간의 경쟁의 제한이나 완화를 목적으로 동종 또는 유사산업 분야의 기업 간에 결정되는 기업담합형태
③ 신탁 사업을 경영하는 회사

27 ④ 주식회사의 최고 의사결정기구는 주주총회이다.

28 경영은 조직의 목적을 달성하기 위한 활동이나 과정을 말하는데, 이런 경영활동의 순환과정에는 계획을 세우고, 이를 실행하며, 실행결과를 평가하고 이를 다시 계획에 피드백하는 PDS(Plan-Do-See) 사이클이 있다. 좀 더 세분화하면 계획수립-조직화-지휘-통제의 4단계로 나타낼 수 있다.

29 다음 중 민츠버그(Mintzberg)가 구분한 경영자 역할 중 의사결정자로서의 역할내용으로 가장 적절한 것은?

① 대변인으로서의 역할

② 자원배분자로서의 역할

③ 정보전달자로서의 역할

④ 대외관계 관리자로서의 역할

30 다음 중 명령일원화의 원칙이 지켜지지 않는 조직구조는 무엇인가?

① 사업부제 조직　　　　　　　　　　② 프로젝트 조직

③ 라인 – 스탭 조직　　　　　　　　　④ 매트릭스 조직

31 다음은 리더십의 최신이론 중 변혁적 리더십의 특징을 설명한 것이다. 이 중 가장 적절하지 않은 것은?

① 부하들에게 수행에 대한 즉각적이고 가시적인 보상으로 동기부여함

② 변환적이고 새로운 시도에 도전하도록 부하를 격려함

③ 질문을 하여 부하들이 스스로 해결책을 찾도록 격려하거나 함께 일함

④ 부하들과 비전공유, 학습경험의 자극을 통해 성과이상을 달성하도록 함

ANSWER　29.②　30.④　31.①

29 ② 의사결정자로서의 역할 : 창업자, 문제해결자, 자원배분자, 협상자

30 ④ 매트릭스 조직은 기능별 분과와 제품별 분과의 장점만을 취하고자 제안된 조직이다. 한 사람의 전문가가 기능별 분과 장과 제품별 분과장 두 명의 지휘를 받는다. 기능별 분과의 장점인 전문가를 모아놓은 데서 오는 규모의 경제 효과를 살리면서 여러 전문영역이 망라된 작업에 효율적으로 대처할 수 있는 제품별 분과의 장점을 조화시킨 것이다. 문제는 명령 일원화의 원칙이 깨지고, 직속상관이 둘이 됨에 따라 혼선이 온다는 것이다. 한 명의 전문가를 두고 파워게임이 빚어질 수도 있다.

31 ① 거래적 리더십에 관한 설명이다.

32 다음 중 동기부여 이론에 대한 설명으로 가장 적절하지 않은 것은?

① 허즈버그(Herzberg)의 2요인 이론은 직무충실화에 대한 이론적 근거를 제시해 주었다.

② 매슬로우(Maslow)의 욕구단계론은 인간의 욕구가 만족-신행과 좌절-퇴행의 과정을 거치면서 동시에 둘 이상의 욕구를 추구한다고 본다.

③ 브룸(Vroom)의 기대 이론에서 기대감(expectancy)은 자신의 능력으로 바람직한 성과를 낼 것인가의 기대를 의미한다.

④ 애덤스(Adams)의 공정성 이론은 한 개인이 타인에 비해 얼마나 공정하게 대우를 받느냐 하는 사회적 비교를 중시한다.

33 급변하는 환경속의 기업 경영자는 여러 가지 의사결정을 위해 정보를 다양하게 활용하고 있다. 다음 중 의사결정에 사용되는 바람직한 정보의 특성과 가장 거리가 먼 것은?

① 정보는 오류의 가능성을 가지고 있기에 정보가 정확할수록 의사결정의 방향과 내용이 올바르게 결정될 가능성이 크다.

② 시기를 놓치면 가치가 줄어드는 정보가 있기에 정보는 적시에 제공되어야 한다.

③ 정보는 증명가능하지 않기에 증명되지 않더라도 의사결정에 사용하는 것이 좋다.

④ 정보는 특수성을 지니고 있기에 일반적인 것 보다 특수한 상황에 적합한 것이어야 한다.

ANSWER 32.② 33.③

32 ② 하나의 욕구가 충족되면 위계상 다음 단계에 있는 다른 욕구가 나타나서 그 충족을 요구하는 식으로 체계를 이룬다. 가장 먼저 요구되는 욕구는 다음 단계에서 달성하려는 욕구보다 강하고 그 욕구가 만족되었을 때만 다음 단계의 욕구로 전이된다.

33 ③ 증명되지 않은 정보는 의사결정에 사용하지 않는 것이 좋다.

34 다음 보기에서 설명하고 있는 경영정보시스템은 무엇인가?

〈보기〉
경영활동의 모든 영역을 효율적으로 개선하여 기업 전체적 으로 완전한 통합솔루션을 제공하고 기업의 업무 프로세스를 응용프로그램으로 연결시키는 종합경영정보시스템이다. 다시말해, 기업의 주요 업무인 생산, 자재 영업, 인사, 회계 등의업무를 통합하는 기업경영관리 소프트웨어 패키지이다.

① BPR(비즈니스 리엔지니어링)
② DSS(의사결정 지원 시스템)
③ ERP(전사적 자원관리 시스템)
④ IRS(정보 보고 시스템)

35 마케팅 믹스는 마케팅 목표를 달성하기 위해 사용하는 핵심도구이다. 품질, 특징, 디자인, 포장, 서비스, 품질보증 등과 관련된 내용은 마케팅 믹스 요인 중 어디에 해당하는 것인가?

① 제품결정(Product)
② 가격결정(Price)
③ 유통결정(Place)
④ 촉진결정(Promotion)

ANSWER 34.③ 35.①

34 ① 비용, 품질, 서비스와 같은 핵심적인 경영 요소를 획기적으로 향상시킬 수 있도록 경영과정과 지원시스템을 근본적으로 재설계하는 기법을 말한다.
② 사업체를 비롯한 조직의 의사 결정을 지원하는 컴퓨터 기반 정보 시스템이다.
④ 관리활동에 필요한 정보를 제공해 주는 시스템을 의미한다.

35 ② 제품이나 서비스를 받기 위해 고객이 지불해야 하는 돈의 총액이다.
③ 고객에게로 서비스 또는 제품을 전달하는 과정에 수반되는 모든 활동을 말한다. 또는 제품을 전달하는 과정에 수반되는 모든 활동을 말한다.
④ 고객에게 촉진은 아마도 마케팅 믹스에서 가장 가시적인 요소일 것이다. 촉진활동은 기업의 제품이나 서비스를 소비자가 구매하도록 유도할 목적으로 해당제품이나 서비스의 성능에 대하여 실제 및 잠재고객을 대상으로 우호적이고 설득적인 정보를 제공하거나 설득하는 마케팅노력의 일체를 말한다.

36 기업의 인적자원관리는 매우 중요한 프로세스이다. 다음 중 인사평가 결과를 활용하는 분야로 가장 거리가 먼 것은?

① 직무수행에 맞는 적합한 인재를 배치하고 승진 배치에 활용한다.

② 공정한 보상의 원칙에 따라 보상을 책정한다.

③ 교육 및 훈련개발에 활용한다.

④ 비즈니스 모델 개발에 활용한다.

37 다음 중 ⓐ, ⓑ, ⓒ에 들어갈 용어로 바르게 연결된 것은?

> - (ⓐ)는 기업이 보유하고 있는 특정시점의 자산, 부채, 자본에 대한 정보를 축약하여 나타내는 재무제표이다.
> - (ⓑ)는 기업의 일정 기간 동안의 수익과 비용을 표시해 주는 경영성과보고서이다.
> - (ⓒ)는 새로운 국제회계기준에 따라 재무제표의 구성항목에서 삭제되었다.

① ⓐ 재무상태표 – ⓑ 포괄손익계산서 – ⓒ 이익잉여금처분계산서

② ⓐ 자본변동표 – ⓑ 포괄손익계산서 – ⓒ 현금흐름표

③ ⓐ 재무상태표 – ⓑ 포괄손익계산서 – ⓒ 자본변동표

④ ⓐ 자본변동표 – ⓑ 재무상태표 – ⓒ 현금흐름표

ANSWER 36.④ 37.①

36 인사평가 결과를 활용하는 분야 : 승급, 승진, 배치전환, 급여, 상여금, 해고순위, 복직순위, 교육훈련, 고용순위, 강등.

37 ⓐ 재무상태표 : 재무제표로서 특정 시점의 기업이 소유하고 있는 경제적 자원(자산), 그 경제적 자원에 대한 의무(부채) 및 소유주지분(자본)의 잔액을 보고한다.
ⓑ 포괄손익계산서 : 그 회계기간에 속하는 모든 수익과 이에 대응하는 모든 비용을 적정하게 표시하여 손익을 나타내는 회계문서를 말한다.
ⓒ 이익잉여금처분계산서 : 당기순이익을 포함한 미처분이익잉여금을 어떻게 처분했는지를 보여주는 것이다.

38 정부나 중앙은행, 금융회사의 개입 없이 온라인상에서 개인과 개인이 직접 돈을 주고받을 수 있도록 암호화된 가상화폐(암호 화폐)는 무엇인가?

① 블록체인

② 가상토큰

③ 비트코인

④ 디지털코인

39 다음 중 물가가 계속 하락하는 디플레이션이 지속될 때 나타나는 경제현상으로 가장 적절하지 않은 것은?

① 화폐가치 하락

② 부채에 대한 부담 증가

③ 기업 투자 위축

④ 소비 감소

40 다음의 A에 공통으로 들어가는 용어로 가장 옳은 것은?

> A는(은) 연기금, 보험사, 자산운용사 등 기관투자자들이 배당, 사외이사 선임 등 기업 의사결정에 적극적으로 참여해 기업의 가치를 높이도록 하는 의결권 행사 지침을 말한다. 정부는 A의 활성화를 위해 국민연금 등 연기금을 적극 활용하겠다는 입장이다.

① 세이프가드(safeguard)

② 스튜어드십 코드(stewardship code)

③ 섀도보팅(shadow voting)

④ 신디케이트(syndicate)

ANSWER 38.③ 39.① 40.②

38 ① 블록체인은 암호화 기술 기반으로 거래 참여자 간 투명하고 효율적인 데이터 공유 및 관리를 가능하게 하는 혁신적인 기술이다.

39 ① 인플레이션이 지속될 때 나타나는 경제현상이다.

40 ① 특정 품목의 수입이 급증하여 국내 업체에 심각한 피해 발생 우려가 있을 경우, 수입국이 관세인상이나 수입량 제한 등을 통하여 수입품에 대한 규제를 할 수 있는 무역장벽의 하나이다.

③ 주주가 주주총회에 참석하지 않아도 투표한 것으로 간주하여 다른 주주들의 투표 비율을 의안 결의에 그대로 적용하는 제도이다.

④ 동일 시장 내의 여러 기업이 출자하여 공동판매회사를 설립, 일원적으로 판매하는 조직. 참가기업은 생산면에서는 독립성을 유지하나 판매는 공동판매회사를 통해서 이루어진다.

41 Choose one that does NOT match each other.

① NRN : No reply necessary

② GDP : Gross Domestic Product

③ MA : Marvel of Arts

④ N/A : Not applicable

42 Choose one which is the MOST appropriate department name for the blank.

> Our _____ needs people with good communication skills. They talk to clients and show them our great products.

① Research and Development Department

② Sales Department

③ Planning Department

④ Human Resources Department

ANSWER 41.③ 42.②

41 ③ MA : Master of Arts.

42 ① 연구 개발부
② 영업부
③ 기획팀
④ 인사관리부
「우리 영업부에는 의사소통 능력이 좋은 사람들이 필요합니다. 그들은 고객과 대화하고 우리의 훌륭한 제품을 보여줍니다.」

43 Which is a grammatically CORRECT sentence?

① My flight was delaying three hours.

② He will come back within February 10th.

③ I am sorry to keep you waiting.

④ She asked to me showing you below the meeting room.

44 Which English sentence is grammatically LEAST correct?

① How long will you be staying?

② I'll see if he is available now.

③ Please make yourself at comfortable.

④ May I have your telephone number in Seoul?

45 In the Resume, which is NOT properly categorized?

① Personal Data – Full Name

② Employment record – Company Name

③ Special Skills – Computer competence

④ Education – Job title

43 ① My flight is delayed for three hours.
② He will come back in February 10th.
④ She asked me to show you below the meeting room.

44 ③ Please make yourself comfortable. 또는 Please make yourself at home으로 써야 한다.

45 이력서에서 제대로 분류되지 않은 것은 '④ 교육 – 직위'이다.
① 개인 정보 – 이름
② 직장 기록 – 회사 이름
③ 특별한 기술 – 컴퓨터 능숙도

46 Which is CORRECT about below memo?

Basic Motors, Inc.

To : All Sales Representatives
From : James Smith, Sales Manager
Date : August 1, 2019
Subject : Rescheduling of Monthly Sales Meeting
The Sales Meeting has been cancelled. Instead of Monday, September 9, we will meet on Thursday, September 19 at 10:00 a.m. in the Conference Room A-101. Please mark your calendar.

① This is to change the meeting date into August 1.

② The sender of this is a sales representative.

③ This is to inform the change of the meeting place.

④ The receiver of this belongs to the Basic Motors company.

47 다음 우리말을 영어로 옮길 때 괄호 안에 가장 적합한 것을 고르시오.

> 정현민 씨는 UA852편으로 케네디국제공항에 4월 10일, 화요일, 오후 2시 30분(미국 동부표준시)에 도착할 예정입니다. 누군가 그를 마중 나올 수 있도록 해 주신다면 감사 하겠습니다.
> Mr. Hyun-min Jeong is (   ) to arrive at Kennedy International Airport on UA852, Tuesday, April 10, 14:30 EST, and we would (   ) it if you could send someone there to meet him.

① coming – inform

② due – appreciate

③ plan – reserve

④ owing – grate

48 Which is a LEAST proper English expression?

① 인터넷에서 뷰어를 내려 받으십시오.

　Download a viewer from the Internet.

② 첨부된 신청서를 작성해 주시기 바랍니다.

　Please fill out the attached application.

③ 아래는 요청하신 정보입니다.

　The information you've reserved is as follows.

④ 죄송하지만 그 주는 제가 일이 있습니다.

　I am sorry but I'll be occupied that week.

ANSWER 47.②　48.③

47 be due to v ~하기로 예정되어 있다　appreciate 감사하다

48 ③ 주어진 문장은 '예약하신 정보는 다음과 같습니다'라는 뜻이다.

49 What kind of letter is this?

To : All Recipients
From : Hanna Kwon

Dear all,

I will be out of the office and will be back on July 15. If you need immediate assistance, please contact Ms. SE Choi at sechoi@daehan.com.
Please also note my e-mail address change to (hanna_kwon@daehan.co.kr) as of July 18.

Regards,
Hanna Kwon

---

① Announcement Letter

② Congratulation Letter

③ Appointment Letter

④ Inquiry Letter

50 What is NOT related to the term for the minutes?

① Call a meeting

② Adjournment

③ Make a motion

④ Bibliography

ANSWER 49.① 50.④

49 ① 공지 편지 ② 축하 편지 ③ 약속 편지 ④ 문의 편지
「받는 사람 : 모든 수령인
보낸 사람 : Hanna Kwon
친애하는 모든 분들께,
저는 퇴근하고 7월 15일에 돌아올 것입니다.
즉각적인 도움이 필요하면 sechoi@daehan.com으로 SEChoi 씨에게 문의하십시오.
또한 7월 18일 현재 제 이메일 주소가 (hanna_kwon@daehan.co.kr)으로 변경되었습니다.」

50 'minutes'는 회의록으로 참고문헌과는 관련이 없다.
① 회의를 소집하다 ② 중단하다 ③ 제안을 하다 ④ 참고문헌

51 Which of the following is LEAST appropriate?

① 어제 영업 회의를 다음과 같이 정리하였습니다.

The following is a summary of yesterday's sales meeting.

② 다음 주에 있을 연례 평가 회의에 대해 상기시켜 드리고자 합니다.

I want to remind you of our annual evaluation meeting next week.

③ 회의 요약 내용을 첨부하였습니다.

An agenda of the meeting is forwarding.

④ 저희 월요일 정기 회의가 화요일로 옮겨집니다.

Our regular Monday meeting will be moved to Tuesday.

52 Which of the following is NOT a proper pair?

① 주간 요금이 얼마입니까?

What is the weekly rate?

② 일주일에 200달러이고 하루 추가될 때마다 40달러입니다.

It's $200 per week, with $240 for each additional day.

③ 어느 범위까지 적용해 줍니까?

What kind of coverage do you offer?

④ 하루에 10달러씩 내시면 충돌 피해에 대한 요금 부과가 없습니다.

For $10 a day, there will be no charge for collision damage.

53 Which of the followings are MOST appropriate expressions for the blank ⓐ and ⓑ?

> S : Good morning, Mr. Robinson. How have you been?
>
> V : Oh, fine, Ms. Oh. Thanks. Can I see Mr. Kim for a few minutes?
>
> S : Let me see if he's available. (to boss)
>
> S : Mr. Kim, Mr. Robinson of Daehan Company is here to see you.
>
> B : _____ ⓐ _____, Ms. Oh.
>
> S : Yes, sir. (to visitor)
>
> S : _____ ⓑ _____, Mr. Robinson. Mr. Kim is available now.

① ⓐ Show him within　　ⓑ Please have a seat over there

② ⓐ Send her at　　ⓑ Would you come this way?

③ ⓐ Send him in　　ⓑ Please go right in

④ ⓐ Take it inside　　ⓑ This way

54 What is the COMMON expression for the blank ⓐ and ⓑ?

> When you reserve your hotel room, ask for a _____ ⓐ _____. Bring it to the hotel with you. Hotels sometimes lose reservations. If you have a _____ ⓑ _____, the hotel must provide a room for you.

① Reservation Date　　　　　　　② Cancellation number

③ Confirmation number　　　　　④ Accommodation fee

53 「S : 좋은 아침입니다, Robinson 씨 어떻게 지냈나요?
V : 오, 좋았어요. Mr. Kim을 몇 분 동안 뵐 수 있나요?
S : 그가 시간이 되는지 보겠습니다. (상사에게)
S : 김 사장님, 대한 회사의 Robinson 씨가 여기 계십니다.
B : 오 비서, 들여보내세요.
S : 네, 사장님. (방문객에게)
S : 바로 들어가세요, Robinson 씨. 김 사장님께서 지금 가능하시다고 합니다.」

54 ① 예약 날짜　② 취소 번호　③ 확인 번호　④ 숙박비
「호텔 객실을 예약 할 때 확인 번호를 요청하십시오. 그것을 호텔로 가져 오십시오. 호텔은 가끔 예약을 잃습니다. 확인 번호가 있는 경우 호텔에서 객실을 제공해야 합니다.」

55 Which is LEAST correct about Mr. Kim's itinerary?

Itinerary for the visit of Mr. Kim to the C&C Factory 23 January

9 : 00	Arrival
9 : 05 – 9 : 45	Meeting with the Overseas Sales Manager (Conference Room 215)
9 : 45 – 10 : 15	Company Presentation Video
10 : 15 – 11 : 00	Demonstration of the Online System
11 : 00 – 12 : 00	Meeting with Professional Engineers
12 : 00 – 2 : 00	Lunch with Overseas Sales Manager and Marketing Director (Restaurant La Seine)
2 : 00 – 3 : 30	Tour of C&C Factory
3 : 30 – 4 : 10	Final Discussion with the Overseas Sales Manager
5 : 00	Car to Terminal 7, Seattle Airport
6 : 00	Flight to Texas, DT107

① At 9:30 a.m., Mr. Kim is supposed to be in Conference Room 215.

② Mr. Kim is going to have lunch with Professional Engineers.

③ At 12:30 p.m., Mr. Kim will have lunch in restaurant La Seine.

④ At 7:00 p.m., Mr. Kim will be in flight.

ANSWER 55.②
....

55 김 사장은 해외 영업 관리자 및 마케팅 이사와 점심을 하므로 ②는 옳지 않다.
  ① 오전 9시 30분에 김 사장은 회의실 215에 있어야 한다.
  ② 김 사장은 전문 엔지니어와 함께 점심을 먹을 것이다.
  ③ 오후 12시 30분에 김 사장은 La Seine 레스토랑에서 점심을 먹는다.
  ④ 오후 7시에 김 사장은 비행기에 있을 것이다.

김 사장님의 1월 23일 C & C 공장 방문 일정표

9 : 00	도착
9 : 05 – 9 : 45	해외 영업 관리자와의 만남 (회의실 215)
9 : 45 – 10 : 15	회사 프레젠테이션 비디오
10 : 15 – 11 : 00	온라인 시스템 시연
11 : 00 – 12 : 00	전문 엔지니어와의 만남
12 : 00 – 2 : 00	해외 영업 관리자 및 마케팅 이사와의 점심 (레스토랑 La Seine)
2 : 00 – 3 : 30	C&C 공장 투어
3 : 30 – 4 : 10	해외 영업 관리자와의 최종 토론
5 : 00	터미널 7, 시애틀 공항까지 자동차로 이동
6 : 00	텍사스 행 항공편, DT107

56 Which of the following is the MOST appropriate expression for the blank?

Secretary : Good afternoon, Cheil Electronics. May I help you?

Newman : This is Paul Newman from ABC Company. Is Mr. Stewart there?

Secretary : I'm sorry. He's in a meeting right now. May I take a message?

Newman : Yes, could you ask him to call me back?

Secretary : Does he have your number?

Newman : It's 345–1670.

Secretary : 345–1670? And _____?

Newman : It's N – E – W – M – A – N.

Secretary : Thank you. I'll give him the message. Good bye.

---

① How do I address you?

② Could you spell your last name, please?

③ Can I spell your given name?

④ How can I pronounce your surname?

56 ① 어떻게 부를까요?

② 성의 철자를 말씀해주시겠습니까?

③ 이름의 철자를 어떻게 써야 할까요?

④ 당신의 성을 어떻게 발음합니까?

「Secretary : 안녕하세요, 제일 전자입니다. 무엇을 도와 드릴까요?

Newman : ABC Company의 Paul Newman입니다. Stewart 씨가 있습니까?

Secretary : 죄송합니다. 지금 회의 중이십니다 메시지를 남기시겠습니까?

Newman : 네, 그에게 다시 전화해달라고 요청해주시겠습니까?

Secretary : 그가 당신의 번호를 가지고 있습니까?

Newman : 345–1670입니다.

Secretary : 345–1670? 그리고 성의 철자를 말씀해주시겠습니까?

Newman : N–E–W–M–A–N입니다.

Secretary : 감사합니다. 메시지를 전해드리겠습니다. 안녕히 계세요.」

57 Fill in the blank with the MOST suitable one.

A : Would you like something to drink?
B : Coffee, please.
A : _____
B : With sugar, please. Thank you.
A : You're welcome.

① What do you like it?

② How would you like it?

③ How do you want it like?

④ What would you like to do?

58 Fill in the blank with the BEST sentence.

S : Mr. Taylor's office. Miss Lee speaking.
Caller : Good morning, Miss Lee. This is Harry Smith. How are you?
S : Oh, hello, Mr. Smith. I'm just fine, and you?
Caller : Pretty good. Is Mike in his office now?
S : Yes, he is, but _____.

① he will be back in one hour.

② he has in busy line.

③ I will tell him that you called.

④ he is on another line now.

57 ② 어떻게 해드릴까요?
④ 뭐하고 싶으세요?
「A : 음료는 무엇으로 하시겠습니까?
B : 커피주세요.
A : 어떻게 해드릴까요?
B : 설탕을 넣어주세요. 고맙습니다.
A : 천만에요.」

58 ① 그는 1 시간 후에 돌아올 것입니다.
② 그는 바쁩니다.
③ 나는 당신이 전화했다고 그에게 말할 것입니다.
「S : Mr. Taylor의 사무실입니다. Miss Lee 전화 받았습니다.
Caller : 안녕하세요, Miss Lee. 저는 Harry Smith입니다. 어떻게 지내세요?
S : 오, 안녕하세요, Mr. Smith. 저는 좋습니다. 당신은요?
Caller : 아주 좋습니다. Mike씨가 지금 사무실에 있나요?
S : 네, 계십니다. 그런데 지금 통화중이세요.」

59 Which of the following is the LEAST appropriate expression for the blank?

A : Vice president's office. May I help you?

B : May I speak to Mr. Jang, please?

A : I'm afraid he is on a business trip. _____?

B : Yes, please. This is Jim Carry of ABC Travel. I'd like him to return my call as soon as possible.

A : All right.

① Would you like to leave a message?

② May I take a message?

③ Could you ask him to call me back?

④ Can I give him a message for you?

59 ③ 그에게 다시 전화드리라고 할까요?
①④ 메시지를 남기시겠습니까?
② 용건을 전해드릴까요?

「A : 부사장실입니다. 무엇을 도와드릴까요?
B : Mr. Jang과 통화할 수 있을까요?
A : 그는 출장중입니다. 그에게 다시 전화드리라고 할까요?
B : 예, 부탁합니다. 저는 ABC Travel의 Jim Carry입니다. 최대한 빨리 전화를 받고 싶습니다.
A : 알겠습니다.」

60 What are the BEST expressions for the blank ⓐ and ⓑ?

A : Good morning. Paul Kim speaking.

B : Good morning, Mr. Kim. This is Susan Lopez of ABC Company. After our briefing yesterday, I'd like to _____ⓐ_____ a meeting for you to discuss the project. How much time do we need for the meeting?

A : I think we need at least two hours.

B : O. K., let me _____ⓑ_____ our CFO and other participants to find a convenient time, and I'll get back to you.

A : That sounds fine.

---

① ⓐ schedule   ⓑ get in touch with

② ⓐ call off   ⓑ show

③ ⓐ arrange   ⓑ transfer

④ ⓐ put off   ⓑ connect

ANSWER 60.①

....

60 get in touch with ~와 연락하다

「A : 안녕하세요. Paul Kim 전화받았습니다.

B : 안녕하세요, Mr. Kim 씨. 저는 ABC의 Susan Lopez입니다. 어제 브리핑을 마치고 프로젝트에 대해 토론 할 회의를 예약하고 싶습니다. 회의에 얼마나 많은 시간이 필요할까요?

A : 적어도 두 시간이 필요하다고 생각합니다.

B : 좋아요. 편리한 시간을 찾기 위해 CFO 및 다른 참가자들과 연락을 드리고 다시 연락드리겠습니다.

A : 그거 좋은 생각이네요.」

61 상공주식회사에서 이사회 개최 지원업무를 담당하고 있는 왕수현 비서는 보안유지를 위하여 이사회 자료를 직접 제본하고 있다. 회의 참석하는 이사님들은 360도로 자료를 펼치거나 접기 쉬운 형태로 제본해 주기를 원하고 있다. 이러한 요구사항에 가장 적합한 형태의 제본은 무엇인가?

① 와이어 제본
② 열접착 제본
③ 스트립 제본
④ 무선 제본

62 다음과 같이 클라우드 서비스를 이용하고 있다. 다음 중 가장 적절하지 않은 것은?

① 상사가 해외 출장시 확인하셔야 할 문서파일을 클라우드에 저장해두었다.
② 상사의 스마트폰에서 클라우드로 사진파일을 업로드하였다.
③ 여러 기기에서 동기화가 가능해서 여러 곳에서 동일 파일을 사용하고 있다.
④ 모든 클라우드 서비스에는 파일편집기능이 내장되어 있어 파일을 다운로드받지 않고 편집하였다.

63 다음 중 컴퓨터 바이러스 예방을 위한 조치로서 가장 적절하지 않은 것은?

① 인터넷 브라우저의 팝업차단을 해제한다.
② 백신프로그램을 설치하고 주기적으로 업데이트한다.
③ 공유폴더는 가급적 최소화 하되, 부득이 만들어야 할 때에는 암호화한다.
④ 발신자가 불명확한 사람이 보낸 이메일은 열어보지 않는다.

ANSWER　61.① 62.④ 63.①

61 ① 와이어 제본은 링 제본으로 360도로 자료를 펼치거나 접기 쉽다.

62 ④ 원본을 훼손할 있으므로 파일을 다운받아 편집해야 한다.

63 ① 팝업창을 이용해 광고를 띄우거나 악성코드를 넣어 바이러스에 감염되게 하는 용도로도 사용되기 때문에 팝업차단을 해야 한다.

64 다음 중 블로그에 관한 설명이 가장 올바르지 않은 것은?

① 웹로그의 줄임말로서 일반인의 관심주제나 일상에 관해 자유롭게 글을 게재하는 온라인 다이어리라고 할 수 있다.

② 블로그에 사진과 동영상 등을 올려서 타인에게 자신의 생각을 전달할 수 있다.

③ 다른 SNS에 비해 주제별 게시물 작성이 용이하여 체계적으로 정보를 전달한다.

④ 파워 블로거란 마케팅 수단으로 블로그를 직접 운영하여 활용하는 기업을 뜻한다.

65 프레젠테이션에서 모든 슬라이드에 동일한 글꼴과 이미지를 포함할 때 사용하는 것은?

① 슬라이드 디자인　　　　　　　② 슬라이드 스타일

③ 슬라이드 마스터　　　　　　　④ 슬라이드 디자인 아이디어

66 다음 중 데이터베이스관리시스템의 특징으로 가장 적절하지 않은 것은?

① 데이터 중복의 최소화　　　　　② 구축 비용 절감

③ 데이터의 무결성 유지　　　　　④ 데이터 공유 가능

Aɴꜱᴡᴇʀ 64.④　65.③　66.②

64 ④ 파워 블로거란 방문자 수가 많고 댓글도 많이 달리며 호응도를 지속해서 유지하는 인터넷 블로그 운영자를 뜻한다.

65 ③ 모든 슬라이드에 같은 글꼴 및 이미지를 포함하려면 슬라이드 마스터라는 한 위치에서 이러한 변경 내용을 수행하면 모든 슬라이드에 적용된다.

66 데이터베이스의 장점
ㄱ 데이터 중복 최소화
ㄴ 데이터 공유
ㄷ 일관성, 무결성, 보안성 유지
ㄹ 최신의 데이터 유지
ㅁ 데이터의 표준화 가능
ㅂ 데이터의 논리적, 물리적 독립성
ㅅ 용이한 데이터 접근
ㅇ 데이터 저장 공간 절약

67 다음은 스마트폰 앱 등을 매개로 수입을 올리는 플랫폼 경제 종사자의 수입에 관한 그래프이다. 해당 그래프를 통해서 알 수 있는 내용으로 가장 적절하지 않은 것은?

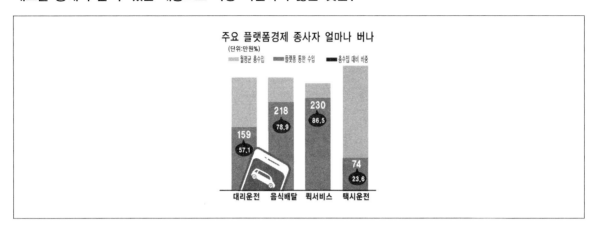

① 택시운전자의 월 평균 수입이 그래프에 언급된 다른 직종 종사자 중 가장 높다.

② 퀵서비스는 월 평균 수입액은 가장 적지만, 플랫폼으로 인한 수입액은 가장 많다.

③ 음식배달은 스마트폰 앱을 통해서 경제활동을 하는 건수가 전체건수 대비 78.9%이다.

④ 택시운전자가 플랫폼으로 인한 수입이 가장 적다.

68 다음 기사를 읽고 기사내용과 가장 부합하지 않은 것을 고르시오.

> 지난해 출산율은 0.98명으로 최종 확정됐다. 출산율이 한명도 채 되지 않는 것은 전 세계에서 한국이 유일하다. 통계청이 28일 발표한 '2019년 6월 인구동향에 따르면 지난 6월 출생아 수가 전년 동기 대비 8.7% 감소한 2만4051명에 그쳤다.
>
> 그 결과 상반기 출생아 수는 15만8525명으로 전년 동기 대비 7.7%(1만3275명) 줄었다. 올해 초까지만 해도 6%대에 머물렀던 감소폭은 4월 한 차례를 빼고 꾸준히 확대돼 누적 감소 율이 8%에 육박하고 있다. 이는 올해부터 출생아 감소세가 완화될 것이란 통계청 기대와 상반되는 모습이다. 통계청은 2017년 11.9% 감소, 2018년 8.7% 감소를 가능한 최악의 시나리오가 실현된 것으로 평가하고, 올해부터 감소폭이 줄어 2022년에는 반등을 시작한다고 예측(2017~2067년 인구추계 중위추계 기준)한 바 있다. 출생의 선행지표로 볼 수 있는 혼인 건수는 전년 대비 감소폭이 확대됐다. 올해 상반기 혼인 건수는 12만121건으로 전년 동기 대비 9.3%(1만2246건)감소했다. 결혼 후 첫째 아이를 출산하기까지 기간은 평균 2.16년으로 집계돼 사상 처음으로 2년을 넘겼다. 둘째 아이 출산까지는 평균 4.61년, 셋째 아이 이상 출산까지는 평균 7.41년으로 집계됐다. 작년에 아이를 낳은 여성의 평균 출산 연령은 32.8세로 전년보다 0.2세 높아졌다.
>
> 〈매일경제 2019.8.29.〉

① 우리나라의 지난해 출산율이 전 세계에서 가장 낮다.
② 재작년의 여성 평균출산연령은 32.6세였다.
③ 통계청은 올해부터는 신생아 출생 감소세가 줄어들 것이라고 예측했었다.
④ 결혼 후 첫아이 출산때까지의 기간이 2년이 넘은 것은 작년이 최초이다.

68 ④ 결혼 후 첫째 아이를 출산하기까지 기간은 평균 2.16년으로 집계돼 올해 사상 처음으로 2년을 넘겼다.

69 다음 중 전자결재 시스템의 특징으로 가장 적절하지 않은 것은?

① 문서의 등록번호는 자동으로 지정된다.

② 문서 검토 중에 의견을 첨부힐 수 있다.

③ 결재 경로를 지정해두면 중간에 변경이 불가능하다.

④ 결재 상황을 조회해볼 수 있다.

70 다음 중 문서 정리 순서로서 올바른 것은?

① 분류 – 주제표시 – 주제결정 – 검사 – 정리

② 검사 – 주제결정 – 주제표시 – 분류 – 정리

③ 주제결정 – 주제표시 – 검사 – 분류 – 정리

④ 주제표시 – 주제결정 – 분류 – 정리 – 검사

71 다음 중 광디스크에 해당하는 것은?

① 플래시메모리　　　　　　　② 블루레이

③ SD카드　　　　　　　　　　④ SSD

ANSWER　**69.③　70.②　71.②**

69 ③ 결재경로를 최대한 간편하게 지정하고 양식별로 문서의 결재 및 경로를 지정해 반복 사용할 수 있으며 관리자가 회사의 결재양식을 자유로이 세팅이 가능하며 다양한 형식의 결재 방식을 지원한다.

70 문서 정리 순서
　㉠ 검사 : 이 문서가 과연 파일하여도 좋은 상태로 되어 있는가의 여부를 검사하여야 한다.
　㉡ 주제결정 : 문서를 어느 제목으로 정리할 것인가를 정하기 위하여 내용을 읽는다.
　㉢ 주제표시 : 문서의 제목으로 정한 주제에 붉은색 밑줄을 긋는다.
　㉣ 상호참조표시 : 두 개 이상의 제목으로 요청될 가능성이 있는 문서의 경우 주된 제목의 폴더에 이 문서를 넣어두고 관계가 적은 편 제목의 폴더에는 상호 참조표를 넣어둠으로써 어느 경우라도 검색이 용이하도록 한다.
　㉤ 분류 및 정리 : 문서를 한 장씩 편철하느라 같은 서랍을 여러 번 닫지 말고 동선절약을 위해 우선 큰 묶음으로 순서를 나눈 뒤 재분류하여 가나다 혹은 번호순으로 정리한다.

71 광디스크의 종류 : CD, DVD, 블루레이 디스크

72 다음 중 우편발송 서비스를 가장 부적절하게 사용한 경우는?

① 매월 정기적으로 회사간행물을 우편으로 보내고 있어서 요금 후납 제도를 이용한다.

② 12월에 연하장 200부를 보내게 되어서 요금 별납 제도를 이용하였다.

③ 3천만원 가량의 수표를 우편으로 보내야 되는 상황이라서 유가 증권 등기를 이용하였다.

④ 내용증명으로 발송하기 위해서 동일한 본문을 3통 준비하여 우체국에 제출하였다.

73 다음 중 전자금융 사기와 관련 용어에 대한 설명으로 틀린 것을 모두 고르시오.

> ㉠ 발신번호 변작 대응은 보이스피싱을 지칭하는 것으로 음성 (Voice)과 피싱(Phishing)의 합성어이다. 수사기관, 정부기관, 금융기관을 사칭하여 피해자에게 송금하도록 하거나 개인정보, 금융정보 등을 탈취하는 수법을 총칭한다.
>
> ㉡ 파밍은 농사(Farming)와 피싱(Phishing)의 합성어로, 감염된 PC의 호스트 파일을 변조하거나 DNS 취약성을 이용하여 사용자들을 '경작지(파밍 사이트)'로 유인한 뒤 개인정보와 금융정보를 유출하는 수법이다.
>
> ㉢ 피싱은 개인정보(Private Data)와 낚시(Fishing)의 합성어로, 개인정보를 낚는다는 의미로 사용되고 있다. 금융기관 또는 공공기관을 가장해 전화나 이메일로 인터넷 사이트에서 보안카드 일련번호와 코드번호 일부나 전체를 입력하도록 요구해 금융정보를 몰래 빼가는 수법을 의미한다.
>
> ㉣ 스미싱은 SMS와 피싱의 합성어로 신뢰할 수 있는 사람, 기업, 공공기관 등이 보낸 것처럼 가장한 휴대전화 문자에 악성 앱의 링크(URL)를 포함시켜 사용자의 스마트폰에 악성 앱을 설치하는 방법이다.

① ㉠, ㉡

② ㉡, ㉢

③ ㉣, ㉠

④ 해당 사항 없음

72 ③ 유가 증권의 기본 수수료는 5만 원까지 1,000원이지만, 5만 원 초과 시 기본 수수료가 5만 원 당 500원씩 추가된다. 따라서 적절한 방법이 아니다.

73 모두 옳은 설명이다.

74 전자 문서에 관한 설명으로 틀린 것은?

① 문서 작성용 소프트웨어를 사용하여 작성·저장된 파일을 포함하며, 전자적 이미지 및 영상 등의 디지털 콘텐츠도 전자 문서의 범주에 속한다.

② 전자 문서는 법적 효력이 인정되어 법적 분쟁 및 규제 대응이 가능하다.

③ 전자 문서 국제 표준은 PDF로 지정되었다.

④ 비서실에 있는 일반스캐너로 생성한 문서도 전자화문서로서 동일한 법적효력을 인정받는다.

75 명함 관리에 관한 설명으로 가장 적절하지 않은 것은?

① 명함이 많지 않을 경우 이름을 기준으로 분류하면 편리하다.

② 많은 명함을 보관할 때는 명함첩을 사용하면 추가 시 편리하다.

③ 명함 관리 DB를 이용하면 메일 머지 사용이나 라벨을 출력하기 편리하다.

④ 직위나 소속 등이 변경되면 새 명함으로 교환해 정리하고 예전 명함은 폐기한다.

76 문서 관리에 대한 설명으로 가장 올바른 것은?

① 새로운 자료 입수 시라도 이전의 자료를 폐기하지 않고 반드시 보관하여 문서 변천을 파악하여야 한다.

② 원본이 명확하게 정리되어 있더라도 복사본을 최대한 많이 확보하여 분실·소실의 위험에 대비한다.

③ 보존 기간이 지나서 불필요하거나 정보의 가치가 없어진 문서라도 일정 기간 반드시 보관 및 보존을 유지한다.

④ 넓은 의미로 문서의 작성부터 시작하여 처리, 유통, 분류, 보관, 이관, 보존, 대여, 열람, 폐기에 이르기까지 사무 능률을 향상시킬 수 있도록 하는 경영 활동으로 정의할 수 있다.

ANSWER 74.④ 75.② 76.④

74 ④ 일반 스캐너를 통해 생성된 이미지 문서(스캐닝 문서)는 종이문서와 동일함이 인정되지 않기 때문에 법적 효력을 보장받을 수 없다.

75 ② 많은 명함을 보관할 때는 명함관리어플이나 프로그램을 사용하면 편리하다.

76 ④ 비서의 문서관리 업무는 넓은 의미에서 정보관리 업무라고 할 수 있다. 상사의 지시에 따라서 보고서, 의사록, 전언문 등의 사내 문서와 인사장 메모, 상업 문서 등이 비서가 취급하는 문서들이다.

77 다음은 의례문서작성 시 유의사항이다. 내용 중 잘못 기술된 것은?

① 교육이나 모임, 행사 등 참가 요청을 목적으로 하는 안내장 작성 시 참가비가 있는 경우일지라도 금액을 안내장에서 안내하는 것은 지양한다.

② 초대장은 특정인에게 꼭 참석해 주기를 바라는 성격이 강하므로 안내장보다 더욱 예의와 격식을 갖추어야 한다.

③ 축하장은 상대방이 기뻐할 때 축하해 줄 수 있도록 신속하게 작성해서 보내는 것이 좋다.

④ 감사장은 대부분 기업에 보내는 것이 아니라 개인에게 직접 감사하는 형식이므로 너무 형식에 치우지지 않도록 한다.

78 문장부호별 주요 용법 관련 설명이 틀린 것은?

① 제목이나 표어가 문장 형식으로 되어 있더라도 마침표, 물음표, 느낌표 등을 쓰지 않는 것이 원칙이다.

② '2019년 10월 27일'은 마침표를 활용하여 '2019. 10. 27.'과 같이 나타낼 수 있다.

③ 줄임표는 앞말에 붙여 쓰는 것이 원칙이지만, 문장이나 글의 일부를 생략함을 보일 때에는 줄임표의 앞뒤를 띄어 쓴다.

④ 줄임표를 사용할 때에는 가운데 여섯 점뿐만 아니라 가운데 세 점을 찍는 것은 가능하지만, 아래 여섯 점, 아래 세 점을 찍는 것은 허용하지 않는다.

79 다음 중 공문서 종류를 올바르게 설명한 것은?

① 지시문서 : 헌법, 법률, 대통령령, 총리령, 부령, 조례, 규칙 등에 관한 문서

② 공고문서 : 행정기관이 일정한 사항을 기록하여 행정 기관 내부에 비치하면서 업무에 활용하는 대장, 카드 등의 문서

③ 일반문서 : 이 보기에서 제시한 3가지 문서에 속하지 아니하는 모든 문서

④ 민원문서 : 민원인이 행정 기관에 허가, 인가, 그 밖의 처분 등 특정한 행위를 요구하는 문서와 그에 대한 처리문서

80 다음 중 밑줄 친 부분의 맞춤법이 가장 적절하지 않은 것은?

① <u>시민으로써</u> 당연한 행동입니다.

② 은퇴한 상무님이 이번에 <u>아틀리에</u>를 여셨어.

③ <u>왠지</u> 오늘 기분이 좋아.

④ 이 조각품은 <u>희한</u>하게 생겼다.

79 ① 지시문서 : 훈령·지시·예규·일일명령 등 행정기관이 그 하급기관이나 소속 공무원에 대하여 일정한 사항을 지시하는 문서
  ② 공고문서 : 고시·공고 등 행정기관이 일정한 사항을 일반에게 알리는 문서
  ③ 일반문서 : 법규문서, 지시문서, 공고문서, 비치문서, 민원문서에 속하지 아니하는 모든 문서

80 ① '(으)로써'는 수단, 방법, 도구를 나타낼 때 쓰이는 조사이며, '(으)로서' 신분, 자격, 지위, 관계 따위를 나타내는 조사이다. 따라서 '시민으로서'라고 써야 한다.

1과목 비서실무

1 비서의 직장 내 화법으로 가장 적절한 것은?

① 기념식에서 "사장님 축사가 있으시겠습니다."라고 말할 수 있다.

② 내방객 안내 시 "부장님은 부사장님실에 계십니다."라고 말할 수 있다.

③ 문서에서는 "김재석 차장 제안으로 다음과 같이 회의가 열릴 예정입니다."라고 쓸 수 있다.

④ 보고 시 "과장님, 김대리님께서 전달하시라고 했습니다."라고 말할 수 있다.

2 다음 중 경비처리방법으로 가장 적절하지 않은 것은?

① 비서는 경비 처리 규정을 넘는 품목은 결재권자에게 사후보고를 하고 구매 주문을 실행한다.

② 비서실에서 발생한 경비 중 세무상 비용으로 인정받기 위해서는 법정 지출 증빙을 갖추어야 한다.

③ 상사가 지출한 접대비 중 증빙을 갖추지 못하면 비용을 인정받을 수 없다.

④ 경비처리에 필요한 영수증은 증거 서류이므로 훼손되거나 분실하지 않도록 주의한다.

ANSWER 1.③ 2.①

1 ① 있으시겠습니다 → 있겠습니다 : '축사'를 높이는 표현으로 잘못 사용되었다.

② 부사장님실 → 부사장실 : 장소는 '-님'을 넣어 높이지 않는다.

④ 김대리님께서 → 김대리님이, 전달하시라고 → 전달하라고 : 압존법은 가족 간이나 사제 간처럼 사적인 관계에서 적용될 수도 있지만, 직장에서는 적용되지 않는다. 따라서 직장에서 윗사람을 그보다 윗사람에게 지칭하는 경우 '김대리님이'라고 하고, '김대리님께서'라고 과하게 높이지 않도록 주의한다. 전달하는 것은 화자 자신으로 '-시-'를 넣어 높이지 않는다.

2 ① 비서는 경비 처리 규정을 넘는 품목은 결재권자에게 사전 보고를 하고 구매 주문을 실행하는 것이 적절하다.

3 우리 회사에 기술을 이전하기 위하여 미국에서 엔지니어가 6개월간 파견되었다. 엔지니어를 위하여 숙소를 레지던스 호텔로 예약하려고 하는데 이 때 비서의 업무 태도로 가장 부적절한 것은?

① 회사의 경비 규정을 확인하고 엔지니어가 선호하는 숙박업소가 있는지 문의한다.

② 우리 회사에서 자주 이용하는 레지던스 호텔에 장기투숙할인율을 문의한다.

③ 레지던스 호텔에 세탁서비스가 무료로 가능한지 문의하고 유료라면 추가로 세탁 할인 쿠폰을 받을 수 있는지 문의한다.

④ 레지던스 호텔은 요리를 할 수 있는 공간이 있으므로 간단한 조리도구와 식재료를 준비해 준다.

4 비서에게 필요한 역량에 관해 비서 A, B, C, D가 주장을 펼치고 있다. 어느 비서의 주장이 가장 적절하지 않은가?

① A : "앞으로 인공지능비서도 출현 예정이라고 하므로 인간의 고유한 감각과 관련된 역량을 강화시켜야겠습니다."

② B : "비서는 멀티플레이어가 되어야 합니다. 비서가 모시고 있는 상사가 조직의 멀티플레이어로서 조직의 모든 분야를 책임져야 하는 경영자이기 때문입니다."

③ C : "비서에게는 다문화 이해능력이 필요합니다. 다문화란 국제적인 것 뿐 아니라 여러 세대가 조직원으로 근무하고 있는 기업의 구성원들을 이해하기 위해서도 필요합니다."

④ D : "인공지능 비서가 확대됨에 따라 상사의 IT 활용 기술이 엄청 빠르게 확산되므로 휴먼 비서의 역할은 응대 업무에 집중되어 관련 서비스 교육이 필요합니다."

ANSWER 3.④ 4.④
....

3 ④ 파견된 엔지니어에게 직접 요리를 하도록 조리도구와 식재료를 준비해 두는 것은 적절하지 못한 태도이다. 식사는 회사나 호텔의 식당을 이용할 수 있도록 문의한다.

4 ④ 인공지능 비서가 확대된다고 하여 휴먼 비서의 역할이 응대 업무에 집중되는 것은 아니다. 상사의 경영 활동 보좌 등 인공지능 비서가 할 수 없는 인간의 고유한 감각과 관련된 역량에 대한 교육이 필요하다.

5 다음 중 비서로서 구성원들을 대하는 행동으로 가장 바람직한 것은?

① 사내 직원들과의 모임에서 들었던 직원들의 업무상 고충이나 애로사항 등을 상사에게 전달한다.

② 상사와의 원만한 관계를 위해 비서의 업무스타일을 상사에게 알려 상사와 비서간의 파트너쉽 역할을 잘 할 수 있게 한다.

③ 입사 초기에 선임비서의 업무 처리 방식이 내가 학교에서 배운 내용과 달라 업무 개선을 위한 솔직한 대화를 시도한다.

④ 비서실 입사 후배지만 나이가 나보다 많은 경우 공식적인 자리에서는 연령 우선의 예우를 한다.

6 비서팀장인 김원희씨는 신입비서를 위한 업무매뉴얼을 작성하여 경력지도의 자료로 삼고자 한다. 업무매뉴얼에 대한 설명으로 가장 부적절한 것은?

① 모범 사례를 기록하고 업무수행에 필요한 Tip이나 자주 하는 질문(FAQ) 등을 포함시킨다.

② 모범 사례가 충분치 않아 타 조직을 벤치마킹하거나 참고문헌의 사례를 참조하여 매뉴얼을 완성한다.

③ 서식, 템플릿 작성 방법에 대한 안내도 포함시켜 OJT 기간에도 업무가 가능하도록 만든다.

④ 매뉴얼이 완성되면 사내에 배포하여 구성원들의 피드백을 받은 후 회사 홍보 블로그에 업로드하여 누구나 열람할 수 있도록 한다.

ANSWER 5.① 6.④

------

5 ② 상사와의 원만한 관계를 위해 비서가 상사의 업무스타일을 파악하여 둘 간의 파트너쉽 역할을 잘 할 수 있어야 한다.

③ 학교에서 배운 내용과 다르더라도 회사만의 규정이 있을 수 있으므로 선임비서의 업무처리 방식을 따르되, 업무 개선을 위한 좋은 아이디어가 있다면 제안해 볼 수도 있다.

④ 공식적인 자리에서는 연령보다 직급이 우선하며, 직급이 같을 경우 입사순서를 고려하여 예우를 한다.

6 ④ 업무매뉴얼에는 대외비의 내용이 포함되어 있을 수 있다. 따라서 홍보 블로그에 업로드하여 누구나 열람할 수 있도록 하는 것은 적절하지 않다.

7 한 달 후 미국 뉴욕으로 출장 가는 상사의 출장 준비 업무 처리로 가장 적절한 것은?

① 상사의 여권의 유효기간이 4개월 남아있어 뉴욕 출장에서 돌아오면 여권갱신을 신청하려고 업무일지에 메모해 두었다.

② 상사의 출장 일정표에는 호텔명과 예약확인번호만 기입해 두었다.

③ 뉴욕 현지 출장일 날씨정보와 식당, 관광 정보 등을 수집하여 상사에게 보고하였다.

④ 호텔 예약 시 상사의 체크인, 체크아웃 예상시간은 상사의 개인 정보이므로 호텔에 알려 주지 않았다.

8 비서가 상사의 일정을 관리하는 방법으로 가장 적절하지 않은 것은?

① 임원 회의 일정을 정할 때 신속하고 정확하게 일을 처리하기 위해서는 회의 참석 당사자와 직접 통화하는 것이 가장 바람직하다.

② 일정 변경이 불가피할 경우 관련자뿐만 아니라 연계된 장소나, 교통편 등에 대한 취소나 변경이 함께 이루어지도록 연락을 취한다.

③ 상사가 일정관리를 전적으로 위임하지 않았다면 상사의 일정은 반드시 상사의 허락을 받고 확정한다.

④ 상사의 회의 일정을 정할 때 회의 일정 사이에 여유시간을 둔다.

7 ① 여권은 유효기간이 6개월 이상 남아있어야 하므로 뉴욕 출장 전에 갱신해야 한다.

② 출장 일정표는 출장 시 추진하고자 하는 업무의 일정을 일자별로, 장소별로 표로 작성하는 문서이다. 일정의 목표와 내용, 출장 진행 상황을 한눈에 파악할 수 있도록 날짜, 시간, 장소, 방문지, 면담자, 상세 일정, 교통편, 숙박, 비고 등을 상세하게 작성한다.

④ 호텔 예약 시 상사의 체크인, 체크아웃 예상시간에 대해 호텔에 전달하는 것이 좋다.

8 ① 회의 참석 당사자 모두와 직접 통화하여 일정을 정하는 것은 일 처리가 지연될 수 있으며, 자칫 실수가 발생할 수 있다.

9 행사 당일에 최종 점검해야 하는 사항으로 올바르지 않은 것은?

① 행사장 집기 및 장비 : 국기게양, 의자배열, 음향시설 등

② 행사준비물 : 기념사 등 연설문, 행사진행 시나리오, 안내입간판 등

③ 행사진행요원 : 영접 및 환송 시 위치, 역할별 담당자 등

④ 초청인사 : 주요인사 참석명단, 초청장 문안, 초청인사 프로필 등

ANSWER　9.④

9　④ 초청인사 관련 사항은 행사 준비 과정에서 충분히 점검되어야 한다.

　※ 행사 당일 최종점검 및 확인사항

　　㉠ 행사장 집기 및 장식
　　　• 국기의 게양
　　　• 음향시설 설치
　　　• 단상 탁자 및 의자 배열
　　　• 단상 화분
　　　• 현판설치 형태
　　　• 실내온도 및 조명상태(실내의 경우)
　　　• 간이화장실 설치, 음료수 비치, 우천 대비 우의·대형우산(옥외의 경우) 등

　　㉡ 행사 준비물
　　　• 기념사, 경축사, 경과보고 등 연설문 2부 준비(1부는 예비)
　　　• 훈장증 및 표창장, 부상 등 표창수여와 관련된 사항
　　　• 행사진행 시나리오, 접견카드, 명패, 명찰, 의자부착용 이름표 등
　　　• 단상요인 휴게실의 의자 배열, 음료수 준비
　　　• 행사에 대한 보도자료
　　　• 안내에 관련된 준비사항 : 외부(내부) 입간판, 안내간판(입장코스, 주차장) 등

　　㉢ 행사 진행요원
　　　• 영접 및 환송인사, 위치, 출입코스
　　　• 단상인사(또는 단하 주요초청인사) 참석여부 신속 확인
　　　• 기념사, 축사, 경과보고 등을 낭독할 인사의 참석 확인
　　　• 수상자 참석(표창순서의 사전 고지 및 예행연습) 확인
　　　• 합창단, 교향악단 또는 국악단 등의 참석 확인
　　　• 국민의례 관련 녹음반주 준비 확인
　　　• 음향, 조명, 전기, 사진촬영요원 등 종사원의 정위치 여부

10 비서가 내방객을 응대하는 태도로 가장 적절하지 않은 것은?

① 각기 다른 약속의 내방객이 동시에 방문하는 경우 모두 한 대기실로 안내하여 서로 지루함 없이 기다릴 수 있도록 배려하였다.

② 미리 약속되지 않은 내방객의 경우 물건 판매를 위한 단순판매자 일지라도 회사의 이미지 제고를 위하여 정중하고 친절한 태도로 응대하였다.

③ 상사 부재중 방문한 내방객을 응대할 때, 상사로부터 지시받지 못한 부분에 대한 질문을 받을 때는 추측으로 답하지 않고 추후 연락을 드리겠다고 하였다.

④ 내방객에게 자리를 권할 때는 출입구에서 먼 쪽으로 안내하였고, 상사의 자리가 정해져 있는 경우 상사의 오른편으로 안내하였다.

11 선약 없이 방문한 내방객의 응대로 가장 적절하지 않은 것은?

① "죄송합니다. 지금 회의 중이시라 명함을 남기시면 연락을 드리겠습니다."

② "죄송합니다. 사장님께서 지금 외출 중이신데 오후에나 돌아오실 예정입니다. 급한 용건이신지요?"

③ "죄송합니다. 사장님은 지금 가나호텔에서 회의가 있어 오늘은 만나기 어려우실 것 같습니다."

④ "죄송합니다. 사장님께서 방금 외출하셨는데, 전하실 말씀 있으시면 알려 주십시오."

Answer 10.① 11.③

10 ① 다른 약속의 내방객이 동시에 방문하여 대기실에서 함께 기다려야 할 경우 내방객 간의 관계에도 주의를 기울여야 한다. 서로 알아도 될 경우에는 양측을 소개한 후 함께 대기실에서 기다리도록 안내할 수 있지만, 입찰이나 기타 업무 내용상 내방객들이 서로 마주치지 않는 것이 좋은 경우는 다른 장소에서 기다리게 한다.

11 ③ 선약 없이 방문한 내방객이라고 하여 비서가 독단으로 거절해 버리는 것은 옳지 않다. 상사가 외출 중에 선약 없이 내방객이 방문한 경우, 급한 용건이나 평소 상사와 친분이 두터운 내방객이라면 즉시 상사에게 전화로 먼저 보고하고, 그렇지 않다면 신분과 방문 목적, 연락처를 반드시 받아 두고 후에 보고한다. 또한 상사의 부재 이유를 지나치게 자세히 설명하여 정보를 흘리지 않도록 주의한다.

12 다음은 상황별 전화응대 내용이다. 다음 중 가장 적절한 것은?

① 급한 용무로 자리를 비우게 되었을 때 본인의 회사 전화를 자신의 휴대전화로 착신 전환 후 외출하였다.

② 상사와 중요 고객사와의 회의 중 상사가 기다리고 있던 삼진물산 사장의 전화가 걸려와서 회의실로 들어가 "회장님, 삼진물산 김도철사장님의 전화입니다. 2번 전화 받으시면 됩니다."라고 말씀 드렸다.

③ 상사 부재중에 상사를 찾는 전화가 왔다. 성함을 여쭤봤더니 "울산 김사장"이라고 하여 전화메모에 울산 김사장이라고 기재하였다.

④ 상사인 회장과 가깝게 지내는 가나물산 양회장 비서가 양회장이 지금 전화 연결을 원한다고 하여 양회장 비서에게 "먼저 연결해주시겠어요?"라고 요청하였다.

13 다음 중 의전 수행 시 고려해야 하는 내용으로 적절하지 않은 것은?

① 드레스코드가 'informal'인 경우 남성은 청바지와 깨끗한 티셔츠로 입장이 가능하다.

② 상사가 외부 공식 행사에 참석하게 되어 비서는 참석자프로필, 공연 정보, 만찬 진행 순서, 행사 내용, 드레스 코드 등을 사전에 확인하여 상사에게 보고하였다.

③ 상사가 공식 저녁 식사에 초대를 받아 참석하게 되어 비서는 상사의 좌석을 사전에 확인하였다.

④ 각종 행사에 초청자 중 특별한 역할이 있을 때는 서열과 관계없이 자리 배치를 달리 할 수 있다.

14 상사가 외부 회의에 참여를 요청받았을 때 비서의 업무 절차로 가장 적절한 것은?

① 요청받은 회의일시 및 내용 확인 → 상사에게 보고 → 상사일정표 확인 → 참석여부 통보 → 일정표 기입

② 요청받은 회의일시 및 내용 확인 → 상사 일정표 확인 → 상사에게 보고 → 일정표 기입 → 참석여부 통보

③ 상사에게 보고 → 요청받은 회의일시 및 내용 확인 → 상사일정표 확인 → 참석여부 통보 → 일정표 기입

④ 상사에게 보고 → 상사 일정표 확인 → 요청받은 회의일시 및 내용 확인 → 일정표 기입 → 참석여부 통보

Ａnswer 12.① 13.① 14.②

12 ② 회의 중 중요한 전화가 걸려왔을 그 내용을 메모지에 적어 회의 중인 상사에게 조용히 전달하고 상사의 지시에 따르도록 한다.
　③ 전화메모에는 발신자의 이름을 정확하게 기재하여야 한다.
　④ 상사보다 더 높은 직위일 경우 상대방의 비서에게 "제가 먼저 연결 하겠습니다"라고 말하고 상사에게 전화를 연결하여 상대방이 수화기를 들기 전에 상사가 먼저 수화기를 들도록 중재한다. 반대의 경우, 상대방이 먼저 수화기를 들수 있도록 상대편의 비서에게 "먼저 연결해주시겠어요?"라고 요청한다. 상대방이 상사와 직위가 같은 경우, 상대방의 비서에게 "같이 연결하죠."라는 말로 상사와 상대방이 수화기를 동시에 들도록 중재할 수 있다.

13 ① 'informal은 평복으로 신사복을 의미한다. 격식 없이 입는 비공식 복장을 말할 때는 'casual'로 나타낸다.

14 상사가 외부 회의에 참여를 요청받았을 때 비서의 업무 절차는 요청받은 회의일시 및 내용 확인 → 상사 일정표 확인 → 상사에게 보고 → 일정표 기입 → 참석여부 통보 순이다.

15 상사의 해외출장 예약 업무를 할 때 가장 적절한 것은?

① 상사가 선호하는 항공편에 좌석이 없어 다른 항공권을 우선 예약하고 선호하는 항공편의 대기자 명단에 상사의 이름을 올려 두었다.

② 항공권 구매시 상석인 창가쪽 좌석으로 예약을 했다.

③ 성수기로 인해 국제청사가 복잡할 때는 상사가 도심공항터미널에서 탑승수속을 한 후 공항으로 출발하도록 일정을 조정하였다.

④ 출장지에서 머무를 호텔은 상사의 업무수행이 용이한 컴퓨터와 책상, 와이파이가 무료로 제공되는 비즈니스 호텔을 우선으로 예약하였다.

16 A씨는 입사한 지 1개월 된 신입비서이다. A씨의 상사는 아직은 개인적인 일정뿐 아니라 공식적인 일정까지도 직접 연락해서 결정하고 있어 다른 사람들이 상사의 일정을 물어볼 때 매우 난감하였다. A씨가 상사의 일정관리 업무를 위해 취한 행동 중 가장 적절하지 않은 것은?

① 정기적인 일정은 일정표에 미리 기재해 두고, 매일 아침 정기업무 보고 시 상사에게 일정을 여쭈어보고 기록하였다.

② 상사 집무실을 정돈하면서 상사 책상 위 달력에 적혀 있는 상사의 일정을 참고하였다.

③ 업무 관련 문서들을 읽으면서 상사와 관련된 일정을 비서의 일정표에 기록하였다.

④ 상사의 일정을 상사 스마트폰과 연동시키기 위해 일정관리의 재량권을 정식 요청했다.

ＡNSWER 15.① 16.④

15 ① 상사가 선호하는 항공편을 알고 있다면 해당 항공편을 예약하는 것이 적절하다. 해당 항공편에 좌석이 없을 경우 다른 항공권을 예약하고 선호하는 항공편의 대기자 명단에 상사의 이름을 올려 두어 좌석이 나왔을 때 예약할 수 있도록 한다.
②③④ 상사의 선호를 먼저 확인하고 예약을 진행하는 것이 적절하다.

16 ④ 비서가 상사의 일정관리에 참여하는 재량권의 정도는 회사의 조직, 상사의 업무방식, 비서에 대한 신뢰도 등 다양한 변수에 따라 결정된다. 입사한 지 1개월 된 신입비서가 상사에게 일정관리의 재량권을 요청하는 것은 적절하지 않다.

17 상사 출장 중에 상사와 친한 동창이라는 분이 전화를 하였다. 상대방은 TV 출연도 자주하는 꽤 유명한 방송인이다. 상사가 출장 중이라고 하니 막무가내로 핸드폰 번호를 알려달라고 한다. 어떻게 대처하는 것이 비서의 자세로 적절한가?

① 전화를 건 상대방이 공신력 있는 방송인이므로 상사의 연락처를 알려드린다.

② 상대방에게 용건을 물어본 후 상사와 연락을 취하여 바로 연락드리겠다고 말씀드린다.

③ 상사의 휴대폰 번호는 알려드리지 못하지만 머무르고 있는 호텔 전화번호를 알려드린다.

④ 상사의 출장 일정을 말씀드린 후 상사와 통화가 가능한 시간을 알려준다.

18 다음 중 비서가 조직 구성원과의 관계를 위해 취하는 행동으로 가장 바람직한 것은?

① 비서는 타부서에 상사의 지시를 전달할 경우 상사의 권위에 맞게 상사의 지시 사항을 하달하였다.

② 경제적으로 어려움에 처해있는 동료의 이야기를 듣고 비서는 상사에게 이 사실을 알리고 도울 방법을 제시한다.

③ 비서는 동료직원의 업무 고충을 직접 듣게 되었을 경우 상사가 필요로 할 때 상사에게 말씀드린다.

④ 비서는 직장 내에서 힘든 일이 있을 때 혼자 해결하기보다는 가까운 사내 동료들에게 솔직하게 문제를 이야기 하여 도움을 받는다.

ANSWER 17.② 18.③

17 상사의 휴대폰 번호는 임의로 판단하여 외부인에게 알려줘서는 안 된다. 상사의 휴대폰 번호를 알려달라는 상대방에게는 용건을 확인하고 상사와 연락을 취해 바로 다시 연락드리겠다고 말씀드린 후 상사의 지시에 따르도록 한다.

18 ③ 동료의 고민이나 고충은 잘 들어주고 상사와의 연결고리가 되도록 노력하는 것이 바람직하다.
　① 타부서에 상사의 지시를 전달할 경우 자신의 신분을 밝히고 그에 맞게 지시 사항을 정확하게 전달하는 것이 바람직하다.
　② 민감할 수 있는 개인적인 정보에 대해서는 함부로 타인에게 알리지 않는다.
　④ 비서 업무의 성격상 다른 직무를 가진 동료들과의 사이에서는 오해가 발생하기 쉽다.

19 출장 후 오늘 복귀한 상사에게 오늘의 일정을 보고하려고 한다. 비서가 보고하면서 확인을 위하여 질문해야할 사항으로 가장 부적절한 것은?

> 오늘의 일정
> 10시 임원회의
> 11시 30분 내방객 방문(성함 모름)
> 12시 점심(약속 없음)
> 16시 인사팀 최팀장 보고
> 17시 30분 자재부 이과장 보고

① "출장 기간 동안 걸려온 전화는 언제 연결해 드릴까요?"
② "오늘 점심 약속이 없으신데 혹시 내방객과 점심 계획이 있으신지요?"
③ "사장님께서 개인적으로 약속하신 손님이 11시 30분에 방문하십니다. 그 분께 전화 드려 성함을 여쭈어 볼까요?"
④ "자재부 이과장 보고 시간이 너무 늦으면 내일로 늦출까요?"

20 상사의 출장업무를 지원하는 비서의 업무로 가장 적절하지 않은 것은?

① 인천공항이 붐빌 것으로 예상되어 도심공항터미널을 이용하여 탑승수속까지 마치고 인천공항에서는 수하물만 부치도록 조치했다.
② 상사가 미국 출장을 가게 되어 미국 대사관 홈페이지에서 지난 2월로 만료된 사전입국승인을 신청해 두었다.
③ 상사의 출장지가 여러 곳이어서 스마트 기기에 출장일정을 연동해 두었다.
④ 출장일정표 작성 시 회의, 방문, 모임과 관련된 내용을 상세히 기록한다.

21 오늘 날 기업이 직면하는 외부환경은 급속도로 변하고 있다. 변화하고 있는 외부환경의 특성으로 가장 거리가 먼 것은?

① 환경의 안정성 증가
② 환경의 복잡성 증가
③ 환경자원의 풍부성 감소
④ 환경변화의 가속화

22 기업의 외부환경을 분석할 때 경제적 환경요인에 해당하지 않는 것은?

① 금융 및 재정정책
② 국민소득 수준
③ 정부의 정책과 규제
④ 인플레이션

23 다음은 어느 회사의 성명(방침)의 일부를 기술한 것이다. 보기 중 가장 가까운 경영개념은 무엇인가?

> 우리 회사 첫째의 책임은 상품의 수요자인 약사, 의사, 간호사, 병원, 주부, 그리고 모든 소비자에 대한 책임임을 확신하는 것이다. 우리들의 상품은 항상 최고의 품질이 유지되어야 한다.

① 기업윤리
② 기업통제
③ 기업전략
④ 기업경영

ANSWER 21.① 22.③ 23.①

21 ① 환경의 불확실성이 증가하는 원인에는 환경의 복잡화, 환경의 불안정성, 자원확보의 어려움 등이 있다.

22 ③ 법률적 및 정치적 요인에 해당한다.
　※ **기업의 외부환경**
　　㉠ **경제적 환경** : GDP, 가처분 소득, 경쟁, 유통, 경로 등
　　㉡ **법률적 및 정치적 환경** : 독점금지법, 소비자 보호법 등
　　㉢ **자연적 환경** : 자원 가용성, 환경 영향 등
　　㉣ **기술적 환경** : 신제품 기술, 변화하는 정보, 통신 기술 등
　　㉤ **사회문화적 환경** : 인구통계 변화, 문화적 다양성, 윤리적 가치 등

23 ① 기업윤리(business ethics)란 기업의 의사결정이나 행위에 영향을 받는 이해관계자들이 추구하는 가치이념에 대해서 기업이 어떤 의사결정과 행위를 취할 것인가를 체계적으로 판단하는 기준이며 기업의 정책, 조직, 행동에 적용되는 꼭 지켜야 할 도덕적 기준이다.
③ 기업의 넓은 활동범위에 대한 전략과 장기적인 수익 극대화를 위하여 기업의 개발과 발전을 관리하는 것을 의미한다.

2020년 5월 10일 시행 **345**

24 다음 중 소자본 창업과 벤처창업에 대한 설명으로 가장 적절한 것은?

① 소자본창업은 적은 자본으로 기존의 사업성이 분석된 안정된 사업을 선택하여 설립한다.

② 소자본창업은 고위험과 고수익을 특징으로 하는 기술집약적 신생사업분야에 해당한다.

③ 벤처창업은 대기업과 연관되어 대리점을 운영하거나 부품공급 협력업체 등의 사업을 주로 한다.

④ 벤처창업은 적은 자본으로 사업을 시작할 수 있는 모든 분야의 창업을 의미하며 가능한 한 위험부담이 적은 업종을 선택해야 한다.

25 다음 중 중소기업의 특징으로 가장 적절하지 않은 것은?

① 중소기업은 대기업에 비해 상대적으로 자금조달이 어렵다.

② 대기업에 비해 경영규모가 작고 전문인력이 부족하여 능률적인 경영관리가 어려울 수 있다.

③ 독자적인 상품개발이나 시장개척이 어려워 대기업과 연계하여 발전하기도 한다.

④ 환경변화에 신속한 대응이 어려워 시장에서의 탄력성이 떨어진다.

ANSWER 24.① 25.④

24 ② 소자본 창업은 저수익, 저위험을 특징으로 한다. 고위험과 고수익을 특징으로 하는 기술집약적 신생사업분야는 벤처사업에 해당한다.
   ③ 소자본 창업에 관한 설명이다. 소자본창업은 대기업과 손을 잡고 대리점을 운영, 부품공급 협력업체이거나 기존의 사업성이 잘 알려진 안정적인 사업에 해당한다.
   ④ 소자본 창업에 관한 설명이다.

25 ④ 중소기업은 변화의 속도가 더해짐으로 시장변화에 유연한 중소기업의 특성이 더욱 힘을 발휘한다.
   ※ 중소기업의 특징
   ㉠ 중소기업 창업자 대부분 열정으로 창업하며 자기만족으로 헌신적으로 일한다.
   ㉡ 정보기술과 컴퓨터의 발전으로 이전에는 활동이 어려웠던 분야에도 쉽게 접근이 가능하다.
   ㉢ 대기업의 구조조정으로 경력자들이 대거 중소기업의 경영자원이 될 수 있다.
   ㉣ 아웃소싱이 다양화함으로써 중소기업도 대기업 못지않게 비용절감과 사업다각화가 가능하다.
   ㉤ 변화의 속도가 더해짐으로 시장변화에 유연한 중소기업의 특성이 더욱 힘을 발휘한다.
   ㉥ 대기업에 비해 신제품 출시와 개발 속도가 빠르고 자금과 인력이 적게 든다.
   ㉦ 대기업이 못 들어가는 수요량이 적은 틈새시장 공략에 유리하다.
   ㉧ 개인별 맞춤서비스를 원하는 특수 분야의 시장에는 소규모 기업이 유리하다.
   ㉨ 대기업도 평생고용과 고용보장이 어려워서 중소기업도 대기업과의 고용경쟁에서 불리할 것이 없다.

26 다음은 소수 공동기업에 대한 설명이다. 보기 중 ㉠－㉡－㉢－㉣ 순서에 맞게 들어갈 말로 적절한 것은?

(㉠)회사는 2인 이상의 무한책임사원과 유한책임사원으로 구성되며, 이때 (㉡)책임사원은 직접경영에 참여하지만, (㉢)책임사원은 경영에는 참여하지 않고 자신이 출자한 범위 내에서만 책임을 진다. 이 회사는 (㉢)책임사원을 모집할 수 있기에 (㉣)회사보다 자본조달이 용이하지만(㉢)책임사원의 지분양도라고 하더라도 (㉡)책임사원전원의 동의가 있어야 하기에 자본의 교환성은 거의 인정되지 않는다고 할 수 있다.

① 합자 – 무한 – 유한 – 합명   ② 합자 – 유한 – 무한 – 합명
③ 합명 – 무한 – 유한 – 합자   ④ 합명 – 유한 – 무한 – 합자

27 다음 중 주식회사의 특성을 설명한 것으로 가장 거리가 먼 것은?

① 주식회사에서는 출자자와 경영자가 분리되어 있다.
② 주식회사에서는 주식을 소유하고 경영능력이 뛰어난 사람에게 기업경영을 의뢰할 수 있는데, 이들을 일반적으로 전문경영인이라고 부른다.
③ 주식회사는 기업경영에 직접 참가할 수 없는 일반자본가로부터 자금을 대규모로 동원할 수 있어 사업을 확장하는 데 적합하다.
④ 주식회사의 출자자는 자신의 출자범위 이내에서만 책임을 진다.

ANSWER 26.① 27.②

26 합명회사와 합자회사 비교

구분	합명회사	합자회사
규모	가족기업	가족기업
구성	무한책임사원	무한책임사원 유한책임사원
출자	한도없음(등기필요)	한도없음(등기필요)
의결	사원총회	사원총회
집행	사원	무한책임사원
양도	총사원동의	무한책임사원 동의
책임	사원이 채권자에 대해 직접 연대 무한책임	무한책임사원 – 합명회사와 같음 유한책임사원 – 본인 출자액 한도

27 ② 전문경영인체제는 기업(주식회사의 경우 대주주)의 소유자가 아닌 사람이 경영관리에 관한 전문적 기능의 행사를 기대받아 경영자의 지위에 있는 경우를 말한다.

28 다음 중 조직문화의 설명으로 가장 거리가 먼 것은?

① 조직의 구성원들의 행동을 만들고 인도하기 위해 이들이 공유하는 신념, 이념, 가치관, 관습, 의식, 규범 등을 의미한다.

② 사회화란 재직기간이 오래된 직원에게 조직의 가치, 규범, 문화를 배우게 하는 과정을 의미한다.

③ 조직문화는 구성원들이 부딪히는 문제를 정의하고 분석하고 문제해결방법을 제시하기도 하고 행동을 제한하기도 한다.

④ 조직 내부환경의 기초로서 그 구성원들의 경영행위에 대한방향과 지침이 된다.

29 다음 중 경영자의 대인관계 역할에 관한 설명으로 가장 거리가 먼 것은?

① 경영자는 회사를 대표하는 여러 행사를 수행하고 조직의대표자로서의 역할을 수행한다.

② 경영자는 조직의 리더로서 경영목표를 달성하기 위해 종업원에게 동기부여하고 격려하는 역할을 한다.

③ 경영자는 필요한 정보를 탐색하고 수집된 정보를 선별하여 내부 조직구성원에게 제공해야 한다.

④ 경영자는 상사와 부하, 기업과 고객, 사업부와 사업부 등의 관계에서 연결고리역할을 한다.

30 다음 중 매트릭스 조직에 대한 설명으로 가장 적합하지 않은 것은?

① 조직의 내부자원을 효율적으로 사용할 수 있으며 외부환경의 변화에 신속히 대응할 수 있다.

② 기능부문 담당자와 프로젝트 책임자에게 각각 보고하는 이중적인 명령체계를 갖고 있다.

③ 특정 과업의 목표를 달성하기 위해 구성된 임시적 조직으로 과업이 완료된 후에는 해산되는 조직구조이다.

④ 관리층의 증가로 인한 간접비가 증가되어 일반적 조직형태보다 비용이 많이 든다.

ANSWER 28.② 29.③ 30.③

28 ② 사회화 과정이란 구성원들이 조직에 들어왔을 때 구성원들에게 공동의 이념과 문화를 수용시키는 과정을 의미한다. 사회화 과정에서 조직문화는 구성원들에게 수용되고 전승된다.

29 ③ 정보전달 역할에 해당한다. 대인관계 역할은 기업을 운영함에 있어 사람들과의 대면 과정에서 행해지는 역할이다. 이러한 대인관계 역할에는 대표자의 역할, 리더의 역할, 연결자의 역할로 나누어 볼 수 있는데 먼저 대표자의 역할은 회사를 대표하며 법적 또는 사회적 임무를 수행하는 역할을 말하며, 리더의 역할은 조직 구성원의 동기부여에 책임을 지며, 부서의 성과에 책임을 지는 역할을 의미한다. 연결자의 역할은 외부조직과의 네트워크를 형성하는 역할을 말한다.

30 ③ 프로젝트 조직에 대한 설명이다.

※ **프로젝트 조직의 특성**

㉠ 경영조직을 프로젝트별로 분화하여 조직화를 꾀한 조직형태이다.

㉡ 프로젝트가 완료되면 해산되므로 일시적이고 잠정적인 조직이다.

㉢ 프로젝트 조직은 권한의 계층적 구조라는 성격보다는 직무의 체계라는 성격이 강하다.

㉣ 프로젝트 관리자는 라인의 장이며, 그는 프로젝트를 실현하는 책임과 권한을 갖는다.

㉤ 프로젝트 조직의 권한은 조직 내에서 수평적, 대각적, 수직적으로 영향을 미치며 조직 외부로도 행사된다.

31 피들러의 상황모형에 따라 아래와 같은 상황에서 김 부장이 조직을 이끌 때 효과적인 리더 유형으로 가장 적합한 것은?

> 대성자동차 생산부의 김 부장은 평소 부하직원들과 아주 좋은 관계를 유지하고 있으며 부하들에게 작업목표를 명확히 제시하여 부하들의 노력 결과를 쉽게 파악할 수 있도록 한다. 또한 김 부장은 부하직원의 승진이나 보상에 대해서 결정권을 행사할 수 있는 권한을 갖고 있다.

① 과업지향형 리더
② 관계지향형 리더
③ 위임형 리더
④ 참가형 리더

32 다음은 다양한 동기부여이론에 대한 설명이다. 이 중 옳은 것은?

① 욕구단계이론은 '생리적-안전-존경-사회적-자아실현욕구'의 순서로 다섯 가지 욕구단계가 존재한다고 가정한다.
② XY이론에서 X이론은 사람들은 보통 책임을 수용하고 고차원적 욕구가 개인을 지배한다고 가정하는 것이다.
③ 동기-위생이론에서 임금, 회사방침, 물리적 작업조건 등은 동기요인으로 간주된다.
④ 성취동기이론은 성취동기가 높은 성취자들은 성공할 확률이 50:50의 가능성이 있다고 판단될 때 일을 가장 잘 수행한다고 가정한다.

ANSWER 31.① 32.④
<hr>

31 피들러는 리더십 스타일을 과업지향형과 관계지향형으로 분류하고 있다. 과업지향형이 리더십 행사의 초점을 과업 자체의 진척과 성취에 맞추고, 여기에 방해되는 일탈행위를 예방하거나 차단하는데 주력하는 통제형 리더십 스타일이라면, 관계지향형은 통솔 하에 있는 부하직원들과의 원만한 관계형성을 통해 과업의 성취를 이끌어 내려는 배려형 리더십 스타일을 의미한다.

32 ① 욕구단계이론은 '생리적 – 안전 – 사회적 – 존경 – 자아실현욕구'의 순서로 다섯 가지 욕구단계가 존재한다고 가정한다.
② Y이론에 관한 설명이다. 맥그리거는 전통적 인간관을 X이론으로, 새로운 인간관을 Y이론으로 지칭하였다.
③ 임금, 작업환경, 보상, 지위, 정책 등 환경적인 요소들은 위생요인이다.

33 최근 기업에서는 인적자원관리의 패러다임이 많이 변화되었다. 이러한 최근의 패러다임 변화 양상에 대한 설명으로 옳지 않은 것은?

① 교육·훈련에 투자하여 질적으로 우수한 인적자원관리를 목표로 한다.

② 개별화되고 다양하며 변화를 주도하는 인재를 채용하는 방향으로 변하고 있다.

③ 인사팀에서만 인적자원을 관리하는 것이 아니라 각 해당부서 담당자들 모두가 인사기능을 담당하고 책임지는 방향으로 가고 있다.

④ 근속연수, 온정주의, 연고주의에 따라 승진과 보상을 결정하는 방향으로 변하고 있다.

34 장년 근로자의 고용연장 및 기업의 임금 부담 완화를 위해 최근 여러 기업에서는 노사합의에 의하여 일정 연령을 기준으로 생산성과 임금을 연계시켜 임금을 줄여나가는 제도를 실시하고 있다. 이러한 제도를 나타내는 용어로 다음 중 가장 적절한 것은?

① 차별성과급제 ② 임금피크제

③ 타임오프제 ④ 집단성과급제

35 마케팅 전략 중 표적시장에 공급할 자사제품의 특징을 구체화하고 경쟁적 위치를 정립하는 단계로, 자사의 브랜드를 경쟁브랜드에 비해 독특하게 받아들일 수 있도록 고객들의 마음속에 위치시키는 노력을 무엇이라고 하는가?

① 제품차별화 ② 시장세분화

③ 표적시장결정 ④ 제품포지셔닝

ANSWER 33.④ 34.② 35.④

33 ④ 인적자원관리는 전통적인 방식에서 새로운 방식으로 크게 바뀌었다. 비용통제형 인사관리에서 고성과, 고몰입 인적자원 관리로 연공서열에 기반을 둔 인사관리에서 성과중심의 인적자원관리로, 위계서열에 입각한 인사관에서 보다 수평적인 인적자원관리로 변화했다.

34 ① 높은 임률과 낮은 임률을 각각 설정한 후, 시간 연구에 따라 결정된 과업을 달성한 경우에는 높은 임률, 그렇지 못한 경우에는 낮은 임률을 제공하는 임금 제도
③ 회사 업무가 아닌 노조와 관련된 일만 담당하는 노조 전임자에게 회사 측의 임금 지급을 금지하는 제도
④ 팀·지점별 목표를 정한 뒤 초과달성 시 성과급을 지급하는 제도

35 ④ 경쟁우위 달성을 목적으로 경쟁자의 제품과 다르게 인식되도록 마케팅믹스를 사용하여 고객의 마음속에 제품의 정확한 위치를 심어주는 과정을 의미한다. 따라서 포지셔닝 전략은 목표시장에서 경쟁우위 달성을 위해서 꼭 필요한 수단이다. 경쟁우위는 어떤 제품이나 브랜드가 다른 제품 혹은 브랜드보다 고객들에게 더 많은 가치를 제공해줄 수 있을 때 달성된다고 할 수 있다.

36 다음 중 전사적 자원관리시스템(ERP)의 장점을 설명하는 내용으로 가장 거리가 먼 것은?

① 업무처리의 능률을 향상시키며 이에 따른 생산성 향상

② 모듈 적용 시 데이터의 일관성 및 통합성으로 업무의 표준화

③ 특정문제영역에 관한 전문지식을 지식 데이터베이스에 저장하여 문제해결

④ 실시간 처리로 정보의 신속성 제공

37 다음 중 기업의 재무상태표에 대한 설명으로 가장 옳지 않은 것은?

① 자산은 자본과 부채의 합과 같다(자산 = 자본 + 부채).

② 매출채권, 유가증권, 건물은 자산에 해당되므로 오른쪽에 기록한다.

③ 일정한 시점에서 기업이 보유하고 있는 자산, 부채, 자본에 관한 정보를 제공하는 표이다.

④ 재무상태표에서 왼쪽을 차변, 오른쪽을 대변이라 부른다.

ANSWER 36.③ 37.②

36 ERP 시스템의 장점
　　㉠ 업무 프로세스 혁신
　　㉡ 글로벌화 대응이 비교적 용이
　　㉢ 개발 기간의 단축
　　㉣ 개발 비용의 절감
　　㉤ 도입에 따른 위험 감소
　　㉥ 도입실적에서 오는 축적된 Know How의 이용
　　※ ERP 시스템의 단점
　　　㉠ 기능확장이나 개량의 한계
　　　㉡ 사용해보지 않으면 진실된 평가가 불가능
　　　㉢ 원하는 기능 이외의 것도 도입해야 한다는 점
　　　㉣ 자체적인 보수, 운용의 어려움
　　　㉤ ERP 컨설턴트의 부족
　　　㉥ 파라미터 설정 항목의 의미 이해시 장기간 교육 필요

37 ② 매출채권, 유가증권, 건물은 자산에 해당되므로 왼쪽에 기록한다.

38 금융기관간의 영업활동 과정에서 남거나 모자라는 자금을 30일 이내의 초단기로 빌려주고 받는 것을 이것으로 부르며, 이때 은행·보험·증권업자 간에 이루어지는 초단기 대차에 적용되는 금리를 일컫는 용어는?

① 제로금리

② 콜금리

③ 기준금리

④ 단기금리

39 4차 산업혁명의 특징 중 하나인 첨단기술은 경제, 사회전반에서 융합이 이루어지고 있다는 점이다. 다음 중 4차 산업혁명을 이끄는 대표적인 주요기술 중 가장 거리가 먼 것은?

① 인공지능(AI)

② 사물인터넷(IoT)

③ 빅데이터(Big Data)

④ 고객관리시스템(CRM)

40 가격 대비 마음의 만족이 큰 제품을 택하는 '가심비(價心費)'를 따지는 소비를 무엇이라 하는가?

① 착한소비

② 기호소비

③ 플라시보 소비

④ 소비대차

ANSWER 38.② 39.④ 40.③

38 ② 금융기관간 영업활동 과정에서 남거나 모자라는 자금을 30일 이내의 초단기로 빌려주고 받는 것을 '콜'이라 부르며, 이때 은행, 보험, 증권업자 간에 이루어지는 초단기 대차에 적용되는 금리가 바로 '콜금리'이다.
① 단기금리를 사실상 0%에 가깝게 만드는 정책이다.
③ 한 나라의 금리를 대표하는 정책금리이다.
④ 우리나라에서 단기금리란 통상 기간이 1년 미만인 금리를 말한다.

39 ④ CRM이란 'Customer Relationship Management'의 약자로 한국어로는 '고객 관계 관리'를 의미한다. 고객과의 커뮤니케이션 관장 및 고객의 시각에 맞는 마케팅 활동에 기반한 양호한 관계 유지를 통해, 고객 생애 가치(LTV)를 향상시키는 개념이다. 이를 위해 사용되는 시스템 및 툴은 CRM 시스템, CRM 툴이라 칭하였지만 현재는 툴을 포함하여 CRM이라고 부르는 것이 일반적이다.

40 ③ 가격 대비 마음의 만족이 큰 제품을 택하는 '가심비'를 따지는 소비를 말한다. 즉, 가격이나 성능과 같은 객관적인 수치를 토대로 '싸고 품질 좋은 제품'만을 구매하는 것이 아니라, 다소 비싸거나 객관적인 품질은 떨어지더라도 심리적 만족감을 느낄 수 있다면 구매하는 것을 가리킨다.
① 환경과 사회에 미치는 영향까지 충분히 고려해 상품이나 서비스를 구매하는 현상
② 물건의 기능보다는 그 물건을 통해서 얻을 수 있는 사회적 위신과 권위를 고려하는 소비 행위
④ 빌려주는 사람은 돈이나 물건의 소유권을 이전하고, 빌리는 사람은 빌린 물건과 동일한 종류, 질, 양의 물건을 반환할 것을 약속함으로써 성립하는 계약

41 아래 전화메모의 내용에 해당되지 않는 것은?

For : Mr. Hernadez

Date : September 17, 2020 Time : 11:30 A.M.

WHILE YOU WERE OUT

<u>Mr. Jason Hong from CDF Computer</u>

TELEPHONED	O	PLEASE CALL	O
CAME TO SEE YOU		WILL CALL AGAIN	
RETURNED YOUR CALL		URGENT	

☎ Contact Information

Phone : <u>02-356-7890</u> Fax : _____

Mobile : _____

Special Message : Mr. Hong wants to talk about the laptop computer that you're planning to purchase. He will be in his office until 4:00.

Taken by : <u>Sooyeon Lee</u>

---

① Mr. Hernadez은 Sooyeon Lee에게 전화를 걸었다.

② 이 전화메모는 Sooyeon Lee가 작성하였다.

③ Mr. Jason Hong은 그의 사무실에 4시까지 있을 예정이다.

④ Mr. Jason Hong은 Mr. Hernadez가 구입할 계획인 노트북컴퓨터에 대해 논의하고자 한다.

ANSWER 41.①

41 ① Mr. Hernadez이 자리를 비웠을 때, CDF Computer의 Mr. Jason Hong이 Mr. Hernadez에게 전화를 걸었다.

42 Read the following Mr. Kim's itinerary and choose one which is NOT true.

Tue, Sept. 8

07:00 p.m. Leave Incheon Airport on KE 802

06:25 p.m. Arrive at JFK Airport

　　　　　　Take limo to Marriott Marquis Hotel

Wed, Sept. 9

09:00 a.m. Board meeting in headquarters building, 49th Floor

12:00 p.m. Luncheon with chairman and members of the New York Chamber of Commerce

04:00 p.m. Depart JFK Airport, UA 1390

---

① Mr. Kim will stay at Marriott Marquis Hotel for one night.

② The board meeting will be held on the 49th floor of headquarters building.

③ Mr. Kim will have lunch with chairman and shareholders on the second day.

④ Mr. Kim will be leaving JFK Airport on United Airlines 1390 at 4 o'clock in the afternoon.

43 다음 email에 대한 설명으로 가장 바르지 않은 것은?

To: Dixon, Robert D.; Woo, Jennifer; Levis, Robert W.; Mok, Wilbur W.; Kramer, Jeffrey; Painter, Corning F.; Delaney, John M.; Allen, William C.; Bones, Graham M.
From: Eunji Jang
Date: Mon, January 30, 2020 11:07:30
Subject: Staff meeting - Feb 15

Please be informed that next staff meeting will beheld on February 15th (Mon) at 9:00 a.m. in the Seoul office.

Agenda will be distributed by Matt Cho next week. However, if you have any particular issues to discuss, please submit them to me as Matt Cho's e-mail is not working currently. We expect it to be fixed by early next week according to IT team.

Rgs,

① 이 이메일의 수신인은 총 9명이다.
② 회의 안건은 Matt Cho가 배부할 예정이다.
③ 메일 수신인 중에 논의하고자 하는 특별한 안건이 있을 경우 Matt Cho에게 보내면 된다.
④ 직원 회의는 서울 사무실에서 2월 15일 월요일 오전 9시에 개최된다.

44 Read the following dialogue and choose one set which is arranged in CORRECT order.

> ⓐ President's office. May I help you?
>
> ⓑ I'm sorry you've come through the wrong department. This is the president's office.
>
> ⓒ Hello. Isn't this advertising department?
>
> ⓓ That's OK. Please hold while I put you through the advertising department.
>
> ⓔ Oh, I'm sorry.
>
> ⓕ No problem. If you are not connected successfully, the extension number for the advertising department is 3322.
>
> ⓖ Thank you so much.

① ⓐ - ⓒ - ⓑ - ⓔ - ⓓ - ⓖ - ⓕ

② ⓐ - ⓒ - ⓑ - ⓔ - ⓓ - ⓕ - ⓖ

③ ⓐ - ⓒ - ⓑ - ⓕ - ⓔ - ⓓ - ⓖ

④ ⓐ - ⓒ - ⓑ - ⓕ - ⓔ - ⓖ - ⓓ

ANSWER **44.**①

44 ⓐ 회장실입니다. 무엇을 도와드릴까요?
ⓒ 안녕하세요. 거기 광고부서 아닌가요?
ⓑ 죄송하지만 부서를 잘못 찾으셨습니다. 여기는 회장실입니다.
ⓔ 아, 죄송합니다.
ⓓ 괜찮습니다. 제가 광고부서를 연결해 드릴 동안 기다려 주십시오.
ⓖ 정말 감사합니다.
ⓕ 천만에요. 혹시 연결되지 않은 경우, 광고부서의 내선 번호는 3322입니다.

45 다음은 김수미 지원자의 이력서 중 일부 내용이다. 이에 대한 설명으로 가장 바른 것은?

Sumi Kim

122-8, Jangan 4 Dong, Dongdaemun Gu, Seoul

(Home) 02-789-1234 (Cell) 010-9500-1234

e-mail : sumi_kim@naver.com

Education

Mar. 2008 - Feb. 2013 B.A. Degree, Daehan University, Seoul

Major : Business Management

Mar. 2005 - Feb. 2008 Busan High School, Busan

Work Experience

Mar. 2017 - Present Shinsung Electronic Co., Ltd. Seoul

Executive Secretary to Vice President

Responsibilities : Writing letters and reports, doing research, planning conferences and meetings

Jan. 2015 - Feb. 2017 Shinsung Securities Co., Ltd. Seoul

Secretary to Executive Director

Responsibilities : General secretarial activities, such as greeting callers, receiving calls, making appointments, taking dictation, writing routine letters, etc.

References Available on request

---

① 대학에서 비서학을 전공하였다.

② 신성증권에서는 일반적인 비서업무인 전화 응대, 내방객응대, 일정관리와 회의 기획 업무를 수행하였다.

③ 신성전자에서는 대표이사의 수석비서로서 서신 및 보고서작성, 리서치 업무 등을 수행하였다.

④ 신원보증인은 특별히 명기하지 않았다.

ANSWER 45.④

45 ① 대학에서 경영학(Business Management)을 전공하였다.
  ② 신성증권에서는 greeting callers(내방객 응대), receiving calls(전화 응대), making appointments(일정 관리), taking dictation(속기), writing routine letters(일상 서신 작성) 등과 같은 일반적인 비서업무를 수행하였지만, 회의 기획 업무는 수행하지 않았다.
  ③ 신성전자에서는 부사장의 수석비서였다.

46 Choose the one which is NOT true about the given conversation.

> S : Good morning. May I help you?
>
> V : Yes, I'm here to see Mr. Robinson.
>
> S : Did you make an appointment?
>
> V : Yes. Mr. Robinson asked me to be here by 10 a.m. My name is Fred Williams.
>
> S : Could you please wait for a moment since he is on the phone now? I'll give him a memo saying that you are here, Mr. Williams.

① The secretary will tell his/her boss over the phone that Mr. Williams is here.

② Mr. Williams was asked to wait for a while.

③ Mr. Robinson was on the line when Mr. Williams visited.

④ Mr. Robinson and Mr. Williams made an appointment to meet at 10 a.m.

47 Which of the followings is the MOST appropriate expression for the blank?

> Thank you for your interest in our latest line of laser printers. You mentioned that you would be interested in a color printer if the price is in line with your _____. I'm pleased to tell you that prices have dropped once again.

① money

② account

③ budget

④ budgetary

ANSWER 46.① 47.③

46 ① 비서는 전화가 아니라 메모로 Mr. Williams가 온 것을 그의 상사에게 전달할 것이다.

「S : 좋은 아침입니다. 무엇을 도와드릴까요?
V : 네, Mr. Robinson을 만나러 왔습니다.
S : 약속 잡으셨어요?
V : 네. Mr. Robinson이 오전 10시까지 와달라고 했어요. 제 이름은 Fred Williams입니다.
S : 지금 통화중이신데 잠시만 기다려주시겠어요? Mr. Williams가 여기에 와 있다고 메모를 전달하겠습니다.」

47 「저희의 최신 레이저 프린터 라인에 관심을 가져주셔서 감사드립니다. 가격이 귀하의 예산과 비슷하다면 컬러 프린터에 관심이 있다고 말씀하셨는데요. 가격이 또 한 번 하락했다는 것을 알려드릴 수 있어 기쁩니다.」

48 Fill in the blanks with the BEST ones.

A : Reservations. How can I help you?
B : I'd like to cancel the room reserved for tomorrow.
A : What name is it ____?
B : Sooeun Kim.
A : O.K. Your reservation for tomorrow _____. Thank you for calling.

① below − was cancelled
② over − has cancelled
③ under − has been cancelled
④ off − cancelled

49 What is the MOST appropriate answer in the following conversation?

A : During the conference, I want to use the Internet and projector. Will you check it?
B : _____.

① Yes, I'll have it ready.
② I'm afraid that the projector is available.
③ No problem. There is no Internet connected here.
④ You can use it. Internet is not allowed.

ANSWER 48.③ 49.①

48 What name is it under?는 호텔이나 레스토랑 등에서 예약자를 확인할 때 자주 쓰는 표현이다.
「A : 예약실입니다. 무엇을 도와드릴까요?
B : 내일 예약한 방을 취소하고 싶은데요.
A : 어느 분 성함으로 예약하셨나요?
B : Sooeun Kim이요.
A : 네. 내일 예약이 취소되었습니다. 전화해 주셔서 감사합니다.」

49 「A : 회의 중에 인터넷과 프로젝터를 사용하고 싶어요. 확인해 주시겠어요?
B : 네, 준비해 놓을게요.」

50 Which of the followings is the LEAST proper part of checklist when closing a meeting?

① Check no-one has anything more to say.

② Ask if all understand and agree with the results.

③ Confirm responsibilities of each participant from the meeting.

④ Introduce a new agenda of a meeting to all participants.

51 Followings are mail addresses of envelopes. Which has the CORRECT order?

① Mr. John Kim
Vice President
ABC Corporation
43 Stevenson Road
San Francisco, CA 83796

② Vice President
ABC Corporation
Mr. John Kim
43 Stevenson Road
San Francisco, CA 83796

③ Vice President
ABC Corporation
San Francisco, CA 83796
43 Stevenson Road
Mr. John Kim

④ ABC Corporation
Vice President
43 Stevenson Road
Mr. John Kim
San Francisco, CA 83796

ANSWER 50.④ 51.①

50 ④는 회의를 시작할 때의 체크리스트에 해당한다.

51 수신인 이름
직책
회사/기관명
거리명
도시명, 주(두 자리 약자) 우편번호

52 Which pair is NOT proper?

① 가위 – scissors

② 서류함 – filing cabinet

③ 서랍 – bookcase

④ 종이 재단기 – paper cutter

53 Choose one pair of dialogue which does NOT match correctly each other.

① A : How would you like your coffee?

B : I like mild one.

② A : Could you tell me the nature of your business?

B : I'll see if he is available now.

③ A : He will be with you in 10 minutes.

B : No problem. I'll be back in a little while.

④ A : When does John leave for his meeting?

B : About ten past three, I think.

54 Which is the LEAST proper consideration as a secretary when planning his/her boss's overseas business trip schedule?

① Purpose of business trip

② Domestic economic situation

③ Company's expense regulations

④ Boss's preference

ANSWER 52.③ 53.② 54.②

52 ③ bookcase – 책장, 책꽂이

53 ① A : 커피는 어떻게 해드릴까요?

B : 순하게 주세요.

② A : 사업의 성격을 말씀해 주시겠어요?

B : 그가 지금 가능한지 알아보겠습니다.

③ A : 그는 10분 후에 만나실 수 있습니다.

B : 문제없어요. 곧 돌아올 겁니다.

④ A : John은 언제 회의를 위해 떠나나요?

B : 제 생각엔 3시 10분쯤 될 것 같습니다.

54 ② 국내경제상황은 상사의 해외 출장 스케줄을 계획할 때 고려할 사항으로 가장 거리가 멀다.

55 According to the following formal business letter, choose one that is the MOST appropriate order?

Dear Dr. Brown,

Charles Brown has asked me to confirm your luncheon meeting with him and a representative of Third Millennium at noon on Friday, November 2. I am enclosing a map of the New York City area for your convenience.

ⓐ Jane Jones
ⓑ *Jane Jones*
ⓒ Marketing Manager
ⓓ Best wishes,
ⓔ Enclosure

---

① ⓑ – ⓐ – ⓒ – ⓓ – ⓔ
② ⓐ – ⓒ – ⓑ – ⓓ – ⓔ
③ ⓓ – ⓑ – ⓐ – ⓒ – ⓔ
④ ⓒ – ⓐ – ⓓ – ⓔ – ⓑ

56 Choose the MOST proper English sentence.

① 당신은 당신의 컴퓨터 스킬을 향상시키기 위해 열심히 노력해야 한다.
→ You should hardly try to improve your computer skills.

② 스미스씨는 런던으로 2일간 출장을 갈 것이다.
→ Ms. Smith will leave London for two day's business trip.

③ 메시지를 남기시겠습니까?
→ Could you take a message?

④ 그 이벤트는 9월 20일에 열릴 것이다.
→ The event will take place on the 20th of September.

Aɴsᴡᴇʀ 55.③ 56.④

55 ⓓ 맺음말 → ⓑ 서명 → ⓐ 작성자 이름 → ⓒ 작성자 직책 → ⓔ 서류동봉표시

56 ① hardly try to → try hard to : 'hardly'는 부정부사이다.
② 영어로 표현된 문장은 '런던으로 출장을 가는' 것이 아니라, 출장을 위해 '런던을 떠나는' 내용이다.
③ 'Could you take a message?'는 메시지를 전해달라고 요청하는 표현이다.

57 Choose one which does NOT match correctly each other.

① Please look over the first draft of the report.

→ 보고서 초안을 넘겨주세요.

② It seems that we have almost finished the work.

→ 우리가 일을 거의 끝낸 것 같습니다.

③ His schedule is fully booked all day.

→ 그의 일정이 종일 꽉 차 있습니다.

④ Could you arrange the foreign currency for me?

→ 외환을 준비해 주시겠어요?

58 Which English–Korean pair is LEAST proper?

① stationary : 문구류

② means : 수단

③ employment : 고용

④ customs : 세관

57 ① 문장에서 'look over'는 '살펴보다', '검토하다' 등으로 해석할 수 있다.

58 ① stationary : 정지한, stationery : 문구류

59 Which is the LEAST correct about the following?

> Dear Jackie,
>
> This is to remind you of our dinner meeting next Thursday, 10th May. Are you okay at 18:30 at the Plough on Harborne Road? I heard this new restaurant has a terrace and its fabulous. My treat, of course.
>
> Please confirm and I expect to see you then.
>
> Warm regards,
>
> Sam

① The subject of the email is dinner appointment.

② Sam recommends the Plough on Harborne Road.

③ Jackie is going to buy a dinner.

④ The place of the meal will be confirmed soon.

60 If a call is transferred to Bill Edwards, what should he say as soon as he picks up the phone?

① Who is this?

② What's your name?

③ This is Bill Edwards.

④ What do you want?

Answer 59.③ 60.③
....

59 ③ 저녁은 Sam이 한턱내겠다고 언급하고 있다.

> 「친애하는 Jackie에게,
> 5월 10일 다음주 목요일 저녁식사 모임을 상기시켜 드리려고 합니다. 18시 30분에 Harborne Road에 있는 Plough에서 괜찮으세요?
> 새로 생긴 이 식당은 테라스가 있고 정말 멋지다고 들었어요. 물론 제가 한턱낼게요.
> 확인 부탁드리며 그때 뵙기를 기대합니다.
> 따뜻한 안부 전하며,
> Sam」

60 연결된 전화를 받은 사람은 가장 먼저 자신의 이름을 밝혀야 한다.

61 다음 그래프는 30대 남녀 정규직, 비정규직 추이를 나타낸 그래프이다. 이 그래프에 대해 가장 적절하지 않은 분석은?

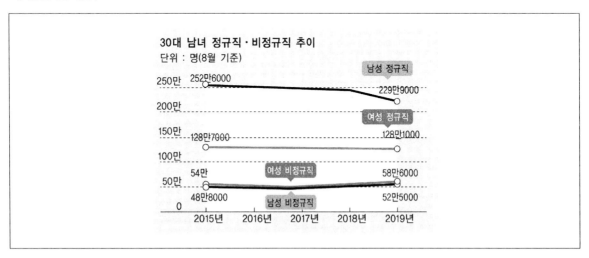

① 2015년부터 2019년도까지 시간의 흐름에 따른 데이터의 크기를 비교하기 적합한 그래프 종류를 사용했다.

② 2019년 8월 기준으로 2015년에 비해 여성 정규직이 감소된 비율이 남성 정규직이 감소된 비율보다 높다.

③ 2015년도에 비해 2019년도에는 성별에 관계없이 비정규직 수가 증가하였다.

④ 30대의 경우 여성 정규직보다 남성 정규직의 수가 많다.

ANSWER 61.②
....

61 ② 2019년 8월 기준으로 2015년에 비해 여성 정규직이 감소된 비율이 남성 정규직이 감소된 비율보다 낮다. 계산을 해보지 않아도 그래프의 기울기를 통해 빠르게 파악할 수 있다.

62 다음은 상공그룹 비서가 작성한 사내 정보보안 자가 체크리스트이다. 체크리스트 내용 중 정보보안 관리 방법이 적절하지 않은 내용으로 묶인 것은 무엇인가?

항목	내용	예	아니오	개선사항
가	나는 사용하는 컴퓨터의 비밀번호를 수시로 변경한다.			
나	나는 업무 효율화를 위해 회사 인트라넷은 자동 로그인을 사용한다.			
다	나는 상사의 컴퓨터 비밀번호를 적어책상에 붙여 두지 않는다.			
라	나는 퇴사할 경우 보유하고 있는 사내기밀 문서는 모두 문서 파쇄기로 처리한다.			
마	나는 처리가 완료되지 못한 일이라도 집으로 가져가지 않는다.			

① 가, 나
② 나, 다
③ 다, 마
④ 나, 라

63 아래 비서들의 대화를 보고 문제를 해결하기 위해서 가장 적절한 어플을 고르시오.

> 김 비서 : 고민이에요. 사장님이 부산으로 출장을 가셨는데 출장 관련 문서 파일을 보내 달라고 하시네요.
> 이 비서 : 이메일로 보내면 되잖아요.
> 김 비서 : 파일 용량이 커서 보안 문제 때문에 우리 회사 이메일로는 첨부가 되지 않아요.

① 캠카드
② TLX
③ 드롭박스
④ 파파고

ANSWER 62.④ 63.③

62 나. 자동 로그인을 사용할 경우 정보유출에 우려가 있다.
　　 라. 보유하고 있는 기밀 문서 중 회사에 필요한 문서나 보관기관이 정해져 있는 문서 등이 있을 수 있으므로, 파쇄하기 전 상사와 상의하여 결정하도록 한다.

63 웹기반 문서공유 서비스를 이용할 경우 용량이 큰 파일도 쉽게 공유할 수 있다. 보기 중 드롭박스가 웹기반 문서공유 서비스 어플리케이션에 해당한다.

64 사무정보기기 및 사무용 SW를 다음과 같이 사용하고 있다. 이중 가장 부적절한 것은?

① 김 비서는 좀 더 빠른 정보처리를 위해 USB 3.0 포트를 2.0포트로 변경했다.

② 백 비서는 상사와 일정을 공유하기 위해 네이버 캘린더에서공유 캘린더를 사용하였다.

③ 이 비서는 데이터베이스 관리를 위해 Excel과 Access 프로그램을 사용하고 있다.

④ 최 비서는 상사의 명함 관리를 위해서 리멤버 앱과 캠카드앱을 비교해보았다.

65 상사와 기업에 관련된 정보를 수집, 관리하기 위한 비서의 소셜미디어(SNS) 활용 및 관리 방법에 대해 가장 적절하지 않은 것은?

① 본인 회사의 다양한 SNS에 관심을 갖고 모니터링한다.

② 본인의 회사와 경쟁 구도를 갖고 있는 회사의 SNS도 모니터링한다.

③ SNS 모니터링 결과 보고서는 수치화된 데이터를 활용하여 명확하게 작성한다.

④ 상사의 개인 SNS는 상사의 개인정보이므로 비서는 관여하지 않는다.

ANSWER 64.① 65.④

64 ① USB 3.0은 USB 2.0의 약 10배 빠른 속도로 데이터 전송이 가능하다.

65 ④ 상사의 SNS에 팔로워로 동참하면서 불만사항 등을 확인·정리하여 보고하는 것이 적절하다.

66 다음 신문기사의 내용과 가장 관련이 없는 것은?

상공그룹, '3대 자율'로 조직혁신

상공그룹의 기업문화 혁신으로 '스리(3) 자율' 바람이 불고 있다. 검은색이나 감색 슈트에 넥타이로 고정됐던 복장은 청바지에 티셔츠로 바뀌었다. 근무시간과 점심시간도 직원들의 선택에 따라 다르다. 근무환경도 자율이다. 앉고 싶은 좌석을 선택해 앉으면 그만이다.

지난달부터 자율좌석제도 시범 운영을 통해 직원들의 의견을 수렴 중인 상공그룹은 전 좌석 자율좌석제 도입을 결정할 방침이다.

상공그룹의 자율좌석제가 전면 도입되면 상공그룹은 '스리 자율'제도가 완성된다. '복장 · 출퇴근 · 좌석제도'가 주요 골자인 스리자율 제도는 그룹 조직문화 개선의 일환이며 직원들에게 자율성을 부과해 생산성을 높이겠다는 의지의 표명이다.

상공그룹은 지난해 하반기부터 주52시간 근로제 시행에 맞춰 '선택적 근로시간제'를 도입했다. 임직원들은 집중근무 시간인 오전10시부터 오후4시까지를 제외하고 스스로 계획한 시간에 출근과 퇴근을 할 수 있다. 점심시간 역시 기존에 정오~오후1시였던 시간을 오전11시30분부터 오후1시까지 자유롭게 사용할 수 있도록 변경했다. 아울러 그룹의 오너부터 공식 석상에 반팔 티셔츠와 청바지 · 운동화 차림으로 등장하여 직원들의 출퇴근복장도 청바지와 운동화 등을 착용하는 방향으로 바뀌었다. 임원 이하 일반직 직급을 기존의 6단계에서 4단계로 축소했고 호칭 역시 매니저와 책임매니저로 단순화했다. 또 결재판을 없애고 e메일 등 비대면 보고로 바꿨다.

———————— 중간 생략 ————————

자율좌석제도도 아직은 완전히 정착되지는 않고 있다. 업무협조에 대한 어려움, 파티션이 낮아 집중이 어려운 점, 소속감 약화, 자율좌석 전환에 따른 공간 부족 등을 이유로 반대하는 목소리도 나온다. 최근 한 리서치 회사에 따르면 자율좌석제에 만족하는 직원은 전체 6%로 지정좌석제를 만족하는 직원(45%)보다 현저히 낮은 것으로 조사됐다.

———————— 이하 생략 ————————

① 상공 그룹의 스리 자율 제도는 복장, 출퇴근, 좌석제도의 자율을 포함한다.

② 스리 자율 제도에 의해 상공 그룹의 직원들은 오전10시부터 오후4시 사이에 스스로 계획한 시간에 출근과 퇴근을 할 수 있다.

③ 현재 상공 그룹에 전 좌석 자율좌석제 전면도입은 결정되지 않았다.

④ 결재판을 없애고, e메일을 통한 비대면 보고를 도입했다.

67 다음 중 한글맞춤법에서 허용한 문장부호 활용으로 적합하지 않은 것은?

① 첨부: 1. 회의일정표

② 3.1 운동

③ 8 · 15 광복

④ 2019. 8. 20(금)

68 다음은 김비서가 상사에게 정리를 지시받은 명함에 적힌 영문이름이다. 올바른 명함 정리 순서는?

가. Dawn Parker	나. Ann-Marie Rinder
다. Mr. Patric G. Smith	라. Sam O'Hara

① 라 – 가 – 나 – 다   ② 나 – 가 – 다 – 라

③ 다 – 라 – 가 – 나   ④ 가 – 나 – 다 – 라

69 다음 중 문서작성 시 발의자와 보고자에 대한 설명이 가장 적절하지 않은 것은?

① 발의자란 기안하도록 지시하거나 스스로 기안한 사람을 말하며 보고자란 결재권자에게 직접 보고하는 자를 말한다.

② 발의자는 '◉'로, 보고자는 '★'로 표시하고, 발의자와 보고자가 동일인인 경우에는 '◉', '★'를 함께 표시한다.

③ 업무관리시스템 또는 전자문서시스템을 이용하여 보고하거나 결재권자에게 직접 보고하지 아니하는 경우에는 보고자표시를 생략한다.

④ 각종 증명 발급, 회의록, 그 밖의 단순 사실을 기록한 문서는 발의자 및 보고자의 표시를 생략한다.

ANSWER 67.④ 68.① 69.②

67 ④ 2019. 8. 20(금) → 2019. 8. 20.(금) : 날짜 뒤에도 마침표를 반드시 찍어야 한다.

68 영문명함은 먼저 '성'을 기준으로 하여 알파벳순으로 정리하고, 성이 동일할 경우 '이름'의 알파벳순으로 정리한다.

69 ② 발의자는 '★'로, 보고자는 '◉'로 표시하고, 발의자와 보고자가 동일인인 경우에는 '★', '◉'를 함께 표시한다.

70 다음 [보기]에서 문서에 대한 설명이 잘못된 것끼리 나타낸 것은?

> 가) 이첩문서 : 배포 받은 문서중 소관업무가 아닌 경우 소관부서로 넘기는 문서
> 나) 공람문서 : 배포 문서 중 별도의 처리 절차 없이 상급자에게 결재를 받고자 하는 문서
> 다) 보관문서 : 일처리가 진행 중인 과정에서 보관하는 문서
> 라) 보존문서 : 자료로서 가치가 있어 일정 기간 보존을 하는 문서
> 마) 폐기문서 : 자료 가치가 상실된 문서로서 폐기 처분되는 문서

① 가), 나), 다), 라), 마)　　　　② 가), 나), 다)

③ 나), 다)　　　　　　　　　　　④ 다), 라)

71 정보처리능력 중 정보의 수집과 분석, 관리에 관한 다음의 설명 중 가장 옳은 것은?

① 정보 분석 절차 중 관련 정보 수집 단계에서 수집의 대상은 기존에 가지고 있던 자료를 제외한 신규자료만 해당된다.

② 가지고 있는 정보를 적시에 효율적으로 활용하기 위해서는 소장하고 있는 정보를 적절하게 분류하여 관리하는 것이 필요하다.

③ 좋은 정보를 얻기 위해서는 좋은 자료가 필요하므로 정보의 분석보다 정보의 수집에 더 중점을 두어야 한다.

④ 정보는 그 활용 가능성에 따라 사용 목적에 직접 부합하는 1차 자료와 사용 목적에 직접 부합하지 않는 2차 자료로 구분할 수 있다.

ANSWER　70.③　71.②

70 나) 공람문서 : 배포문서 중 별도의 처리 절차 없이 단순히 상급자에게 보고 또는 열람하는 문서
　　 나) 보관문서 : 일처리가 끝나 완결되어 보관하는 문서

71 ① 정보 수집 단계에서 수집 대상은 기존에 가지고 있던 자료도 포함된다.
　　 ③ 좋은 정보를 얻기 위해서는 정보의 수집뿐만 아니라 정보의 분석도 중요하다.
　　 ④ 1차 자료는 연구를 위해 조사자가 직접 수집하거나 작성한 원형 그대로의 자료이고, 2차 자료는 1차 자료를 활용하여 재구성한 자료이다.

72 전자문서의 보존 및 폐기에 대한 설명으로 가장 부적절한 것은?

① 전자 문서의 보존 기한은 일반적으로 종이 문서의 보존기한과 동일하게 적용된다.

② 전자 문서의 보존은 비서실과 같은 업무 처리 소관 부서에서 담당한다.

③ 보존 기한이 경과한 전자 문서는 보존 가치에 대한 평가를 하여 보존 기간을 재책정할 수 있다.

④ 삭제 및 폐기가 확정된 전자문서는 복원이 불가능하도록 완전 삭제하여야 한다.

73 외부기관에서 우리기관으로 수신된 문서를 처리 및 관리하고 있다. 다음의 문서관리 흐름의 순서가 바르게 된 것은?

① 배부 – 접수 – 기안 – 선람 – 시행 – 결재 – 분류 – 보관 – 보존 – 폐기

② 접수 – 배부 – 선람 – 기안 – 결재 – 시행 – 분류 – 보관 – 보존 – 폐기

③ 접수 – 배부 – 선람 – 기안 – 시행 – 결재 – 보관 – 분류 – 보존 – 폐기

④ 배부 – 접수 – 분류 – 선람 – 기안 – 시행 – 결재 – 보존 – 보관 – 폐기

74 다음 중 국내 우편의 종류와 내용이 잘못 연결된 것은?

① 일반 보통 우편 : 배송 확인 불가능

② 특급 우편 익일 배달 : 발송 다음날 도착, 배달확인 가능

③ 요금 후납 발송 : 연 단위 후납 방식

④ 유가 증권 등기 : 취급 한도액 2,000만 원

ANSWER 72.② 73.② 74.③

72 ② 전자문서의 보존 및 폐기 등은 문서 처리 부서에서 담당한다.

73 외부기관에서 우리기관으로 수신된 문서는 접수→배부→선람→기안→결재→시행→분류→보관→보존→폐기의 순서를 거친다.

74 ③ 요금후납이란 우편물의 요금(특수취급수수료 포함)을 우편물을 접수할 때에 납부하지 않고 1개월간 발송예정 우편물 요금액의 2배에 해당하는 금액을 담보금으로 제공하고 1개월간의 요금을 다음달 20일까지 납부하는 제도이다. 즉, 월 단위 후납 방식이다.

75 감사장 작성 요령에 대한 설명으로 가장 옳지 않은 것은?

① 대부분 기업에 보내는 것보다는 개인에게 직접 감사하는 형식이므로 너무 형식에 치우지지 않도록 한다.

② 회의에 연사를 초빙했을 때에 연사에게도 감사장을 보내도록 한다.

③ 회의 참석자들에게는 회의 종료 후 일주일 이내에 감사장을 보낸다.

④ 상사 지시에 따라 상사를 대신하여 발송한다는 내용을 기재하여 비서 이름으로 발송한다.

76 다음에 제시된 문서 작성 계획시 고려사항 중 문서작성 목적과 가장 관련이 없는 내용은?

① 문서의 전달방법은 무엇인가?

② 상사에게 보고하기 위한 문서인가?

③ 상사를 대신해서 작성하는 문서인가?

④ 이 문서를 읽는 사람들이 무엇을 하기를 원하는가?

77 비서가 상사의 발표를 위해 자료를 준비하고 있다. 이때 효과적인 발표자료 작성을 위해서 가장 적절하지 않은 업무처리는?

① 김 비서는 발표 주제를 대변할 수 있는 템플릿을 이용하여 슬라이드마다 형식을 통일하였다.

② 유 비서는 슬라이드를 제작하는 컴퓨터와 프레젠테이션을 진행할 컴퓨터가 다르기에 윈도우 기본 폰트를 활용해 슬라이드를 제작했다.

③ 장 비서는 가독성을 위해 수치를 나타낼 때 도표보다는 그래프로 표현하였다.

④ 강 비서는 one page two message원칙에 의거하여 전달할 메시지는 슬라이드 상단과 하단에 두 개를 제시하였다.

ANSWER 75.④ 76.① 77.④

75 ④ 감사장은 상사의 이름으로 발송한다.

76 보기 중 문서 전달방법은 문서작성 목적과 가장 관련이 없는 고려사항이다.

77 ④ 프레젠테이션을 할 때는 one page one message가 원칙이다.

78 김 비서는 상사의 업무처리를 위해서 자체적으로 전자문서 파일을 사용하고 관리하고 있다. 업무용 컴퓨터에 저장된 파일 및 폴더 관리와 관련하여 가장 적절하지 않은 업무처리는?

① 작성중인 파일명과 작성완료된 파일명은 동일하게 설정한다.

② 폴더명을 부서명이나 주제별, 프로젝트별 등으로 결정하여 폴더를 만들어 저장한다.

③ 정기적으로 외장 하드에 백업을 받아서 자료의 손실에 대비한다.

④ 전자문서인 경우는 cross-reference를 고려하지 않아도 무방하다.

79 다음 중 이메일 수신시의 정보 보안을 위한 유의사항으로 가장 적절하지 않은 것은?

① 바이러스의 종류에 따라 첨부파일을 실행하지 않고 본문 내용을 보기만 해도 감염될 수 있으므로 의심스러운 이메일은 열어보지 않는다.

② 비밀번호를 수시로 변경하거나 이중 로그인을 통해 보안을 강화한다.

③ 업무 메일의 첨부파일은 신속한 처리를 위해 바로 열람하여 처리한다.

④ 이메일에 링크된 홈페이지에 개인정보나 비밀번호를 입력하지 않는다.

80 프레젠테이션 전개 단계가 나머지와 다른 하나를 고르시오.

① 주의유도, 분위기 조성, 동기부여

② 중요 내용 요약 및 강조

③ 핵심 내용 소개

④ 발표 과정 소개

Aɴꜱᴡᴇʀ 78.① 79.③ 80.②

78 ① 작성중인 파일명과 작성완료된 파일명은 다르게 설정해야 혼란을 방지하고 한눈에 파악이 가능하다.

79 ③ 첨부파일을 열람, 저장할 때도 정보 보안을 위해 주의를 기울여야 한다. 사전에 전달 연락 받은 첨부파일이나 보안 메일로 수신된 것 외에는 실행하지 않는 것이 좋으며, 업무 메일에 첨부된 파일이라도 확인 후 열람한다.

80 ①③④은 서론, ②는 결론 단계에 해당한다.

1과목 **비서실무**

1 다음 중 비서 업무에 대한 설명으로 가장 적절한 것은?

① 비서는 상사의 직접적인 감독하에 업무 책임을 져야 하는 직종이다.

② 비서는 솔선수범과 판단력을 발휘하여 상사 본연의 업무를 보좌하는 직종이다.

③ 비서는 주어진 권한 범위 내에서 의사결정을 내려 업무를 처리할 수 있다.

④ 비서는 보안상 주어진 모든 업무를 직접 처리해야 한다.

2 상사가 열흘간의 출장 후 복귀한 경우, 비서의 전화 관련 업무태도로 가장 부적절한 것은?

① 상사의 출장 동안 걸려온 전화는 전화메모 용지에 작성하기보다 전화 기록부의 형태로 작성해서 상사에게 보고한다.

② 전화기록부를 작성해두면 상사가 출장 중에 걸려온 전화를 전체적으로 파악할 수 있을 뿐 아니라 중요한 전화를 먼저 처리할 수 있다.

③ 전화기록부는 상사가 주요 발신자와 통화를 마치면 폐기한다.

④ 전화 기록부에는 날짜, 시간, 전화 건 사람의 이름 및 직책, 소속, 전화메모 내용, 전화 번호 등을 포함시킨다.

ANSWER 1.③ 2.③

1 ① 비서는 상사의 직접적인 감독 없이도 책임을 수행할 능력을 발휘해야 한다.
　② 비서는 솔선수범의 자세와 분별력을 갖고 주어진 권한 내에서 의사결정을 내리는 간부적 보좌인이다.
　④ 주어진 모든 업무를 직접 처리해야 하는 것은 아니다. 업무의 보안 정도에 따라 관련 부서와 연계하여 융통성 있게 처리할 수 있다.

2 전화 기록부의 작성
　㉠ 상사가 회의나 출장으로 장시간 부재중이어서 전화메모가 많아진다면 이를 정리하여 전화 기록부의 형태로 작성해서 상사에게 보고하면 효율적이다.
　㉡ 상사 스스로 비서가 작성한 전화 기록부를 보고 부재중 걸려온 전화를 전체적으로 파악할 수 있을 뿐 아니라 먼저 전화해야 할 곳을 선정할 수 있도록 관련 내용을 메모하기도 한다.
　㉢ 전화 기록부는 날짜, 시간, 전화 건 사람의 이름 및 직책, 소속, 전화메모 내용, 전화번호, 메모를 받은 사람 등을 반드시 기입한다.

3 다음은 현직 비서들의 자기개발 사례이다. 다음 중 가장 바람직하지 않은 것은?

① 한국건설 대표이사의 비서인 김나정은 평소 상사에게 올라오는 서류의 내용을 파악함으로써 상사의 업무를 파악하려 노력한다.

② 영도물산 이지은 비서는 매일 신문의 인사 동향을 확인하고 주요 기사는 스크랩한다.

③ 미풍상사 황아영 비서는 업무 중에 틈나는 대로 회계공부를 한다.

④ 왕도출판사 김영숙 비서는 비서를 대상으로 하는 커뮤니티에 가입해 같은 지역 비서들과 정기적으로 만나며 네트워크를 넓혀나가고 있다.

ANSWER 3.③
....

3 ③ 세계비서협회(IAAP)에서 정한 비서 수칙 중 하나는 '업무시간에 성실하게 업무에 임한다.'이다. 업무시간 중 자기개발을 하는 것은 바람직한 자세가 아니다.

※ 세계비서협회에서 정의한 비서 수칙

  ㉠ 전문 직업으로서의 비서직을 충실히 이행한다.

  ㉡ 회사의 목표, 정책, 그리고 회사의 생산품에 대한 지식과 이해를 높임으로써 효율적인 업무수행을 하도록 노력한다.

  ㉢ 업무시간에 성실하게 업무에 임한다.

  ㉣ 항상 회사를 대표하는 마음가짐으로 회사에 보탬이 되도록 노력한다. 특히 전화응대를 할 때나 방문객을 맞을 때 회사의 이미지를 높이도록 노력한다. 주의를 기울여 서신을 편집하고 동봉물이 제대로 보내졌는지 확인한다.

  ㉤ 지시를 받을 때에는 일관성이 결여되었거나 예외적인 사항이 있는지에 주의를 기울인다.

  ㉥ 부과된 책임과 임무를 완수한다. 최소한의 상사 감독하에 내 책임을 수행할 수 있도록 내 업무의 범위와 중요성을 이해하기 위해 노력한다.

  ㉦ 마감기한, 자료의 복사, 관계자료 준비 등 상사의 요구를 미리 예견하여 사전에 준비한다.

  ㉧ 상사와 회사의 이익을 증진시킴으로써 자신의 이익을 도모할 수 있다는 믿음을 바탕으로 상사와 팀워크를 이루어 나갈 수 있도록 노력한다.

  ㉨ 신뢰를 유지하려고 노력한다.

  ㉩ 상대방의 말을 경청하며 상사와 관련된 정보를 숙지한다.

  ㉪ 동료들이 신뢰할 수 있도록 모든 약속을 충실히 이행한다.

  ㉫ 예의 없는 발언을 하지 않고 타인의 인격에 대하여 논하지 않는다.

  ㉬ 동료들에게 항상 친절하며 명랑하게 대한다.

  ㉭ 자신의 건강에 유의하여 같이 일하기에 기분 좋은 사람이 된다.

  ㉮ 타인의 인격과 권리를 존중한다.

  ㉯ 청결과 단정한 복장을 유지한다.

  ㉰ 사무 지식 및 사무 기술을 업그레이드함으로써 조직 내에서 자신의 위치를 높일 수 있도록 한다.

  ㉱ 여가, 가정, 직장생활을 균형 있게 유지해 조화롭고 행복한 사람이 된다.

  ㉲ 성공적인 직장인의 침착성, 협동심, 열정을 개발한다.

  ㉳ 전문 직업인으로 뿐만 아니라 하나의 성숙한 개인으로 성장함으로써 타인에게 같이 일하고 싶은 사람이 되도록 노력한다.

  ㉴ 차분하고, 감정에 치우치지 않고 준비된 태도로 내 의사를 표현한다.

  ㉵ 상사의 습관, 요구사항, 성격 등을 이해하려고 노력한다.

  ㉶ 지시가 처음 내려질 때 파악하려고 노력한다.

  ㉷ 업무를 계획하고 그대로 추진하려고 애쓴다.

  ㉸ 상사가 사소한 일로 방해받지 않도록 한다.

4 다음 중 비서의 직장 내 인간관계에 대한 설명으로 가장 적절하지 않은 것은?

① 상사의 부하 또는 직접 접촉이 없는 부서에 소속한 사람들을 회사 내에서 마주치면 굳이 자신을 소개하기나 인사할 필요는 없다.

② 동료비서의 업무가 바쁘거나 본인과 직접 관련이 있는 부서의 업무가 바쁠 때는 자신의 업무와 상사에게 지장이 없는 범위 내에서 자발적으로 협력한다.

③ 마감일 전에 혼자 처리하기 힘든 일은 믿을 만한 선배나 동료에게 도움을 청할 수 있다.

④ 후배의 잘한 일에 대해서는 공개적인 칭찬과 격려를 아끼지 않으며 실수에 대해서는 여러 사람의 면전이 아닌 곳에서 실수를 일깨워 준다.

5 다음 전화대화를 읽고 비서의 전화업무 태도에 관한 가장 부적절한 설명을 보기에서 고르시오.

상대방	안녕하세요, 영산업의 김명훈 전무인데, 사장님 좀 바꿔주시겠어요?
비서	죄송합니다만, 전무님, 사장님은 지금 회의중이십니다. 회의 끝나는대로 연락드릴까요?
상대방	좀 급한 일인데... 회의 중이라도 좀 바꿔주시겠어요?
비서	죄송합니다만 무슨 용건이신지 제게 말씀해 주시겠어요?
상대방	부산공장 부지 계약건인데요.
비서	네, 알겠습니다. 잠시만 기다려주십시오.

① 상대방의 소속과 이름, 용건을 메모지에 적어 회의 중인 상사가 바로 볼 수 있도록 메모지를 접지 않고 전달한다.

② 전화메모를 전달하고자 회의실에 들어갈 경우 노크를 하지 않고 조용히 들어간다.

③ 상사에게 메모를 전달한 후 상사의 결정을 기다린다.

④ 상대방이 대기하는 동안 전화 보류 버튼을 눌러 둔다.

4 ① 상사의 부하 또는 직접 접촉이 없는 부서에 소속한 사람들이라도 회사 내에서 마주치면 인사를 하는 것이 바람직하며, 필요한 경우 자신을 소개해야 한다. 소개할 때는 성명, 소속, 직책명을 모두 말한다.

5 ① 회의에 참석한 다른 사람이 메모의 내용을 볼 수 있으므로, 메모지는 접어서 전달한다.

6 현재 시각은 11시 10분이다. 다음 상황에서 비서의 내방객 응대자세로 가장 적절한 것은?

> 오전 10시 - 상사는 손님 A와 면담을 시작오전
> 10시 50분 - 11시에 약속이 되어 있는 손님 B가 도착
> 오전 11시 10분 - 상사는 아직 A와 면담 중

① 손님 B에게 죄송하지만 앞의 면담이 길어지고 있으니 더 기다리실 수 있는지 여쭈어본다.

② 면담 중인 상사에게 11시 약속 손님 B가 계속 기다리고 있음을 메모로 전달한다.

③ 상사 면담에 방해되지 않도록 손님 B가 20분 전에 도착해서 기다리고 있음을 상사에게 문자로 알려 드린다.

④ 상사가 미팅을 마무리할 수 있도록 상사 방에 들어가서 11시 약속 손님 B가 오셨음을 구두로 알린다.

7 다음 중 비서의 내방객 안내 자세로 가장 적절한 것은?

① VIP 손님과 사내 임원진들의 회의 시 VIP 손님을 입구에서 가까운 창가 쪽 좌석으로 안내하였다.

② 상사의 대학교 후배 내방 시 후배부터 차를 대접하였다.

③ 기사가 운전하는 차에 비서가 상사와 함께 타게 되어 뒷자리의 상사 옆좌석에 탑승하였다.

④ 수동 회전문 앞에서 비서가 손님보다 먼저 들어가서 안내하였다.

8 다음 중 의전의 원칙 5R을 설명한 것으로 옳지 않은 것은?

① Respect : 의전의 바탕은 상대 문화 및 상대방에 대한 존중과 배려에 있다.

② Reciprocity : 의전은 내가 배려한 만큼 상대방으로부터 배려를 기대하는 것이다.

③ Rank : 의전에 있어 가장 기본이 되는 것은 참석자들 간에 서열을 지키는 것이다.

④ Reflecting Culture : 의전은 시대와 문화에 따라 변하지 않고 절대적으로 지키는 원칙이다.

ANSWER 6.② 7.④ 8.④

6 회의나 면담 중인 상사에게 메시지를 알릴 때는 메모를 적어 조용히 전달하는 것이 가장 적절하다.

7 ① 출입구에서 가까운 쪽 좌석은 말석이다. VIP 손님은 출입구에서 먼 상석으로 안내한다.
   ② 내방객이 상사의 후배이므로, 상사에게 먼저 차를 대접한다.
   ③ 비서는 운전석 옆 조수석에 탑승한다.

8 ④ Reflecting Culture : 의전은 시대와 문화를 반영해야 한다. 즉, 의전은 시대와 문화에 따라 유동적으로 변화해야 한다.

9 강 비서는 컴퓨터 일정관리 소프트웨어와 스마트폰의 일정관리 어플리케이션을 연동하여 상사의 일정을 관리하고 있다. 이에 대한 설명으로 옳지 않은 것은?

① 일정관리 어플리케이션은 Awesome note, Ms-outlook, Jorte 등이 있다.

② 컴퓨터와 스마트폰을 연동하여 일정을 관리하므로 비서는 언제 어디서나 상사의 일정을 관리할 수 있어 효율적이다.

③ 상사와 비서의 스마트폰 운영체제가 일치하여야 일정관리 프로그램과 스마트폰을 연동하여 사용할 수 있다.

④ 컴퓨터 일정관리 프로그램과 스마트폰을 연동하여 사용하는 것을 일정 동기화라고 한다.

10 현재는 3시 50분이다. 상사는 오늘 4시에 사내에서 회의가 있어 회의에 참석할 준비를 하고 계신다. 회의 시간이 10분 남았는데 갑자기 상사 지인이 방문하여 상사와 대화 중이다. 김 비서는 건물 내의 우체국에 금융 업무를 처리하러 갈 일도 있다. 이 때 비서의 업무 자세로 가장 적절한 것은?

① 금융업무 마감시간은 4시 30분까지이므로 손님에게 차를 대접하고 우체국으로 간다.

② 우체국 업무가 급하므로 손님에게 차를 대접하고 상사에게 4시 회의 참석하시라고 말씀드린 후 우체국으로 간다.

③ 우체국 업무가 급하므로 손님에게 차를 대접할 때 상사에게 4시 회의 참석이라는 쪽지를 같이 드리고 우체국으로 간다.

④ 손님에게 차를 대접하고 상사가 4시 회의 시간에 맞게 나가시는지 확인 후 우체국으로 간다.

11 골프장 예약 업무 중 중요도가 가장 낮은 것은?

① 라운딩 일자에 우천 예보가 있어서 경기 취소 규정을 확인한다.

② 주중 이용료와 주말 이용료 차이가 있는지 확인한다.

③ 골프장 예약 전에 라운딩 동반자들의 실명을 반드시 확인한다.

④ 골프장 예약 전에 상사가 선호하는 tee off time을 확인한다.

ANSWER 9.③ 10.④ 11.③

9 ③ 상사와 비서의 스마트폰 운영체제가 일치하지 않아도 일정관리 프로그램과 스마트폰을 연동하여 사용할 수 있다.

10 건물 내에 있는 우체국이므로 금융업무 마감시간인 4시 30분까지는 아직 여유가 있는 상황이다. 손님에게 차를 대접하고 상사가 4시 회의에 참석하러 가는 것을 확인한 후 늦지 않게 우체국으로 간다.

11 날씨, 요금, 선호하는 골프장 및 티오프타임 등을 확인한다.
③ 골프장 예약 시 라운딩 동반자들의 실명을 반드시 확인해야 하는 것은 아니다.

12 상사의 출장일정표 작성 업무에 관하여 가장 올바르게 설명한 것은?

① 상사 해외 출장 시 출장일정표의 일시는 우리나라 일시와 현지 일시를 동시에 표기해야 한다.

② 출장일정표 작성 시 글자를 작게 해서라도 일정을 한눈에 볼 수 있게 한 장의 표로 작성한다.

③ 상사의 스마트기기에 출장일정을 연동해 두어 상사가 언제 어디서나 출장일정을 확인할 수 있도록 해 둔다.

④ 출장 일정표에는 보안상 숙소의 이름이나 면담자 성명과 연락처 등 상세한 정보는 기재하지 않는다.

13 다음 중 가장 올바른 화법은?

① "다음 순서로, 회장님의 축사가 있으시겠습니다."

② "실례가 안 된다면 상무님의 자녀는 몇 명이신가요?"

③ "죄송합니다만, 사장님께서 급한 사정으로 참석이 힘들다고 말씀 전해달라 하셨습니다."

④ "제가 회장님실로 안내해 드리겠습니다."

14 상사 해외 출장 시 선물을 준비할 때 고려해야 할 사항으로 잘못된 것은?

① 영국은 시계를 선물하는 것은 시간보다 중요한 것은 없다는 긍정적 의미이므로 선물해도 무방하다.

② 중국은 시계를 선물하는 것은 '시계를 선물한다'가 '장례를 치르다'는 의미인 쑹중(送終)과 발음이 같으므로 이제 관계를 끝내자는 의미로 부적절하다.

③ 중국은 신발을 선물하는 것은 신발의 발음이 셰(鞋)로 사악하다는 의미인 셰(邪)와 발음이 같아 부적절하다.

④ 일본에 한국 도자기를 선물하는 것은 역사적인 의미를 담으므로 금기시 된다.

ANSWER 12.③ 13.③ 14.④
....

12 ① 우리나라 일시와 현지 일시를 동시에 표기하면 헷갈릴 수 있으므로, 현지 일시만 표기하는 것이 좋다.
② 출장일정표의 글자가 너무 작으면 가독성이 떨어진다.
④ 숙소 이름이나 면담자 성명, 연락처 등은 출장일정표에 기재해야 한다.

13 ① 있으시겠습니다 → 있겠습니다 : 축사는 높여서 표현하지 않는다.
② 명이신가요 → 명인가요 : 상무님은 높이되, 자녀는 높이지 않는다.
④ 회장님실 → 회장실 : 장소를 나타낼 때는 '-님'을 사용하지 않는다.

14 ④ 일본은 흰색과 4를 뜻하는 물건은 죽음을 연상시켜 선물로 금기시한다. 또한 잔과 같이 깨지기 쉬운 물건도 좋아하지 않는다.

15 다음 그림은 회의의 한 형태를 나타낸 것이다. 특정 의제에 대한 해당 분야 전문가가 자신의 의견을 발표하고 청중이나 사회자로부터 질문을 받아 답변하는 형식의 회의 명칭으로 올바른 것을 고르시오.

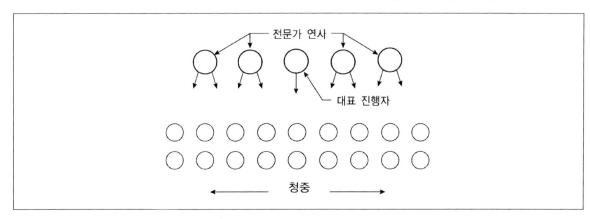

① 패널

② 심포지움

③ 워크숍

④ 세미나

16 다음 중 올바른 한자로 짝지어진 것은?

① 직급 : 科長, 局長

② 경사 : 榮轉, 昇進

③ 조사 : 弔義, 賻儀

④ 부서 : 企劃室, 營業府

15 문제는 심포지엄에 대한 설명이다.

① 패널 : 토론에 참여하여 의견을 말하거나, 방송 프로그램 따위에 출연해 사회자의 진행을 돕는 역할을 하는 사람 및 집단

③ 워크숍 : 전문적인 기술 또는 아이디어를 시험적으로 실시하면서 검토하는 연구회

④ 세미나 : 전문인 등이 특정한 주제로 행하는 연수회나 강습회

※ 보기 ② '심포지움'의 올바른 표현은 '심포지엄'이다.

16 ② 경사 : 榮轉(영전), 昇進(승진)

① 직급 : 科長 → 課長(과장), 局長(국장)

③ 조사 : 弔義 → 弔意(조의), 賻儀(부의)

④ 부서 : 企劃室(기획실), 營業府 → 營業部(영업부)

17 다음 대화 내용을 읽고 비서의 업무 자세로 가장 바람직하지 않은 것은?

> 비서 : 사장님, 내일 오전 10시에 부서장 회의가 있습니다.
> 사장 : 예. 참! 내일 회의에 영업팀 자료가 필요한데... 자료 받았나요?
> 비서 : 아직입니다.
> 사장 : 내일 회의가 이른 시간이니까 오늘 중으로 자료를 검토 했으면 합니다. 외출했다가 바로 퇴근
>   합니다.
> 비서 : 네, 알겠습니다. 내일 뵙겠습니다.

① "사장님, 영업팀에 연락해서 가능한 빨리 자료 제출 요청하도록 하겠습니다."
② "사장님, 자료 받았습니다. 사장님께 이메일로 발송하였고 출근하시는 대로 보실 수 있도록 프린트해
   놓겠습니다."
③ "사장님, 영업팀에서 자료가 늦어져서 마치는대로 사장님께 이메일로 송부한다고 합니다."
④ "사장님, 조금 전에 자료 받았습니다. 내일 검토하실 수 있도록 준비해 두겠습니다."

18 다음 중 보고 업무 자세로 가장 적절하지 않은 것은?

① 문장을 간략하게 육하원칙에 의거하여 요점 중심으로 작성하였다.
② 보고서는 가능한 한 장으로 작성하고, 기타 필요한 내용은 별첨으로 처리하였다.
③ 입수한 자료가 불충분하여 개인적 추측을 더해 보고서를 작성하였다.
④ 구두 보고 시 상사가 궁금해 하는 내용을 먼저 보고하였다.

17 ④ 상사는 내일 오전 10시 있을 부서장 회의에 필요한 자료를 오늘 중으로 검토했으면 한다. 따라서 오늘 검토할 수 있
    도록 준비해 두는 것이 바람직하다.

18 ③ 입수한 자료가 불충분할 경우 다른 자료들을 더 찾아본다. 보고서를 작성할 때 근거 없는 개인적 추측은 덧붙이지 않
    는다.

19 비서의 상사 이력서 관리 원칙으로 가장 적절하지 않은 것은?

① 새로운 내용이 추가되어야 할 때는 상사 이력을 수정하고 수정한 일자를 기록해 둔다.

② 상사의 이력은 상사의 허락을 받은 후 대내외에 공개할 수 있다.

③ 대내외에 공개할 때는 모든 경력이 기재된 이력서 원본을 공개하는 것이 좋다.

④ 전임자에게 인수인계 받은 이력서라도 학교명이나 학위 등의 정확한 표기를 다시 한 번 확인하는 것이 좋다.

20 비서의 경비처리업무에 대한 설명으로 가장 적절하지 않은 것은?

① 비서실 사무용품 구입 시, 경비 지출 규정집 등을 참고하여 경비 처리 규정 준수 여부를 확인한다.

② 경비 처리 규정을 넘는 품목은 결재권자의 사전 승인을 얻은 후 구매 주문을 실행한다.

③ 상사가 지출한 접대비 중 그 성격상 지출 내역을 밝힐 수 없는 비용이나 증빙을 갖추지 못한 접대비는 지출결의서를 작성해야 하며 세법상 비용을 인정받을 수 있다.

④ 영수증은 거래의 유효성을 뒷받침하는 증거 서류이므로 훼손되거나 분실하지 않도록 주의한다.

21 다음의 경영환경요인은 무엇을 의미하고 있는지, 바르게 짝지어진 것은?

> 주주, 경영자, 종업원, 조직문화 등

① 외부환경 – 직접환경 ② 내부환경 – 간접환경

③ 내부환경 – 직접환경 ④ 내부환경 – 일반환경

22 주식회사의 장점에 대한 설명으로 가장 거리가 먼 것은?

① 소유권 이전의 용이성

② 소유권자의 유한 자본조달 책임

③ 상대적으로 적은 주식회사 설립 비용

④ 자본조달의 확대 가능

23 다음은 기업의 외부환경 상황을 기술한 것이다. 이 중 기업간 경쟁구도분석에서 치열한 경쟁강도를 나타내는 경우로 가장 거리가 먼 것은?

① 시장점유율이 비슷한 경우

② 산업성장률이 높은 경우

③ 시장진입장벽이 낮은 경우

④ 대체재 수가 많은 경우

ANSWER 21.③ 22.③ 23.②

21 경영환경은 크게 외부 환경요인과 내부 환경요인으로 나누어볼 수 있으며, 기업에 직접적인 영향을 미치느냐의 여부에 따라 직접 환경요인과 간접 환경요인으로 나누어볼 수 있다.
  ㉠ 외부의 직접적 환경요인 : 소비자. 경쟁자, 공급자, 금융기관, 지역사회, 정부
  ㉡ 외부의 간접적 환경요인 : 경제적 환경, 정치–법률적 환경, 사회–문화적 환경, 기술적 환경
  ㉢ 내부의 직접적 환경요인 : 주주, 종업원, 경영자, 조직문화

22 ③ 주식회사는 설립 시 상대적으로 많은 비용이 든다.

23 ② 산업성장률이 낮고, 산업의 생명주기가 쇠퇴기에 있는 산업의 경우 기존 사업자 간 경쟁이 치열하고 매력도도 떨어진다.

24 다음 중 기업형태에 대한 설명으로 가장 옳은 것은?

① 기업은 출자의 주체에 따라 사기업, 공기업, 공사공동기업 등으로 구분된다.

② 사기업은 다시 출자자의 수에 따라 개인기업과 주식회사로 분류할 수 있다.

③ 다수공동기업의 형태로는 합명회사, 합자회사, 유한회사 등이 있다.

④ 국영기업, 지방공기업, 익명조합, 공사, 공단 등은 공기업의 예이다.

25 다음은 대기업에 비해 상대적으로 중소기업이 겪는 어려움을 기술한 것이다. 이 중, 중소기업만의 어려움으로 보기에 가장 적합하지 않은 것은?

① 인력 확보   ② 가격경쟁의 불리함

③ 자금 확보   ④ 강력한 정부 규제

26 다음이 설명하고 있는 기업으로 가장 적합한 것은?

> 비영리조직과 영리기업의 중간 형태로, 사회적 목적을 추구하면서 영업활동을 수행하는 기업을 말한다. 취약계층에게 사회서비스 또는 일자리를 제공하여 지역주민의 삶의 질을 높이는 등의 목적을 수행하며 재화 및 서비스의 생산, 판매 등 영업활동을 수행하는 기업이다.

① 벤처기업   ② 협동조합

③ 사회적기업   ④ 공기업

ANSWER 24.① 25.④ 26.③

24 ② 개인기업과 주식회사로 분류하는 것은 책임의 주체에 따른 분류이다.
③ 다수공동기업의 형태로는 주식회사, 협동조합 등이 있다.
④ 익명조합은 무한책임을 지는 영업자와 유한책임을 지는 익명의 조합원으로 구성되는 조합으로 공기업에 해당하지 않는다.

25 ④ 강력한 정부 규제는 중소기업보다 대기업에 더 큰 어려움으로 작용하는 경우가 많다.

26 제시된 내용은 사회적기업에 대한 설명이다.
① 벤처기업 : 고도의 전문 지식과 새로운 기술을 가지고 창조적·모험적 경영을 전개하는 중소기업
② 협동조합 : 경제적으로 약소한 처지에 있는 소비자, 농·어민, 중소기업자 등이 각자의 생활이나 사업의 개선을 위하여 만든 협력 조직
④ 공기업 : 국가나 지방 자치 단체가 사회 공공의 복리를 증진하기 위하여 경영하는 기업

27 다음 _____에 공통으로 들어갈 용어로 알맞은 것은?

> _____(이)란 조직의 구성원들의 행동을 만들고 인도하기 위해 이들이 공유하는 사회제도나 사회적 태도 등을 말한다. 따라서 _____은/는 조직구성원들에게 소속 조직원으로서의 정체성을 제공한다.

① 조직 가치   ② 조직 행동

③ 조직 문화   ④ 조직 혁신

28 다음 중 경영관리 과정을 순서대로 알맞게 배열한 것은?

① 조직 – 지휘 – 계획 – 통제

② 계획 – 조직 – 지휘 – 통제

③ 지휘 – 통제 – 계획 – 조직

④ 조직 – 계획 – 통제 – 지휘

29 다음 중 기업의 사회적 책임에 대한 설명으로 가장 거리가 먼 것은?

① 기업은 경영활동에 관련된 의사결정이 특정개인이나 사회전반에 미칠 수 있는 영향을 고려해야 하는 의무가 있다.

② 기업은 주주와 내부고객을 위해 최대이윤을 확보함으로써 기업을 유지 발전시켜야 하는 책임이 있다.

③ 기업의 사회적 책임에는 기업의 유지 및 발전에 대한 책임, 환경에 대한 책임, 공정경쟁의 책임, 지역사회에 대한 책임 등이 포함된다.

④ 기업이 사회적 책임을 이행하면 결국 고객과 사회로부터 신뢰와 좋은 평판을 얻게 되어 기업이미지와 매출에 긍정적으로 작용할 수 있다.

ANSWER   27.③   28.②   29.②

27 빈칸에 공통으로 들어갈 수 있는 용어는 조직 문화이다.

28 경영관리 과정은 계획 → 조직 → 지휘 → 통제순으로 이뤄진다.

29 ② 기업의 사회적 책임이란 기업이 지역사회 및 이해관계자들과 공생할 수 있도록 의사결정을 해야 한다는 윤리적 책임의식을 말한다. 즉, 기업이 주주와 기업 내부의 고객만을 위해 이윤을 추구하는 것이 아니라 지역사회 및 기업 외부의 이해관계자들까지 생각하는 책임의식을 갖는 것이 바람직하다.

30 다음 중 조직형태에 대한 설명으로 가장 적합하지 않은 것은?

① 사업부제조직은 각 사업부의 성과와 기여도가 명확히 나타나므로 경영통제가 용이하다는 장점이 있다.

② 매트릭스조직은 이중적 지휘체계 때문에 구성원들의 역할갈등과 역할 모호성을 유발할 수 있다.

③ 네트워크조직은 자원중복과 투자를 감소시켜 적은 자산과 인력으로 기업을 운영할 수 있다는 장점이 있다.

④ 위원회조직은 주어진 과업이 구체적이므로 책임이 명확하며 의사결정과정이 신속하고 합의가 용이하다는 장점이 있다.

31 다음 중 매슬로우(Maslow)의 욕구단계이론을 저차원에서 고차원의 단계별로 나열한 것으로 가장 적합한 것은?

① 안전 욕구 → 사회적 욕구 → 성취 욕구 → 자아실현 욕구 → 존경 욕구

② 존재 욕구 → 안전 욕구 → 사회적 욕구 → 성장 욕구 → 자아실현 욕구

③ 안전 욕구 → 사회적 욕구 → 권력 욕구 → 자아실현 욕구 → 존경 욕구

④ 생리적 욕구 → 안전 욕구 → 사회적 욕구 → 존경 욕구 → 자아실현 욕구

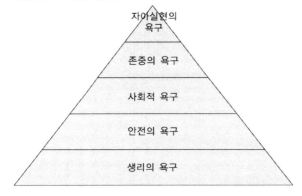

32 다음은 리더십의 개념과 리더십 스타일에 대한 설명을 나열한 것이다. 이 중 가장 옳지 않은 설명은?

① 경영자의 책무 중 리더십은 다른 사람을 동기부여시킴으로써 그들로 하여금 특정목적을 달성할 수 있는 활동을 하도록 하는 것이다.

② 리더십 개념은 초기에 특성이론으로 바람직한 위인의 특성을 찾고자 하는 연구였으며, 위인이론에 집중되었다.

③ 전제적 리더는 다른 사람의 의사를 묻지 않고 단독으로 의사결정을 하는 스타일이다.

④ 방임형 리더는 모든 의사결정과정에 부하를 참여시키며, 집단의사결정을 하는 스타일이다.

33 다음 중 인사관리에서 지켜야 할 주요 원칙으로 가장 거리가 먼 것은?

① 최대 생산의 원칙
② 적재적소 배치의 원칙
③ 공정한 보상의 원칙
④ 공정한 인사의 원칙

34 다음 중 아래의 (개), (내)에 해당하는 용어를 짝지은 것으로 가장 적합한 것은?

> (개)는 물가상승에 따른 구매력의 변화를 감안하지 않은 금리이고 (내)는 (개)에서 물가상승률을 뺀 금리이다. (개)가 높더라도 물가상승률이 더 큰 경우는 (내)가 마이너스가 될 수 있다.

① (개) 표면금리 (내) 실효금리
② (개) 명목금리 (내) 실질금리
③ (개) 기준금리 (내) 콜금리
④ (개) 기준금리 (내) 대출금리

ANSWER 32.④ 33.① 34.②

32 ④ 방임형 리더는 모든 의사결정과정을 구성원에게 맡기는 스타일이다.

33 인사 관리의 원칙
㉠ 적재적소 배치의 원칙 : 직무 수행에 가장 적절한 인재를 배치
㉡ 공정한 보상의 원칙 : 공헌도에 따라 공정하게 보상을 지급
㉢ 공정한 인사의 원칙 : 직무 배당, 승진, 상벌, 고가 등을 공정하게 처리
㉣ 종업원 안정의 원칙 : 종업원의 신분 보장
㉤ 창의력 계발의 원칙 : 개인의 능력을 발휘할 수 있는 기회 제공
㉥ 단결의 원칙 : 구성원 간 유대감 및 협동심 증진

34 (개)는 명목금리, (내)는 실질금리이다.
① (개) 표면금리 : 금융 기관이 자금을 대출하거나 어음을 할인할 때에 공표하는 금리
　(내) 실효금리 : 금융 기관으로부터 대부를 받은 사람이 실질적으로 부담하는 금리
③ (개) 기준금리 : 중앙은행의 금융 통화 위원회에서 결정하는 금리로, 금리 체계의 기준이 되는 중심 금리
　(내) 콜금리 : 콜 자금의 대차에 쓰는 금리
④ (내) 대출금리 : 대출에 대한 금리

35 가격관리 전략 중 기준가격의 설정내용으로 가장 거리가 먼 것은?

① 원가중심의 가격설정은 제품의 생산 및 유통과 관련된 각종비용을 기준으로 제품가격을 설정하는 것이다.

② 수요중심의 가격설정은 시장수요의 강도와 크기에 따라 제품가격을 설정하는 것이다.

③ 경쟁중심의 가격설정은 경쟁제품을 기준으로 하여 가격을 설정하는 것이다.

④ 할인중심의 가격설정은 신제품을 출시할 때 미리 할인해서가격을 설정하는 것이다.

36 다음 중 아래의 내용을 설명하는 용어로 가장 적합한 것은?

> 구매, 자재관리부터 재무, 회계 등에 이르는 업무 전반에 적용된 시스템으로 경영활동 프로세서를 통합적으로 연계해 관리해주는 통합시스템을 말한다. 이 시스템의 목적은 기업의 투입자원인 인력, 자본, 자재, 기계를 통합적으로 관리하여 시너지효과를 창출하는 데 있다.

① 전사적자원관리(Enterprise Resource Planning)

② 사무자동화시스템(Office Automation System)

③ 거래처리시스템(Transaction Processing System)

④ 고객관계관리(Customer Relationship Management)

ANSWER 35.④ 36.①

35 기준가격 설정방법으로는 비용중심(원가중심) 가격결정, 소비자중심(수요중심) 가격결정, 경쟁중심 가격결정, 통합격 가격결정 등이 있다.
　　④ 신제품을 출시할 때 미리 할인해서 가격을 설정하는 것은 제품당 마진을 낮추는 대신 판매량을 늘리려는 매출중심 가격목표를 달성하기 위한 방법으로, 시장침투가격과 관련된다.

36 제시된 내용은 전사적자원관리(ERP)에 대한 설명이다.
　　② **사무자동화시스템** : 사무실에서 일상적으로 수행하는 정보처리 업무를 자동화시켜 주는 정보 시스템
　　④ **고객관계관리** : 고객과 관련된 기업의 내외부 자료를 분석·통합하여 고객 특성에 기초한 마케팅 활동을 계획·지원·평가하는 관리 방법

37 다음 중 복리후생에 관련 설명으로 가장 옳은 것은?

① 복리후생은 종업원의 복지향상을 위해 지급되는 임금을 포함한 모든 경제적 급부를 말한다.

② 복리후생 중 일부는 국가의 입법에 의하여 제도화되어 강제적으로 운영되고 있다.

③ 허즈버그의 이요인이론에 따르면, 경제적 복리후생은 동기요인에 해당하며 구성원의 만족에 긍정적 영향을 미친다고 할 수 있다.

④ 복리후생 중 건강보험 보험료는 근로자가 일부 부담하지만 고용보험 보험료는 회사가 전액 부담한다.

38 스테가노그래피(steganography)는 어떤 것을 일컫는 말인가?

① 은행계좌 추적 프로그램

② 네트웍 마비 프로그램

③ 암호화해 숨기는 심층암호기술

④ 스마트폰 장치 제어프로그램

39 다음 중 유동자산에 해당하는 계정과목은 무엇인가?

① 이익잉여금   ② 상표권

③ 유가증권   ④ 외상매입금

ANSWER 37.② 38.③ 39.③

37 ① 복리후생은 기업이 종업원과 그 가족의 생활 수준을 향상시켜 근무의 효율성을 높이고자 임금 이외에 마련하는 여러 가지 유형의 급부를 포함한다.
③ 허즈버그의 이요인이론에 따르면, 경제적 급부는 위생요인에 해당한다.
④ 건강보험 보험료와 고용보험 보험료 모두 회사와 근로자가 나누어 부담한다.

38 스테가노그래피(Steganography) … 영상이나 오디오 파일에 비밀 메시지를 감추어 그 정보의 존재 자체를 숨기는 보안 기술을 말한다. 제3자가 정보를 불법적으로 사용하거나 변조하는 것을 방지하는 수단 중 하나이다.

39 유동자산과 고정자산
　㉠ 유동자산 : 짧은 기간 안에 현금으로 바꿀 수 있는 자산
　　예 당좌자산 : 현금, 미수금, 예금, 외상매출금, 유가증권 등
　　　 재고자산 : 상품, 제품, 원재료, 저장품 등
　㉡ 고정자산 : 1년 이상 생산 활동에 쓰이며 수익의 원천이 되는 재산
　　예 유형고정자산 : 토지, 건물, 기계, 설비 등
　　　 무형고정자산 : 특허권, 영업권 등

40 다음 중 우리나라의 금융기관의 성격을 설명한 내용으로 가장 적절하지 않은 것은?

① 한국은행은 한국은행법에 따라 설립되어 운영되고 금융기관하고만 거래한다.

② 일반은행은 금융거래를 통해 이익을 얻을 목적으로 영업하며 시중은행, 지방은행, 외국은행의 국내지점 등이 있다.

③ 저축은행, 새마을 금고 등은 일반은행에서 자금 공급이 어려운 부문에 자금을 공급하는 특수은행이다.

④ 신용보증기관은 기업이 금융에서 자금을 빌릴 수 있도록 보증을 서주고 대가를 받는다.

40 ③ 특수은행은 일반은행과 달리 특별법에 따라 설립된 은행으로, 일반은행 업무 외에 특별한 업무를 함께 수행한다. 특별업무를 수행하는 특수은행으로는 농민을 위한 농협, 어민을 위한 수협, 중소기업을 위한 중소기업은행, 수출입 업무를 위한 한국수출입은행, 산업 발전을 위한 한국산업은행 등이 있다.

41 Which is the LEAST correct match?

① 홍보부 : Public Relations Department

② 인력개발부 : Human Resources Department

③ 구매부 : Purchasing Department

④ 사업부 : Accounting Department

42 Which is the LEAST correct match?

① CFO : Chief Financial Officer

② COD : Cash on Delivery

③ BCC : Blind Carbon Copy

④ N/A : Not Alone

43 Choose the one which has the MOST UNGRAMMATICAL part.

① We see few lightning bugs even on a farm.

② The number of foreign investors is on the rise.

③ Some of the applicants arrived late for their job interview.

④ All of the merchandise have tested carefully before the launch.

ANSWER｜ 41.④ 42.④ 43.④

41 ④ Accounting Department − 회계부

　　 Enterprise Department − 사업부

42 ④ N/A : Not Applicable(해당 없음), Not Available(이용할 수 없음)

43 ④ have tested → have been tested : 모든 상품은 출시 전에 세심하게 테스트되었습니다.

44 Which is the BEST word(s) for each blank?

- Is the message ⓐ _____? Will the other person be able to read it?
- The telephone call was in ⓑ_____ to our airline reservation.
- Did you complete and return the ⓒ_____ we sent you recently?
- We will be able to ⓓ_____ at least ten more guests at the banquet.

① ⓐ legible   ⓑ regarding
    ⓒ question   ⓓ accommodate

② ⓐ legible   ⓑ regard
    ⓒ questionnaire   ⓓ accommodate

③ ⓐ vague   ⓑ regarding
    ⓒ question   ⓓ accommodate

④ ⓐ vague   ⓑ regard
    ⓒ questionnaire   ⓓ accommodate

44 • 메시지를 <u>읽을 수 있습니까</u>? 상대방이 읽을 수 있을까요?
     • 전화 통화는 우리의 항공 예약<u>에 대한</u> 것이었습니다.
     • 최근에 보내드린 <u>설문지</u>를 작성해서 반송하셨습니까?
     • 연회에 최소 10명의 손님을 더 <u>수용</u>할 수 있을 것입니다.

45 Which is the LEAST correct about the letter?

Sincerely,

Elden Jones
Elden Jones Executive Director

Enclosures

cc Mr. David M. Houghton
    Mr. Chris D. Burr

bcc Ms. Jamie Lee

---

① 이 서신의 발송인은 Elden Jones이다.

② 이 서신에는 동봉물이 있다.

③ 이 서신의 사본을 받는 사람은 4명이다.

④ 이 서신의 내용을 Jamie Lee도 확인할 수 있다.

46 Choose the one which has MOST UNGRAMMATICAL part.

① 지원자들은 그 일자리에 필요한 자격요건을 갖추어야 한다.

  → Candidates should meet the qualifications for the job.

② 신입사원들은 일주일 동안 교육을 받을 것이다.

  → New employees will receive training for a week.

③ 전 직원은 월요일마다 회의에 참석한다.

  → All staff members attends a meeting for Monday.

④ 방문객은 접수원에게 신분증을 제시해야 한다.

  → Visitors have to show the receptionist an identification card.

ANSWER 45.③ 46.③
....

45 ③ 이 서신의 사본을 받는 사람은 cc(참조) 2명과 bcc(숨은 참조) 1명으로 총 3명이다.

46 ③ attends → attend : 주어가 복수이므로 's'를 붙이지 않는다.

47 According to the following conversation, which one is TRUE?

> A : Excuse me, I'm looking for the post office. I heard it is in this building.
>
> B : I'm afraid I have never seen the post office in this building.
>
> A : Thank you. ...... Excuse me. Is there the post office near here?
>
> C : The post office is located in the next building. Take the elevator to the 10th floor. There is a bridge connecting Building A and Building B. The post office is in Building B. On 10th floor change the elevator and go up to the 22nd Floor of Building B. It is next to the Bank of China.
>
> A : Thank you very much.
>
> C : You can't miss it.

① Post office is on the 22nd floor of Building A.

② The Bank of China is behind the post office.

③ You can't find post office around here.

④ There is a connecting bridge between Building A & B on the 10th floor.

47 「A : 실례합니다. 우체국을 찾고 있는데요. 이 건물에 있다고 들었어요.
B : 유감스럽게도 이 건물에서 우체국을 본 적이 없어요.
A : 감사합니다. ...... 실례합니다. 이 근처에 우체국이 있나요?
C : 우체국은 옆 건물에 있습니다. 엘리베이터를 타고 10층으로 가세요. 빌딩 A와 빌딩 B를 연결하는 다리가 있습니다. 우체국은 빌딩 B에 있습니다. 10층에서 엘리베이터를 갈아타고 빌딩 B 22층으로 올라가세요. 그것은 중국은행 옆에 있습니다.
A : 정말 감사합니다.
C : 금방 찾을 수 있을 거예요.」

48 Below is the email from hotel A regarding the conference preparation. Which is LEAST correct according to the email?

There is no problem for us to assign you a number of meeting rooms that you indicate you would need. Enclosed is a brochure which has all the meeting rooms. You can see that our large convention ballroom can be subdivided into three meeting rooms. In addition, we have five meeting rooms on the same level as the ballroom. If necessary, we can provide meeting rooms (which are smaller in size) on a lower level of our facility. We also have a few audio-visual aids to supply when you require for the meeting rooms.

① 이 이메일에는 A호텔의 모든 회의실에 대한 안내 책자가 동봉되어 있다.

② A호텔의 대 연회장은 3개의 회의실로 재구성될 수 있다.

③ A호텔은 연회장과 같은 층에 5개의 회의실을 이미 갖추고 있다.

④ A호텔은 모든 회의실에 시청각 기자재를 갖추고 있다.

48 「귀하께서 필요하신 회의실을 여러 개 지정하는 데는 문제가 없습니다. 모든 회의실이 있는 안내 책자를 동봉합니다. 우리의 대 연회장은 세 개의 회의실으로 세분될 수 있습니다. 게다가, 우리는 연회장과 같은 층에 5개의 회의실이 있습니다. 필요한 경우, 시설 하층에 회의실 (더 작은 크기)을 제공할 수 있습니다. 또한 회의실에서 필요한 경우 몇 가지 시청각 자료를 제공합니다.」

49 Which is the LEAST correct about the below invitation card?

Ambassador Christopher D. Johnson and Mrs. Johnson.
request the pleasure of the company of:
<u>*Mr. Cho Soo-Min*</u>
for a Dinner at the Residence
Friday 17 November 2020 at 19:00.
(dinner served at 19:30)

Ambassador's Residence   *Dress : Business Suit w/o tie*
Address······

---

① 저녁식사는 대사관저에서 진행된다.
② 식사는 오후 7시 30분부터 시작된다.
③ Mr. Cho가 행사장소에 도착하여야 하는 시간은 오후 7시이다.
④ 드레스코드는 예의를 갖춘 정장차림이다.

50 What is LEAST proper as a phrase for conducting a meeting?

① We'll be dealing with it in a minute.
② This is Tom. May I speak to Mr. Kim?
③ Excuse me, may I interrupt?
④ I think we can skip point three.

49 ④ w/o는 with out의 약어이다. 따라서 드레스코드는 타이가 없는 비즈니스 수트로, 예의를 갖춘 정장차림은 아니다.

50 회의에서 사용하기에 적절하지 않은 문장을 고르는 문제이다.
② 전화를 걸 때 할 수 있는 말이다.

51 Fill in the blanks with the BEST words.

A : Good afternoon. May I help you?
B : Yes, I have an appointment with Ms. Woods at 3 o'clock.
A : Are you Mr. Radford of Comtech Industries?
B : Yes, that's right.
A : You are right ___ time. Would you please have a seat?
　 I'll _____ Ms. Woods that you are here.

① at — say
② in — tell to
③ on — tell
④ by — report

51 「A : 안녕하세요. 무엇을 도와드릴까요?
B : 네, Ms. Woods와 3시에 약속이 있어요.
A : Comtech Industries의 Mr. Radford입니까?
B : 네, 맞아요.
A : 제시간에 오셨네요. 앉으시겠어요? Ms. Woods께 당신이 오셨다고 말씀드릴게요.」

52 According to the following conversation, what is the secretary supposed to do?

> B : Please tell me about my business trip schedule to New York next week.
>
> S : You are leaving Seoul at 10 a.m. this Sunday and arriving at JFK New York airport at 9:30 a.m. local time. You'll take a limousine to Waldorf Hotel. On Monday, the National Office Systems Conference will start at 9:30 a.m. At 12:00 you have a luncheon with Mr. Raymond Bernard, Vice President of GM at Oakdale City Club in Waldorf Hotel. And you will have a tour of Advanced business Systems with Ms. Helen Adams, Office Automation Consultant. Here is your itinerary.
>
> B : Good. When am I leaving New York?
>
> S : You'll leave JFK at 11:55 a.m. on Tuesday via KE 804 and arrive at Incheon Int'l Airport at 3:00 p.m. next day.
>
> B : Thank you. Please email my itinerary to the head office in New York.

① 출장 일정표를 뉴욕 본사에 이메일로 보낸다.

② 서울-뉴욕간 왕복 비행기편을 예약한다.

③ Ms. Adams에게 상사의 출장 일정표를 보낸다.

④ 상사의 회의 자료를 준비한다.

52 마지막에 B가 뉴욕 본사에 자신의 일정을 이메일로 보내달라고 말하고 있다.

「B : 다음 주에 있을 뉴욕 출장 일정 좀 알려주세요.
S : 이번 주 일요일 오전 10시에 서울을 출발해서 현지시간으로 오전 9시 30분에 JFK 뉴욕 공항에 도착할 예정입니다. 당신은 리무진을 타고 Waldorf Hotel로 갈 것입니다. 월요일에는 전국 사무 시스템 회의가 오전 9시 30분에 시작됩니다. 12시에 Waldorf Hotel의 Oakdale City Club에서 GM 부사장인 Mr. Raymond Bernard와 오찬을 함께 하시게 됩니다. 그리고 사무자동화 컨설턴트인 Ms. Helen Adams와 함께 Advanced Business Systems를 둘러보실 수 있습니다. 여기 여행 일정이 있습니다.
B : 좋아요. 제가 언제 뉴욕을 떠나죠?
S : 화요일 오전 11시 55분에 KE 804를 통해 JFK를 출발하여 다음 날 오후 3시에 인천국제공항에 도착합니다.
B : 감사합니다. 제 여행 일정을 뉴욕에 있는 본사로 이메일로 보내주세요.」

53 According to the conversation, which of the following is MOST correct?

A : Pacific Airlines. May I help you?

B : I'd like to book a business-class seat for the 3rd of March flight from Seoul to Shanghai.

A : Two flights are available : one at 11:00 in the morning and the other 1:30 in the afternoon.

B : I'd like to book a morning flight. Can you tell me what time it arrives in Shanghai?

A : The arrival time is 11:00 a.m. the local time. Do you want to reserve a return flight?

B : Yes, I want an open-ended return ticket. Can I have a window seat away from toilet?

A : Let me see... Yes, A-30 window seat is booked for you. Can I have your name and phone number, please?

B : My name is Michael Chang and my cell phone number is 000-0000-0000.

A : Thank you, Mr. Chang. Your reservation number is Ar224876z.

B : Could you tell me what the baggage allowance is?

A : You can check in one baggage up to 30kgs at no cost. US$10 will be added by 1kg if you carry more than 30kgs.

① Mr. Chang은 3월 3일 오후 비행기를 탈 것이다.

② Mr. Chang은 편도 비행기편을 예약했다.

③ Mr. Chang은 상해발 인천행 귀국날짜는 결정하지 않았다.

④ Mr. Chang은 2개의 수화물을 30kg까지 무료로 체크인할 수 있다.

ANSWER 53.③

53 ③ open-ended return ticket은 향후에 돌아오는 일정을 조정 가능한 티켓이다.

「A : 퍼시픽 항공입니다. 무엇을 도와드릴까요?
B : 3월 3일 서울에서 상하이로 가는 비행기로 비즈니스석 좌석을 예약하고 싶은데요.
A : 오전 11시에 한 편, 오후 1시 30분에 한 편씩 두 편이 가능합니다.
B : 아침 비행기를 예약하고 싶어요. 상하이에 몇 시에 도착하는지 알 수 있을까요?
A : 도착 시간은 현지시간으로 오전 11시입니다. 돌아오는 항공편을 예약하시겠습니까?
B : 네, 저는 향후 조정이 가능한 돌아오는 티켓을 원합니다. 화장실에서 멀리 떨어진 창가쪽 좌석이 있나요?
A : 어디 볼게요... 네, A-30 창가 자리로 예약되어 있습니다. 성함과 전화번호를 알려주시겠습니까?
B : 제 이름은 Michael Chang이고 제 휴대폰 번호는 000-0000-0000입니다.
A : Chang 선생님, 감사합니다. 예약번호는 Ar224876z입니다.
B : 수하물 허용량이 얼마인지 알려주시겠어요?
A : 수하물은 1개 30kg까지 무료로 부칠 수 있어요. 30kg 이상을 원할 경우 1kg당 US$10이 추가됩니다.」

54 Which of the following is the LEAST appropriate expression for the blank?

A : Good morning, Laura Yoon speaking.

B : Good morning, Ms. Yoon. This is Paul Howard from Klein Company. I'd like to see you to discuss the PR project. When would be convenient for you?

A : How about this Friday three o'clock in my office?

B : _____.

Can we make it at 4:30?

A : Yes, that's fine with me.

B : Good. Then I'll visit your office tomorrow at 4:30.

A : I'll see you then, Mr. Howard.

---

① I'm afraid I have a previous appointment then.

② I'm sorry, but I can't make it then.

③ I'm sorry, but I am a little tied up at the moment.

④ I'm sorry, but I will be in an urgent meeting with our buyer at that time.

55 Which is the LEAST correct about the discourse?

> Secretary : Mr. Kim's office. Miss Lee speaking.
> Caller : Hello, this is Mr. Kent calling. I'd like to speak with manager. Will it be all right to drop by this morning?
> Secretary : I'm sorry, but right now he's looking over documents which he must approve. And then, he must check the data for this afternoon's management meeting, and this will most likely take until 11:30. Will you be able to see him around that time?
> Caller : That will be fine.

① Mr. Kim is not able to talk with Mr. Kent right now.
② Secretary is checking the schedule of Mr. Kim.
③ There is a management meeting this afternoon.
④ Mr. Kent is supposed to meet Mr. Kim at 11:00 a.m.

56 Which of the followings is the MOST appropriate expression in common?

> A : "How do you spell your last name?"
> B : "It's Iverson. I-V-E-R-S-O-N, Did you get it?"
> A : "You said V ____ Victor or B _____ Bravo?"
> B : "V _____ Victor."

① as
② of
③ for
④ in as

ANSWER 55.④ 56.③

55 ④ Mr. Kent는 오전 11시 30분쯤에 Mr. Kim을 만날 것이다.
「Secretary : Mr. Kim 사무실입니다. Lee입니다.
Caller : 여보세요. Mr. Kent입니다. 부장님과 이야기하고 싶은데요. 오늘 아침에 들러도 괜찮을까요?
Secretary : 죄송하지만, 지금 그가 승인해야 할 서류를 검토하고 있습니다. 그리고 나서, 그는 오늘 오후의 경영자 회의에 필요한 자료를 확인해야 합니다. 그리고 이것은 11시 30분까지 걸릴 것 같습니다. 그 시간쯤 그를 만날 수 있겠어요?
Caller : 좋습니다.」

56 단어에 들어간 철자 하나를 말하고자 할 때는 'for'를 쓴다.
「A : 성의 철자가 어떻게 되세요?
B : Iverson입니다. I-V-E-R-S-O-N, 확인하셨나요?
A : Victor의 V, Bravo의 B 중 뭐라고 하셨죠?
B : Victor의 V입니다.」

57 Which of the following should you NOT do when transferring a call?

① Let the caller know the person who is being transferred.

② Be polite and professional.

③ Disconnect the caller.

④ Ask the caller for permission before you make the transfer.

58 Which is the LEAST correct according to the following guidelines?

We'll have East Asia Leadership Program next Tuesday.
- 09:00~09:30 Registration
- 09:30~10:00 Welcome and introduction
-Opening remarks by Mr. J. Y. Lee for 10 minutes, welcoming remarks by Mr. Charles Jay for 10 minutes and then Keynote speech by K. S. Shin for 10 minutes.
- 10:00~12:00 Individual presentation
-There will be 4 presentations and handouts are distributed for all presentations.
-Coffee break will be after the 2nd presentation.

---

① Mr. Charles Jay의 환영사는 10분간 진행된다.

② 개별 발표는 모두 4개이며 각각의 발표마다 유인물이 제공된다.

③ 매 발표 후 휴식시간이 있다.

④ 프로그램 등록은 9시부터 시작된다.

57 전화를 연결할 때 하지 말아야 할 것을 묻는 문제이다.
　① 발신자에게 전송 대상자를 알린다.
　② 예의 바르고 프로답게 행동한다.
　③ 발신자의 연결을 끊는다.
　④ 연결하기 전에 발신자에게 허락을 구한다.

58 ③ 매 발표 후 휴식시간이 있는 것은 아니다. 두 번째 프레젠테이션 이후에 커피 브레이크가 있다.

59 Fill in the blanks with the BEST word(s).

Chris : Could you give Sam a message for me when he gets in? Ready?
Secretary : _____.
Chris : His sister Myra is arriving tonight, but I'm tied up at work.
Secretary : _____? Could you spell her name for me?

① Take. − Tied?

② Go ahead. − Excuse me?

③ Go. − What?

④ Set. − Go ahead?

60 Which is LEAST correct about the elements of envelope?

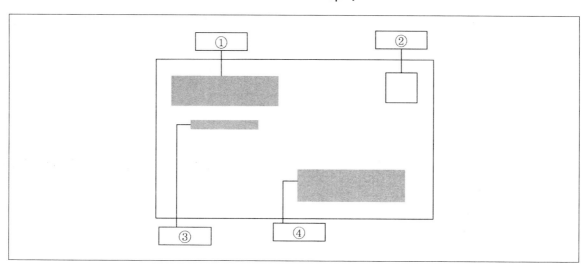

① ① return address

② ② stamp

③ ③ postal code

④ ④ mail address

59「Chris : Sam이 들어오면 제 메시지를 전해 주시겠어요? 준비됐나요?
Secretary : 말씀하세요.
Chris : 그의 여동생 Myra가 오늘 밤에 도착하는데, 저는 일이 너무 바빠요.
Secretary : 죄송합니다만? 그녀의 이름 철자를 불러 주시겠어요?」

60 ③ 우편번호는 보내는 주소, 받는 주소와 함께 쓴다.

61 다음 중 문서철의 쪽 번호 표시가 가장 적절하지 않은 것은?

① 해당 문서철의 우측 하단에 첫 쪽부터 시작하여 일련번호로 쪽수 부여 및 표기한다.

② 표지와 색인목록은 쪽수 부여 및 표기 대상에서 제외한다.

③ 동일한 문서철을 2권 이상으로 나누어 편철한 경우라도, 2권 이하의 문서철별 쪽수는 새 번호로 시작한다.

④ 연필로 먼저 표시한 후 기록물 정리가 끝나면 잉크 등으로 표시한다.

62 상공무역의 최주혁 비서는 회사의 사옥준공식 안내장을 작성했다. 안내장마다 수신인에 따라 본문 내용 중 수신인, 직위, 부서명, 회사명을 다르게 하여 보내는 방법은?

① 라벨링
② 편지병합
③ 하이퍼링크
④ 매크로

63 박진우 비서는 다음 달에 있을 창립 기념 파티에 초대장 초안을 작성하려고 한다. 마인드맵을 이용해 내용 구상을 하는 박진우 비서의 방법이 가장 적절하지 못한 것은?

① 종이 한 가운데 원을 그리고 문서의 주제인 '창립 기념 파티초대'를 원 안에 작성했다.

② 주제와 관련한 핵심 단어를 중앙의 원과 연결된 선을 그어 배치한다.

③ 핵심 단어로는 '초대 이유', '초대 장소', '초대 일시', '세부일정' 등을 작성할 수 있다.

④ 마인드 맵은 문서 작성 시 일반적으로 자유로운 아이디어를 떠올리는 정보 수집 단계에서 사용한다.

ANSWER 61.③ 62.② 63.④

61 ③ 동일한 문서철을 2권 이상으로 나누어 편철한 경우, 2권 이하의 문서철별 쪽수는 앞 권에 이어서 표기한다.

62 메일머지는 동일한 내용의 이메일을 여러 사람에게 보낼 수 있는 기능으로, 같은 내용의 이메일을 받는 사람의 이름, 직책, 소속 등만 달리하여 여러 사람에게 보낼 때 효율적으로 활용할 수 있다.

63 ④ 마인드맵은 문서 작성 시 자유롭게 떠올린 아이디어를 체계화하는 단계에서 사용한다.

64 다음 중 문서관리의 목적으로 그 연관성이 가장 낮은 것은?

① 전문 문서 관리자를 통한 중요 문서의 보안에 집중할 수 있다.

② 필요한 문서를 신속하고 쉽게 찾을 수 있어 시간과 노력을 줄일 수 있다.

③ 불필요한 문서를 적기에 폐기함으로써 보관 및 보존에 드는 공간을 절약할 수 있다.

④ 사무 환경이 개선되고 문서 관리에 드는 비용을 절감할 수 있다.

65 다음과 같이 감사편지를 작성하는 업무를 하고 있다. 이 중 가장 적절하지 않은 경우는?

① 강 비서는 상사가 출장지에서 돌아온 다음날 출장지에서신세를 진 사람에게 감사편지를 보냈다.

② 윤 비서는 행사 참가자에게 참석해주신 덕분에 행사가 잘 마무리되었음을 감사하는 내용으로 보냈다.

③ 최 비서는 경조행사에 보내주신 경조금 금액을 정확하게 언급하면서 감사의 뜻을 전했다.

④ 정 비서는 행사시에 약간의 실수가 있었던 사항에 대한 사과의 말을 함께 기재해서 감사장을 완성하였다.

66 다음 중 종류가 동일한 앱끼리 묶이지 않은 것은?

① 조르테, 구글캘린더

② 원드라이브, 에버노트

③ 맵피, 아틀란

④ 라인, 카카오톡

64 문서관리의 목적
　㉠ 정보의 효율적 활용
　㉡ 문서 검색의 능률화
　㉢ 문서 보관 및 보존에 드는 공간 절약
　㉣ 유지 · 보완 비용 절감
　㉤ 사무 환경 개선

65 ③ 경조금 금액을 언급하는 것은 오히려 실례가 될 수 있다. 진심으로 감사한다는 마음을 담아 인사를 전달하는 것으로
　충분하다.

66 ② 원드라이브는 웹을 기반으로한 파일공유 서비스를 제공하는 앱이고, 에버노트는 노트에 사운드와 이미지를 포함하거
　나, 자료의 동기화가 가능한 서비스를 제공하는 프로그램이다.
　① 일정관리
　③ 네비게이션
　④ 메신저

67 다음 중 사무정보기기의 사용법이 가장 적절하지 않은 비서는?

① 김 비서는 사내 인사이동에 따른 임원보직변동을 확인 후 발령일자에 맞춰 키폰 번호를 재입력하고 레이블을 교체했다.

② 이 비서는 자리를 비우게 될 경우 비서실의 전화를 비서개인의 휴대폰으로 착신하는 무료 서비스를 114에 전화해 신청했다.

③ 차 비서는 여분의 프린트 토너를 항상 구입해 놓는다.

④ 김 비서는 문서 세단기를 고칠 경우에는 항상 전원을 OFF로 해놓고 고친다.

68 다음 중 행정기관에서 공문서를 작성할 때에 올바른 것을 모두 고르시오.

> 가. 시간을 표기할 때는 오후 3시 20분 보다는 15:20으로 기재한다.
> 나. 금액을 표시할 때에는 아라비아 숫자로 쓰되, 숫자 다음에 괄호를 하고 한글로 기재하기도 한다.
> 다. 문서에 시각장애인 등의 편의 도모를 위해 음성정보 또는 영상정보 등이 수록되거나 연계한 바코드 등을 표기할 수 있다.
> 라. 날짜는 숫자로 표기하되 연, 월, 일의 글자는 생략하고 그 자리에 마침표를 찍어 표시한다.

① 가, 나, 다, 라   ② 가, 나, 라

③ 나, 라   ④ 나, 다, 라

ANSWER) 67.② 68.①

67 ② 착신전환 서비스는 114가 아니라 자신의 휴대폰이 가입되어 있는 통신사로 신청한다.

68 제시된 가~라 모두 올바르게 작성하였다.

69 다음 중 비서의 정보 보안 방법이 적절하지 않은 것을 모두 고르시오.

> 가. 비서는 상사가 선호하는 정보 보안 방식으로 보안 업무를 한다.
> 나. 비서는 조직의 중요 기밀 정보의 접근 권한과 범위에 대해 사내 규정을 우선 기준으로 삼는다.
> 다. 비서는 컴퓨터 바이러스에 대비해 최소 2개 이상의 백신 프로그램을 사용하도록 한다.
> 라. 비서는 조직과 상사의 비밀 정보에 대한 외부 요청이 있을 경우, 요청 이행 후 즉시 상사에게 보고한다.

① 나, 다　　　　　　　　　　　② 나, 다, 라

③ 다, 라　　　　　　　　　　　④ 다

70 다음 명함관리 방법 중 올바른 방법을 모두 고르시오.

> 가. 스마트폰으로 관리할 명함을 촬영해 명함관리 앱에 등록해 관리한다.
> 나. 리멤버, 캠카드 등이 대표적인 명함 관리 어플이다.
> 다. 명함의 이름, 소속회사, 직책, 전화번호, 이메일 등과 같은 관리 항목은 데이터베이스 필드마다 구별, 입력하여 관리한다.
> 라. 명함을 정리할 때는 이름이나 회사명을 기준으로 정리하며 명함이 많지 않을 때는 이름으로 정리하는 것이 효율적이다.

① 가, 나, 다, 라　　　　　　　　② 가, 나, 다

③ 가, 나　　　　　　　　　　　④ 가, 나, 라

ANSWER 69.③　70.①

69 다. 백신 프로그램을 2개 이상 사용할 필요는 없다.
　　라. 조직과 상사의 비밀 정보에 대한 외부 요청이 있을 경우, 우선적으로 상사에게 보고해야 한다.

70 제시된 가~라 모두 명함관리를 위한 올바른 방법이다.

71 다음 중 전자문서 보관과 보존에 대한 설명이 가장 적절하지 못한 것은?

① 종이 문서나 그 밖에 전자적 형태로 작성되지 않은 문서를 정보 처리 시스템이 처리할 수 있게 하려면 전자화 문서로 변환한다.

② 전자 문서 장기 보존을 위해서는 전자 문서 장기 보존 국제표준 PDF/A 형식으로 변환하여 저장한다.

③ 전자 문서의 폐기는 복원이 불가능하게 재포맷하거나 덮어쓰기를 통해 파괴하여야 한다.

④ 전자문서는 보존이 용이하므로 종이문서보다 보존기한을 더 길게 적용한다.

72 다음 중 행정기관의 공문서의 접수에 관한 내용이 가장 적절하지 않은 것은?

① 전자문서시스템에서는 문서등록번호나 접수번호가 자동으로 표시되며 시스템 오류의 경우라도 수기로 표시하지 않는다.

② 행정상 공문서는 행정기관 또는 공무원이 직무상 작성하고 처리한 문서 외에 행정기관이 접수한 문서도 포함된다.

③ 문서과는 행정기관내의 공문서 분류·배부·수발업무지원 및 보존 등 문서에 관한 사무를 주관하는 과를 뜻한다.

④ 처리과는 문서의 수발 및 업무 처리를 주관하는 과로서 행정기관 내에 설치된 각 과를 말한다.

73 프레젠테이션을 작성할 때 고려해야 할 사항과 가장 거리가 먼 것은?

① 프레젠테이션의 목적이 설득인지, 정보제공인지, 오락기능인지 등을 파악한다.

② 여러 장의 자료를 준비할 때는 가급적 각 장마다 형식을 통일한다.

③ 'One page, One message' 원칙을 지킨다.

④ 한 장에 되도록 많은 그림과 글을 채워 넣어 청중의 관심을 불러일으킨다.

ANSWER 71.④ 72.① 73.④

71 ④ 문서의 보존기한은 전자문서냐 종이문서냐가 아닌 문서의 성격에 따라 달라진다.

72 ① 전자문서시스템이 오류가 발생할 경우 수기로 표시할 수 있다.

73 ④ 슬라이드 한 장에 하나의 메시지만을 넣어 한눈에 알아보기 쉽게 작성한다. 한 장에 너무 많은 그림과 글이 들어갈 경우 가독성이 떨어진다.

74 회사 홈페이지나 블로그 등을 비롯한 소셜미디어를 관리하는 김 비서가 주의를 기울여야 할 태도로 가장 적절하지 않은 것은?

① 회사의 블로그나 페이스북에 답변 댓글을 게재할 때는 회사에서 제시한 규정이 있을 경우 이를 따른다.

② 사내에서 작성한 이메일 뉴스레터는 가입한 모든 회원에게 무조건 전송한다.

③ 회사 소식과 관련된 페이스북 페이지의 좋아요 버튼을 누를 때는 글의 성격에 따라 신중하게 행동한다.

④ 회사 홈페이지에 게시되는 내용 중 부적절한 내용은 관련부서와 의논하여 규정에 따라 처리한다.

75 다음 중 컴퓨터 바이러스를 예방하기 위한 비서의 행동으로 가장 적절하지 않은 것은?

① 김 비서는 인터넷에서 다운 받은 파일은 반드시 바이러스검사를 수행한 후 사용한다.

② 박 비서는 USB메모리 자동실행을 활성화하였다.

③ 이 비서는 바이러스 예방 프로그램을 램(RAM)에 상주시켜 바이러스 감염을 예방한다.

④ 황 비서는 최신 버전의 백신 프로그램을 사용하여 주기적으로 검사를 한다.

76 다음과 같이 보고서에 들어갈 그래프를 작성하고 있다. 전달하려고 하는 내용을 표현할 수 있는 그래프를 가장 적절하게 활용하고 있는 경우는?

① 5년간의 매분기별 매출액의 추이를 비교하기 위해서 가로막대 그래프를 작성하였다.

② 1년 동안 매월 주요생산품의 매출액 구성 비율을 비교하기 위해서 띠그래프를 작성하였다.

③ 6월 30일자로 각 지사별 매출금액을 비교하기 위해서 꺾은선 그래프를 작성하였다.

④ 10월말일 기준으로 이동통신회사들의 시장점유율 비교를 위해서 세로막대 그래프를 작성하였다.

ANSWER 74.② 75.② 76.②

74 ② 사내에서 작성한 이메일 뉴스레터는 내부 임직원 또는 관련된 사람에게만 전송한다.

75 ② USB메모리 자동실행을 활성화할 경우 바이러스에 대해 사전에 확인하고 차단하기가 어렵다.

76 ① 매출액 추이 - 꺾은선 그래프
③ 매출금액 비교 - 막대그래프
④ 시장점유율 - 원그래프

77 다음 기사에 관한 내용으로 가장 적절하지 않은 것은?

> '제10회 스마트금융 콘퍼런스'가 27일 서울 여의도 전경련회관에서 열렸다. 〈중략〉 10회를 맞이해 업권별 오피니언 리더가 대거 참석했다. 분산신원확인(DID)부터 간편결제, 블록체인, 보안, 제로페이, 오픈뱅킹 등 미래 디지털 금융을 한눈에 조망할 수 있는 다채로운 프로그램이 이어졌다. 특히 급변하는 핀테크 시장에서 어떻게 적응하고, 생존해야 하는지 심도 있는 대안이 제시됐다. 사업자 간 협업과 건전한 생태계 조성에 힘을 보태는 데도 합의했다. 〈중략〉
>
> 유○○ 금융감독원 수석부원장은 "금융혁신에 따른 새로운 리스크에 대해 선제적으로 관리할 수 있는 감독 체계를 마련하겠다."고 밝혔다. 이어 "오픈뱅킹 서비스가 본격 시행되면 핀테크 기업의 경우 종합적인 금융플 랫폼 구축이 가능해지는 등 지급결제 시장 혁신이 더욱 촉발 될 것"이라면서 "혁신이 단순기술 도입 등 실험적 도전에 그치지 않고, 사회 전체에 변화를 촉발할 수 있도록 제도적 지원을 다하겠다."고 축사를 통해 밝혔다. 〈중략〉
>
> 가장 먼저 키노트에 나선 오○○ A텔레콤 유닛장(전무)은 "개인 주권 디지털 지갑이 모든 신분 증명 체계를 바꾸는 혁신생태계가 곧 도래한다."고 말했다. B전자는 물론 이동통신사, 금융 등 증명서 기반 서비스가 이제 는 DID 하나로 간소화되는 디지털 혁신 시대가 열린다고 부연했다.
>
> 두 번째 연사로 나선 김○○ 금융보안원장은 "금융당국과 핀테크 보안 종합대책을 수립 중"이라며 "핀테크 기업도 오픈뱅킹서비스를 시작하는 만큼, 보안에 대한 철저한 대비가 필요하다"고 강조했다. 금융권 전반에 클라우드 도입이 가속화 될 것으로 예상되면서, 클라우드 안정성 확보도 중요한 과제라고 설명했다.
>
> 이○○ C카드 상해법인장은 중국 지불결제 시장을 조망하면서 "한국도 지불결제 산업이 리드하는 금융·생 태계를 만들어 경쟁력을 강화해야 한다."고 지적했다. 특히 해외 시장 진출 확대와 글로벌 지불결제 사업자와 의 제휴를 강화해야 한다고 밝혔다. 국가간 장벽이 허물어지고 있는 만큼 기술과 표준 장벽 해체도가속화 될 것이라고 경고했다.
>
> 이○○ D은행 IT그룹 대표는 "이제 은행이 독자생존하는 시대는 지났다."며 "디지털 혁신과 사업 협업 체 계를 갖춰 은행의 구조적인 문제점을 해결해야 생존할 수 있다."고 말했다. 〈후략〉
>
> 〈전자신문, 2019. 11. 27.〉

① 이번 행사는 미래 디지털 금융을 조망하고, 핀테크 시장에서 적응과 생존에 대한 의견이 제시되었다.

② 증명서 기반 서비스가 이제는 분산신원확인으로 간소화될 것이라고 예측하였다.

③ 핀테크 기업에서도 오픈뱅킹 서비스를 제공하게 되어 보안이 더욱 중요해졌다.

④ 보안을 위해 제휴와 협업보다는 독자적인 혁신과 사업추진을 통해 생존전략을 수립해야 한다.

77 ④ 기사 마지막 부분에서 '독자생존하는 시대는 지났다'며 '사업 협업 체계'를 갖출 것을 강조하고 있다.

78 김은정 비서는 전산 회계 시스템에서 출장비 회계 처리 업무를 수행하고 있다. 다음 중 가장 적절하지 않은 것은?

① 출장 전 회사에서 현금 400,000원을 가지급하였고, 여비 정산 후 여비 부족액은 개인이 부담한다.

② 지출 내역 중 주차비, 주유비, 식비, 교통비는 여비 교통비로 처리한다.

③ 거래처에 대한 선물비용은 접대비로 처리한다.

④ 시내 여비 교통비와 같이 증빙이 없는 경비는 회사 내부 품의서나 여비지출결의서 등을 작성하여 결재 받아 증빙으로 사용할 수 있다.

79 전자 문서 관리 절차의 단계에 대한 설명으로 잘못 제시된 것은?

① 이관 : 전자 문서의 관리 및 소유 권한이 내부에서의 이전, 외부로의 이전에 따라 전자 문서를 비롯한 모든 관리 정보를 물리적으로 이전하는 것

② 보존 : 보관 기한은 만료되었으나 업무상 기타 보존의 필요로 인해 일정 시점(보존 기간)까지 저장하고 관리하는 것

③ 등록 : 전자 문서가 관리되기 위해서 정보 처리 시스템에 공식적으로 저장되는 과정

④ 분류 : 전자 문서가 진본으로서 신뢰받을 수 있도록 변형이나 훼손으로부터 보호받으며 필요할 때, 이용 가능한 상태로 정보 처리 시스템에 저장되어 관리하는 과정

80 다음 중 문서작성을 위한 정보 수집에 대한 설명이 가장 적절하지 못한 것은?

① 최 비서는 받은 문서에 대한 회신을 하기 위해 해당 기관과 이전에 왕래했던 서신을 검토했다.

② 이 비서는 보고서를 작성할 때 공신력 있는 기관의 발표자료와 통계자료, 연구 자료 등을 수집했다.

③ 김 비서는 감사장을 작성할 때 감사해야 할 상황에 대해서 시간, 장소, 인물, 내용 등에 관한 정보를 수집했다.

④ 고 비서는 보고서 작성을 위한 정보를 세부적인 것에서부터 큰 정보 순서로 수집했다.

ANSWER 78.① 79.④ 80.④

78 ① 여비 정산 후 부족액은 회사가 부담해야 한다.

79 ④ 분류 : 전자문서를 효율적으로 활용할 수 있도록 일정한 기준에 따라 체계적으로 구분하는 과정

80 ④ 보고서 작성을 위한 정보는 큰 정보부터 세부적인 정보 순서로 수집하는 것이 적절하다.

서원각과 함께

꿈의 날개를 펴라

한전KPS

KAC 한국공항공사

안전보건공단

예금보험공사

온라인강의와
함께 공부하자!

공무원 | 자격증 | NCS | 부사관·장교

네이버 검색창과 유튜브에 소정미디어를 검색해보세요.
다양한 강의로 학습에 도움을 받아보세요.